Andreas Frhr. von Nolcken
Jahreszeiten eines Jägers

Andreas Freiherr von Nolcken

Jahreszeiten eines Jägers

*Jagd und Natur im Wandel von
Frühling, Sommer, Herbst und Winter*

Verlag Paul Parey · Hamburg und Berlin

CIP-Titelaufnahme der Deutschen Bibliothek

Nolcken, Andreas Frhr. von:
Jahreszeiten eines Jägers / Andreas Frhr. von Nolcken. –
Hamburg ; Berlin : Parey, 1989
ISBN 3-490-20511-1

Das Werk ist urheberrechtlich geschützt. Die dadurch begründeten Rechte, insbesondere die der Übersetzung, des Nachdruckes, des Vortrages, der Entnahme von Abbildungen und Tabellen, der Funksendung, der Mikroverfilmung oder der Vervielfältigung auf anderen Wegen und der Speicherung in Datenverarbeitungsanlagen, bleiben, auch bei nur auszugsweiser Verwertung, vorbehalten. Eine Vervielfältigung des Werkes oder von Teilen dieses Werkes ist auch im Einzelfall nur in den Grenzen der gesetzlichen Bestimmungen des Urheberrechtsgesetzes der Bundesrepublik Deutschland vom 9. September 1965 in der Fassung vom 24. Juni 1985 zulässig. Sie ist grundsätzlich vergütungspflichtig. Zuwiderhandlungen unterliegen den Strafbestimmungen des Urheberrechtsgesetzes.
© 1989 Verlag Paul Parey, Hamburg und Berlin. *Anschriften:* Spitalerstraße 12, D-2000 Hamburg 1; Lindenstraße 44–47, D-1000 Berlin 61. Printed in Germany.
Satz und Druck: Westholsteinische Verlagsdruckerei Boyens & Co., Heide/Holstein.
Buchbinderei: Hunke & Schröder, D-5860 Iserlohn.
Umschlaggestaltung: Jan Buchholz und Reni Hinsch, D-2000 Hamburg, unter Verwendung eines Fotos von Heiko Schaffrath, D-3050 Wunstorf.

ISBN 3-490-20511-1

Inhalt

Zum Geleit 7

Frühling 11
Auftakt 11
Intermezzo 25
Höhepunkt 35
Letzter Reigen 63

Sommer 79
Sommerliches Jagen 79
Sommers Wende 123

Herbst 143
Herbstliches Jagen im Hochgebirge 143
Novembertage 175

Winter 191
Sauen im Dezemberschnee 191
Fuchsmonde 204

Ausklang 223
Bosnische Impressionen 223

Zum Geleit

„Und könnt' es Herbst im ganzen Jahr bleiben!" So lautet ein alter Jägerwunsch, und manchem möchte tatsächlich bei diesem Gedanken das Herz höher schlagen.

Und doch! Für den aufgeschlossenen Menschen ist es ein Geschenk, die Natur in den Jahreszeiten zu erleben. Ihr Wechsel öffnet den Blick für den Zauber der sich wandelnden Schönheit in Wald und Flur, und uns Jägern schärft er die Sinne mit den verschiedensten jagdlichen Freuden.

Wenn im Frühling die ersten Sonnenstrahlen wärmen, der erste zaghafte Vogelsang ertönt, das erste zarte Grün hervorbricht, kann es da etwas Schöneres geben, als an einem lauen Abend nach den Schnepfen zu schauen; oder wenn dann gar aus dem Dunkel des frühlingshaften Bergwaldes das Klepfen des Großen Hahns ertönt, gibt es dann etwas Beglückenderes? Wenn die Natur zur vollen Pracht erblüht ist, aus dem Frühsommer Hochsommer wird, die Laubwälder im üppigen Grün prangen, die Getreidefelder wogen, die Zeit der Reife und der Zenit des Jahres gekommen sind, kann es da etwas Erfüllteres geben, als im Verlöschen des Abends an den gestreckten Rehbock heranzutreten, ihm die Wacht zu halten und ihn dann auf sandigen Wegen im Rucksack durch die sommerliche Nacht heimzutragen? – Wenn aber die Tage des gleißenden Lichtes vorüber sind, die Sonne tagsüber noch wärmende Strahlen wirft, doch die Morgen und Abende bereits mit ihrer Kühle vom Herbst künden, der Altweibersommer vorüber ist, sich das Laub unmerklich färbt und der Bergwald im Rotgold der Lärchen zu brennen beginnt, kann es dann etwas Ergreifenderes geben, als im ersten Dämmer oder im letzten Licht dem Schrei des Brunfthirsches zu lauschen? – Wenn einige Wochen darauf der erste Schnee gefallen ist, die Natur leblos, aber wie verzaubert in einem nie geschauten Licht erstrahlt, kann es dann für den Jäger der Berge etwas Lebendigeres geben, als dem schwarzen, durch den Schnee stäubenden Brunftgams zuzuschauen? – Oder kann es später im Januar oder Februar etwas Faszinierenderes geben, als einen Fuchs als Beute einer klaren, frostklirrenden Winternacht aus dem Schnee zu heben?

Jedes in seiner Art bedeutet schönstes Jagen. Mehr noch! Wir erleben die Jahreszeiten als Abbild des lebenserhaltenden Kreislaufes der Natur vom

Werden und Vergehen. Es ist nicht abwegig, wenn der Mensch in den Jahreszeiten den Ablauf seines eigenen Lebens wiederzuerkennen glaubt. Der Frühling spricht für das Wachsen, der Sommer für die Blüte, der Herbst für die Reife und der Winter fürs Vergehen.

Als ich über die Schnepfen und Tauben schrieb, war es mir, als säße mir ein junger Jäger gegenüber, der ein wenig ungewandt seine ersten Erlebnisse schildert. Als er begann, über die Hahnen zu sprechen, wurden seine Worte schon gehaltvoller. Und während ich über den Sommer nachdachte, hörte ich den jungen Freund über die Rehböcke plaudern, und mir schien, seine Jagdpassion sei voll erblüht. Auch von den Feisthirschen wußte er etwas, und ich spürte, wie in seinen Erzählungen das Erlebnis gereift war. Als ich schließlich vor meiner Schreibmaschine saß und über Herbst und Winter sinnierte, wurde es mir beinahe zuviel, wie er ins Erzählen und Philosophieren kam, er wollte alles erlebt haben, hatte Gams im Hochgebirge gejagt und Damwild und Sauen in der Ebene. Als er schließlich sogar von Wölfen und Bären anfing, dröhnten mir die Ohren vor lauter Erfahrungen, die er gemacht haben wollte. Was kümmerte mich seine „Großwildjagd"? Ich winkte ab und gebot ihm zu schweigen; denn ich mußte mich auf das Fuchskapitel konzentrieren, wie ich dem „Großen" nachgejagt war und der kleinen luntenlosen Fähe Burgfrieden gelobt hatte.

Die Seiten sind gefüllt. Für mich ist es nun längst wieder Zeit, nach den Schnepfen zu schauen und die kleine Hahnbüchsflinte für die Tauben aus dem Schrank zu holen. Ein neuer Jahreskreislauf in heimatlichen Revieren hat begonnen.

Jemand hat einmal gesagt: „Jeder Mensch braucht Heimat, ohne Heimat kann er nicht leben!" – Ich habe nie eine Heimat besessen. Meine Eltern sind als Flüchtlinge in den Westen gekommen, ich bin nach Krieg und Vertreibung geboren, und wir sind oft in den folgenden Jahren umgezogen. Auch später dann hat mich der Beruf in mehrere Teile Deutschlands geführt, so daß ich nie irgendwo Wurzeln geschlagen habe. Eine Heimat kenne ich nicht, aber dort, wo ich jage, fühle ich mich zu Hause, und so rühren mich oft heimatliche Gefühle an, wenn ich bei milder Frühlingssonne unter dem Rauschen des sommerlichen Buchenwaldes oder bei brauenden Herbstnebeln am einsamen Vorpaß hocke oder in die Stille eines klaren Wintertages hineinbirsche.

Heimat, Jahreszeiten und Jagd – das alles und noch mehr! Kann man aus dieser Fülle einen zusammenhängenden Gedanken spinnen; oder ist es vermessen, der Jagd einen lebensbestimmenden Inhalt geben zu wollen? – Mancher Jäger wird mich verstehen, und vielleicht kann ich ihn einladen, mir auf meinen Birschen durch das Jahr zu folgen.

Das Geleit ist gegeben. Nun werde ich eher von beutebeschwerten oder beutelosen Gängen durch die Jahreszeiten und ihren Genüssen erzählen. Wenn mancher Leser sich hin und wieder an mein Gegenüber erinnert fühlt, weil die jugendliche Passion allzu hoch schäumt, die Erfahrung zu abgeklärt wirkt und das „Ego" zu sehr in den Vordergrund tritt, mag er zwischen den Zeilen des Geschriebenen nicht den Schlag meines Herzens überhören.

München, zur Zeit des Schnepfenstrichs, 1988

Frühling

Auftakt

Ich möchte mit einer kleinen Hymne an die Schnepfen beginnen: Sie bedeuten für mich den Vorfrühling, erstes Erahnen und Beginnen eines neuen Jahreszyklus. Mit ihnen verbinde ich Erinnerungen, Hoffnungen und Erwartungen, die mich nach Winter, Kälte und Schnee mit Glück und Freude erfüllen – dem Glück und der Freude, die wir empfinden, wenn der Frühling seine ersten Boten aussendet.

Weit aus dem Süden kommen sie hergereist, machen in unseren Gefilden für ein paar Tage Station, um dann weiterzuziehen. Auch wenn einige von ihnen uns über den Sommer in den höheren Lagen der Mittelgebirge erhalten bleiben, so sind sie doch lediglich Gäste. Sie bringen den Frühling oder zumindest eine Botschaft von ihm und treffen – trafen – bei uns nur auf lauernde Jäger und geladene Flintenläufe!

Ich gönne es ihnen von Herzen, wenn sie heute bei uns nun Ruhe und freundliche Aufnahme finden, nachdem sie Gefahren genug auf ihrer weiten Reise überstanden haben und dabei arg gezehntet wurden. Ich kenne die zwiespältigen Gefühle des im Frühjahr ausrückenden Jägers, der nichts anderes für den Vogel mit dem langen Gesicht parat hatte als Pulver und Blei und dabei nur von Stimmungen, Frühling, Natur und Werden und Gedeihen redet. Ich selber gehöre zu diesen Pharisäern und bin versucht, ihnen sogar eine Kerze anzuzünden. Ich weiß, daß ich mir den gerechten Zorn der Einsichtigen zuziehen werde, aber auch sie mögen mir verzeihen, wenn ich sage, daß ich nie der Beute wegen ausgerückt bin. Verschmäht allerdings habe ich sie auch nicht. Immer nur in Maßen und in kleinsten Mengen habe ich von ihr und ihren Freuden genossen.

Ich weiß, ich hätte ein wenig mehr Einsicht zeigen und mir ein Beispiel an meinem Urgroßvater nehmen sollen. Er war ein großer baltischer Jäger und schrieb bereits 1876 einen langen Artikel in der Hugoschen „Jagd-Zeitung" gegen die Frühjahrsjagd auf Waldschnepfen.

Die Hugosche „Jagd-Zeitung" war zu der Zeit das anerkannte und führende Blatt. Sie war 1858 von Albert Hugo, der eigentlich Baron Schroll hieß und ureigentlich ein Habsburger war, als erste deutsche Jagdzeitung gegründet worden. Von da an veröffentlichten hier alle, die Rang und Namen nicht nur in deutschen und österreichischen, sondern auch in europäischen Jägerkreisen hatten, große und kleine Berichte und Beobachtungen.

Berühmtester und gleichzeitig treuester Leser dieser Zeitung war niemand Geringeres als Seine Apostolische Majestät der Kaiser von Österreich. Er erhielt selbstverständlich lange vor dem übrigen Volk das erste, auf Vorzugspapier abgezogene Exemplar der jeweiligen Nummer und das nicht etwa in gemeinem Kleisterschleifpapier, wie Gagern schreibt, sondern in einem riesigen Ministerialkuvert. Es ging von Schönbrunn und Mürzsteg die Sage, daß der Kaiser, wenn er abends Krone und Zepter seines undankbaren Reiches auf dem „Nachtkastl" – um es auf gut österreichisch zu sagen – abgelegt hatte und in sein spartanisch einfaches Feldbett gekrochen war, immer noch im Schein einer schlichten Kerze in der „Hugoschen" las. Erst dann sei er mit einem letzten Vaterunser und manchen Sorgen um die Tschechen, Polen, Ungarn und Slowaken in selige Träume von guten Eisenerzer Hirschen hinübergeschlummert. – Gagern schreibt auch einmal, daß der Kaiser in bedenklicher Ungunst seine Räte angeraunzt hatte: „Das werd' ich wohl besser wissen, ob heute der fünfzehnte oder der vierzehnte ist, die Hugosche ist noch nicht da, also ist der vierzehnte!"

Albert Hugo starb 1896; wenige Jahre später übernahm Gagern die Redaktion dieser Zeitung. Aber 1876, als der Artikel meines Urgroßvaters erschien, erfreute sich der Gründer und Herausgeber bester Gesundheit, und Gagern war noch nicht einmal geboren.

Wie der Abhandlung zu entnehmen ist, machte man sich bereits damals über den rückläufigen Schnepfenbesatz Gedanken. Es werden allerlei Gründe dafür aufgeführt, die sogar schon in der Umweltveränderung durch Trockenlegungen und Intensivierung der Land- und Forstwirtschaft gesucht werden. Natürlich findet die Dezimierung in den Winterquartieren und auf dem Zug gen Norden Erwähnung und wird immer wieder als triftiger Grund hervorgehoben.

Gleichzeitig ruft der Schreiber aber auch die heimischen Jäger auf, sich an die eigene Nase zu fassen; denn was wollen wir die anderen gute Manieren lehren, wenn wir selber es an Einsicht mangeln lassen. Mein Urgroßvater kommt sogar zum Ergebnis, daß die Frühjahrsbejagung die schädlichste ist, da auf ihr die Schnepfen geschossen werden, die den Zug nach Norden überlebt haben und nun kurz vor dem Brutgeschäft dem Besatz entnommen werden. Er meint – und das ist in der Gedankenführung einleuchtend – man solle sich auf die Herbstjagd beschränken; denn die Schnepfen ziehen fort, und nur ein kleiner Teil von ihnen wird im Frühjahr zurückkommen.

Es wurden damals allerdings viele Schnepfen im Frühjahr vor dem Hund geschossen und speziell in Österreich-Ungarn große Schnepfentreiben veranstaltet. Somit sind ganz andere Strecken erzielt worden als sie der allabendlich zum Frühjahrsstrich ausrückende Jäger je machen konnte.

Dennoch schließt mein Urgroßvater in seiner Argumentation und in seinem Aufruf den Abendanstand nicht aus, und er beendet seinen Artikel: Lieber gehe er jeden Abend zum Schnepfenstrich mit dem Spazierstocke und bekomme einige von den Langschnäbeln zu Gesicht, als nach wie vor mit der Flinte unterwegs zu sein, um dann irgendwann einmal keiner Schnepfe mehr ansichtig zu werden. Er räumt aber gleichzeitig ein, daß sich ein solches Verbot kaum in Deutschland und sicherlich nicht in Europa durchsetzen lasse, da Italien nie auf seine, wie er meint, wohl angestammten Rechte des Vogelfanges verzichten würde.

Tatsächlich fand dieses Thema – und das mag zeigen, wie aktuell es schon damals war – breiten Raum auf dem ersten internationalen ornithologischen Kongreß, den der Kronprinz Rudolf von Habsburg 1884 nach Wien berief; es sollte ein internationales Vogelschutzgesetz geschaffen werden. Nach langen, zähen Verhandlungen scheiterte dieser Versuch, was wesentlich auf die italienische Delegation zurückzuführen war. Sie maß dem freien Vogelfang eine hohe national-ökonomische Bedeutung zu und konnte sich nicht zu einschränkenden Maßnahmen bereit erklären. Auch nicht für die Schnepfen; gerade hier warf sie – und dieses wohl nicht zu Unrecht, wenn ich meinem Urgroßvater folgen darf – ihren nördlichen Nachbarn die Frühjahrsjagd vor.

Nachdem die Zeiten der Schnepfensuchen und -treiben vorüber sind und die Frühjahrsjagd in den letzten Jahren oder gar Jahrzehnten lediglich am Abendanstand ausgeübt wurde, hat ihr wohl niemand eine Besatzgefährdung ernstlich nachsagen können, zumal nach neuesten Erkenntnissen von Dr. Kalchreuter die streichenden Schnepfen beinahe ausschließlich balzende Männchen sein sollen. So wird man sich wohl eher zu einem Verbot entschlossen haben, um einer vernünftigen internationalen Regelung nicht im Wege zu stehen und mit gutem Beispiel voranzugehen. Das ist natürlich richtig gewesen und kommt der Sache und – viel wichtiger – den Schnepfen zugute. Nur ist es um die Jagd und die damit verbundene Tradition schade, die nun unweigerlich in Vergessenheit gerät.

Im Vogelsberg kannte ich einen Kreis von Jägern, die, wenn das Wetter einigermaßen danach war, ab Anfang März jeden Abend zu den altbekannten Ständen ausrückten und auf die ersten Schnepfen warteten. Nach Dunkelwerden trafen sie sich dann zu ihrer gewohnten Runde im angestammten Gasthof. Hier wurde eifrigst geredet und diskutiert, ob der Abend von der

Witterung her günstig oder ungünstig gewesen sei und ob es nicht eigentlich schon längst Zeit für die erste Schnepfe sei.

Wenn irgendwann – meistens so zum 20. März hin, manchmal auch schon früher – einer von ihnen tatsächlich die erste gesehen hatte, dann wurde es ein ausgedehnter Abend im Gasthaus. Endlich war es soweit, die Frühlingsboten mit dem langen Gesicht waren wieder da. Eine dunkle Jahreszeit lang hatte man darauf gewartet. Die erste, das war Sitte, wurde nie beschossen. Aber dafür wurden alle Einzelheiten wie Datum, Wetter, Kälte oder Wärme in dem großen Schnepfenbuch vermerkt, das der Wirt sorgfältig unter Verschluß hielt und nun feierlich hervorholte. Es wurde verglichen und erörtert und natürlich wurde eingetragen, wer diese erste gesichtet hatte und in welchem Revier beziehungsweise auf welchem Stand. Dieser Abend endete in der Regel so, daß der Wirt die Türe zuschloß; die wenigen nichtjägerischen Gäste, die noch auf den braunlackierten Bänken der Gaststube saßen, merkten, daß sie nicht erwünscht waren, und zogen sich bald bereitwillig zurück. Wenn dann Stunde, Stimmung und Alkoholkonsum fortgeschritten waren, setzte sich der Wirt an das Klavier und spielte die Schnepfenpolka. Ich bin sicher, daß sich jemand dazu auch Verse einfallen ließ, mit denen die ganze Gesellschaft aus rauhen und rauchigen Kehlen den Wirt auf seinem Instrument begleitete.

Soweit ein Unwohlsein die tapferen Gesellen nicht abhielt, strebten sie am nächsten Abend noch gespannter und erwartungsvoller dem frühlingshaften Wald entgegen. Wenn einer von ihnen an diesem Abend oder an einem der folgenden die erste Schnepfe geschossen hatte, war die große Stunde der abendlichen Runde gekommen. Der Wirt schloß augenblicklich den Gasthof zu; den Gästen blieb kaum noch eine Möglichkeit, ihre Gläser auszutrinken, und ehe sie sich's versahen, war ihnen bedeutet, daß sie zu gehen hätten. Wenn die Gaststube so von Unwürdigen gereinigt war, wurde dem glücklichen Schützen zu Fanfaren- und Hörnerklängen eine Nachbildung des berühmten „Schnepfenhellers" als besondere Auszeichnung für die erste Schnepfe des Jahres überreicht. Natürlich wurde der so gekrönte Jäger in das Schnepfenbuch eingetragen. Wenn dann diese Formalitäten erledigt waren, erinnerte man sich, warum man im Gasthaus war; Loblieder auf die Schnepfen, den Frühling und natürlich die Jäger wurden gesungen. Der Wirt setzte sich an das Klavier, und aus der Schnepfenpolka wird bald der „Schnepfengalopp" geworden sein.

Ich erlebte diese Runde öfter als Junge. Später habe ich leider zu selten den Weg dorthin gefunden, und dann kam der Zeitpunkt, zu dem das Schnepfenjagen verboten wurde. Ziemlich gleichzeitig gab der Wirt sein Geschäft auf, und so verkam ein Stückchen lokale Tradition.

Reminiszere, putzt die Gewehre – an Okuli, da kommen sie – Lätare, das sind die Wahre – Judika, sind sie auch noch da – Palmarum, trararum – Quasimodogeniti, halt, Jäger, halt, dann brüten sie! Als in der Sexta mein Lateinlehrer den Unterricht mit diesem „Zitat aus dem Leben" auflockern wollte, erntete ich ein für mich seltenes Lob; denn ich kannte den alten Jägerspruch genau. Ich fügte auch gleich hinzu, daß nur in Jahren mit einem späten Osterfest diese Kirchensonntage so weit in den März hineinreichen, daß sich „Okuli" mit Recht auf „kommen sie" reimt. Aber das interessierte den Lateinlehrer verständlicherweise schon weniger. Mich beschäftigte es dagegen sehr. Jedes Jahr aufs neue ist es die große Frage: Wann kommen sie? Inzwischen habe ich einen eigenen Reim für meinen Schnepfenkalender gebildet; auf den 19. März fällt „Josephi", und so lautet er: Acht Tage vor und nach Josephi – sei auf der Hut, dann kommen sie!

Wenn mich zu dieser Zeit unabänderliche Pflichten doch an die Stadt binden, so daß ich nicht jeden hoffnungsvollen Abend an den bekannten Ständen verbringen kann, betrachte ich aufmerksam das Wetter. Nach kräftigen Südwestströmungen kann es ernst werden und lohnt sich, ein erstes Mal nachzuschauen. Wenn ich aber gar schon irgendwo die Bachstelzen oder den roten Milan gesehen habe, ist es höchste Zeit, die grünen Sachen anzuziehen.

Ich habe der Schnepfen wegen weite Wege zurückgelegt. Es gab Jahre, in denen ich die ersten etwa zwischen dem 15. und 20. März in den niedrigen Regionen des Vogelsberges sah. Mit fortschreitendem Frühjahr erlebte ich den Strich in höheren Lagen dieses teilweise so herben Mittelgebirges, wo er sich bis in die zweite Aprildekade hinein erstreckt. Wenn es mir zeitlich irgendwie ausging, sauste ich dann für zwei oder drei Tage in den Schwarzwald, denn dort waren sie nun gerade eingetroffen. Heute sind meine gelegentlichen bewaffneten Schnepfenexkursionen österreichischen Gefilden vorbehalten und fallen in den späten April. Es sind eigentlich keine vorfrühlingshaften Stimmungen mehr, die sie umgeben.

Meine schönsten Erlebnisse ranken sich dagegen um die frühen Schnepfen eines Jahres. Vom Winter ausgehungert, sehne ich das Frühjahr herbei. Jeder Vogelsang ist ein Labsal für das Ohr, jeder grüne Schimmer im Wald und auf den Wiesen eine Augenweide. Auch ohne umgehängte Flinte genieße ich heute diese Bilder und lasse sie mir nicht entgehen.

Als es bei uns vor dem Gesetz den Schnepfenjäger noch geben durfte, grüßte auch ich der ersten eines Jahres getreu der alten Sitte mit dem Hute zu. Das war genug der Freude, das galt es auszukosten, morgen mehr – so Hubertus will! – Vorfreude und Spannung ließen mich fiebrig den kommenden Abend erwarten. Mit nicht mehr ganz so platonischen Gefühlen, aber mit Gewehr und Patronen ausgerüstet, kehrte ich zu dem Stand zurück. Sieben Patronen hatte ich in die Tasche gezählt. Sieben mußten es sein, so hatte ich es gelernt. Sollten tatsächlich sieben für den Abend nicht ausreichen, wäre die Arbeit unsauber gewesen und nicht wert, verlängert zu werden; fielen aber ein oder gar zwei von den Langschnäbeln, war es genug, und alles weitere wäre ein Schwelgen im Überfluß. Ich war zeitig im Revier, um noch die schon wärmende Märzsonne und den blauen Himmel genießen zu können. Eingesponnen in die laue Frühlingsluft verträumte ich die Zeit, bis die Sonne hinter den hochschäftigen Buchen verschwand, ihre Strahlen hindurchschienen und die Stämme silhouettenhaft zeichneten, um dann langsam zu versinken. Rehe zogen, der Fuchs vom Vortag erschien auf demselben Paß – wir maßen uns einen Herzschlag Aug' in Aug' – die Vögel sangen, schon leuchtete der Schnepfenstern, der erste Stern am Firmament. Nach alter Jägerweisheit müßte es nun Zeit sein. Doch in Wahrheit ist es etwas früh, hier und dort zwitscherte noch eine Amsel ihr Abendlied. Als auch sie verstummte und die Dämmerung in die Nacht überging, war der Augenblick gekommen. Wie elektrisiert fuhr ich zusammen – puitzend und quorrend strichen zwei Schnepfen heran.

So war es einmal, so war es mehrmals, ja so hätte es immer sein mögen. So war es auch, als ich das erste Mal bewaffnet zum Schnepfenstrich gehen durfte. Allerdings fiel ich im entscheidenden Augenblick vor Aufregung von meinem Jagdstühlchen, das ich in dem Alter eigentlich nicht nötig hatte, und die Schnepfe war gerettet. Sie wäre wohl auch ohne meinen Niedergang nicht in Gefahr gewesen; denn es hat noch einige Zeit gebraucht, bis ich mich auf diese Wildart „eingeschossen" hatte. Aber dann kam eines Tages der stolze Augenblick: sie fiel. Voller Jubel und Gewißheit legte ich das Gewehr ins dürre Gras, so daß ich es später in der Dunkelheit kaum wiederfand, suchte und hatte den weichen Vogel in der Hand. Die Welt schien einen Augenblick stillzustehen, und mein Herz tat einen zusätzlichen Hupfer... –

War es ein Hupfer voller Ausgelassenheit über die Beute, oder war es mehr? Damals zählte der langersehnte Erfolg. – Unsere Empfindungen sind wie wir selbst steten Wandlungen unterworfen, und so begann mit diesem Tage das Erleben um den Schnepfenstrich zu reifen.

Zu Beginn meiner jägerischen und speziell schnepfenjägerischen Wege habe ich wie manch anderer geglaubt, ich müßte auf alle Eventualitäten gefaßt sein, und habe mir furchtbar den Kopf darüber zerbrochen, welches Gewehr ich mitnehmen sollte und welche Patronen ich in welche Läufe stecken könnte. An frühlingshaften Abenden ist vielerlei Getier unterwegs, und vom Fuchs bis hin zum Wildschwein kann dem Jäger alles vor die Flinte kommen. Ich habe aber bald gemerkt, daß das nicht der Sinn und schon gar nicht der

Reiz dieser Jagd sein kann. Den Fuchs schieße ich lieber in einer winterlichen Vollmondnacht und die Sau auf einer kleinen Drück- oder Riegeljagd bei Schnee und Kälte. Mir hätte diese Haltung aus meiner jagdlichen Erziehung heraus eine Selbstverständlichkeit sein sollen, doch in den Zeiten des jugendheißen Gierens bedurfte es der eigenen traurigen Erfahrung, um den Wert von Verbot und Gebot zu ermessen. – Jedes Wild zu seiner Zeit! Eine Binsenethik; welche Freude bietet sie in genugtuender Enthaltsamkeit dem Jäger, und welche Lust erfährt er bei gerechter Erbeutung durch sie! Aus ihr erwuchs für mich die Erkenntnis, nicht zu wägen, was ich erjage, sondern zu werten, wie ich es erjagte. Das wurde zum Leitbild meines Jagens.

So bin ich auch schnell aller waffentechnischen Probleme Herr geworden. Ich führte ausschließlich meine Doppelflinte, in beiden Läufen mit zwei Millimeter Schrot geladen. Mit den Patronen diszipliniert geschossen, das will heißen, nicht über dreißig Schritt hinaus, habe ich die zuverlässigsten Ergebnisse verzeichnet, dieses getan und erprobt mit einer eher weit als eng schießenden Flinte.

Zum Schnepfenfrühling – mit und ohne Griff zur Beute – gehört für mich auch der Morgenstrich, obwohl Länge und Ergiebigkeit sich nicht annähernd mit der des Abends vergleichen lassen. Die Frühe bietet eine Fülle frühlingshafter Eindrücke, die ganz dem jungen Morgen während der blauen Stunde im Erwachen der Natur gehören. Die meisten Jäger scheuen vielleicht das frühe Aufstehen und einen mehr oder weniger langen Anfahrtsweg ins Revier für die fünf oder höchstens zehn Minuten. Länger dauert der Strich auch bei günstigen milden und verhangenen Morgen nicht. Aber hat man Schnepfen gehört oder gar zu Gesicht bekommen, sollte es sich auch für den effektiv denkenden Jäger gelohnt haben. Hat man nichts gesehen, läßt sich immer noch ein Reviergang mit einem Blick zu den Tauben anschließen; nie etwas schaden kann auch eine kleine, verstohlene Ausschau nach den Rehböcken, von denen die älteren ausgeschoben und manche schon verfegt haben. Man mag aber ebenso heimfahren, was das Schlechteste nicht ist, gemütlich vorfrühstücken, während die Familie noch in sonntäglichem Frieden schläft, und sich dann selbst zu einem Nachschlummer auf das Kanapee legen. So ist man später für das Familienfrühstück bestens gerüstet, ist ausgeschlafen, kann familienbetont präsent sein und sammelt obendrein noch familiäre Pluspunkte. Es gibt genug Gelegenheiten, bei denen man ihrer bedarf und froh ist, von einem Polster zehren zu können...! – Wie gesagt, ich liebe den Morgenanstand und versäumte und versäume ihn in keinem Jahr. Ob nun der Abend oder der Morgen besser oder schlechter sein mag, sollte nicht die Frage sein. Es sind zwei verschiedene Dinge, die wie Tag und Nacht eine Einheit bilden.

Es hat mir immer viel Freude gemacht, Gebiete auf ihre Schnepfenträchtigkeit hin zu betrachten. Jeder Jäger kennt diesen prüfenden Blick, mit dem man neue Reviere taxiert. Gerne habe ich mich bei meinen Erkundungen auf Bergrücken oder breite Schneisen gestellt, an denen die Schnepfen entlangstreichen könnten, ebenso an Waldlichtungen und Bestandsgrenzen. Wenn ich so einen neuen Schnepfenstand entdeckte, war es wie ein kleines Waldgeheimnis, das sich mir offenbarte.

In einem norddeutschen Revier fand ich heraus, was ich nie wieder erlebt habe, daß nämlich der Strich von einem Punkt ausging, dorthin zurückkehrte und erneut begann. Ich konnte das eindeutig feststellen, da mein Beobachtungsposten ein wenig erhöht lag und ich so das Gebiet gut überschauen konnte. Jeden Abend, ja sogar morgens, wiederholte sich dieses Schauspiel.

Eine geradezu rührende Pünktlichkeit und eingefahrene Strichgewohnheiten beobachtete ich auch im Schwarzwald. Ich hatte meinen Platz auf einem Bergkopf, der auf der einen Seite steil zu einer Senke abfiel und einen weiten Blick über die Hügel, Wiesen und Wälder bot. Wie auf Bestellung kam jeden Abend zur gewohnten Stunde ein Schnepf hinter mir aus den Fichten, strich puitzend über mich hinweg, flog den Bestand entlang und schwenkte nach unten in die Senke, wo er sich meinem Blick entzog. Aber schon wenig später war er wieder zu vernehmen, erschien dort, wo er eben im Dämmerlicht verschwunden war, strich über mich hinweg und tauchte in das Dunkel der Bäume. Ich verlegte meinen Beobachtungsposten in die Senke und stellte fest, daß er hier eine kurze Schleife beschrieb, um gleich darauf den Weg, den er gekommen war, zurückzustreichen. Mich plagten damals keine Bedenken, ich nutzte die gute Gelegenheit und schoß an einem der nächsten Abende den pünktlich erscheinenden Schnepf. Nun schämte ich mich ein wenig, und es tat mir beinahe leid, dem kleinen Vogel seine Pünktlichkeit mit Pulver und Blei heimgezahlt zu haben. Um so größer war dann meine Freude, als sich im nächsten Jahr ein Nachfolger gefunden hatte. Bei näherer Beobachtung stellte ich zu meinem nicht geringen Erstaunen fest, daß er die Gewohnheit seines Vorgängers übernommen hatte. Er strich am Bergkopf vorüber, beschrieb in der Senke die Schleife und kehrte in gehabter Weise zurück.

Hin und wieder hat mir der Zufall Plätze verraten, an denen ich die Schnepfen nicht vermutet hätte. So verdankte ich einen meiner verläßlichsten Schnepfenstände in einem kleinen Vogelsberg-Revier meiner jungen Dachsbracke. Sie hatte sich im jugendlichen Eifer zu einer „Privatjagd" hinreißen lassen. Ich setzte mich auf einen Baumstumpf und wartete. Meine Schnepfenambitionen, die ich an diesem milden Märzabend noch hegte, ließen mich einen Moment unruhig werden, dann aber erinnerte ich mich der ersten Pflicht des Hundeführers, Geduld zu haben. Sie wurde auf unvermutete Art und Weise belohnt. Erst glaubte ich, mich verhört zu haben, aber schon strich puitzend eine Schnepfe dicht über mich hinweg. Als ich ihr verdutzt nachschaute, kam die nächste. Eilig fingerte ich zwei Patronen aus der Tasche und lud die Flinte. Nun hätte ich beinahe vergessen, warum ich hier wartete. Der Hund war inzwischen so, als sei nichts gewesen, zurückgekehrt und saß brav bei Fuß. Ich wußte nicht, ob ich ihn loben oder ihm drei angemessene Worte sagen sollte, und verpaßte darüber prompt zwei weitere Schnepfen. Der Hund merkte, daß mein Unwillen keineswegs ernster Natur war, er schien sogar meine Freude über seinen Ausflug zu spüren.

Schon am nächsten Abend schoß ich hier die erste Schnepfe und begründete damit den guten Ruf dieses Platzes. Man sah ihm die „Trächtigkeit" nicht an, und einem Gast, den ich einmal dort abstellte, las ich seine Unzufriedenheit vom Gesicht ab. Ich wollte mich nicht weit entfernen und postierte mich knapp zweihundert Meter tiefer am unteren Ende der Schneise, das in einer sumpfigen, mit Erlen bestockten Talsohle lag. Das aber bestärkte den Gast noch mehr in seinem Mißtrauen, wie er mir später – inzwischen gut gelaunt – erzählte. Wenn er an diesem wenig erfolgversprechenden Platz überhaupt auf Anblick hoffen konnte, dann mußten die Schnepfen seiner Meinung nach aus der feuchten Talsohle die Schneise heraufstreichen und wären so zwangsläufig zuerst mir gekommen. Er sah darin meinen eigennützigen Plan. Ich ahnte von alledem nichts. Mit Zufriedenheit hörte ich zwei Schüsse und fand die Laune des Gastes sichtlich aufgebessert, als ich ihn wenig später auf seinem Stand abholte. Er hatte einen guten Strich erlebt und zwei Schnepfen geschossen. Alle strichen quer zur Schneise und nicht etwa, wie man es mit der vielgepriesenen Schnepfenerfahrung hätte annehmen können, aus dem feuchten Tal die Schneise herauf. – Jetzt erst glaubte mir der Gast, daß ich hier kurz zuvor eine Dublette geschossen hatte. Es ist allerdings meine einzige auf Schnepfen geblieben. Ich wunderte mich damals selber über meine beiden Treffer, da die enge Schneise und die hoch stehende Fichtenkultur ein schnelles Schießen verlangten. Beide Schnepfen fielen vor meinen Augen, und ich hatte keine Mühe, sie zu finden.

Schon als Junge ist mir eingeschärft worden, nach dem Schuß auf den Aufschlag der beschossenen Schnepfe am Boden zu achten. Wenn sie gefehlt ist, läßt sie sich gerne auf den Knall hin fallen, um im Schatten des dunklen Waldes und damit unsichtbar für den Jäger weiterzustreichen. Dennoch bedurfte es einiger hoffnungsvoll begonnener, dann als zwecklos erkannter und später abgebrochener Nachsuchen, um mir diese Erfahrung zu vergegenwärtigen. Ich sehe mich noch, wie ich nach dem vermeintlichen Treffer wohlgefällig die Flinte nachlud und einen Moment überlegte, ob ich gleich nachsuchen oder lieber einen Augenblick zuwarten sollte. Das anfänglich selbstbewußte Suchen wurde immer hektischer und zweifelsbeladener, bis ich schließlich einsehen mußte, daß der Vogel mit dem langen Gesicht längst über alle Berge war und ich selbst nun mit einem langen Gesicht dastand. Ich spüre noch den traurig-bitteren Nachgeschmack auf der Zunge, mit dem ein solcher Abend für mich endete.

Davon einmal abgesehen, glaube ich, daß die Schnepfe fällt, wenn sie auch nur ein Schrot erhalten hat, und dann von einem zuverlässigen Gebrauchshund zu finden ist. Da ich immer Bracken oder Schweißhunde führte, zog ich in einigen Fällen den Hund von Freunden hinzu. Wie sich aber meistens herausstellte, geschah es mehr aus Vorsicht, um nichts zu verderben. Darüber hinaus apportierten mir meine Dachsbracken die Schnepfen brav, ja sogar äußerst passioniert. Sie wußten, worum es geht, und zeigten mir oft sogar streichende Schnepfen an, noch bevor ich sie gehört hatte.

Meine jetzige Hannoversche Schweißhündin – die Schweißhundführer mögen mir die „Degradierung" eines solchen Hundes verzeihen – tut sich ebenfalls mit dem Apportieren leicht. Allerdings ist sie nicht bereit, lange herumzusuchen und der Sache mehr Aufmerksamkeit zu widmen, als sie meint, ihr zubilligen zu müssen. Sie steht auch erst im vierten Behang, und ihre Schnepfenerfahrung, die ja nun auf Österreich beschränkt werden muß, ist noch nicht so ausgeprägt.

So glatt allerdings, wie sich das anhören mag, sind meine „Schnepfen-Nachsuchen" nicht immer verlaufen. Ich erinnere einen lauen Frühlingsabend. Die Vögel sangen, der Schnepfenstern war gerade erst aufgegangen; ich stand versonnen, hatte die Flinte lässig unter den Arm geklemmt und dachte an alles andere als an die Schnepfen. Viel zu früh, weder puitzend noch quorrend noch in balzender Tändelei, sondern schnell wie eine Taube und unfrühlingshaft wie ein hoher Fasan strich eine daher. Es dauerte, bis ich die Hände aus den Taschen gezogen und die Flinte im Anschlag hatte. Es langte aber dennoch; der Schuß fiel, und ich hörte sie dumpf auf dem weichen Boden aufschlagen. Ein wenig hatte sie die Schwinge im Sturze hängenlassen, ich dachte mir aber nichts weiter dabei. Erst als der Hund nach einiger Zeit ohne Beute zurückkam, machte ich mir Gedanken. Ich schickte die Bracke nochmals zum Suchen los, was sie auch bereitwillig tat, aber das Ergebnis blieb das gleiche. Sorgenvoll verschob ich alles Weitere auf den nächsten Morgen.

Über Nacht kamen Sturm und Regen, und ich stand ein wenig fassungslos ums erste Tagwerden am Ort der Tat. Der Hund zeigte keinerlei Ambitionen, sich ein weiteres Mal der Sache zu widmen. So blieb mir nichts anderes übrig, als ruhig nachzudenken. Schließlich suchte ich von dem Punkt aus, wo sie gefallen war, in immer größer werdenden Kreisen. Das Gelände bot einer kranken Schnepfe wenig Deckung, so daß ich flott meine Kreise erweiterte. Ich dachte bereits an allmögliche Zufälle und Eventualitäten und ermunterte immer wieder den Hund, der die Angelegenheit aber eher aus seinem Gedächtnis streichen wollte. Dennoch gelang es ihm wieder einmal, die Nachsuche für sich zu entscheiden. Aber eine Bracke ist kein ausgefuchster Verlorenbringer, sie ließ den kranken Schnepf aus, und der Entkommene strich flach über den Erdboden fort.

Mir fiel gleich die verkrampfte Haltung des Stechers auf. Ich konnte keinen Schuß anbringen, verfolgte aber den Flug des Vogels, der den Bergrücken hinabstrich und in der Senke einfiel. Über diese Wendung der Dinge war ich nicht begeistert, war aber auch keineswegs bereit, die Schnepfe aufzugeben. Ich holte einen benachbarten Jäger, der einen Kurzhaar führte. Seinen Hund kannte ich als sicheren Verlorenbringer auf der Entenjagd. Auf ihm ruhten nun meine ganzen Hoffnungen. Ich wies den Hundeführer so genau es ging ein und postierte mich auf der gegenüberliegenden Seite des schmalen Buschstreifens. Es dauerte nicht lange, der Hund stand vor und stieß wenig später eine Schnepfe heraus. Es war unzweifelhaft die kranke, der Freund schoß, und wenig später hatte der Kurzhaar den Vogel apportiert. Nun fanden wir des Rätsels Lösung: Eines meiner feinen Schrotkörner hatte den unteren Teil des Stechers gespalten. Diese Verletzung mußte tatsächlich genügt haben, daß die Schnepfe wie tödlich getroffen zu Boden fiel. Hätte sie noch andere Schrote gehabt, wäre sie wahrscheinlich nicht noch zweimal vor dem Hund hochgeworden. Dazu wurde sie sicherlich schon einmal am Abend von meiner nachsuchenden Bracke aufgestöbert, aber warum fiel sie gleich in der Nähe wieder ein und hielt dort bis zum nächsten Morgen aus? – Wohl nicht zu Unrecht behaupten viele Jäger, daß die getroffene Schnepfe immer am Platz bleibt.

Über alle Beobachtungen und Erlebnisse um die Schnepfen habe ich Buch geführt, wie über jeden Abend und Morgen, den ich ihretwegen unterwegs gewesen bin. Mein Buch wird dem des Schnepfenwirtes in manchem ähneln. Mit Daten und Vermerken über Witterungsverhältnisse und dererlei bin ich sicherlich genauer gewesen, doch ist meine Hand bei den Eintragungen auch nie so alkoholbeschwert gewesen wie die seine. Für Ausnahmen will ich mich nicht verbürgen.

Wenn ich das inzwischen recht umfangreiche Buch durchblättere, meinen

Vermerken über einen späten Kälteeinbruch Mitte März, der einen Strich ausfallen ließ, und dann einer Notiz über „Mengen von balzenden Schnepfen" bei Sturm und Graupelschauer folge und daraus Schlüsse ziehe, sehe ich, wie das Interesse an der Beobachtung gereift ist. So unabdingbar Schuß und Beute auf der Jagd sind, so sehr lebt der Schnepfenstrich von dem Beiwerk. Aus den Zeilen meiner Aufzeichnungen spricht kein schwereloser Heiliger oder einer, den gute Vorsätze und Selbstzucht verklärt haben. Jäger bleibt Jäger, aber je mehr er mit allen Sinnen, Haut und Haaren seinem Stern folgt, um so mehr weiß er, daß hinter der Beute nur die Sehnsucht schlummert. Frühling! – Sommer, Herbst und Winter gehen ineinander über und sind mit ihrem Kommen und Gehen unseren Empfindungen entfernter. Ihn dagegen, Beginn und Anfang, wünschen wir als Jahreszeit herbei! Wir kennen den Ablauf seines Kommens, wir wissen um seine Zeichen, seine Boten, sein Erwachen, wir erwarten dies in der Vorfreude der sich wiederholenden Dinge, deren Ablauf uns bis ins kleinste vertraut ist. Wir empfangen des Frühlings Wiederkehr, Heimkehr und Einkehr mit offenem Herzen und begehen jedes Jahr aufs neue mit ihm die Wiedergeburt der Natur – und auch unsere eigene. Das ist Schnepfenstrich.

Mitte April war es geworden. Noch für ein kurzes Wochenende wollte ich meinem Schnepfenbekenntnis folgen und fuhr in den Schwarzwald. In der milden Rheinebene ergrünte schon der Wald, aber mit jedem Meter, den ich höher hinauf kam, fiel die Natur in ihre braune Leblosigkeit zurück. Was sollte ich dort oben zwischen Schneeresten, während unten die Gärten blühten? Ich fragte es mich, als ich den Hof erreichte und die Nebel brauten. Der naßkalte Tag lud eher zu einem gemütlichen vorgezogenen Dämmerschoppen bei Frau Wirtin, statt die Stiefel anzuziehen, die Kotze umzuhängen und den Weg zum Schnepfenanstand hinaufzusteigen. Weit war es allerdings nicht, und so entschloß ich mich zum löblichen Tun und verschob Frau Wirtin auf später. Als ich gestiefelt und gespornt aus der Haustür trat, wäre ich doch beinahe umgekehrt; denn zu alledem hatte es angefangen, in dicken Flocken zu schneien. Ohne viel Hoffnung, mehr aus Pflichterfüllung, stapfte ich los. Das alte Bauernhaus versank hinter mir im dichten Flockenwirbel. Der Schnee und die kalte Luft schlugen mir ins Gesicht, und ich schaute, daß ich über die steile Wiese hinauf zum Wald kam. Oben waren es nur ein paar Schritte zu meinem schon öfter erprobten Stand. Kein Vogel sang, dumpf und tot lag der Wald. Die Landschaft war wieder weiß geworden, nur unter den lichtstehenden, dichtbeasteten Fichten blieb der Waldboden aper. Die Stellen lagen wie dunkle Räder um die Bäume und wirkten wie ein Gemälde von Hell und Dunkel. Ihre Konturen verfeinerten sich im Schneefall, bis sie sich schließlich aufzulösen begannen.

Der Winter war zurückgekehrt und trieb mir die letzten Frühlingsahnungen aus, die ich noch haben mochte. Heute würde der Tag ohne Dämmerung in die Nacht übergehen. Als ich es dachte, und viel früher, als es meiner Meinung nach zulässig gewesen wäre, ertönte hinter mir ein wildes Puitzen. Ich drehte mich um; nicht weit über meinen Kopf hinweg strich im Zickzackflug, sich ausweichend und mit der nächsten Kehrtwendung wieder auf den anderen niederstoßend, ein Schnepfenpaar. Es war aber kein Pärchen im Balzflug, wie mir gleich unmißverständlich klar wurde, sondern es waren zwei wütend aufeinander losstechende Männchen; besser gesagt, der Verfolger versuchte, den Verfolgten von oben herab zu bearbeiten, und der wiederum trachtete, durch Haken dem anderen zu entgehen. So blitzschnell bewegte sich das Turnier, daß ich kaum mit den Blicken folgen konnte. Soviel Überlegung und Reaktion in der Bewegung wie bei diesem hitzigen Kampfspiel, das sich bald hoch, bald dicht über dem Boden dahinwendete, war erstaunlich. Dicht um die Bäume herum ging es weiter im spitzwinkligen Ausweichen von Hindernissen, um mit verblüffender Vehemenz und Gewandtheit den Strauß weiterzufechten; und zu alledem – es blieb mir kaum Zeit, das wahrzunehmen, ohne die beiden aus den Augen zu verlieren – kam hinterher, taumelnd oder tändelnd, nicht die hitzigen Bewegungen und Flugkünste mitmachend, sondern eher schwerelos dahinschwebend, die beiden anderen aber nie aus den Augen lassend, eine dritte Schnepfe. – Der Mensch ist immer geneigt, die Dinge in sein Denkschema einzuordnen: Das konnte nur eine Schnepfenschöne sein, die nicht unwillig zuschaute, wie sich ihretwegen zwei fesche Mannsbilder zum Duell treiben ließen, gleichzeitig aber von der Sorge befallen war, die Auseinandersetzung könnte zum Selbstzweck werden, womit ihr natürlich auch wieder nicht gedient war. Sie wollte die beiden lieber nicht aus den Augen lassen und folgte ihnen mit spielerischer Eleganz.

So plötzlich sie gekommen waren, so geschwind waren sie wie ein Spuk verschwunden. Schweigend lag wieder der Wald, die Nacht sank herein. Tief beglückt machte ich mich auf den Heimweg. Es schneite in dicken, schweren Flocken weiter. Als ich später bei Frau Wirtin und ihrem herben Wein saß, kehrten meine Gedanken zu dem Schnepfendreigestirn zurück. Ich fragte mich, wie wohl dieses Turnier geendet habe, von dem ich wie in einem Filmausschnitt eine kurze Szene als Zaungast miterlebt hatte.

Das Rätselhafte, das Mysteriöse lockt zu Erklärungsversuchen, verleitet zu Schlüssen aus den Beobachtungen, die man gemacht hat. Gerade die Schnepfe wird von diesem Schleier umgeben, wenn sie uns im Frühjahr für Augenblicke begegnet. Alles andere Wild, das wir bejagen, ist uns von seinen Gewohnheiten, seinem Lebensraum und seinen Bedürfnissen her mehr oder weniger ausreichend bekannt. Von dem anpassungsfähigen Reh, dem edlen Hochwild, dem wetterharten Gams und dem wehrhaften Schwarzwild, ja sogar von den Waldhühnern wissen wir mehr als von diesem kleinen Vogel. Er bleibt der flüchtige Gast, auf den man wartet wie auf ein heimkehrendes Kind, und der fortgeht wie ein Fremder ohne zu sagen, woher er kommt und wohin er geht. Vielleicht ist es auch ein wenig von diesem Fernsein, das mich immer wieder ausziehen lassen wird, nach ihm zu schauen, wenn die Bachstelzen da sind, und wenn der Milan kreist, und so lasse ich mich gerne zu dem Glauben und zu der Hoffnung verleiten, dem Vogel mit dem langen Gesicht ein wenig näherzukommen.

Wenn das beglückende Gefühl Gewißheit hat: Sie sind heuer wieder da, von weither gekommen – dann wird es Frühjahr. Wenn sie weitergezogen sind und dies eines Abends zur unumstößlichen Gewißheit wird, ist es so, als wenn der liebe Gast das Haus ohne ein tröstendes Wort des Abschieds verlassen hat. Doch dann blühen die Leberblümchen und die Schlüsselblumen, und den Waldboden überzieht ein grüner Schimmer. Nun weiß ich: es ist Frühling!

Intermezzo

In der Oper lassen sich mit einem Intermezzo – einem Zwischenspiel sozusagen – technisch bedingte Verzögerungen, wie die eines Bühnenumbaues, überbrücken. Aber lieber noch fügte ein Komponist so etwas ein, um den Zuhörer auf etwas Großes vorzubereiten, ihn einzustimmen auf das Besondere, das seiner im nächsten Akt wartet. Hin und wieder gewann ein solches Intermezzo mit seinen schwungvollen Melodien eigenes Leben und wurde gar zu einem Gassenhauer.

Mein Taubenjagen kommt mir ähnlich vor. Es liegt eingebettet zwischen den großen jagdlichen Frühlingsereignissen um die Schnepfen und die Hahnen. Es stimmt mich aber nicht mehr nur auf die Hahnenfalz und das sie umgebende Hochgefühl ein; aus dem ursprünglichen „Zwischenspiel" ist längst ein „jagdlicher Schlager" geworden.

Meine Liebe zur Taubenjagd begann in England. Als meine Eltern mich als Jungen zu Freunden aufs Land schickten, war ihr Gedanke, so meine Sprachkenntnisse aufzubessern. Hätten sie ahnen sollen, daß ich – kaum im fremden Land angekommen – die jagdlichen Möglichkeiten zu sondieren begann?

Es bedurfte keines gewaltigen Spürsinns herauszufinden, was es zu jagen gab: natürlich Tauben, überall Tauben, wohin ich nur schaute. Eine Flinte hatte ich mir bald organisiert; es war eine alte Hahnflinte, bei der der rechte Hahn fehlte. Ich dachte mir nicht viel dabei, ein Schuß würde schon reichen.

Am erfolgversprechendsten erschien mir der Abendeinfall, beziehungsweise der Anstand unter den Schlafbäumen; ich hatte schnell einen aussichtsreichen Platz gefunden. Schon am nächsten Nachmittag postierte ich mich dort. Bald fielen einige Tauben ein, später kamen ganze Flüge, so daß ich in meinem Versteck unwillkürlich den Kopf einzog. Als völlig ungeübter Flugwildschütze hütete ich mich natürlich, meinen einen Lauf auf eine streichende Taube zu verfeuern. Ich wollte die Chance nicht durch einen „leichtsinnigen" Schuß verpatzen. So wartete ich, bis sich eine in guter Distanz einschwang – es waren ja genügend da –, und schoß dann meine Hahnflinte ab, nachdem ich über die tiefe Laufschiene wohl gezielt hatte. Ich konnte es nicht glauben, die Taube erhob sich, mit ihr die anderen, überall wurde es lebendig, sie gewannen mit klatschendem Schwingenschlag Höhe, vereinigten sich zu Flügen, kreisten noch einmal und bogen ab. Wie entdeckt stand ich dort, konnte mir meinen Fehlschuß nicht erklären und wollte eigentlich betrübt und ärgerlich nach Hause gehen. In dem Augenblick aber kamen die ersten Tauben zurück, fielen ein, dann mehr und mehr, einige in meiner Nähe, und noch einmal ließ ich meine zur Einläufigkeit degradierte Altengländerin sprechen – mit dem gleichen Erfolg. Lediglich einige Ästchen lösten sich vom Baum, und die Tauben strichen ab.

Mit der Verletzbarkeit des jungen Jägers im Herzen schlich ich mich davon, so als wäre mir ein Unheil schlimmsten Ausmaßes zugestoßen. Mit der ebenso großen Hartnäckigkeit des jungen Jägers ging ich aber der Sache auf den Grund. Am nächsten Morgen zog ich mit frisch gesammelten Kräften zu einer wichtigen Aufgabe hinaus; ich spannte eine Seite der „Times" – was aber nicht das Entscheidende war – auf, nahm dreißig Meter Abstand und zielte in die Mitte des Blattes. Damit war des Rätsels Lösung gefunden. Was ein erfahrener Schütze gleich gewußt oder zumindest ausprobiert hätte, zeigte sich nun schwarz auf weiß – oder besser: Loch in Loch – auch mir. Die Garbe der extrem eng schießenden Flinte lag gut einen halben Meter zu tief.

Mit dieser Erkenntnis ging ich wohlgemut am Abend zu meinem Anstand. Die Tauben kamen, fielen in Schußnähe ein, ich suchte mir eine sichere aus, merkte mir einen Ast, der mir einen Haltepunkt einen halben Meter über meinem Opfer bot, hob die schwerfällige, aber nun mit größter Hoffnung beladene Flintendame, bezielte den Ast und drückte ab. Wie vom Hammer getroffen fiel die Taube herab.

Das war der Anfang auf dem Wege zum „pigeon-shooter". Meine Strecke war anfangs klein; drei brachte ich am nächsten Tag, aber zumindest ließ sich ein Essen davon bereiten.

Bald erkannten meine reizenden Gastgeber die Ernsthaftigkeit, mit der ich dieser Beschäftigung huldigte, und schienen mir ihrerseits froh zu sein, den schweigsamen deutschen Jungen beschäftigt zu wissen.

Meine Strecken wuchsen; die Küche meldete bereits Schwierigkeiten mit der Verwertung. Dies war als um so gravierender anzusehen, da die Engländer Meister in der abwechslungsreichen Zubereitung der Tauben sind. Sie servieren das aromatische, wohlschmeckende Wildbret, das auch äußerst gehaltvoll ist und schnell sättigt, in vielen verschiedenen Arten. Unter anderem richten sie einen sehr guten „pigeon-pie", für den ich größten Appetit zeigte und der mir oft genug von der bemühten Köchin aufgetischt wurde. Nicht nur meine „Pie-Kapazitäten" neigten sich, auch die übrige Familie war meinen Anlieferungen nicht mehr gewachsen. Um so verwunderlicher und um so großzügiger war daher das Angebot des Hausherren zu werten, mit dem er mir seine Doppelflinte zur Verfügung stellte. Zur Abrundung der Ausrüstung bot er mir eine kleine Kipplaufbüchse an, ein sogenanntes „rook-rifle", in .22 long mit einem zweieinhalbfachen Glase.

Ich war mit dieser Verbesserung höchst zufrieden und beschloß, für meine Ausflüge über Tage die kleine Büchse zu nehmen, wenn es galt, die in irgendwelchen Eichen erspähten Tauben anzubirschen, die dort ihre Siesta verbrachten. Hier bot natürlich die weiter tragende Kugel gegenüber der Schrotgarbe einen Vorteil.

Dieses Mal versäumte ich es aber nicht, zuerst einen Probeschuß abzugeben. Auch die Doppelflinte testete ich in der bewährten Art und Weise, nämlich mit einer Seite der „Times". In beiden Fällen hätte ich mir die Mühe sparen können; wie konnte es anders sein, das Ergebnis fiel zu meiner größten Zufriedenheit aus. Die Schrote beider Läufe lagen ohne Ausreißer in der Mitte der Zeitung. Mehr aus Neugierde als aus Interesse warf ich einen kurzen Blick auf den Hersteller dieser mir als sehr angenehm erscheinenden Flinte. Ich las: „Holland & Holland, New Bond Street"! – New Bond Street kannte ich, Holland & Holland sagte mir nichts. Nun gut, das tat wenig zur Sache.

Ich weiß nicht, welcher Fügungen und Verführungen des Lebens es bedurfte, daß aus mir ein Gewehrfetischist geworden ist, eine Erscheinung, die meine Frau, den Hund und mich schon an das Hungertuch hätte bringen können. Doch damals war ich von diesem Laster noch frei, ahnte von alledem auch nichts und war unbefleckt wie der tumbe Tor. Hätte ich aber gespürt, was einst aus mir werden würde, ich wäre vor dieser Flinte in die Knie gesunken.

Besonders reizte mich der zweite Schrotlauf. Bei meinem abendlichen Anstand unter den Schlafbäumen schoß ich nach wie vor die erste Taube im Sitzen, versuchte aber, mit dem linken Lauf noch auf eine abstreichende fertig zu werden. Patronen gab es genug, das hatte ich bereits mit kundigem Auge ergründet, so daß ich mir beruhigt diesen erhöhten Verbrauch leisten konnte.

Nichts motiviert mehr als der Erfolg. Gleich bei einem meiner ersten Versuche fiel das Opfer – wohl von einem verirrten Randkorn getroffen – geflügelt zu Boden. Damit tat sich mir eine neue Welt auf und zugleich ungeahnte Möglichkeiten. Wenn ich diese Technik, sprich mein Flugwildschießen, verbessern könnte, ließen sich vielleicht Strecken erzielen, von denen ich bisher nicht einmal geträumt hatte. Im Hause gab es eine alte Wurftaubenmaschine, die leicht mit ein paar Tropfen Öl in Gang gebracht war. Tontauben waren auch vorhanden, so daß einem ersten Versuch nichts im Wege stand.

Ich merkte aber gleich, daß ich Hilfe brauchte; die Maschine auslösen, zum Gewehr greifen und schießen wäre eine Aufgabe für einen Varietéschützen gewesen, aber nicht für einen blutigen Anfänger. So sann ich auf Abhilfe und fand einen Jungen von der Farm, der – ohne größere Entschädigungsleistungen zu beanspruchen – die Bedienung der Maschine übernahm.

Meine Gastgeber waren glücklich, mich glücklich zu sehen, freuten sich sogar über die instandgebrachte, längst für untauglich gehaltene Wurfmaschine, und im Nu war ein kleines Tontaubenschießen im Gange. Der Hausherr erwies sich als ein ausgezeichneter Flintenschütze, der sich meiner verständnisvoll annahm und mir mit ein paar grundsätzlichen Ratschlägen zu den ersten reellen Treffern verhalf.

Die nächste Zeit war mit fleißiger Übung ausgefüllt. Mein Schießen wurde deutlich besser, und ich kehrte mit neuen Erkenntnissen versehen zu meinem Taubenplatz zurück. Ich suchte mir nun nicht mehr ein Versteck, sondern postierte mich an einer günstigen Stelle, von der aus ich gutes Schußfeld auf anstreichende Tauben hatte. Ich durchkostete alle Höhen und Tiefen wie ein Lehrling, der sich nach einigen Treffern auf dem Wege der Meisterschaft sieht und den die nächsten Fehlschüsse wieder schmerzlich an seine Unzulänglichkeit gemahnen. Dennoch ging es vorwärts, und die Strecken wuchsen!

Nichts ist einem Wild unangenehmer als eine ständige Bejagung, das wußte ich bereits von meinen frühen durchorganisierten Spatzenjagden her. Eine bescheidene Anfrage bei zwei angrenzenden Farmen bescherte mir die Erlaubnis zur Taubenjagd. So hatte ich mein Jagdgebiet erweitert, und es dauerte nicht lange, bis ich es auf seine Möglichkeiten hin sondiert hatte. Ich entdeckte Felder, auf denen die Tauben nach der Frühjahrsbestellung besonders gerne zur Äsung einfielen. Dort baute ich kleine Schirme, die ich in guter Deckung erreichen und in denen ich die heranstreichenden Flüge erwarten konnte.

Ich lernte sehr bald den Rhythmus dieser Vögel kennen und machte die Beobachtung, daß sie nach einem Schuß etwa alle zwanzig Minuten wiederkamen. Die erste rückkehrende Taube mochte Kundschafterdienste erfüllen. Wenn ich sie nicht beschoß, dauerte es keine zwei oder drei Minuten, bis oder sogar mehrere Flüge folgten.

Diesem Effekt hoffte ich ein wenig mit aufgestellten Locktauben nachhelfen zu können. Anfangs verwandte ich geschossene Tauben, die ich auf dem Feld aufpflanzte, oder später auch spezielle Attrappen, die sich mit Schnüren in die Bäume hinaufziehen ließen. Trotz eifriger Mühen hatte ich aber keinen großen Erfolg damit, und so verlegte ich mich wieder auf mein zwanzigminütiges geduldiges Warten. Erst später lernte ich, daß man die Locktauben entsprechend der natürlichen Verhaltensweise der Vögel gegen den Wind ausrichten muß.

Über die Ergiebigkeit der neuen Jagdgründe brauchte ich mich nicht zu beschweren. Zu Beginn erntete ich Lob und Dank, wenn ich die geschossenen Tauben bei den Farmern ablieferte. Bald stellte sich auch dort die schon bei meinen Gastgebern beobachtete Taubenmüdigkeit beziehungsweise Taubenappetitlosigkeit ein. Ich mußte mich nach neuen Absatzmöglichkeiten umschauen.

Sie ergaben sich über den Jungen, der mir schon beim Tontaubenschießen nützliche Dienste geleistet hatte. Er nahm die geschossenen Vögel gerne, und ich wunderte mich bald über seine Kapazitäten. Ein Licht ging mir aber erst auf, als er mir – sozusagen als Gentleman – eine finanzielle Beteiligung anbot. Die Tauben fanden nämlich, wie sich jetzt herausstellte, den Weg über einen „Zwischenhändler" zu dem zweimal wöchentlich stattfindenden Markt im übernächsten Ort. Anfangs erschien mir dieses Angebot als äußerst unseriös; ich jagte doch nicht des Geldes wegen! Aber einige Tage später veranlaßte mich eine besorgniserregende Feststellung, von mir aus das Gespräch auf dieses Thema zu bringen. Der anfangs mir unerschöpflich erschienene Patronenvorrat neigte sich bedenklich dem Ende zu. Diesen eventuell zu erwartenden Anforderungen war mein Budget auf keinen Fall gewachsen. Meine Eltern ahnten nichts von meinem Tun. Es wäre der Sache auch keineswegs zuträglich gewesen. Meine liquiden Mittel waren den eigentlich nicht vorhandenen Bedürfnissen eines Fünfzehnjährigen angepaßt, der bei Freunden in großzügigen Verhältnissen lebt. Das bedeutete ein Taschengeld für Porto und höchstens genug, um einem Museumsbesuch in London oder Ähnlichem gerecht zu werden. Wie sollte ich also davon Munitionskosten bestreiten?

Das Problem löste sich auf wunderbare Weise. Eines Tages war an die Stelle der beinahe leeren Kiste eine neue gerückt mit vielen Schachteln Patronen. – Mein Deal auf der anderen Seite lief bereits, und so sah ich, wie sich mein Reiseportemonnaie sogar füllte statt leerte.

Gleiches konnte ich von meinen Jagdgebieten nicht behaupten. Die Trauben oder Tauben hingen nicht mehr so tief wie zu Beginn. Die zunehmende Vorsicht und Scheu des Wildes drückte sichtlich auf meine Strecken. Mir kam daher das Angebot oder die Einladung eines befreundeten Farmers einige zehn Meilen entfernt gerade recht, bei ihm den „pigeonshooter" zu machen. Nichts lieber als das. Es mußte nur der Transfer geregelt werden. Ich dachte bereits an ein Fahrrad, als sich meine rührende Gastgeberin erbot, mich morgens hinzufahren; der dankbare, taubenerleichterte Farmer schätzte sich glücklich, mich abends wieder nach Hause zu bringen. Erst jetzt begriff ich wirklich, daß die Taube hier zur Plage geworden war und besonders im Winter oder später auf der frischen Saat starken Schaden anrichtete. Ich erfuhr von professionellen Taubenschießern, die von Farm zu Farm ziehen, sich teuer bezahlen lassen, und manchmal tatsächlich zweihundertfünfzig Tauben oder gar mehr an einem Tag erlegen. Meine beste Tagesstrecke betrug natürlich nicht einen Bruchteil davon, aber ich lernte, mit der Flinte umzugehen.

Nach vier Monaten kehrte ich nach Hause zurück und hatte mein Englisch partiell aufgebessert; so konnte ich mich fließend über Taubenjagden und dergleichen unterhalten. Davon profitierten natürlich mein Schulenglisch und die Zeugniszensur weniger. Viel wichtiger aber war, ich hatte gejagt, hatte mich in einem anderen Land wohl gefühlt und war dem Flintenschießen und der Taubenjagd nähergekommen.

Von da an kam ich immer wieder nach England und freute mich jedesmal aufs neue an dieser Jagd. Mit der Intensität von damals und der beglückenden Ausschließlichkeit habe ich sie allerdings nicht mehr betrieben.

Obwohl mir der Schuß auf die streichende Taube sehr lieb ist und ich große Freude daran habe, haben sich meine frühlingshaften Taubenjagden in hiesigen Gefilden ganz auf die Birsch und das Beschleichen des gurrenden Taubers verlagert. Für die Spannung und Freude dieser aufregenden Jagd verzichte ich gerne auf den schnellen Schrotschuß. Nicht zu Unrecht wird der Tauber „der Auerhahn des kleinen Mannes" genannt. Eine Prise vom Hahnenjagern kann man sich hier im „Zwischenspiel" schon holen, aber nur, wer sich seine Sporen bereits verdient hat, wird den vorsichtigen Tauber überlisten. Nicht umsonst trifft das, was man dem Spielhahn nachsagt, auch für die Taube zu: auf jeder Feder ein Auge. Nicht nur das Auge, auch ihr Mißtrauen, von stadtnahen Gebieten vielleicht einmal abgesehen, ist groß und läßt sie in dem heranschleichenden Zweibein schnell den Feind erkennen.

In den oberhessischen Revieren meldeten die Tauben bereits an milden Märztagen, so daß sich leicht im Anschluß an den Morgenanstand auf die Schnepfen ein solcher Birschgang anschließen ließ. Hier in meinem Münchener Revier sind die Tauben lange nicht so zahlreich, kommen in der Regel erst Ende März aus niederen Gebieten hergezogen und melden – die Hahnenjäger mögen mir verzeihen – rufen erst an schönen, sonnigen Apriltagen.

Ich habe mir eigens eine kleine, ältere Hahnbüchsflinte herrichten lassen – allerdings nicht, um damit an die ersten Versuche mit der Altengländerin anzuknüpfen! Der großkalibrige Kugellauf wurde ausgebohrt und ein Futterlauf in .22 Hornet hineingesetzt. Das Gewehr stammt aus den zwanziger Jahren, ist liebevoll bis ins Detail von einem Ferlacher Meister gefertigt und entspricht so ganz dieser kleinen, aber feinen Jagd. Der Moderne, aber auch den praktischen Anforderungen habe ich mit einem vierfachen Zielfernrohr Rechnung getragen.

Bei klarem Wetter bin ich vor Sonnenaufgang draußen. Die eine oder andere Taube meldet bereits ums Hellwerden. Wenn dann nach Sonnenaufgang der Tauber sich richtig eingespielt hat, und wenn gleichmäßig und zuverlässig sein melodisches Rufen zu mir her klingt, mache ich mich mit raschen und nicht übervorsichtigen Schritten auf den Weg. Den ungefähren Standpunkt habe ich mir leicht gemerkt, und so dauert es nicht lange, bis er schon ganz in meiner Nähe zu hören ist. Jetzt wird es spannend. Zu meinem Leidwesen bevorzugt er für seine morgendlichen Arien die dichten Nadelbäume. Aber auch mir bieten sie Schutz. Schlecht ergeht es mir, wenn er noch von seinem Schlafast aus meldet. Ihn dort in dem dichten Nadelwerk zu entdecken, fällt äußerst schwer, aber manchmal kommt mir der Zufall zu Hilfe. Der Tauber überstellt sich, um sich auf einem sonnenbeschienenen Wipfel einzuschwingen oder vielleicht nur, um sich die Nachtschwere aus den Schwingen zu schlagen. So verrät er zuweilen seinen Standort.

Immer wieder und jedesmal aufs neue durchzuckt es mich in kindlich wilder Freude, wenn ich nach langer Anschleicharbeit den in der Morgensonne türkisblau leuchtenden Vogel entdeckt habe. Alle Abgeklärtheit des reiferen Jägers muß ich zusammennehmen, um nicht jetzt noch durch eine fiebrige Unbesonnenheit alles zu verderben. Steht aber einmal das Fadenkreuz des kleinen Glases ruhig auf der blitzenden Brust des versonnenen Vogels, sind alle Sinne in mir wach. Wenn er dann auf den trockenen Knall hin vom Ast kippt, ein-, zweimal in den Ästen anstreifend auf dem Boden aufschlägt, ist alle Spannung von mir gewichen, und ich möchte hinzueilen wie der unbelastete Mensch, der nur Jäger ist.

Eine kleine große Beute! Zwei, vielleicht drei, nur selten, wenn die Gelegenheit einmal ganz günstig ist, auch mehr – das ist mein Frühlingsmorgenpensum. Höchst zufrieden betrachte ich dann meine kleine Strecke, die mir so lieb ist. Um den Sinn für das Praktische nicht zu verlieren sowie der Bitte und dem Rat der Hausfrau eingedenk, rupfe ich die Tauben, was hier und jetzt eine geschwinde Angelegenheit ist. Ich riskiere allerdings damit, daß später ein zufällig des Weges daherkommender Wanderer die Stelle eher für die Walstatt hält, an der Falke, Habicht und Marder zusammen ihr Taubenmahl gehalten haben.

Auch einem Fuchs schien einmal ein solcher Platz, an dem ich am Vortage drei Tauben gerupft und ausgenommen hatte, einige Köstlichkeiten zu verheißen. Obwohl ich keineswegs leise in dem raschelnden Laub herangebirscht war, hatte er nichts von mir bemerkt und revidierte genüßlich den

Ort. Einige Federn hingen ihm um den Fang, und wie ein Hund, dem etwas an den Lefzen klebt, schnappte er ärgerlich in der Luft danach. Er sollte eigentlich bei seinem Speisezettel mit Federn umgehen können, dachte ich bei mir. Ich schaute ihm zu, bis er seine Mahlzeit beendet hatte und in Richtung auf die Felder fortschnürte.

Ein Tauber hatte inzwischen einige Male gerufen, und ich begann mit meiner Jagd. Ich war dem melodischen Gurren recht nahe gekommen, verdrehte meinen Kopf nach dem Rufer, als ich merkte, wie mein Hund zum Feld windete. Vorsichtig, die Taube nicht außer acht lassend, machte ich zwei Schritte, um durch die Randbüsche auf die Wiesen schauen zu können. Fünf Rehe ästen dort, und mitten unter ihnen mauste ein Fuchs, wahrscheinlich mein Taubenspezialist von eben. Keiner störte den anderen, und friedlich gingen sie ihren verschiedenen Geschmäckern nach. Ein älterer Bock, der bereits verfegt hatte, war dabei. Einen kurzen Blick wagte ich, erinnerte mich dann aber wieder meiner Taube. Sie machte eine Pause, und ich mußte fürchten, daß sie vielleicht doch eine Bewegung von mir erspäht hatte. Ich blieb ruhig stehen und wartete auf das nächste Rufen. Es kam nicht, statt dessen wurden die Rehe plötzlich flüchtig. Ich dachte an einen frühen Bauern, aber Reineke mauste weiter, und im gleichen Augenblick erschien ein zweiter, sehr viel stärkerer Fuchs. Die beiden kannten sich wohl; denn ohne Notiz voneinander zu nehmen, widmete sich nun jeder der Mäusejagd.

Genau wie den Rehen zwei Rote zuviel waren, so fühlte sich meine Taube durch das abspringende Wild gestört. Doch das half mir. Sie flatterte aus ihrem dichten Fichtengeäst und landete auf einem niederen Ast. Vorsichtig hob ich die kleine Hahnbüchsflinte, und wenig später unterbrach ich mit einem Schuß jäh die Stille des Morgens – und wohl auch die Mäusejagd der beiden Füchse.

Aber nicht deshalb glaubte ich mich in der Schuld Reinekes. Aus einem anderen Grunde rupfte ich gleich die Taube an Ort und Stelle und hakte sie aus: Ich wollte meinen Obolus an den entrichten, der mir zu meiner Beute verholfen hatte.

Als ich meine zweite Dachsbracke gerade bekommen hatte, führte einer unserer ersten gemeinsamen Reviergänge zu den Tauben. Man möge mir verzeihen, ich weiß, daß Taubenjagen kein Hintergrund und kein geeignetes Arbeitsfeld für einen späteren Schweißhund ist! Geschadet hat es bisher wohl keinem meiner Hunde, und besser ist es allemal, als zu Hause zu sitzen. Daher nahm ich gerne den gut drei Monate alten Hund mit, der sich so gelehrig und bedachtsam gezeigt hatte, wie ich es vorher oder auch später bei keinem Welpen erlebt habe. Mit der lieben Zeichnung des Vieräugels sah er schon als junger Hund so gescheit und gereift aus, daß ich mich über die

Ernsthaftigkeit seines Wesens in keiner Weise wunderte. Seine Eltern waren ausgezeichnete Hunde. Besonders die Hündin war mir durch ihre erstaunliche Ruhe aufgefallen, als ich sie auf einer schwierigen Nachsuche beobachten konnte. Sie hatte damals gleich mein Herz gewonnen, und ich nutzte dann gerne ein Jahr später die Gelegenheit, einen Welpen von ihr zu nehmen. Das wurde wohl der beste Hund, den ich je gehabt habe. Leider kam er viel zu früh und auf traurige Weise ums Leben. Wir hatten uns so schnell aneinander gewöhnt; die ihm mit Futterschleppen gestellten Aufgaben erledigte er so, daß ich sein Lachen darüber zu hören glaubte.

An einem ruhigen Sonnenmorgen machten wir uns beide voller Erwartung auf den Weg. Obwohl es einer jener „Ideal-Morgen" war, an denen alles zu stimmen scheint und von denen man sich so viel erhofft, riefen die Tauben schlecht. Ich gab mich heute aber nicht so schnell geschlagen, kramte meine Taubenlocke aus dem Rucksack und blies mehr schlecht als recht meine Melodie. Ich tue mich mit jeder Imitation von Tierstimmen schwer; beim Fuchsreizen, beim Hirschruf, besonders aber beim Haselhahnspissen merke ich die Unzulänglichkeit meines Gehöres. Damals allerdings mochte mein Taubengerufe gar nicht so übel geklungen haben, denn ohne viel Federlesens strich eine Taube heran und baumte schräg über mir auf. Ich rührte keine Wimper, schielte nach einer Weile vorsichtig zu ihr hinauf und hob dann, als sie die Gegend abgeäugt und sich beruhigt hatte, langsam das Gewehr. Auf den Schuß aus dem glatten Rohr kam sie wie tödlich getroffen herab. Ich war mir meiner Beute sicher.

Im selben Augenblick strich eine zweite Taube hinzu. Der Knall mochte sie aufgescheucht haben, und die Richtung mißdeutend fiel sie hier ein. Oder hatte sie doch noch mein Rufen im Ohr? Das wäre für mich der Ehre zuviel gewesen. Ich hatte zu solchen Überlegungen aber keine Zeit, sondern versuchte, möglichst gedeckt den nächsten Baum zu erreichen. Es klappte, der Schuß fiel, und die Taube kam weich geschossen flatternd herunter. Ich lief sogleich hinzu, aber es dauerte doch einige Zeit, bis ich mich endlich der zuerst geschossenen zuwenden konnte. Aber statt der Taube fand ich nur einige kleine Federn. Erschrocken machte ich mir Vorwürfe, nicht aufgepaßt zu haben. Ich war ein wenig tiefer gestanden und hatte so hier den Waldboden nicht einsehen können. Mit einem Male fiel der Hund, der frei bei Fuß ging, eine Spur an, schaute mich halb fragend, halb auffordernd an und suchte langsam über den Waldboden. Ich folgte ihm, und meine Ahnung wurde bestätigt, als wir eine Feder als „Birschzeichen" fanden. Sicher hatten wir schon gute hundert Meter zurückgelegt, als er seine Nase in ein Gestrüpp steckte; gleich darauf kam auf der anderen Seite flatternd und laufend die Taube heraus. Ehe ich mich's versah, hatte er sie geschwind gefangen und knautschte auf ihr herum. Als ordentlicher Waidmann und zum großen Leidwesen des Hundchens bereitete ich der Sache ein schnelles Ende. Als Entschädigung für die abgenommene Taube und zur Belohnung gab es dann aber ein riesiges Lob. Mit stolzgeschwellter Brust, der Hund sichtlich über sich und noch sichtlicher ich über den Hund, zogen wir unseres Weges.

Es war schon Ende April geworden, der Wald ergrünte bereits, und damit neigte sich mein kleines jagdliches Frühlings-Intermezzo um die Tauben dem Ende zu. So eingestimmt mag sich nun der Vorhang zu dem zweiten großen Akt und zu dem Höhepunkt des Frühlings heben: zu dem Reigen um die Auerhahnen.

Dort, wo ich ihnen alljährlich lausche, hat jetzt erst der Schnee begonnen zu weichen. An den Morgen ertönt nun das merkwürdige weltabgewandte Lied und kündet vom Frühling in den Bergen.

Höhepunkt

Manchem Leser mag heute ein Kapitel mit einer ausführlichen Schilderung der Auerhahnjagd unzeitgemäß erscheinen. Der Bestand der Waldhühner ist in Deutschland und Österreich sowie den meisten anderen Ländern ihres westeuropäischen Vorkommens rückläufig. Der Rückgang hat sich besonders in den letzten zwanzig Jahren besorgniserregend verstärkt.
Diese Entwicklung hat Interessengemeinschaften auf den Plan gerufen. Sie haben versucht, die Gründe näher zu erforschen und die noch bestehenden Bestände durch Erhaltung eines geeigneten Lebensraumes zu sichern. Mancherorts wurde sogar der Versuch der Wiedereinbürgerung unternommen. Diese Initiativen sind in nicht wenigen Fällen von Jägern in Zusammenarbeit mit dem zuständigen Landesjagdverband und von speziellen Gruppen des Vogelschutzes ausgegangen.

Jagd bedeutet Hege, aber Hege bedeutet auch Jagd! So ist es notwendig, das Interesse des Jägers an den Waldhühnern zu festigen und sie seinem Gesichts- und Gedankenkreis zu erhalten. Sollten die Waldhühner aus dem Kreise des jagdbaren Wildes herausgelöst werden, würde eine treibende Kraft zur Erhaltung dieser Wildart verlorengehen. Notwendige Hegemaßnahmen wie die der Raubzeugbejagung und andere Maßnahmen, auf die ich noch näher zu sprechen komme, würden zwangsläufig unterbleiben. Ferner würde die Bereitschaft zu ideellem und materiellem Engagement erheblich verringert. Nicht zuletzt davon wird es abhängen, ob die Waldhühner unserer Kulturlandschaft erhalten bleiben.

Mit meinen sehr persönlichen Schilderungen möchte ich nicht beanspruchen, für die Waldhühner, ihre Erhaltung und ihre Jagd eine Bresche zu schlagen. Aber vielleicht werden mir die Jäger gerne folgen, die schon einmal das Lied des Großen oder Kleinen Hahns gehört haben, vielleicht sogar auch auf ihn waidwerken konnten, wie auch die, die sich glücklich schätzen, heute noch einen Bestand dieses Wildes im eigenen Revier zu haben. Vielleicht gelingt es mir auch, ein wenig von dem Zauber der Hahnenfalz den Jägern mitzuteilen, die bisher nicht das Glück hatten, den Hahnenfrühling zu erleben.

Kein anderes Wild hat mich schon frühzeitig so fasziniert wie der Auerhahn. – Meine Eltern waren mit mir als kleinem Jungen oft in einem Schloß zu

Gast. Dort hing über dem hohen Portal ein ausgestopfter Auerhahn. Beinahe jedesmal, wenn ich durch die Türe ging, blieb ich stehen und schaute versonnen zu dem großen Vogel in der eigenartigen Stellung hinauf. Ich fragte nach dem merkwürdigen Tier, das meine Aufmerksamkeit und Phantasie so erregte, und bekam Antworten, die meine Neugierde noch mehr anstachelten. Später blieben kein Jagdbuch und keine Schilderung über die Auerhahnen ungelesen. Es sollte aber noch einige Zeit vergehen, bis ich meinen ersten richtigen Auerhahn zu Gesicht bekam. Natürlich, wie so oft im Leben, widerfuhr mir dieses Erlebnis, das ich schon längst herbeigesehnt hatte, in einem Augenblick, in dem ich am wenigsten daran gedacht hatte. Mit riesigem Getöse, das mich beinahe zu Tode erschrecken ließ, ritt ein Hahn vor mir aus einer niederen Kiefer ab, als ich als Schüler eines Internates die Wälder des südlichen Schwarzwaldes durchstreifte. Wenig später fand ich dort großzügigen jagdlichen Anschluß und bekam auch reichlich Gelegenheit, Auerwild zu beobachten.

Inzwischen habe ich einige Hahnenreviere kennenlernen können. Die meisten sind in Österreich, im besonderen in der Steiermark. In ihrem östlichsten Teil liegt auch das Gebiet, von dem hier in der Hauptsache die Rede sein wird und aus dem wohl die Mehrzahl meiner Beobachtungen stammt. Vor fast zwanzig Jahren kam ich das erste Mal mit den ganzen Hoffnungen und Erwartungen eines jungen Hahnenjägers dorthin. Aus ihnen ist nach alljährlichen Besuchen eine Fülle von Erlebnissen geworden.

Die letzten Kilometer der Wegstrecke zu diesem Revier und zu dem kleinen Ort sind auch heute noch nur mit einem geländegängigen Wagen zu erreichen. Der örtliche Fremdenverkehrsverein bemüht sich, Touristen in die waldreiche Gegend zu locken. Ich sehe das natürlich mit anderen Augen und freue mich an dem unzerstörten und im großen und ganzen unverdorbenen Gebiet. Solange der Weg nicht gerichtet, geebnet, begradigt und geteert ist, wird sich nicht viel ändern. Bis heute scheint jedenfalls der liebe Gott meine Gebete erhört zu haben, und wenn ich mich nach längerer Abwesenheit mit dem vollgepackten Wagen die letzten Kilometer durch achstiefe Frostaufbrüche, Sand, Schotter und Schneereste hinaufwühle, weiß ich, dort oben ist die Welt in meinem Sinne noch in Ordnung.

Um die Jahrhundertwende erlebte dieser Ort seine jedes Jahr wiederkehrende hohe Zeit, wenn zur Hahnenfalz der Jagdherr mit seiner Familie, mit Dienern, Koch und Hauspersonal, einem Stapel von Koffern und Utensilien aus Wien anreiste. Die bis oben zugepackten Kutschen und Pferdewagen mühten sich den steilen Weg hinauf, der kaum schlechter als heute gewesen sein wird, mußten von zu Hilfe geeilten Bauern mit Pferden und Ochsen über den letzten Bergrücken gezogen werden und fuhren – von den Dorfbewohnern umringt und umjubelt – zum Jagdhaus. Dort waren bereits die Honoratioren angetreten, um die Herrschaft zu begrüßen. Die Waldtrommeln hatten sie längst gerufen und von dem Kommen und von jeder Station des Trosses berichtet. In den folgenden Tagen reisten die Jagdgäste an, wiederum mit Gattin, Zofen, Leibjäger, Kutschen und Kutschern; Herren mit wohlklingenden Namen und – wie das Gästebuch zu berichten weiß – eine Reihe der großen Jäger aus dem Österreich-Ungarn der damaligen Zeit.

Sie kamen zum Hahnenjagen, und viele von ihnen trafen sich alljährlich hier wieder. Trotz aller gesellschaftlichen Verpflichtungen, die ein solcher Rahmen mit sich brachte und die man natürlich besonders den begleitenden Damen gegenüber empfand, stand die Jagd an erster Stelle. Schon der Tages- beziehungsweise „Nachtlauf" des Hahnenjägers läßt bei jägerisch konsequenter Einteilung kaum eine andere Beschäftigung zu. Manche Kavaliere mußten mit ihrem ortskundigen Jäger bereits um ein Uhr morgens aufbrechen, um die weiter ab gelegenen Balzplätze beizeiten zu erreichen. Wenn auch kein steiler, schweißtreibender Anstieg in die Nacht hinein wie im Hochgebirge notwendig ist, so sind hier weite Entfernungen in dem ausgedehnten Mittelgebirgsrevier zurückzulegen. Holzwege gab es damals kaum, Straßen schon gar nicht, und eine Forstwirtschaft in unserem Sinne existierte nicht, die eine Aufschließung der Wälder hätte nötig erscheinen lassen. So blieb den Jägern nichts anderes übrig, als zu Fuß den Ort ihrer Wünsche zu erreichen. Wenn ich heute den Eintragungen des Schußbuches aus jener Zeit folge, mögen manche zwei, ja gar drei Stunden für eine Strecke unterwegs gewesen sein.

Am späteren Morgen kamen nach und nach die einzelnen Partien zurück. Bei einem ausgiebigen Frühstück wurden die Ereignisse und Erlebnisse beredet und die Strecke in Augenschein genommen. Es geschah selten, und es mußten schon höhere Gewalt, ein unwilliger Birschführer oder ein tölpelhafter Kavalier am Werke gewesen sein, daß einer der Jäger nicht zu Schuß gekommen war. Manche von ihnen hatten sogar zwei oder drei Hahnen erlegt.

Anschließend legten sich die müden Herren zu einem Schlummer nieder, um dann zu einem großen und ganz der Geselligkeit gewidmeten Mittagessen gerüstet zu sein. Das Jagdpersonal verpackte inzwischen die geschossenen Hahnen in Tachsen (Tannenreisig) und sandte sie per Post an die heimatliche Adresse des Erlegers. Nach dem Lunch blieb ein Stündchen für ein Geplauder, einen weiteren Nachschlummer, einen Spaziergang oder für ein kleines Zielschießen im Park, bis der Tee gereicht wurde. Anschließend wurde es schon wieder Zeit, zum Abendeinfall auszurücken. Es war und ist Sitte, die Hahnen abends nur zu verhören, dabei Pläne zu schmieden und sich einen Vorgeschmack auf den nächsten Morgen zu holen. Es lohnte sich natürlich nicht, die entfernten Balzplätze aufzusuchen, weil die Wegstrecke zuviel Zeit in Anspruch genommen hätte. So schlossen sich die davon betroffenen Herren den anderen an, verhörten an näher gelegenen Plätzen oder entdeckten sogar einen bisher nicht bekannten balzenden Auerhahn, der sich irgendwo einen einschichtigen Ort für seinen Liebesgesang gesucht hatte. Hierbei ließen sich manche auch gerne von den Damen begleiten, nahmen jägerische Rücksichten auf lange Kleider und enge Schuhe, wählten die bequemen Wege und genossen zweifach den Zauber des Maienabends.

Sechzig bis achtzig Hahnen sind in jedem Jahr geschossen worden. Einige Verschossene wird es ebenfalls gegeben haben, denn einen großen Tort hat man sich laut verschiedener Berichte damals mit angeschweißten Hahnen nicht angetan. Es waren ja genügend da, und man konnte getrost den nächsten anspringen.

Wenn die Hahnenstrecke sich zu aller Zufriedenheit gerundet, das Dorf den Glamour und den Duft des k.u.k. Wien gesogen hatte, die eine oder andere Freundschaft oder Tändelei mit dem herrschaftlichen Personal geschlossen war, wodurch man so manches Interessante und Wissenswerte über den Herrn Grafen und die Frau Gräfin erfahren konnte, zum Beispiel daß die Schöne an seiner Seite, die er heuer mitgebracht hatte, in Wirklichkeit nicht seine Frau war, dann, ja dann waren schon bald die drei oder vier Wochen um. Die hohe Zeit ging für das Dorf und die Hahnen zu Ende. Die Gäste rüsteten zum Aufbruch, das Gepäck wurde verladen, und das Automobil, mit dem sich in späteren Jahren ein neumodischer Gast einmal hergetraut hatte, wurde flottgemacht, nachdem es nur mit Hilfe von vier natürlichen Pferdestärken über den Berg gekommen war. Wenn dann auch der Haus- und Jagdherr mit seinem Gefolge abgerückt war, wurde es still im Ort, und die ländliche Ruhe, die Beschaulichkeit und die harte Arbeit um das tägliche Brot kehrten zurück und blieben für ein Jahr. Denn der paar Rehe, eines zufällig durchwechselnden Hirsches oder der vereinzelt vorkommenden Waldgams wegen kam keiner der Herren aus Wien angereist; da hatten sie bessere Reviere.

Der Erste Weltkrieg brach aus und brachte eine Veränderung der Verhältnisse. Die Jagd ging in andere Hände, Gäste kamen nur noch vereinzelt, gejagt wurde anders, aber dennoch blieb es, wie den alten Büchern zu entnehmen ist, ein hervorragendes Hahnenrevier. Zwar wurde den Auerhahnen nicht mehr die Aufmerksamkeit wie früher geschenkt, aber ihre bescheidenen, doch unverrückbaren Ansprüche an den Lebensraum blieben erhalten. Niemand legte Hand an die lichten Kiefern- und Mischwaldbestände, zwischen denen reichlicher Beeren- und Bodenbewuchs hochkam. In den dreißiger Jahren und speziell nach dem letzten Kriege setzte eine intensive Forstwirtschaft ein; die bodenständigen Baumarten wurden durch die ertragreichere Fichte verdrängt.

Für das Auerwild verschlechterte sich der Biotop. Der Bestand ging rapide zurück und begann sich erst zu halten, als ein umsichtiger Grund- und Jagdherr den Auerhahnen zuliebe die forstliche Nutzung auf den angestammten Balzplätzen einschränkte. Dort wurden Holzeinschläge vermieden, an geeigneten Lagen, die das Auerwild zu bevorzugen schien, wurden Kiefern aufgeforstet und Naturverjüngungen im Mischbestand gepflegt, um den Wald stufiger zu gestalten. Damit wurde auf solchen Inseln der angestammte Biotop erhalten. Das ist bis heute der Fall. Es ist hiermit für mich der Beweis erbracht, daß Vernunft, Umsicht und Verständnis für die Bedürfnisse des Wildes das Überleben einer Wildart sichern können. Alles in allem mögen es in diesem Revier sechzig Hektar sein, die so der Forstwirtschaft – einer intensiven Forstwirtschaft – entzogen sind. Zum Teil sind es eh Lagen, auf die ihres kargen Bodens oder ihrer Steilheit wegen eine Forstwirtschaft gut verzichten kann. Ich sehe schon die gespitzten Bleistifte der „Holzwürmer", die nun den verlustigen Ertrag auf sechzig Hektar und diesen auf die nächsten fünfzig, hundert und zweihundert Jahre auf Heller und Pfennig hochrechnen. Weichet, ihr Geister der Unvernunft! Ich könnte an die ökologischen Aufgaben gemahnen, die heute einer modernen Waldwirtschaft zukommen, zu der auch die Schaffung von Lebensraum für bedrohte Tierarten gehört. Ich erinnere statt dessen aber schlicht und einfach an die Freude und den Genuß, die der Jäger als Lohn dieser Maßnahmen erntet.

Graf Silva-Tarouca empfiehlt in seinem berühmten Buch „Kein Heger – kein Jäger" (und neben ihm andere große Hahnenkenner, so auch Dr. Wurm, der „Hahnenpapst" der Zeit um die Jahrhundertwende) als wichtigste Hegemaßnahme für das Auerwild den jährlich fünfzigprozentigen Abschuß des Hahnenbestandes. Niemand wird diesem Grundsatz, der früher unter anderen Verhältnissen vielleicht Gültigkeit gehabt haben mag, heute folgen wollen. Geblieben ist aber der Gedanke des gezielten Abschusses alter Hahnen. Gerade in unseren kultivierten Wäldern ist der Lebensraum des Auerwildes beschränkt. Mag er nun erhalten oder in der eben geschilderten Form „renaturisiert" worden sein, er ist zu kostbar, um ihn einem steinalten Auerhahn zu überlassen, der jeden anderen Hahn im weitesten Umkreis austeufelt. Auerhahnen, speziell die alten Hahnen, sind wie alle Hühnervögel das Streitbarste und gegeneinander Unduldsamste, das man sich nur denken kann. Die notwendige Folge ist, daß die schwächeren Hahnen verstreichen, weil sie keinen Lebensraum finden. Diese Beobachtung ist durch wissenschaftliche Untersuchungen, die Dr. Kalchreuter in seinem Buch „Die Sache mit der Jagd" (München 1984, Seite 179 ff.) schildert, untermauert. Ich kenne die Theorie – die von den strikten Gegnern einer Bejagung vorgebracht wird – nach der nur die alten Hahnen die Hennen treten. Sie trifft aus einem ganz einfachen Grunde nicht zu. Irrtümlich werden nämlich gerne die sechs- bis achtjährigen Hahnen, die im Vollbesitz ihrer Kräfte stehen, für den Urian gehalten. Der wirklich alte Hahn, der mit den bis weit in den Bogen hinein eingefurchten Schnabelrinnen, hat leicht zehn Lenze oder mehr auf seinen breiten Schaufeln. Er steht allein auf weiter Flur und kann einem einen guten Balzplatz leer jagen.

Ich erinnere mich an einen solchen und denke gerne an die Geschichte. Es war in einem der ersten Jahre, die ich in dieses Revier kam. Auf einem, wie der Förster berichtete, früher ausgezeichneten Balzplatz standen nur noch zwei, nachdem dort vier und in den Jahren davor sechs Hahnen gemeldet hatten. Er wußte keine Erklärung, ich noch weniger, und die Sache fand ihr Bewenden bis zum nächsten Jahr. Nun meldete dort nur noch einer. Wir schauten uns diesen Vertreter an und waren uns sicher, einen älteren Hahn vor uns zu haben. Er begann morgens spät zu melden, balzte schlecht, kaum hatte er sich eingespielt, machte er längere Pausen und überstellte sich fortwährend. Oft hielt er kurz vor dem Hauptschlag inne und beäugte mißtrauisch seine Umgebung.

Ich hatte ein Herz zu diesem alters- und lebenserfahrenen Auerhahn gefaßt und widmete ihm einige Morgen. Ich hegte noch keine bösen Absichten, inkommodierte ihn auch nicht, sondern lauschte ihm lediglich ein wenig aus gebührendem Abstand. Der Förster hatte mich schon darauf aufmerksam gemacht, daß immer weniger Hennen am Balzplatz zu sehen und zu hören waren. Der Hahn machte auch gar keine Anstalten, zu Boden zu gehen, um dort in möglicher Anwesenheit der einen oder anderen Schönen weiterzubalzen. Nach seinem häufigen Überstellen verstummte er dagegen gänzlich. Wenn die Sonne heraufzog, ritt er schnurstracks ab. Wahrscheinlich fiel er irgendwo zur Sonnenbalz ein. Ich konnte mir aber kaum vorstellen, daß er sich dort mit mehr Freude einem Harem widmete.

Oder sollte es so sein wie an dem „Platz der Epheben"? Dort fallen die Hahnen abends ein, melden am Morgen, aber kaum wird es heller, streichen sie urplötzlich ab, um einige hundert Meter tiefer zur Bodenbalz einzufallen, wo die Hennen auf sie warten.

Ich habe viel darüber philosophiert, ob dieses Verhalten an der Beschaffenheit des Balzplatzes liegt, sozusagen Stil des Hauses ist, oder ob es eine Eigenwilligkeit der dortigen Hahnen ist. Letzteres läßt sich wohl ausschließen, da diese Eigenart nun schon mehrere Hahnengenerationen überdauerte.

Vielleicht mag der dichte Fichtenbestand am „Platz der Epheben" für die Bodenbalz zu wenig Luft und Licht bieten. Doch unsere Beobachtungen bleiben Bruchstücke des Erkennens im Ablauf der Natur.

Seinen Namen bekam der Balzplatz von mir, weil die dortigen Hahnen an einen in der Nähe liegenden Hauptbalzplatz nachrückten, wenn auf diesem einer der alten Recken ausgefallen war. Das ließ sich an einem auffällig gezeichneten und ein weiteres Mal an einem Hahn feststellen, dem einige Schaufeln während einer Balz fehlten.

Doch unser alter war kein „Ephebe" mehr, das war ein „Senis", der seine Sonnenbalz irgendwo absolvierte und, wie ich meinte, von weiblichen Augen und Ohren unbeachtet blieb. Der Hahn sollte geschossen werden. Meine Abreise stand aber fest, und ich wollte keinen Hahn zwischen Morgen und Aufbruch schießen. Die hohe Zeit ging dem Ende entgegen, und so blieb dieses Kapitel bis zum nächsten Jahr offen. Ich kam, und zu meiner stillen Freude war der Hahn auch wieder da. Das stellte ich mit Befriedigung gleich an meinem ersten Morgen fest. Er hatte seine Gewohnheiten wenig verändert; er meldete schlecht, überstellte sich dauernd und ritt mit Sonnenaufgang ab.

In dem Jahr hatte sich ein Freund angesagt, der gerne einen Hahn schießen wollte. Da wir keinen reiferen wußten, reservierten wir den Alten für den anreisenden Gast. Der Freund kam bei frühlingshaftem Wetter an, die Sonne schien, und es drängte nichts zu einem baldigen Aufbruch ins Revier. Ich gab zu verstehen, daß es günstig sei, den Abendeinfall zum Verlosen zu nutzen, da ich die Tücken des Hahns kannte. Mein Plan war nicht sehr vornehm, aber seinem unsteten Balzen angepaßt. Ich wollte mit meinem Gast morgens bei völliger Dunkelheit möglichst nahe an den Baum herankommen, auf dem der Alte am Abend die letzten Worger hören ließ. So sollten einige seiner unwirschen Balzstrophen genügen, um auf Schußdistanz heran zu sein. Mit ein wenig Glück könnten wir ihn dann gegen den sich färbenden Morgenhimmel erspähen, bevor er es sich einfallen ließ, seinen Platz erneut zu wechseln. – Nun gut, es wurde nichts aus diesem Abend. Wir verhockten ihn beim Weine. Den Morgen aber verschliefen wir nicht, waren zeitig draußen und hörten den Hahn. Es geschah so, wie ich befürchtet hatte; bevor wir einen ernsthaften Gedanken fassen konnten, hatte er sich schon wieder überstellt. Bei Sonnenaufgang ritt er in gewohnter Manier ab.

Wir grämten uns nicht, lagen doch drei Morgen vor uns. Wäre es nicht eh zu traurig gewesen, gleich beim ersten Ausrücken den Hahn zu erlegen? Wir freuten uns an dem erwachenden Tag im Bergfrühling und wanderten gemächlich zu dem weitfort abgestellten Auto. Auch hier bewegt man sich inzwischen damit, nachdem der Wegebau die traurigen Möglichkeiten dafür geschaffen hat. Die Wirtschaftlichkeit und auch die Bequemlichkeit fordern ihren Tribut, der zu Lasten der Jagd und der Art des Jagens geht. Wo es früher einen langen Fußweg durch eine laue Frühlingsnacht mit all ihren Stimmungen, Bildern und Geräuschen gab, bleibt heute nur eine kurze Anfahrtsstrecke mit Motorengeräusch, Benzingestank und Scheinwerferlicht. Man kann sich nicht gegen die Zeit stemmen. Ich bin ebenso ein Kind von ihr mit all ihren Annehmlichkeiten und Erleichterungen, aber auch ihrer Hektik und Effektivität. Manchmal meine ich, in der Einsamkeit der Wälder ihrem Stundenschlag entfliehen zu können.

Wolken zogen im Westen auf, das Wetter schien sich zu ändern, und mittags setzte von der einen zur anderen Minute der gefürchtete Wind ein, der des Hahnenjägers größter Feind ist. Ich kenne und hasse ihn; er geht in der Regel drei Tage und nimmt teilweise orkanartige Stärke an. Selbst die meteorologische Erklärung, die mir einmal ein wohlmeinender Mensch gab, tröstete mich wenig: Das seien die berühmten Fallwinde, die bei gegensätzlichen Luftdruckverhältnissen zwischen dem Hochgebirge und der ungarischen Tiefebene entstehen und nun über die Mittelgebirgskämme, die letzten Ausläufer der Ostalpen, hinwegfegen.

Es ist verzweiflungswürdig, die Bäume biegen sich im Wind und treiben einem auch den letzten hahnenjägerischen Gedanken aus dem Kopf. Am gescheitesten ist es, wenn ich mich an solchen Tagen ins Bett lege, um ein wenig das permanente Schlafdefizit des Hahnenjägers abzubauen; oder wenn ich lese, um der Schwermut dieser Sturmtage oder auch nur einem Anflug davon vorzubeugen. Das andere Mittel ist das Dorfgasthaus mit seinen umsichtigen Wirtsleuten und zu jeder Zeit anzutreffenden Gästen, mit denen schnell ein munteres Gespräch über das Leben, die Welt und die Hahnen begonnen ist.

Auch für den Freund wußte ich kein anderes Programm. Aus Pflichtbewußtsein ließen wir zwar keinen Abend und Morgen verstreichen, aber unsere Bemühungen waren von vornherein vertan, und die Hoffnung, der Sturm würde von seinem Dreitagesrhythmus abweichen, erfüllte sich nicht. Erst am letzten Abend, den der Gast zur Verfügung hatte, wurde es mit einem Schlage ruhig. Obwohl dann ein Bilderbuchmorgen folgte, meldete der Hahn spät, schlecht und ritt frühzeitig ab. Selbst mit aller Geschicklichkeit hätten wir heute nichts ausgerichtet.

Der Freund reiste ab, wurde aber für das nächste Jahr wieder auf diesen Hahn eingeladen. Im kommenden Frühjahr war die Geduld des Gastes vielleicht zu sehr strapaziert, jedenfalls nahm er gerne das Angebot an, einen anderen Hahn zu schießen, wie mir berichtet wurde. Somit hatte der Alte auch diesen Mai überlebt.

Nun war das vierte Jahr meiner Bekanntschaft mit diesem Urhahn – im wahrsten Sinne des Wortes – gekommen. Von Freund und Harem verlassen, stand er auf seinem Platz und sang seine grimmigen Weisen. Dennoch gab es eine Neuigkeit, mit der mich der Förster schon bei meiner Ankunft überraschte. Der Hahn ritt nicht mehr bei Sonnenaufgang ab, sondern meldete in seiner unsteten Art bis in den Vormittag hinein. Seine Stunde mußte schlagen!

Es gab in dem Jahr ein wunderbares Frühjahr. Zum ersten Mal sah ich den großen Kirschbaum am Haus in voller Blüte, der sich bei dem herben Klima nur in Ausnahmejahren Anfang Mai schon zu voller Pracht entfaltet. Die Nächte und Morgen waren lau, und jeder Aufbruch vor Tau und Tag war ein Aufbruch in den Bergfrühling. Lange vor der blauen Stunde war ich draußen, hatte den vielgeschmähten Wagen weitab stehenlassen, nahm Stock, Rucksack, Glas und Bergstutzen und begann gemächlich den Anstieg in die stockfinstere Nacht. Auf dem breiten Holzabfuhrweg konnte ich leicht auf das nüchterne Licht der Taschenlampe verzichten. Ich komme mir sonst vor wie auf einer Bühne, auf die alle Augen des nächtlichen Waldes gerichtet sind; überall höre ich es rufen: Erkannt, erkannt, der Jäger ist unterwegs! – Es ist mir behaglicher, in die Dunkelheit eingesponnen, ein Teil des Waldes und der Nacht zu sein und mich als heimlicher Jäger dem Wilde zu nähern.

Das Rauschen des Baches zur Linken blieb allmählich unter mir zurück. Ich durfte nun nicht die Abzweigung des Steiges verpassen, der mich hinüber zum Balzplatz brachte. Hier in dieser Biegung des Weges mußte es sein, dunkel baute sich die Silhouette der hohen Fichten vor mir auf. Ein Tasten mit dem Stock, mit den Sohlen, und ich war auf dem Steig. Noch kündete kein Streif im Osten vom nahen Morgen. Ich blieb stehen und lauschte auf die Geräusche der Nacht. Ein leichter Wind ging, er würde mich beim Verlosen nicht stören, wahrscheinlich würde er sich sogar vor Hellwerden legen. Ein Ansteigen des Weges, eine letzte Biegung, und ich war an meinem Platze.

Vielleicht ist das für mich der Höhepunkt dieser Jagd zwischen Nacht und Tag: der Augenblick voll bräutlicher Erwartung, Hoffnung, Spannung und Zweifel! Wenn dann der erste Klepfer des Hahnes ertönt, ist es wie das Klopfen an der Türe, wie ein verabredetes Zeichen; erst vereinzelt und zaghaft, allmählich fließender und perlend – dann der erste Hauptschlag! Und das ist das Signal zum Angriff.

Aber heute wartete ich vergeblich auf den ersten Laut. Im Osten tagte es bereits. Die Nacht hatte ihren tiefsten Schleier verloren, es wurde grau. Dieser Hahn war kein Frühaufsteher, dennoch mußte er jetzt beginnen. Schon ließ sich der Waldboden erkennen. Über die erste Vogelstimme erschrak ich wie der Geist, der längst von hinnen sein sollte. Wenn die Vögel den Morgen begrüßen, ist der erste, ja vielleicht sogar der zweite Akt der großen Inszenierung um die Auerhahnen vorbei. Die Vögel sangen; würde ich den Hahn jetzt überhaupt noch hören, war ich nahe genug heran, hatte ich mich gestern in der Höhe getäuscht, sollte ich weiter hinunter birschen? Ich zögerte, wollte nichts verderben, wollte lieber einen geordneten Rückzug antreten, um am Abend neu zu verlosen. Von der anderen Talseite schwang das Kullern eines Kleinen Hahnes herüber. Ich wartete. Es war gut so; denn in diesem Augenblick hörte ich den Hahn abreiten, doch nicht von mir fort, sondern zu mir her. Er fiel ganz in meiner Nähe ein und begann sogleich mit ein paar Klepfern; Hauptschlag und Schleifen folgten. Ich zögerte keine Strophe; zwei Schritte, mehr wagte ich während eines Schleifens nicht. Ich mußte aufpassen, denn der Hahn stand schon auf Schrotschußentfernung. Es war hell geworden, er konnte mich leicht eräugen.

Wieder kam eine dieser schrecklichen Pausen. Wehe, ich hatte in einem solchen Augenblick keinen guten Stand, sondern harrte auf einem Bein der nächsten Strophe. Auch der starke Bergstock ist nicht immer eine ausreichende Stütze, wenn die Pausen länger und länger werden. Jetzt kam wieder ein Klepfer, noch einer. Mühsam spielte der Hahn sich ein. Den ersten Hauptschlag ließ ich sicherheitshalber verstreichen, dann zwei Schritt vor, noch zwei, und ich sah den großen Vogel. Klar stand er gegen den hellen Morgenhimmel auf dem tiefen Ast einer Lärche. Ich wollte keine Experimente mehr machen. Beim nächsten Hauptschlag hatte ich die Büchse von der Schulter, strich am Stock an, und beim übernächsten zog ich ab. Ich hörte den Aufschlag der kleinen Teilmantelkugel. Einen Herzschlag lang schien nichts zu passieren, dann aber kippte der Hahn vom Ast und schlug schwer auf dem Waldboden auf. Einmal hoben sich noch die breiten Schaufeln seines Stoßes, um langsam verlöschend zurückzusinken. Ich griff nicht gleich nach ihm, sondern betrachtete ihn lange. Erst als die Sonne über den Horizont stieg, hob ich ihn auf, trug ihn zu einem großen Stein und streckte ihn dort. Still saß ich bei ihm und sah, wie das Licht der Sonne seine Farben zum Erglühen brachte.

Es ist wohl der älteste Hahn, den ich geschossen habe, und einer der ältesten, die ich je gesehen habe. Die tiefe Schnabelrinne läuft weit über die Biegung hinaus und gibt ihm das Aussehen des hochgezogenen Adlerschnabels. Der sechsjährige Hahn beginnt die Schnabelrinne zu bilden, der achtjährige hat sie gut angesetzt und der zehnjährige und ältere schiebt sie weit hinaus.

Schon drei Tage später, und das war der Ausgangspunkt meiner Geschichte, meldete ein anderer auf dem Balzplatz, gegen Ende der Falz sogar zwei, und im nächsten Jahr standen wieder drei Hahnen dort.

So unstet wie dieser alte Geselle sind aber wenige Auerhahnen. Im Gegenteil: Ich habe erlebt, daß ein Hahn jahrelang einen Platz, einen Baum, ja sogar einen Ast beibehält, den er sich einmal auserkoren hat. Ebenso kommt es vor, daß sich gewisse Bäume und dort auch wieder der eine oder andere Ast besonderer Beliebtheit erfreuen. Ich kannte einen wie ein Laufsteg gearteten Buchenzwillingsstamm, auf dem hintereinander einige Hahnen ihren Reigen vollführten. Der alte Oberjäger schoß früher mit seinen Kavalieren die Hahnen von diesem Baum herunter – „Es war ja so kommod!", erzählte er mir stolz...

Die Standorttreue der Hahnen während der Falz schließt aber nicht aus, daß sie das übrige Jahr weit umherstreichen. Gerade im Herbst habe ich sie an Stellen gesehen, wo ich sie nie erwartet hätte. Ich habe mich gerne verleiten lassen anzunehmen, sie dort auch im Frühjahr anzutreffen. Oft führen diese Erlebnisse zu einer Überschätzung des Bestandes. Aber auch in der Balz ist es nicht einfach, die Hahnen genau und zuverlässig zu zählen. Es gehören ein gutes Gehör, viel Erfahrung und das Wichtigste – Ehrlichkeit vor sich selber – dazu. Ein Balzplatz, an dem fünf, sechs oder gar mehr Hahnen auf engem Raum zusammenstehen, gleicht einem Uhrladen, in dem es tickt und tackt.

Es sind erfreuliche Sorgen um die Hahnen, die mich jedes Frühjahr aufs neue beschäftigen. Natürlich wünsche ich mir gutes Wetter, laue Nächte, ruhige und sonnige Tage, dazu grünende Wiesen, auf denen die Schlüsselblumen blühen. In den niederen Lagen dürfen die Buchen schon knospen, doch wehe, wenn sie oben im Revier bereits ein allzu grüner Schimmer überzieht; denn „Buchenlaub raus – Hahnenfalz aus" sagt eine nur allzu zutreffende Jägerweisheit. Nicht oft sind meine wettermäßigen Wünsche erfüllt worden. Dazu ist das Klima dort zu rauh und unstet um diese Jahreszeit. Es gab manchen Frühling, in dem ich schier verzweifelt bin, wenn ich mich im Wonnemonat in den tiefsten Winter zurückversetzt fühlte.

Ein Jahr steht mir lebendig vor Augen. Noch bei meiner Ankunft schien die Sonne und ließ auf milde Tage hoffen. In der Nacht zog dichtes Gewölk auf, der Morgen brachte Regen und durchnäßte mich bis auf die Haut. Als ich am Nachmittag dann wieder ins Revier fuhr, war der Regen längst in Schnee übergegangen. Um sechs Uhr herrschte ein dämmriges Zwielicht, daß ich meinte, die Nacht müßte bald hereinbrechen. Ich strebte ohne große Erwartungen einem bewährten Balzplatz zu, traute aber meinen Ohren kaum, als ich schon von weitem klar und deutlich einen Hahn melden hörte. Der leichte Schneefall dämpfte nicht nur Licht und Konturen, sondern auch die Geräusche. Um so auffallender war es, wie fein und deutlich Hauptschlag für Hauptschlag zu mir her klang. Ich näherte mich vorsichtig und merkte bald, daß der Hahn am Boden stand. Wenn er sich wendete, klang sein Lied fern, war er gar in einer Senke überriegelt, konnte ich ihn überhaupt nicht mehr hören. Ich habe es möglichst vermieden, einen Hahn bei der Bodenbalz anzuspringen. Der Hahn eräugt einen zu leicht. Heute durfte ich es aber wagen, da ich ihn auf dem hellen Schneegrund bald ausgemacht hatte und selber in guter Deckung herankommen konnte. Ein zweiter Hahn meldete und bald ein dritter. Der letzte stand weiter entfernt. Plötzlich rauschte es, und ein vierter Hahn fiel keine zwanzig Meter von mir ein und begann sogleich, feurig zu balzen. Flattersprung auf Flattersprung; sich drehend und wendend stolzierte er mit gerecktem Stingel und gefächertem Stoß bergwärts, um gleich wieder Hauptschlag und Flattersprung folgen zu lassen. Ich machte mich hinter einem Baum so dünn wie möglich. Selbstvergessen balzte er um mich herum. Deutlich konnte ich bei jedem Schleifen sehen, wie die Rosen anschwollen und rot erglühten. Welches Zittern ging jedesmal durch den Körper, mit welcher Anstrengung wurden diese merkwürdigen Laute hervorgepreßt.

Ich wollte einem alten Hahnenkenner seine Geschichte nicht glauben und hielt für ein Märchen, was ich selber dann ausprobieren konnte: Das Schleifen des Hahnes birgt eine solche Spannung und Vibrationskraft in sich, daß sie sich bis in den Stamm einer schwachen Kiefer oder Lärche fortsetzen. Ich habe mich an einen solchen Baum gelehnt und das Vibrieren des schleifenden Hahnes gespürt. Das Schleifen kommt, wie Wurm schreibt, durch einen Luftstau zustande. Der alte Oberjäger, der seine Hahnen immer von dem einen Ast herunterschoß, hat mir dieses Phänomen an einem während des Schleifens erlegten Auerhahn beeindruckend demonstriert. Er klopfte ihm mit der flachen Hand von vorne auf den Stingel, der eingepreßte Luftstau löste sich erst jetzt und ergab ein Röcheln, das deutlich an den Laut des Schleifens erinnerte.

Immer noch balzte der Hahn. Mittlerweile konnte ich den zweiten und dritten ebenfalls zwischen den Stämmen ausmachen. Manchmal kamen sie sich hin und her stolzierend gefährlich nahe, so daß ich schon einen Zusammenstoß befürchtete. Aber wahrscheinlich waren längst die Gebiete verteilt und die Grenzen abgesteckt.

Vor Spannung und Aufmerksamkeit hatte ich kaum bemerkt, daß beinahe Nacht geworden war. Nur der Schnee gab noch etwas Helligkeit. Immer noch balzten die Hahnen feurig. Erst als ich um ihren Schlaf zu fürchten begann, baumten sie kurz hintereinander auf. Von dem einen war ein Worger zu vernehmen, ich hörte noch Federn im Gezweig anstreichen, dann herrschte Ruhe. Nach einer kleinen Weile schlich ich mich davon.

Die Nacht über schneite es weiter. Ich verschlief aber die nächste Frühe nicht, wenn auch eine zweifelnde Stimme mir zuflüsterte, mich lieber auf die andere Seite zu drehen und weiterzuschlafen. Jeder Hahnenjäger kennt diese hohle Versuchung. Ich widerstand ihr und war unverdrossen beizeiten zur Stelle. Kalt kam der Morgen, und ich wähnte mich eher beim Fuchspassen. Es war schon Licht geworden, als der erste Hahn begann. Wenig später meldete der zweite, dann der dritte, und ich meinte, auch den vierten vernehmen zu könnnen. Unwirklich, voll rührender Ergebenheit drang ihr Lied, das von rauschenden Schmelzwassern und vom ersten Werden und Entstehen kündet, in den winterlichen Wald. Ich lauschte ihm und spürte, daß der Schnee nicht von Dauer sein werde, es vielleicht schon morgen hier wieder aper sei und die Erde ihren frühlingshaft herben Duft verströme. Die Hahnen schienen dem Winter trutzen zu wollen. Als sie dann verstummten, verstummte auch der Wald. Der Winter war nun vollständig. Wäre dieses schöne und beglückende Erlebnis um die Hahnen nicht gewesen, der Katzenjammer hätte mich befallen. Jetzt hielt mich nichts mehr, und ich entfloh den unter Schnee und Kälte erstarrten Wäldern, verkroch mich in meinem Bett und schlief bis weit in den Nachmittag hinein meinen Wetterschmerz aus.

Als ich erwachte, schien die Sonne, gleichzeitig war es bitter kalt geworden, und der Wintertag war perfekt. Mit Gamaschen, Handschuhen und dickem Mantel versehen stapfte ich zum Abendeinfall. Deutlich konnte ich im Schnee erkennen, wo am Morgen „der Hahn den Schlitten gezogen hatte". Ich liebe diese alten Ausdrücke, sie sprechen eine bildhafte Sprache, die keiner Erläuterung bedarf.

Nur ein Hahn fiel ein, und der tat nicht einen einzigen Klepfer. Ich glaube nicht, daß ich die anderen mit ihrem prasselnden Schwingenschlag überhört hätte. Kalt und frostig kam die Nacht. Die nächste Frühe wird dann wohl der kälteste Morgen im Hahnenfalz gewesen sein, den ich bisher erlebt habe. Auf dem langen Anmarschweg, den mir die zugeschneiten Wege bescherten, eiste mir der Schnurrbart als mein privater Temperaturmesser schlimmer zu als in mancher Winternacht. So überraschten mich die zwölf Minusgrade, die am Vormittag das Thermometer zeigte, in keiner Weise. Diesem Kälteschock war aber selbst die Balzlust der wetterfesten Auerhahnen nicht gewachsen. Es rührte sich kein Laut an diesem Morgen. Wenn später die Sonne sie tatsächlich auf Balzgedanken gebracht haben mochte, so hätte ich das nicht bemerkt; denn zu der Zeit lag ich längst wieder im Bett und träumte von lauen Mailüften.

Gerade in diesen Tagen wurde ein Bekannter zum Hahnenjagern erwartet. Er kam von weit her, und ich machte mir ernstlich Sorgen und Gedanken, ob wir ihm nicht besser abtelefonieren sollten. Aber ewig konnte dieses Wetter ja nicht anhalten. Tatsächlich wurde es schon am nächsten Tag wärmer, der Schnee schmolz beinahe so schnell wie er gekommen war, und ich freute mich, daß der Winter nun vertrieben war. Ich sollte mich täuschen. Am nächsten Morgen warf es innerhalb einer Stunde Mengen von nassem Schnee her, und ich kam trotz Ketten nicht mehr aus dem Revier. Welch ein Mai! – Doch es war die letzte Kraftanstrengung des Winters, bevor er nun endgültig dem Frühjahr das Feld und den Wonnemonat überlassen mußte.

Es wurde mild, die Wiesen kehrten zu ihrem Grün zurück, der Winterschock verflog aus meiner Seele, und so konnte der Gast kommen. Ich freute mich, ihm nun doch ein wenig das frühlingshafte Erleben im Hahnenfalz näherbringen zu können. Er kam aus einem Land, in dem man den Schrotschuß liebt und in dem die Krone der Jagd als Sport dem Flugwildschützen gehört. Es war ein umgänglicher Mensch, den ich sehr gerne auf einen Auerhahn führen würde.

Er reiste an, und in seinem Gepäck befand sich seine Flinte, die er hier zum Einsatz bringen wollte.

Meine Abneigung gegen den Schrotschuß auf ruhendes Wild hatte sich schon damals manifestiert. Gerade beim Auerhahn birgt er auch Gefahren in sich. Wenn der Hahn in einer hohen Fichte oder Lärche steht, wird die Entfernung leicht unterschätzt. Höchst ungewiß ist auch die Wirkung der Garbe von der Seite, weil die starken Schwingen zu viele Schrote abhalten können. Schießt man nicht auf nächste Entfernung, bietet wohl nur der Schuß von hinten auf den steil über einem stehenden Hahn volle Sicherheit. Ich kann mir nicht vorstellen, daß das sehr erstrebenswert ist.

Daher bevorzuge ich immer den Kugelschuß und schwöre inzwischen auf die kleine Teilmantelkugel. Wenn ich von einem geständerten Kleinen Hahn absehe, dessen Geschichte ich noch erzählen werde, habe ich beste Erfahrungen mit ihr gemacht. Sie ist die wirkungsvollste, sicherste und zugleich schonendste Patrone. Bis auf wenige Ausnahmen habe ich alle Hahnen mit der .22 Magnum geschossen, die ich in einem Bergstutzen führe. Auch bei Weichschüssen hat sie bisher eine absolut sichere Wirkung gezeigt und das Wild auf den Platz gebannt. Die Hornet mit der normalen Ladung und dem Teilmantelgeschoß halte ich bereits für zu brutal zum Hahnenjagern. Von der Vollmantelversion kann ich nur abraten. Ich habe immer wieder von verschossenen Hahnen gehört und kann es mir aufgrund meiner Taubenerfahrungen mit diesem Geschoß gut vorstellen. Gewisse Zweifel hege ich ebenfalls gegen die Vollmantelgeschosse der Hochrasanzpatronen, insbesondere der 5,6x57 und der 5,6x50 Magnum. Ich habe einmal erlebt, wie ein Auerhahn von einem sicheren Schützen mit einem Vollmantel aus der 5,6x57 geschossen wurde. Er hätte den Hahn genausogut mit einem Expansivgeschoß erlegen können. Ein Ballistiker erklärte mir später das unerwünschte Ergebnis mit der immensen Auftreffwucht, deren Druck den Wildkörper zerplatzen läßt.

Natürlich kann die Wirkung einer Patrone wiederum in jedem Gewehr anders sein, und so beanspruche ich nicht, mit meinen Erfahrungen den Stein des Weisen gefunden zu haben. Ich bin jedenfalls mit der kleinen Magnum und ihrer ausgewogenen Wirkung zufrieden und empfahl sie wärmstens meinem Flugwildspezialisten. Er ließ aber nicht von seiner Flinte und lehnte entschieden das Angebot ab, meine kleinkalibrige Büchse mit Zielfernrohr zu führen. Besonders unangenehm war mir zu alledem noch ins Auge gestochen, daß es nicht einmal eine Doppelflinte, sondern sogar eine Bockflinte war! Ich kenne deren schießtechnische Vorteile, glaube aber, auf diese bei der Hahnenjagd verzichten zu können. So etwas Neumodisches... – ich begann mich darüber beinahe zu entrüsten! Ich kam aber nicht dazu, denn sein nun ausgesprochener Wunsch verschlug mir völlig die Sprache: Er wolle den Hahn im Fliegen schießen; es sei für ihn unvorstellbar, auf einen sitzenden Vogel den Finger krumm zu machen. Ich war einerseits gerührt über diese sportliche Einstellung, entsprach sie doch meinen heutigen Gefühlen; auf der anderen Seite versuchte ich ihm klarzumachen, daß der Auerhahn in unseren Breiten in dem Sinne kein Flugwild ist. Es ginge hierbei nicht darum, sich als guter Schütze zu profilieren und seine Schießkunst unter Beweis zu stellen. Der Vogel gehöre zur „Hohen Jagd", und ihm gebühre seit altersher der Bruch. Dies bedeute, daß er wie der Hirsch als ein einzelnes Stück Wild erjagt und erbeutet und nicht als „pluralisches Wild" zur Strecke gelegt wird. Ich kam nun nochmals auf meine kleine Magnum zu sprechen, worin er einen fairen Kompromiß sehen könnte, einen Kompromiß, der es ihm erlauben würde, auf einen sitzenden Vogel zu schießen. Es half nichts, er blieb bei seiner Flinte, leistete mir aber einen Eid, erst zu schießen, wenn ich es ihm sagte. Ich will ihm zu Ehren halten, daß er nicht schon in diesem Augenblick einen Meineid schwor, sondern daß es erst im Walde einer wurde... –

Unser ausländischer Gast war zwar sehr interessiert am Auerwild, er war aber ebenso daran interessiert, schnell zu einem Erfolg zu kommen. Ich hatte sogar den Eindruck, als wenn das den Reiz für ihn erhöhte. Vielleicht sah er darin einen Leistungsbeweis, so wie jeder Wettkämpfer versucht, seinen Gegner möglichst schnell niederzuwerfen.

Einen Auerhahn zu erlegen, ist von der Sache her kein besonderes Kunststück, dessen man sich wie einer Gipfelbesteigung rühmen sollte. Wenn der Jäger es darauf anlegt, einen Hahn zu schießen, hätte er auch nur einen im Revier, sollte das, wenn nicht am ersten, so am zweiten, und wenn er verschläft, spätestens am dritten Morgen der Fall sein. Ich bin versucht, Witterungsunbill und andere Eventualitäten in diese Rechnung mit einzuschließen. Natürlich gibt es Reviere, in denen das Gelände oder hohe Schneelagen die Jagd erschweren, ja sogar zeitweise unmöglich machen. Auch kann einen ein alter Hahn, ein bestimmter, auf den man es abgesehen hat, einige Male foppen, wie es mir ergangen ist, und wie ich es schon erzählt habe.

Im Grunde aber bietet die Hahnenjagd keine riesigen Unwägbarkeiten. – Oder liegt in ihrer „Kalkulierbarkeit" das, was uns bei dieser Jagd so feierlich stimmt? Sicherlich, und um so mehr betrügt sich der Jäger um das Schönste und Beste, wenn er seinen Hahn gleich am ersten Morgen vom Baum holt, nämlich um die Besonderheit und die eigenen Reize der Hahnenbalz.

In diesem Falle wollte ich aber nicht zögern, den Gast möglichst schon am ersten Morgen zu Schuß zu bringen. Wir machten uns nach einem fulminanten „Midnight-Frühstück" auf den Weg. Er hatte um das üppige Mahl gebeten, da ihm sonst schwarz vor Augen werde; es hätte nicht viel ausgemacht, denn es war eh stockfinster. Wir kamen zügig an den Auserkorenen heran, der auf einer starken Kiefer am Bestandsrand balzte. Ich bat den Gast, etwas zu warten, bis es heller werde und ein Zielen mit dem groben Korn sicherer möglich sei. Nun geschah etwas, das mir heute ein ebensolches Rätsel ist wie damals. Vielleicht hätte ich an Ort und Stelle der Sache auf den Grund gehen sollen, aber dazu war ich viel zu verblüfft. Der Hahn hörte auf zu balzen, löste sich von seinem Ast und ritt, ohne ein Mißtrauen gezeigt zu haben, über die Freie hin ab. In diesem Augenblick, mehr spürte ich es als daß ich es hörte, entstand hinter mir eine Bewegung, ein Schuß fiel, und der Hahn stürzte wie ein Stein zu Boden. Meine Sprachlosigkeit und des Gastes Freude kannten keine Grenzen, ja sie schienen sogar im Verhältnis zueinander zu stehen. Ich glaube, ich hatte vor lauter Staunen immer noch den Mund offen, als ich dem glücklichen Schützen den Bruch überreichte und Waidmannsheil wünschte. Er bedankte sich riesig und nannte es das schönste Jagderlebnis seines Lebens, wobei er immer wieder die Pünktlichkeit dieses Wildes hervorhob, worin er eine einmalige Disziplin sah. Sie könne ihn sogar veranlassen, diese Tiere bei sich zu Hause einzuführen! Dieser Vorschlag kam allerdings von mir.

Ich bin mir bis heute nicht sicher, ob er nicht heimlich, hinter meinem Rücken, einen Indianertanz aufgeführt hat, um den Hahn zum Abreiten zu bewegen. Das wird aber sein Geheimnis bleiben.

Mit einer anderen kleinen Geschichte möchte ich an den Schrotschuß auf den Auerhahn anknüpfen. Sie trug sich zwei oder drei Jahre vor diesem Flugwildexperiment zu. Ein von mir sehr geschätzter Gast wollte einmal die

Hahnenfalz erleben. Er sah es keineswegs als notwendig an, einen Hahn zu schießen. Er hatte auch Zeit; nichts ist schlimmer, als in Eile zu sein! Jagdlicher Unsinn, zu dem man sich verleiten läßt, beruht meistens auf dem Gefühl, keine Zeit zu haben und es daher zwingen zu müssen.

Den Gast und Freund begeisterten die Tage, und er genoß die Eindrücke der Hahnenfalz aus vollem Herzen. Es war eine helle Freude, das zu sehen, und ich stellte entzückt wieder einmal fest, daß gemeinsames Erleben und gemeinsame Freude zur doppelten Freude werden. Er konnte es dann gar nicht fassen und empfand es als einen Überschwang des Glücks, einen Hahn schießen zu können. Er bat sich allerdings aus, den Hahn erst im nächsten Jahr zu erlegen, um die Erlebnisse des heurigen Jahres mitnehmen, sich daran freuen und sich so auf das Ereignis geziemend vorbereiten zu können. Damit hatte er mein Herz ganz und gar gewonnen.

Er kam im darauffolgenden Mai wieder, und wir hatten auch bereits einen Hahn für ihn vorgesehen. Es war ein alter Recke, der in einem kleinen Lärchenaltholz inmitten eines Fichtenbestandes meldete. Wir ließen uns aber Zeit, schauten zusätzlich an anderen Balzplätzen, stimmten uns ein und berieten, bevor wir endgültig ans Werk gingen.

In diesen Tagen leuchtete der abnehmende Mond hell über den späten Nachthimmel und den sich färbenden Morgen. – Einige Auerhahnjäger erwähnen immer wieder den Einfluß der Mondnächte auf die Balz. Das ist sicherlich richtig, scheint aber in seiner Auswirkung zu Beginn der Balz, während der Hochbalz oder am Ende der Balz verschieden zu sein. Es kann sogar gebietsweise differieren, da ich im Schwarzwald erlebt habe, daß die Hahnen die hellen Nächte hindurch balzten, um beim ersten Tageslicht wie Mondsüchtige zu verstummen. Der Jäger hätte in diesen Fällen tatsächlich das Anspringen zu einem Mitternachtstanz werden lassen müssen. Im Hochgebirge können aber Lagen und Hänge im Mondschatten bleiben, was wiederum beruhigend auf die Hahnen zu wirken scheint. So habe ich auch in der Steiermark eine starke Verschiebung der Balz nicht feststellen können. Die Hahnen melden zwar die hellen Nächte hindurch, lassen sich aber nicht davon abhalten, ihr Lied wie es sich gehört in den Frühlingsmorgen hinein zu singen.

Dennoch liebe ich den Mond während der Hahnenbalz nicht; ich möchte in die Finsternis der Nacht ausrücken, das Erwachen des Hahnes erwarten und den ersten Klepfern lauschen. Ich mag nicht im silbrigen Licht des Nachtgestirnes hinwandern, um schon von weitem das Melden der Hahnen zu hören. Ich fühle mich darin so, als wenn ich zu spät auf ein Fest komme; alle sind bereits in Schwung, nur ich erscheine deplaziert.

Dieses Mal ließen wir uns mit dem Freund aber die Mainacht nicht verderben und nahmen in Kauf, daß morgens, wenn wir zur üblichen Zeit den Balzplatz erreichten, bereits Hochbetrieb herrschte. So war es auch an diesem Morgen, als wir uns den Lärchen näherten. Nicht zuletzt der mondkühlen Helligkeit wegen, die uns jeden Schritt und Tritt leicht finden ließ, kamen wir bald an den balzenden Hahn heran. Trotz des steilen Hanges zahlte es sich aus, den Hahn von oben anzuspringen. So hatten wir ihn bald gegen den hellen Morgenhimmel erspäht. Er stand auf einer Lärche, die eine breit ausladende Krone hatte und der der Wind die Spitze genommen haben mochte. Der Hahn erinnerte so an einen Storch auf dem Nest – ohne diesen beiden völlig verschiedenen Vögeln mit einem Vergleich Unrecht tun zu wollen.

Ich schwor zwar damals schon auf die kleine Magnum, hatte mich aber noch nicht bemüßigt gefühlt, andere davon überzeugen zu wollen. So fiel der Schuß des Freundes aus dem glatten Lauf seiner Bockbüchsflinte. Der Hahn war im Knall verschwunden, wir warteten aber vergeblich auf seinen Äste anstreifenden Sturz und dumpfen Aufschlag am Boden.

Der während des Schleifens gefehlte Hahn läßt sich oft bequem noch einmal vorbeischießen. Das hier hatte ich aber noch nie erlebt, und wir konnten es uns nur so erklären, daß der Hahn in dem groben Hagel schlagartig verendet, zusammengesunken und auf den starken Ästen der abgedrehten Lärche liegengeblieben war. Wir schauten uns an und fanden keine plausiblere Erklärung. Mit der Zeit wurde es heller, aber wir konnten keinen dunklen Klumpen durch die Äste erspähen. Die Geschichte kam uns nun mehr als fraglich vor. Unsere einzige Hoffnung schmolz wie ein später Schnee dahin, und unsere Gesichter wurden lang und länger. Getroffen war er, davon mußten wir ausgehen, sonst wäre er nicht aus dem Schleifen heraus verschwunden. Guter Rat war teuer. Wir begannen mit besserem Licht zu suchen, hinunter und herüber, erkannten aber bald die Sinnlosigkeit unseres Tuns. Ich brauche wohl nicht zu sagen, daß unser Stimmungsbarometer nicht mehr tiefer hätte sinken können. Kurzentschlossen brach ich das Herumirren ab, wir fuhren nach Hause, frühstückten, sammelten neue Kräfte und berieten. Ein Hund, ein guter Verlorenbringer, wäre vielleicht eine Hilfe gewesen. Ich führte damals keinen Hund, auch die Dachsbracke des Försters würde uns nicht viel weiterhelfen können. Wir hatten ja nicht einmal einen Anhaltspunkt, in welche Richtung wir suchen sollten.

Der Förster machte verständlicherweise kein freudiges Gesicht, war sogar recht ungehalten und schenkte unserer Schilderung keinen Glauben, was mich wiederum ungehalten stimmte. Wir fuhren gemeinsam zum Ort der Tat zurück, wobei auf dem Wege ein Holzknecht mitgenommen wurde. Gewandt wie eine Katze stieg der nun mit Steigeisen den Stamm der Lärche hinauf, um, wie der Förster meinte, oben vielleicht ein Schußzeichen zu entdecken. Ich konnte mir ein paar spitze Bemerkungen nicht verkneifen. Der Hahn war getroffen, daran hegte ich keine Zweifel. Schließlich gereichte der Ruf des Kletterkünstlers aus dem Wipfel des Baumes unserer Schilderung zum Lobe, er hatte Federn und ein wenig Schweiß gefunden. Damit war auch dem Förster als ungläubigem Thomas Gewißheit beschert. Aber wie weiter? Wir gingen davon aus, daß der Hahn krank, vielleicht sogar schwerkrank, hinabgestrichen sei, um dann irgendwo verendend einzufallen. Die einzige Chance, die wir somit hatten, war, die Gegend systematisch abzusuchen. Wir suchten, bis die Sonne hoch am Himmel stand und fanden nichts. Ich wollte aufgeben, ich gebe es unumwunden zu. Wir fanden nicht den geringsten Anhaltspunkt, der einen Hoffnungsschimmer geweckt und unsere Energien zum Bergeversetzen angestachelt hätte. Der unglückliche Schütze war den Tränen nahe und bereit aufzugeben. Doch der Förster war jetzt unser gutes Gewissen; als treibende Kraft ließ er nicht locker und brachte uns noch einmal auf die Beine. Wäre der Hahn nach links abgeritten, hätten wir ihn sehen müssen, wie wir glaubten. Wir durften aber nichts unversucht lassen, gruppierten uns neu und gingen nun parallel zum Berg. Wir erreichten einen Kahlschlag und suchten nebeneinandergehend beinahe Meter für Meter ab.

Noch wie heute sehe ich den Hund plötzlich die Nase heben, um den Wind zu prüfen. Ein Hoffnungsfunke durchzuckte mich. Schon war der Hund fort, ich stolperte hinterher, und wenig später zog ich den längst verendeten Hahn unter einem umgedrehten Baumstumpf hervor. Kein menschliches Auge hätte ihn hier je entdeckt, auch wenn wir noch so gründlich jeden Strauch abgesucht hätten. Der Hund war der Held, und unser aller Freude kannte keine Grenzen. Wir lagen uns in den Armen, und dem Freund kullerten zwei Tränen, dieses Mal aber der Freude, über die Wangen. Der Förster war zufrieden ob seines Erfolges, der uneingeschränkt ihm und seiner Energie gehörte. Es gab ein langes Nachdiskutieren des Wenn und Aber und des Wieso, bis ich schließlich den Bruch überreichte. Zur vierten Nachmittagsstunde waren wir zu Hause, streckten den Hahn in der großen Halle, wie es Brauch war. Ich nahm die Spiegelfedern, band sie mit etwas Flaum von den Ständern zusammen und überreichte sie als Trophäe dem glücklichen Erleger. Besonders hier in der Steiermark galten und gelten sie als begehrteste Trophäe des Auerhahns, und angeblich mußte man früher wie ein Schießhund aufpassen, daß nicht ein flotter Bursche sie mit schnellem Griff verschwinden ließ. Sie sitzen unter den Schwingen und haben eine zarte weiße Gitterung. Einen schöneren und exklusiveren Hutschmuck vermag ich mir nicht vorzustellen. Ich überreichte auch die Stifteln, die Malerfedern des Auerhahnes; ferner den Bart, nicht den Schnepfenbart, aber den „Auerhahnbart".

Während ich beides in mein Schußbuch einklebe, entschied sich der Freund, sie ähnlich den Malerfedern der Schnepfe mit einer Nadel fassen zu lassen und als Hutzierde zu verwenden.

Früher wurde der Auerhahn aufgebrochen oder, wie es korrekt heißt, ausgefahren. Heute findet der geschossene Hahn recht schnell den Weg zum Präparator, so daß man getrost ihm diese Arbeit überlassen kann. Auch auf die Gefahr hin, daß mich mancher einen Anachronisten schelten mag, lasse er sich einen gutgemeinten Rat geben. Ich schreibe hier kein Kochbuch, aber ich möchte diejenigen Lügen strafen, die behaupten, der Auerhahn sei ungenießbar. Es kursieren die abenteuerlichsten Rezepte zur Behandlung des Wildbrets, die vom dreiwöchigen Eingraben bis hin zum Weichklopfen reichen. Man lasse sich vom Präparator den Kern sofort herauslösen und mitgeben. Er wird womöglich erst nach längerem Drängen die Arbeit verrichten, die für ihn keine fünf Minuten dauert. Schon an dieser seiner Reaktion kann man erkennen, wie wohlschmeckend das Wildbret sein muß; denn der Mann hätte sich selbst gerne damit ein höchst delikates Mittagessen zubereitet. Zu Hause löse man dann das Brustfleisch vom Knochen ab. Es zerfällt in ein Stück dunkles und ein Stück helles Wildbret. Beides wird in Scheibchen geschnitten und rasch in heißer Butter gebraten. Wird es von der Hausfrau oder dem kochenden Jäger auf den Punkt genau angerichtet, ist es zart wie Kalb und aromatisch wie ein Auerhahn! Verehrter Herr Koch, noch etwas, versäumen Sie nicht, aus den Knochen und den Schenkeln eine Wildsuppe zu kochen! Und – Sie dürfen mich beim Wort nehmen – auch den ältesten Hahn können Sie getrost auf diese Weise zubereiten, wenn Ihnen St. Hubertus in besonderer Gunst einen solchen beschert hat.

Ein Jahr nach diesem Erlebnis schoß ein Gast wieder einen Hahn mit Schrot krank. Der Hahn ritt aus dem Schleifen heraus ab, und der Förster meinte noch erkannt zu haben, daß der Getroffene einen Ständer hängenließ. Ich kam erst einige Tage später, hörte von der Geschichte und dankte dem Himmel, daß mir die erfolglose Nachsuche erspart blieb. Sie mochte wohl das Trostloseste, Hoffnungsloseste und Fürchterlichste gewesen sein. Von den Anstrengungen will ich gar nicht reden. Die geradezu unerschöpflichen Energien des Försters in solchen Fällen hatte ich kennengelernt und zog jedesmal meinen Hut davor. Es wurde ungeachtet aller Dinge bis zur Dunkelheit gesucht. Auch in den nächsten Tagen noch durchstreifte der Förster mit seinem Hund während jeder freien Minute die Schläge, Matten und Hänge, die der kranke Hahn vielleicht gequert haben mochte.

Der unglückliche Schütze hatte in sehr ehrenhafter Weise das Angebot abgelehnt, es auf einen anderen Hahn zu versuchen. Es wäre äußerst ungerecht zu behaupten, dies hätten die Strapazen der Nachsuche, die er bis zum bitteren Ende mitgemacht hatte, bewirkt; es war einzig und allein seine waidmännische Einstellung, die ihn darauf verzichten ließ.

Gleich an meinem ersten Morgen birschte ich gemeinsam mit dem Förster zu dem Balzplatz, an dem das Unglück geschehen war. Die Hahnen meldeten eifrig, und genau von der beschriebenen Stelle klang Hauptschlag für Hauptschlag zu uns her. Wir dachten bereits an einen nachgerückten Hahn, oder hatten wir vielleicht doch insgeheim den einen Gedanken? Wir sprangen den flott Balzenden an; es war derselbe Baum, derselbe Ast und – derselbe Hahn! Der Hahn schonte einen Ständer; wie ein freudiger Schreck durchfuhr es uns. Unsere Freude hätte nicht größer sein können, wenn der Hahn vor ein paar Tagen bei der Nachsuche gefunden worden wäre. Der Gast wurde angerufen, konnte die Geschichte nicht fassen, reiste in den nächsten Tagen an und schoß den Hahn zum zweiten Mal.

Ich habe zum Glück keine weiteren Nachsuchen mit Auerhahnen erlebt. Kommt einem nicht der Zufall zu Hilfe, enden sie in der Regel in trostloser Ungewißheit. Auch der Hund wird einem nur im seltenen Fall helfen können.

Dennoch nehme ich meinen Hund auf die Hahnenjagd immer mit, so wie er auf jedem Gang in den Wald um mich ist. Jeder meiner Hunde hat bisher auch begriffen, worauf es ankommt, und sie haben mich in keiner Weise gestört. Sie haben das Anspringen beziehungsweise das Gehen und Innehalten schnell gelernt. Wenn ich dann nahe am Hahn bin, lege ich den Hund ab.

Dr. Wurm rät allerdings, die Hunde daheim zu lassen, da die Witterung des Hahns in der Balz auch für einen stumpfnasigen Hund äußerst intensiv, ja gar verführerisch sei. Ich habe dies nie beobachten können. Die Hunde, die ich am Auerwild erlebt habe, waren wohl interessiert, aber ohne übermäßige Passion.

Meine jetzige Hannoversche Schweißhündin zeigt allerdings ein „bedenkliches" Interesse an der Hahnenjagd und übertrifft damit alle meine früheren Hunde. Das Anspringen hat sie längst gelernt. Sie weiß genau, wenn ich mich nicht rühre, darf auch sie keinen Schritt machen; sie bleibt ganz eng bei Fuß und äugt die Bäume nach dem Hahn ab. Wenn sie ihn gar erspäht hat, reißt es sie am ganzen Leibe zusammen.

Einmal waren wir bereits nahe an einen Hahn herangesprungen; ich legte die noch junge Hündin ab, um die letzten Schritte allein zu machen und mir den Hahn anzuschauen. Noch keine fünfzehn Meter mochte ich mich von ihr entfernt haben, als mit riesigem Getöse der Hahn zu Boden ging, zwischen uns landete und so keine fünf Meter vor ihr flott zu balzen begann. Einen

Augenblick fürchtete ich um ihn; denn wenn er abgewendet nicht gleich die Situation erfaßte, konnte sie ihn überrumpeln. Nicht, daß ich ihr das von vornherein unterstellt hätte, aber sie ist auch nur ein Hund, der bestrebt sein darf, die sich bietenden Gelegenheiten zu nutzen. Dazu hatte sie sich im letzten Herbst eine Sache geleistet, die mir nun blitzartig durch den Kopf schoß. Ich war im hohen Almrausch beinahe auf einen Birkhahn getreten; ob er mich nicht gehört hatte oder sich wie ein Rebhuhn drückte, vermag ich nicht zu sagen. Er ging jedenfalls mit lautem Gepurre direkt zwischen meinen Füßen und unter meiner Nase hoch. Ich erschrak zu Tode, während die Hündin geistesgegenwärtig wie ein Hochspringer emporschnellte und den Hahn beinahe am Spiel erwischte.

Der hatte sich zum Glück retten können, und ich hoffte nun, daß dieses halbe Erfolgserlebnis sie nicht zu einem erneuten Versuch verleiten würde. Ich sah mich insgeheim schon eine Abschußmeldung ausfüllen und als Erleger „Hund" eintragen. Meine Hündin belehrte mich eines Besseren, sie blieb liegen und zuckte nicht einmal mit ihren langen Behängen. Mein Hundeführerherz ging vor Wohlgefallen über. Der Hahn balzte unermüdlich um uns herum, bis er sich trippelnd und schreitend entfernte und schließlich überriegelt war.

Vielleicht mögen manchen die geschilderten Hahnenverhältnisse paradiesisch anmuten. Ohne die eingangs erwähnten forstlichen Zugeständnisse als wichtigste grundlegende Maßnahme ist so etwas auch nicht mehr denkbar und möglich. Hinzu kommen einige weitere Dinge, die in der Hand des Jägers liegen und nur einen Sinn ergeben, wenn sie konsequent durchgeführt werden. Marder und Fuchs müssen mit Eisen und Flinte kurzgehalten werden. Der Habicht gehört nicht ins Hahnenrevier. Für ihn bleibt genügend anderer Lebensraum. Auch der Dachs macht unter den Gelegen viel Schaden. Das sollte nicht falsch verstanden oder als ein Aufruf zum Kampf gegen manche Tierarten gesehen werden. Nicht im geringsten! Ich hüte den Dachs in anderen Revieren, wo es nur geht; ich bin ein glühender Verfechter einer waidmännischen Bejagung des Fuchses, und ich würde mich nie mit dem Habicht um seinen Anteil streiten. Soll eine Hege im Hahnenrevier aber auch nur im Ansatz erfolgreich sein, bleibt einem keine andere Wahl, als das Raubwild kurzzuhalten. Dies um so mehr, als die direkte Hege in ihren Möglichkeiten beschränkt ist. Vielleicht läßt sich ein zufällig gefundenes Gelege schützen, indem man die Umgebung verwittert; oder man sorgt dafür, daß das Auerwild auch bei hohen Schneelagen Mahlsteine aufnehmen kann; auch wird es manches Mal notwendig sein, einen Balzplatz bewachen zu lassen. – Das wurde einmal erforderlich, weil begeisterte „Ornithomanen" sich vorgenommen hatten, Auerhahnen zu fotografieren, und hierzu kein Mittel scheuen. – Darüber hinaus wird man aber, wenn geeigneter Lebensraum vorhanden ist, kaum mehr unternehmen können. Nicht jeder braucht, wie mein Urgroßvater, für „seine Lieblinge" Sand an die Balzplätze fahren zu lassen, um dem Wild das Hudern zu erleichtern.

Von diesen Bemühungen ganz abgesehen, habe ich inzwischen aber auch das Unverständnis und den Unwillen zu spüren bekommen, den man als passionierter Hahnenjäger und -heger ernten kann. In einem österreichischen Hochgebirgsrevier, das ich seit einigen Jahren bejage, sind zwei Hahnenbalzplätze, an denen wir regelmäßig Zählungen durchführen. Der Bestand der Hahnen darf in dieser Gegend nicht als gesichert angesehen werden. Als nun einer der Plätze in den Schlägerungsplan aufgenommen wurde, setzte ich mich mit den zuständigen Bundesforsten in Verbindung, bot an, die forstliche Nutzung dieser Fläche für dreißig Jahre abzukaufen, und erbat einen Vorschlag. Der folgende Schriftwechsel, die Gespräche und letztendlich die Auseinandersetzungen gehören nicht in diesen Rahmen. Sie haben mir aber eine Kostprobe von dem Starrsinn, der Engstirnigkeit und den Folgen einer Weltanschauung gegeben, die nur die Fichte zum Inhalt hat. Im Gegensatz zu diesem gescheiterten Versuch fand eine ähnliche Regelung bei einem privaten Grundeigentümer höchstes Interesse und große Zufriedenheit auf beiden Seiten.

Genug davon! Ich möchte eine Geschichte von einem stummen Hahn erzählen. Es mag wie Jägerlatein klingen, ist aber wahr und fand schließlich sogar eine plausible Erklärung. Es war nicht in der Steiermark, sondern in jenem Hochgebirgsrevier, in dem ein Hahnenabschuß anstand, den wir nach den letzten Zählungen auch verantworten zu können glaubten. Wir hatten auf zwei Balzplätzen sechs Hahnen bestätigt, waren uns aber nicht schlüssig, welcher der älteste war. Nach immer neuen morgendlichen Erkenntnissen, eifrigem Spekulieren und Abwägen, was uns aber einer Entscheidung nicht näher brachte, wurde sie uns schließlich abgenommen.

Der „Hüttenhahn" war ein eifriger und treuer Sänger, der bereits Anfang April mit seinem Lied begonnen hatte, was für diese klimatischen Verhältnisse sehr früh ist. Wir hatten ihn so getauft, weil er in Hörweite der Hütte stand, in der wir jetzt zur Hahnenfalz gerne nächtigten. Er war ein reifer, vielleicht sogar älterer Hahn, dem wir aber keine weiteren Gänge gewidmet hatten. Anfang Mai kamen wir ihm eines Morgens wieder einmal näher, sprangen an ihm vorbei, um einen höher stehenden anderen zu verlosen. Es fiel mir bereits auf, daß unser Hüttenhahn äußerst schlecht zu hören war. Ich schob es auf das Gelände und auf den oft schwer zu ortenden Balzgesang des Auerhahns, der den anspringenden Jäger immer wieder täuschen kann.

Vierzehn Tage später, als eine Entscheidung reifen mußte, kamen wir überein, uns den Hüttenhahn nochmals auf sein Alter hin genauer anzuschauen. Es wurde ein besorgniserregender Morgen, denn der Hahn meldete nicht. Es wurde hell, die Vögel sangen, und der Hahn fehlte. Wir waren ratlos. Bei vollem Licht birschten wir bergwärts, schauten umher, ob vielleicht etwas zu sehen oder zu finden sei. Plötzlich erstarrte der Freund mit nach oben gerichtetem Kopf zur Salzsäule; über ihm stand in einer hohen Lärche der Auerhahn in voller Balz. Vor lauter Sprachlosigkeit waren wir ebenso stumm wie der Hahn. Um dem Schauspiel die Krone aufzusetzen, ging er wenig später zu Boden und balzte stumm wie ein Pantomime vor uns. Diese Darbietung trug groteske Züge. Deutlich konnten wir an seinen Bewegungen Hauptschlag und Schleifen ausmachen. So viel wir uns aber die Ohren rieben, es war nicht der Hauch eines Lautes zu hören. Es bedurfte keinerlei Überlegung, die Entscheidung war gefallen.

Einen merkwürdigeren Auerhahnmorgen als diesen werde ich wohl nie erleben. Wir suchten bei Dunkelheit in die nächste Nähe des Hahns zu gelangen. Genauer gesagt, wir postierten uns unter der Lärche, auf der er gestern seine stummen Weisen gemimt hatte. Wir hatten uns in unserer Annahme nicht geirrt; der Hahn war bereits als dunkler Umriß gegen den Sternenhimmel zu erkennen. Er wachte auf, schüttelte das Gefieder und begann mit seiner Balz. Er stand von uns abgewendet. Da den Freund nun Skrupel überkamen und er um Jagd und Waidgerechtigkeit bangte, gab er sich, dem Hahn und der Sache eine Chance und sprang – nicht das Ohr, sondern die Augen gen Himmel und Hahn gerichtet – Hauptschlag und Schleifen erahnend unter ihm durch auf die andere Seite. Der Hahn merkte von alledem nichts, ihn irritierte nur ein Artgenosse, dessen Balzstrophe laut und vernehmlich zu uns herüber klang und der ihn veranlaßt haben mochte, sich auf einen anderen Ast zu überstellen. Der Freund mußte fürchten, eräugt zu werden; genügend „Abstand" sollte er inzwischen gewonnen haben. Beinahe erschrak ich dann über den lauten Knall, wie es oft der Fall ist, wenn man auf etwas gespannt wartet. Der Hahn stürzte, schlug auf dem Boden auf, kugelte Federn verlierend im steilen Gelände hinab, fing sich und war unser.

Es war ein starker Hahn, ein alter, wenn auch keiner von denen, die zur besonderen Garde gehören. Die Untersuchung bei dem Institut für Tiermedizin ergab als Befund eine Schwellung und einen Bluterguß im Stingel, die von einer Überreizung der Stimmbänder herrühren konnten. Wahrscheinlich wäre im Laufe des Jahres die Reizung zurückgegangen, und der Hahn hätte im nächsten Jahr normal gemeldet. Er stand seit Anfang April in der Balz, vielleicht hatte er schon früher begonnen. Die lange Zeit und sein fleißiges Melden werden das ihrige getan haben. Dennoch muß so etwas selten vorkommen, denn in der Literatur fand ich Ähnliches nicht beschrieben.

Die Balz der Auerhahnen umfaßt eine lange Spanne Zeit. Obwohl sich der Bergfrühling, mit dem wir heute beinahe ausschließlich die Hahnenfalz verbinden, auf wenige Wochen zusammendrängt, liegen doch Welten von Stimmungen und Eindrücken zwischen dem ersten Schmelzwasserrauschen und dem schon sommerlich anmutenden Grünen des Buchenlaubs. Ich kenne das Verlosen beim ersten Frühlingsahnen, wenn jeder Schritt bergauf in dem faulgewordenen Altschnee schweißtreibende Beinarbeit ist, wenn die Kühle der Luft einen Hauch vom Winter in sich trägt, und wenn ich voll Spannung und Hoffnung schließlich auf den ersten Laut des Großen Hahnes warte. Wenige Wochen später gehe ich denselben Weg leichtfüßig in eine laue Frühlingsnacht hinein; die Natur atmet würzigen Erdgeruch, unten im Tal schimmern die Wiesen gelb vor Schlüsselblumen, und die aufgeplatzten Buchenknospen künden vom Sommer. Die Hennen streichen nun früh vom Balzplatz ihren Gelegen zu. Eines Morgens wird dann der Hahn wie gewöhnlich auf seinem Baum einfallen, ein paar müde Worger und Klepfer tun und bald der Sonne entgegen abreiten. Jetzt tönt von den Höhen herunter das Kollern der Kleinen Hahnen. Bevor ich zu ihnen auf die Schneid steige, will ich als letztes eine Geschichte von einem solchen späten Auerhahn erzählen.

Außer Plan und einem spontanen Entschluß folgend, wollte ich für ein paar wenige Tage in die Steiermark fahren, nachdem mich der Wonnemonat bisher mit Kälte und Winterswiederkehr enttäuscht hatte. Ich mußte ein wenig den versäumten Frühling nachholen. Bei uns im Flachland war es Zeit, nach den Rehböcken zu schauen, und bis zur Heuernte würde es nicht mehr lange dauern. So stellte ich meine innere jahreszeitliche Uhr ein wenig zurück. Und als ich mich mit meinem Wagen die letzten Kilometer der liebgewordenen Wegstrecke durch die Frostaufbrüche mühte, dieselben, die ich schon auf meiner Fahrt vor einigen Wochen durchlitten hatte, und die gerade vom Schnee frei geaperten Nordhänge sah, umfingen mich die Hahnenstimmungen wieder voll und ganz.

Irgendwelche Umdispositionen hatten ergeben, daß noch ein Großer Hahn zu schießen war. Ich wußte einen; es war ein unsteter Geselle, der sich ein lückiges, lichtes Kiefernaltholz, das zu einem Hauptbalzplatz gehörte, freigeräumt hatte. Einige Hennen, nicht sehr viele, hatte ich in der Nähe des Hahnes beobachtet. Er liebte es, bis weit in den Morgen hinein flott zu balzen und sich von einem Baum zum anderen zu überstellen. Er schien wenig Lust zu haben, wie es für einen pflichtbewußten Vertreter seiner Art wünschenswert wäre, zu Boden zu gehen und sich dort der eigentlichen

Angelegenheit zu widmen. Die Hennen mühten sich und flogen ihn mit den Schwingen liebevoll berührend an, um ihn aus seiner Selbstvergessenheit zu wecken. Ihn spornte das zu neuen Arien auf dem nächsten Baum an und, entzückt von sich selbst, gab er sich seinem Gesang hin.

Nach einem vergeblichen Morgen und einem wenig aufschlußreichen Abendeinfall empfing mich die nächste Frühe mit einem lauen Frühlingsregen, die Wolken hingen tief und hielten das Frühlicht lange in ihren ziehenden Schatten gefangen. Die Erde dampfte. Ich stand und lauschte in den stetigen Tropfenfall, der jeden Laut verschluckte. Inzwischen hatten die Vögel zu singen begonnen, und meine Hoffnungen für diesen Morgen schwanden dahin. Beim nächsten Schritt ließ mich das Poltern des abreitenden Hahns zusammenfahren. Einen Augenblick glaubte ich, er würde sich nur überstellen, aber er beschrieb einen Bogen und entschwand meinen Blicken. Er hatte nicht gebalzt, hatte mich eräugt und war abgeritten. Wenn er auch nicht vergrämt sein mochte, hatte ich zumindest für heute früh das Nachsehen. Schlechtes Wetter war angesagt. Meine Zeit ließ sich nicht bis ins Uferlose ausdehnen. Inzwischen hatte schon der Wind begonnen zu wehen, schwere Wolken zogen am Himmel auf, und mißmutig wollte ich mich heimwärts auf den Weg machen. Ich blieb stehen und glaubte mich verhört zu haben. Wieder! – ich hatte das Schleifen des Hahnes vernommen. Verwehte Laute waren es, die der Wind an mein Ohr trug; ganz deutlich, immer wieder. Ich folgte ihnen vorsichtig. Behutsam birschte ich Schritt für Schritt in dem gut einsehbaren Bestand hangauf. Von Springen konnte keine Rede sein, dazu hörte ich zu wenig; ich mußte jeden Augenblick gewärtig sein, den Hahn vor mir zu haben – hielt inne und sah ihn. Er stand am Boden, drehte und wendete sich und balzte flott, ohne sich von Wind und schlechtem Wetter beeindruckt zu zeigen. Uns trennten einhundertzwanzig Meter, und dennoch hörte ich jetzt deutlich Strophe für Strophe durch den Wind. Mein bisher nicht sehr erfolgreiches Waidwerken auf diesen Hahn verleitete mich zu einem Versuch. Ich legte mich auf den Boden, rückte meinen Rucksack als Unterlage zurecht, bettete den Bergstutzen darauf; eigentlich mußte es gehen! Die Vollmantelkugel des großen Laufs ging genau hin, der Zielstachel stand ruhig auf dem Schild des Hahnes. Der Schuß brach, der Hahn duckte sich, wurde kleiner, stieß sich von der Erde und ritt ab.

Ärgerlich über meine Hudelei zog ich die abgeschossene Hülse aus dem Lauf. Aber gleichzeitig spürte ich, wie die Ernüchterung des Fehlschusses in mir einige Dinge zurechtzurücken begann. Einen Auerhahn springt man an, um ihn dann aus waidgerechter Entfernung zu erlegen. Man schießt ihn nicht kunstlos mit einer weithin treffenden Büchse aus dem Hinterhalt. Ich schämte mich jetzt gehörig über meine Schußhitzigkeit und merkte, daß es vielleicht so besser war, wenn auch der Hahn nun wirklich vergrämt sein konnte.

Es geschahen Zeichen und Wunder. Als ich am Vormittag nach einem erfreulichen Schlummer erwachte, hatte sich der Wind gelegt, die Sonne schien vom glasklaren Himmel, die Wiesen leuchteten im frischen Grün, und die Obstbäume prangten in voller Blüte. Ich beschloß, einen kleinen Imbiß in der alten Gaststube zu nehmen, schlenderte danach durch den Ort, setzte mich in den Schatten des großen Kirschbaumes, hörte den summenden Insekten zu und genoß den frühsommerlichen Tag.

Morgen früh – morgen früh würde es gehen! Morgen war Himmelfahrtstag; im Dorfe hatte sich schon die vorfeiertägliche Geschäftigkeit breitgemacht. Könnte ich es wagen, trotz des Kirchentages zur Jagd auszurücken? Ich würde früh zurück sein, da bliebe mein Gang unbemerkt; und wenn ich den Hahn schösse? Dann hätte ich ihn halt geschossen. Der Herr Pfarrer würde mir seinen Segen erteilen; der war für die Dinge des Lebens aufgeschlossen, wie es sich gehört. Was sein muß, muß sein, das wußte er wie ich!

Vor dem Wecker war ich wach, stand auf, bereitete mir einen kleinen Tee, gönnte dem Hund und mir ein paar Kekse und machte mich auf den Weg. Bald hinter dem Dorfe ließ ich den Wagen stehen und ging das weitere Stück Weges durch die frische Mainacht. Es war nicht mehr der herbe Erdgeruch wie zu Anfang der Falz, die Luft duftete nach Blüten und frischem Grün. Ich fühlte den weichen Waldboden unter meinen Sohlen und schritt kräftig aus, bis ich den Balzplatz erreicht hatte. Im Osten dämmerte der Frühlingsmorgen herauf, versunken lauschte ich in die Nacht. Hier hatte ich abends den Hahn aufbaumen hören. Der Bach rauschte überlaut; dennoch mußte ich den balzenden Hahn vernehmen können. Der Kuckuck rief; wenn es auf den Sommer zugeht, ist er einer der frühesten – aber doch nach dem Hahn! Wieder plagten mich die Zweifel...

Wie ein Gottesgeschenk klang mit einem Mal der erste Klepfer an mein Ohr. Es konnte nicht weit sein. Ich schlich mich ein wenig näher und fing gleich zu springen an, als der Hahn balzte. Ich war schon ganz nahe heran, als er eine Pause einlegte. Ewigkeiten schienen mir zu verrinnen. Es dämmerte, die Vögel sangen. Tatsächlich! Mit riesigem Gepolter überstellte er sich. Ich rückte nach, stand unter seinem Baum, sah ihn aber nicht, sprang unter ihm durch, um von der anderen Seite seiner vielleicht ansichtig zu werden. Gerade wollte ich mich umdrehen, um nach oben zu schauen, da verstummte er. Es schien ein Alptraum zu werden; er ritt ab, schwang sich nicht weit entfernt erneut ein und balzte feurig weiter.

Ich durfte nur nicht das Jagdfieber die Oberhand gewinnen lassen, eine

Unbedachtsamkeit konnte alles verderben. Der Hahn balzte, ich tat meine Schritte und hatte beinahe den Baum erreicht, den ich mir zum Ziele und zum Auslug erkoren hatte, als eine Rehgeiß hochwurde und mit stampfenden Läufen ein paar Fluchten machte. Sie äugte mir direkt ins Gesicht, und im gleichen Augenblick fuhren mir ihre scheußlichen, schmälenden Schrecklaute durch Mark und Bein. Eine grobe Verwünschung lag mir auf der Zunge; ich wedelte mit den Armen, um ihr von meiner Person Gewißheit zu geben. Sie verstand meine Bewegungen völlig falsch, beäugte mich mißtrauischer als vorher, um sich in ihren durchdringenden Lautäußerungen zu überschlagen. Wie sollte es anders sein, der Hahn hatte aufgehört zu balzen. Drei entschlossene Schritte klärten zumindest die Situation mit der Rehgeiß, brachten sie in Bewegung, ließen mich aber später an ihrem Organ noch schier verzweifeln.

Ich wartete und wartete, vielleicht würde der Hahn wieder beginnen, nachdem sich diese bis ins Mark vordringenden Laute langsam in der Tiefe verloren. Die Sonne kam golden über den Horizont und tauchte alles in ein mildes Morgenlicht. Und mein Hahn schwieg. Konnte ihn die Sonne nicht inspirieren? Er überstellte sich abermals, und wenig später vernahm ich tatsächlich sein Balzen. Ich nutzte den ersten Hauptschlag und sprang, ich ließ keine Strophe aus und verharrte plötzlich in der Bewegung. Auf dem starken Ast einer Kiefer, von der Sonne über und über beschienen, stand der Hahn. Es waren nur Augenblicke, in denen ich dieses Bild eintrank. Mitten in die Verzückung seines Liedes hinein traf ihn dann die Kugel. Er legte die Schwingen an den Körper, der Stoß sank zusammen, und er stürzte vom Baume, ohne wohl den Aufschlag am Boden zu spüren. Dumpf klang es herüber. Benommenheit legte sich über mich, die Spannung der letzten Minuten wich, Freude kam auf. Ich dachte an all die Fährnisse der letzten Tage und des heutigen Morgens. Im Erleben reifte das Erlebnis und wurde zum großen Glück. Ruhe und Gelassenheit kehrten ein und mischten sich mit Dankbarkeit um dieses Wild.

An jenem Morgen warf ich nicht nur einen gläubigen Blick gen Himmel. Der Pfarrer sah mich auch unter seinen Schäfchen wie ich es nicht nur ihm, sondern mehr noch dem Himmelfahrtshahn schuldig war.

Die Tage des melancholischen Liedes des Großen Hahnes, das vom ersten Werden des Bergfrühlings kündet, sind vorüber. Nun mag ich dem fidelen, vergnügt anmutenden Gesang der Schneidhahnen lauschen, der von hellen Tagen, kurzen Nächten und blühendem Almrausch berichtet.

Letzter Reigen

In dem steiermärkischen Hahnenrevier gibt es eine weite Alm inmitten eines großen bewaldeten Kessels. An ihrem Rande steht ein altes Jagdhaus, das ursprünglich zu den Höfen gehörte, die hier bayerische Siedler im sechzehnten Jahrhundert errichtet hatten. Vor einhundertfünfzig Jahren verkauften die Bauern ihr Land und ihre Häuser an die große Herrschaft, weil das herbe Klima über mehrere Jahre keine Ernte reifen ließ. Die steilen Wiesen und kargen Äcker, die seinerzeit mühsam gerodet worden waren, wurden aufgeforstet oder sich selbst überlassen; die Häuser und Stallungen wurden abgerissen oder verfielen. Nur dieses eine wurde erhalten, später umgebaut und als Jagdhaus hergerichtet. Seine wunderschöne Lage und der weite Blick, der sich von hier dem Jäger erschließt, werden den neuen Grundherrn zu diesem Entschluß bewogen haben.

Das Haus lädt mit seinen gemütlichen, niederen Räumen, seinem schönen, gemauerten Ofen, den kleinen Schlafkammern zum Bleiben und Übernachten ein. Alles an ihm atmet Zeit und Geschichte, die aus jedem Balken, aus jeder Diele und jedem Winkel zu einem spricht. Was haben sie schon alles an menschlichem Glück und Leid, an geschäftigem Treiben und drückender Stille, an Leben, Sterben und Einsamkeit gesehen?

Wenn der Bergfrühling sich rundet, die Birken grün zu werden beginnen, ist es für mich Zeit, nach den Kleinen Hahnen zu schauen. Mein erster Weg führt dort auf die Alm. Ich will im Jagdhaus den Abend und die kurze Nacht verbringen und mich dann ums Hellwerden auf die Bank setzen, an die alte Hauswand lehnen und auf das Kollern der Hahnen warten. Ich gedenke hier den ganzen Morgen zu verbringen und freue mich, wenn von allen Seiten das Lied der Birkhahnen herüberschwingt, abnimmt, wieder anschwillt, sich vermengt und den ganzen Kessel erfüllt. Die Luft vibriert in dem feinen, aber vollen Laut dieses leisen und doch weithin vernehmbaren Gesanges und dringt über Hänge, Almen und Matten zu mir her.

Wenn die Sonne wie ein glühender Ball am Horizont erscheint, höher steigt und die Berge mit ihrem milden Frühlicht erfüllt, verstummen die Sänger für einen Augenblick, halten ihr „Morgengebet", um sich dann zur Sonnenbalz auf die Baumwipfel oben auf den freien Bergkämmen einzuschwingen. Einige hohe Dürrlinge trotzen dort wie Mahnmale aus vergangener Zeit Wind und Wetter. Von meinem Bankl aus kann ich überall die Sänger auf den dorren Ästen mit dem Spektiv ausmachen. Die Kleinen Hahnen lieben diese Höhen und ihre Luftigkeit, und oft balzen sie dort bis in den Vormittag hinein. Ihnen zu Gefallen werden diese Kuppen nicht aufgeforstet, sondern statt dessen peinlichst freigehalten.

Umsicht und Einsicht haben hier auch die Erhaltung der Kleinen Hahnen ermöglicht. Als früher die großen Auerhahnjagden abgehalten wurden, galt den Birkhahnen allerdings weniger das Interesse der Jäger. Den Schußbüchern nach sind sie gerne „als Blume vom Wegesrand" mitgenommen worden, deretwegen aber keiner lange Wege unternommen hat. Der Birkhahn gehörte damals nicht zur Hohen Jagd. Vielleicht nahm man ihm auch übel, daß er bereits auf den Birken am Dorfausgang anzutreffen war und sein Balzgesang bis in die Küche des herrschaftlichen Hauses drang. Paradiesische Zeiten!

Nach einem Morgen auf der Bank vor dem Jagdhaus habe ich einen kleinen Überblick gewonnen und bin wieder auf das kollernde Lied eingestimmt. Den Tag verbringe ich nun damit, die bekannten Plätze nach frischer Balzlosung abzuspüren, um dann die ausgemachten Hahnen an den folgenden Morgen näher in Augenschein zu nehmen.

Wie das Auerwild bevorzugt auch das Birkwild immer wieder dieselben Balzplätze. Dennoch fällt es schwerer, den Kleinen Hahn über einige Jahre hin zu beobachten und wiederzuerkennen. Durch ihr ewiges Gezänke entsteht wohl ein größerer Umtrieb, und die Sterblichkeit erscheint mir höher als beim Auerwild. Gerade in diesem Revier haben die Kleinen Hahnen auch unter dem Adler zu leiden, der regelmäßig die Gegend revidiert und sich auf diese Jagd eingestellt hat. Ich habe ihn oft beobachtet, wie er niedrig über die freien Höhen strich, auf oder direkt hinter denen die Hahnen am Boden balzen.

Dennoch gibt es immer wieder einige, die allen Gefahren zum Trotz alt geworden und gar über mehrere Jahre hin ihrem angestammten Balzplatz treu geblieben sind. Ich denke dabei besonders an einen, der sogar in die berühmt-berüchtigte Kategorie der Grenzhahnen gehören könnte.

Ich fühlte mich immer über dieses Thema erhaben, da mir das Jagen an der Grenze, nur weil es die Grenze ist, zuwider ist. So versetzt es mich nicht in Panik, wenn sich einer der wohlgehüteten Hahnen zur Sonnenbalz jenseits der Grenze einschwingt. Sollte der Nachbar in Ermangelung anderer Hahnen dann wirklich sündigen, wird ihm wie allen Grenzjägern – von der diebischen Freude abgesehen – von der des Hahnenjagerns wenig zuteil werden.

Ein kleines Beispiel für eine faire Regelung habe ich in ebendiesem steirischen Revier erlebt. Ein Nachbar grenzt mit seinem Revier an einen guten Hahnenbalzplatz an. Die Hahnen balzen nicht bei ihm, streichen aber gerne über Tage hinüber oder schwingen sich hin und wieder auf einer der hohen Randfichten zur Sonnenbalz ein. Natürlich war es ein verständlicher Wunsch des Nachbarn, einen Hahn zu schießen. Bevor er sich nun dazu hergab, sich eine Abschußgenehmigung zu erschleichen, tagelang an der Grenze auf und ab zu birschen, in Verstecken Stunden um Stunden zu lauern, um endlich mit einem Weitschuß den Hahn vom Baum zu holen, tat er etwas viel Besseres. Er fragte bei der Herrschaft an, ob er einmal und nie wieder einen von „seinen" Hahnen im drüberen Gebiet schießen dürfe. Dieser Wunsch wurde ihm gerne erfüllt.

Diese honorige Einstellung vor Augen glaubte ich, über alle Zweifel erhaben zu sein, und ahnte nicht, wie schnell ich selber zum Grenzjäger werden würde.

An einem nebligen, naßkalten Vormittag meinte ich, aus einem entfernten Winkel des Revieres das Melden eines Hahnes zu hören. Es waren immer nur Bruchstücke des kullernden Gesanges, die an mein Ohr drangen. Oft glaubte ich, mich geirrt zu haben. Ich hatte schon meine Erfahrungen mit dem so täuschenden und schwer zu ortenden Lied der Kleinen Hahnen gemacht. Aus der Nähe klingt es fern und aus der Ferne näher. So versuchte ich einmal, einen Hahn anzugehen, seinem Kollern nach wähnte ich ihn auf weite Schrotschußentfernung. Doch beim nächsten Schritt erstarrte ich, keine fünf Meter vor mir blitzten mir zwischen den Ästen einer kleinen Fichte seine roten Rosen entgegen, und ich sah sein dunkles Auge auf mich gerichtet. Unsere gegenseitige Überraschung dauerte nur einen Herzschlag. Mit leichtem Schwingenschlag warf er sich ins Blau hinaus. Ein anderes Mal stieg ich einem Hahn nach, den ich auf knappe Büchsenschußentfernung vermutete. Wenig später mußte ich vor einem Abbruch haltmachen; der Hahn stand vierhundert Meter entfernt auf der gegenüberliegenden Talseite.

Das Gebiet, aus dem jetzt immer wieder wie vom Winde vertragen das Balzen zu mir drang, kannte ich nicht. Nie zuvor hatte mich ein Birschgang in diesen Revierteil geführt, und so machte ich mich mehr aus Neugierde auf den Weg. Über eine steile Leiten klomm ich zu dem Kamm hinauf, auf dem ich den Hahn vermutete. Ich blieb beim zügigen Steigen öfter stehen, aber ich hörte nichts mehr. War er verstummt, oder war er für mich überriegelt? Als ich den Bergrücken erreicht hatte, hielt ich inne, und ein freudiger Schreck durchfuhr mich; in die Graupelschauer des unfreundlichen Tages hinein schwang das Kollern. Behutsam birschte ich dem Balzen nach. Ich mußte sehr vorsichtig sein. Der Hahn konnte auf einer der großen Wetterfichten stehen, aber ebenso am Boden balzen, wo sich in dem lückigen

Bestand Schneeflecken gehalten hatten, die ihn zum Tanz einladen mochten. Wolkenfetzen hüllten mich ein. Ich hielt inne. Wie durch ein Milchglas sah ich schemenhaft auf dem Wipfel einer hohen Fichte den Sänger stehen. Ein zauberhaftes Bild, das mir unwirklich und märchenhaft erschien! Als sich die Nebel verzogen, nahm ich das Glas an die Augen. Es war ein sehr guter Hahn! Sein mächtiges Spiel schlappte im leichten Wind, spreizte sich sanft bei jedem Kullern und zeigte vier ungeheuer stark gehakelte Krumme. Ich schaute dem Sänger lange zu. Es mochte später Vormittag sein, als er verstummte und wenig später in das graue Licht des Tages hinein abritt.

Ein stilles Plätzchen hatte sich dieser ausnahmsgute Hahn für seine Balz gesucht. Es kam selten jemand in diesen abgelegenen Winkel an der Reviergrenze. Hier war kein Jagen von hüben, geschweige denn von drüben möglich, und so brauchte ich nicht meine Hand dafür ins Feuer zu legen, ob die Fichte, auf der der Hahn gemeldet hatte, nicht bereits ein paar Meter im Nachbarlichen stand.

Am nächsten Morgen brach ich sehr früh auf. Der lange Weg zum Bergreindl, wie die Gegend dort oben heißt, nahm einige Zeit in Anspruch. Ich hatte mir gestern noch einen notdürftigen Schirm gerichtet, den ich aber in der Dunkelheit zuerst nicht wiederfand. Ich irrte umher, kramte aus meinem Rucksack die wenig geliebte Taschenlampe heraus und ließ mich von meinen gestrigen Spuren im Schnee zu dem Versteck führen. Noch gerade vor Tagwerden war ich hinter den überhängenden Zweigen verschwunden. Sehr langsam kam das Licht. Bei unfreundlicher Witterung und zu Beginn der Balz gehören die blauen Ritter nicht zu den eigentlichen Frühaufstehern. Erst zur Hochbalz fallen sie mit dem ersten Lichtstreif im Osten ein. Auch heute kam der Hahn spät. Ich hatte den Ort für meinen Schirm nicht schlecht gewählt; der Hahn fiel, so wie ich es vermutet hatte, tiefer ein, um auf seinen Balzplatz hinaufzulaufen. Ich konnte ihn immer noch nicht sehen, nur seine Faucher ließen mich seinen Weg verfolgen. Es wurde heller. Wie hingezaubert stand er dann plötzlich auf dem Schneefleck und begann zu balzen. Seine Krummen schleiften hinter ihm her. Ich hatte noch nie einen so starken Hahn gesehen. Er sang munter sein Lied, kollerte ausgelassen vor sich hin, reckte seinen Stingel, blies und machte hübsche Flattersprünge. Die Zeit mochte ihm ohne Hennen und Händel mit seinen Vettern lang werden, er schwang sich auf den bekannten Fichtenwipfel und gab sich dort seinem Vergnügen hin. Wind und Regen schienen ihn keineswegs zu verdrießen. Nachdem ich ihm genug zugeschaut hatte, schlich ich mich gedeckt davon und hörte sein Lied hinter mir leiser werden, bis es verklungen war.

Guter Rat war teuer; der heurige Hahn war für einen Bekannten reserviert. Sollte ich einen Vor- und Übergriff auf das nächste Jahr wagen? Ob ich nun heuer oder im nächsten Mai – was lag schon daran? Dieser Ausnahmsgute brachte mich in arge Gewissenskonflikte. „Einer Versuchung wird man am einfachsten Herr, indem man ihr nachgibt", hat ein weiser – nein, ein lebenserfahrener – Mann gesagt. Die Waagschale meiner Entscheidung drohte, mal nach der einen, der leichten, schöner., freudigen Seite auszuschlagen, mal zu der anderen, der korrekten, richtigen, schwächlichen und selbstzerstörerischen. Dieser Hahn ließ sich nicht aufheben; im nächsten Jahr konnte er ebensogut tiefer beim Nachbarn balzen. Der hatte genügend Hahnen. Der würde sich um ihn nicht scheren, aber mir würde er versperrt bleiben. Die Waagschale schlug aus, und ich nahm mir vor, zu handeln und den buchhalterischen Vorgriff zu tätigen.

Und ich tat es nicht! Nicht, weil es nicht geklappt hätte, sondern aus Selbstdisziplin. Das hört sich großartig an. Der eigentliche Grund war aber ein anderer: Ich wollte ihn mir doch bis zum nächsten Jahr aufheben. Ein ganzes Jahr könnte ich dann mit Spannung an ihn denken, mich freuen, und welche dreifache Lust wäre es, ihn im nächsten Mai zu erlegen! Das war den Einsatz und das Risiko wert! So dachte ich.

Ich besuchte ihn noch zwei Male in ebendem Mai, und jedesmal kehrte ich verunsichert und grüblerisch heim. Es wird nicht schwer zu erraten sein, daß mein Entschluß nicht von härtester Beständigkeit war.

Der Hahn war von einer rührenden Liebe zu seinem eigenen Lied beseelt. Schlechtes Wetter, Minusgrade und sonstige Witterungsunbill, die in dem Frühjahr herrschten, machten ihm nichts aus. Die Kleinen Hahnen sind gewöhnlich in diesem Punkte wesentlich empfindlicher als die Auerhahnen. Zum Glück haben sie ihren großen Vettern nicht die Mondsüchtigkeit abgeschaut. Sie lassen sich durch das Nachtgestirn nicht zum verfehlten Aufstehen verleiten, was ich in diesen Tagen dankbar vermerkte.

Festigkeit hin, Festigkeit her; ich blieb meinem Gedanken treu. Ich freute mich ein langes Jahr darüber. Aber es trat ein, was ich befürchtet hatte: Der Hahn war im nächsten Mai fort. War er ins Nachbarliche abgewandert und balzte dort irgendwo für mich uneinsehbar, oder hatte sich sein Hahnenschicksal schon vollendet? Mit der Hand schlug ich mir vor die Stirn und schimpfte mich einen sentimentalen Träumer. Ich hatte es nicht besser verdient; wer die Chancen des Lebens nicht nutzt, ist nicht wert zu leben.

Ich war damals nicht mehr ganz frisch verheiratet, aber erst jetzt hatte meine Frau es zum ersten Mal gewagt, mir auf die herben Höhen des Hahnenrevieres zu folgen. So fühlte ich eine gewisse Verantwortung, wollte die gemeinsamen Tage nicht in meiner Trübsal untergehen lassen und riß mich am Riemen. Ich strich den Hahn aus meiner Vorstellung. Meine Frau ist jagdlich nur wenig interessiert und beschränkt diese Interessen auf Hund und Wildbret. Das hielt uns aber nicht ab, schöne Spaziergänge zu machen, auf denen ich es natürlich nicht unterlassen konnte, nach Balzlosung zu schauen. Zufällig oder nicht, wir kamen zum Bergreindl und fanden wider Erwarten frische Balzlosung! Das Herz begann zu schlagen, ich versuchte, mich so unbeteiligt wie möglich zu geben, aber alle Geister bohrten in mir.

Ich will es kurz machen; ich sah und fand keinen Hahn. Entweder war er es, der dort oben nur ein kurzes Stelldichein gegeben hatte, oder es war einer der fahrenden Sänger. Es gab einige von diesen unsteten Gesellen, die mal hier mal dort melden.

Die Tage verliefen auch ohne Kleinen Hahn harmonisch, und meine Frau erzählte stolz, wenn sie nach den Ferien gefragt wurde: Es war schön, wir sind im Wald spazierengegangen und haben Vogel... gesucht!

Die Gedanken an den guten Hahn plagten mich mehr, als ich zugeben mochte. Selbst über den Rehböcken, Hirschen, Gams, Sauen und Füchsen eines Jahres dachte ich an ihn. Als ich Anfang Mai in die Steiermark fuhr, schaute ich schnurstracks nach meinem Guten. Eine letzte Hoffnung keimte immer noch in mir. Es rührte sich aber nichts. Ich fand keine Balzlosung; auch ein zweiter Morgen, den ich in meinem provisorischen Schirm verbrachte, änderte nichts daran. Es war schon so, die Chance von damals kam nicht wieder!

Ende Mai reiste ich speziell der Kleinen Hahnen wegen erneut an. Nach dem traditionellen Morgen auf der Hüttenbank stieg ich in der nächsten Frühe zu einem guten Balzplatz hinauf. Hahnen fielen ein und sangen recht munter. Als die Sonne heraufstieg, strichen einige ab, andere schwangen sich auf ihre höheren Posten; mich erfreute das muntere Treiben. Schließlich hatte ich genug gesehen, stieg hinunter, kam in eine Überriegelung und hörte schwach, aber deutlich einen Kleinen Hahn aus der Richtung, an die ich nur mit Wehmut dachte. Genau vom Bergreindl kam das Balzen; die Luftlinie betrug mindestens einen Kilometer. Konnte das sein? Ich zweifelte, aber es lag kein Punkt dazwischen, der mich mit einem anderen Hahn täuschen konnte. Ich nahm die Beine in die Hand. Ausgepumpt erreichte ich den Bergrücken, birschte hinüber, und nach dem ersten Blick wußte ich, es war mein Hahn. Er stand auf seiner Fichte, und die Krummen flatterten im leichten Morgenwind ... Das Herz schlug mir wild im Halse. Ich wußte, er wird mein werden – morgen früh!

Hätte ich gewußt – ja, wenn man immer alles wüßte –, daß mich im Hause eine Nachricht erwartete, die mich sofort abreisen ließ, vielleicht hätte ich ihn geschossen; wahrscheinlich sogar, aber nur in Gedanken, denn an dem Morgen führte ich eh keine Büchse.

Ich war nahe daran, mit meinem Schicksal zu hadern. Die Götter scheuten kein Mittel, die Hand über ihren Liebling zu halten. Im nächsten Jahr kam ich Anfang Mai ins Hahnenrevier; es herrschte tiefer Winter. Der Schnee türmte sich meterhoch. Ich kämpfte mich auf meinen Gängen schwer vorwärts. Das Auto war nicht einen Meter zu gebrauchen, und jeder Schritt an den Nordhängen spottete der Beschreibung. Vor dem Bergreindl, dem mein eigentliches Trachten und Begehren galt, kapitulierte ich. Vielleicht hätte ich es mit Skiern und Fellen versuchen sollen, aber meine diesbezüglichen Ambitionen sind nicht sehr groß. Ich war versucht, mir mangelnde Energie und Ausdauer vorzuwerfen; ich bin bereit, weite Wege für die Jagd, für das Wild oder gar ein besonderes Stückl zurückzulegen. Aber es ist etwas anderes, sich im Winter beim Gamsjagern durch den hohen Schnee zu wühlen als jetzt zum Hahnenjagern. Der nächtliche Anmarsch würde Stunden in Anspruch nehmen. Unfreundliches Wetter ermunterte mich nicht einmal zu einem Versuch. Ich verschob alles kurz entschlossen auf einen späteren Zeitpunkt und reiste kurz darauf mit dem Plan ab, zwei Wochen später wiederzukommen.

Obwohl ich vieles – manche behaupten alles – nach der Jagd ausrichte, kam dieser eingeplante Besuch nicht aus. Es war zum Weinen! War der Hahn noch da? Ich hatte den Förster gebeten, ihn zu bestätigen. Keinerlei derartige Nachricht drang aber zu mir, Sommer, Herbst und Winter verflogen, und das fünfte Jahr unserer ungewissen Bekanntschaft brach an. Ich gebe offen zu, in diesem Mai übersprang ich die Großen Hahnen und setzte mich gleich am ersten Morgen oben auf die Bank am Jagdhaus. Diese Tradition wollte ich wenigstens beibehalten, am liebsten wäre ich gleich hinauf zur Reviergrenze gelaufen. Es kostete mich und mein in jagdliche Etappen eingeteiltes Frühlingsempfinden einige Überwindung, heuer die Kleinen Hahnen vor den Auerhahnen zu verhören. Empfindungen hin und her, es mußte sein! Manchmal zwingen einen die Umstände, den Nachtisch vor dem Hauptgang zu löffeln ...! Nachdem ich aber die ersten Stunden auf meiner Bank ausgeharrt hatte, konnte ich es mir nicht verkneifen, an die Stelle zu birschen, von der aus ich den Hahn vor zwei Jahren auf die weite Entfernung gehört hatte. Tatsächlich, deutlich klang vom Bergreindl das Kollern herüber; ich jubilierte! Wie damals stieg ich hinüber und wußte, daß er es war. Die Stunde der Tat rückte näher. Ich war nicht gewillt, ihr Aufschub zu gewähren.

Am nächsten Morgen ging der Sturm, dennoch machte ich mich auf den Weg, erreichte den Schirm, den ich gestern mit ein paar Handgriffen hergerichtet hatte. Ich duckte mich unter seine Äste und ließ mir wie ein Seemann den Wind um die Nase pfeifen. Ich empfand es keineswegs als eine vergnügliche Angelegenheit. Es begann zu tagen, und der Hahn fiel ein. Er schaute mißmutig drein, spazierte auf den Resten seines Schneefleckes umher, blies einige Male und strich, als wäre ihm eine Erleuchtung gekommen, ab. Vielleicht hätte ich schneller sein und nicht so lange die beängstigend gute Schar betrachten sollen – dafür würde später Zeit genug sein... so hoffte ich.

Für heute tat ich es dem Hahne gleich und machte mich auf den Heimweg, um einen wärmeren Platz aufzusuchen. Meine Träume entführten mich in frühlingshafte Gefilde, aus denen ich nur für Augenblicke zurückfand, draußen den Wind hörte und mich beruhigt den eben noch traumwandlerisch beschrittenen Wegen zuwandte. Den kommenden Morgen ließ ich kurzerhand verstreichen, der Wind war zum Sturme geworden. Erst spät begann ich diesen Tag und rüstete zu einigen harmlosen, aber um so wichtigeren gesellschaftlichen Verpflichtungen im Dorf, die sich mit meinen häufigen Besuchen ergeben hatten. Diese Dinge waren mir keineswegs eine Last. Bei der Kürze eines herbstlichen Jagdtages mag man es so empfinden, aber beim Hahnenjagern bleibt ja der ganze Tag für derlei gesellige Aufgaben. So machte ich gerne einen kleinen vormittäglichen Besuch, nahm eine Einladung zum Tee an oder zur allzeitigen Jause. Ich ließ mir's den Tag über wohl sein.

Als ich mich am Nachmittag von den freundlichen Bauersleuten verabschiedete, war ich nicht mehr stocknüchtern, dafür war zu reichlich aufgewartet worden und der Obstler zu erfrischend gewesen. Aber ohne gröbere Anzeichen oder Folgeerscheinungen trat ich aus dem alten Bauernhaus und merkte, daß der Wind sich gelegt hatte. Wärmer war es geworden, das Wetter würde sich bessern. Morgen! Zu meiner Beschwingtheit gesellte sich diese Gewißheit. Dennoch oder gerade deshalb fand ich die schnelle Kurve ins Bett, obwohl die Sonne noch am Himmel stand.

Ich stellte mir den Wecker auf die erste Stunde nach Mitternacht und erwachte frisch und ausgeruht vor seinem grausamen Marterruf. Wenn ich einigermaßen ausgeschlafen bin, empfinde ich den nächtlichen Aufbruch zur Jagd äußerst stimmungsreich, erfreulich und vielversprechend. Meine Sachen hatte ich am Abend bereits gerichtet, so blieb genügend Zeit für eine besinnliche Tasse Tee. Es war keine Eile geboten; dennoch zog es mich bald fort. Lieber blieb ich beim Gehen und Steigen öfter stehen, genoß den Weg, die Nacht und freute mich auf die Dinge, die da kommen mochten.

Ich war trotzdem schneller gegangen als ich dachte und krabbelte überaus zeitig in meinen Schirm. Die durchgeschwitzten Sachen galt es zu wechseln in Hinsicht auf den langen Ansitz in der Kühle des Morgens. Ich zog mir den dicken Lodenmantel über und harrte dann wohlgefällig des ersten Lichtstreifs. Es ist ein Augenblick der höchsten Zufriedenheit, im Bewußtsein, alles getan zu haben, den Gedanken freien Lauf lassen zu können und genüßlich auf den Hahn zu warten.

Als die Sterne zu verblassen begannen, hörte ich seinen scharfen Schwingenschlag. Wenig später erschien er auf dem Schneefleck und spielte sich flott ein. Ich wartete mehr Licht ab, dann wollte ich nicht zögern. Zuviel hatte mich immer wieder von diesem heißersehnten Augenblick abgehalten. Als ich den Stutzen vorsichtig richtete, durchfuhr es mich wie ein schneidender Schmerz, der Hahn duckte sich und strich ab – es war aber kein Abstreichen; er schwang sich empor und ließ sich auf seinem Fichtenwipfel nieder.

Der schwache Knall der kleinen Kugel zerriß nicht einmal den Morgen. Der Sänger stürzte mitten aus seinem Lied. Die Äste der Fichte umstreichelten ihn wie ihren Liebling, nahmen ihn auf, um ihn nachgebend den Schwestern weiterzureichen, eine Kostbarkeit, die von Hand zu Hand gegeben wurde. Als ich hinüberging, verbargen sie ihn vor mir, bis ich ihn gefunden hatte. Es wurde eine Feierstunde, so wie sie jedem Wilde gebührt, und doch war es ein größerer Augenblick, als ich diesem starken Hahn die Wacht hielt.

Ich bin kein Trophäenjäger, aber der Hauch des Einmaligen, der ein starkes Wild umgibt, schlug mich in seinen Bann. Ich meinte, den Dingen in ihrem Streben nach Vollendung nähergekommen zu sein. Die Sonne ging auf und erfüllte den Morgen. Der Blick reichte weit über die Höhen der Berge. Von hier aus boten sich dem Auge Wälder, die bis zum Horizont reichen. Ich fühlte mich dem Paradies näher und meinte, nie hätten zerstörerische Hände diese Welt berührt. Mein Blick fiel auf den Hahn, und ich wußte, daß ich ein Teil der störenden und zerstörenden Macht bin, die begonnen hat zu herrschen, seitdem das Paradies verloren ist. Der Mensch schuf sich das Recht, zu säen, zu pflegen, zu hegen und zu ernten. Doch er beschränkt sich nicht mehr allein darauf. Seine Ansprüche an die Natur steigen im Übermaß. Seine Gesetze, seine Technik, seine Gier und sein Wahn greifen wie Fangarme eines Ungeheuers auch nach den letzten Oasen. Hat die Menschheit nicht längst in ihrem zerstörerischen Tun die ethisch-moralische Berechtigung zum Fortbestehen verloren?

Mein Hundchen brachte mich zurück auf den Boden der Tatsachen. Wenn auch bei diesem Wild nichts für ihn abfiel, so spürte er doch den Erfolg der Jagd und die Zufriedenheit des Jägers und Herren. Nachdrücklich gemahnte er nun zum Aufbruch; ich band mir den Hahn auf den Rucksack, und so marschierten wir durch den Sonnenmorgen heim.

Der Reiz der Jagd aus dem Schirm liegt in dem Genuß der Stimmungen, der Natur, des Frühlingsmorgens und der Freude, dem Lied der Hahnen lauschen zu können. Der Schuß bleibt hier des Jägers einziges Tun; er beendet nicht nur, sondern vollendet auch, da es ohne ihn keine Beute gibt, derer der Jäger bedarf, um Jäger zu sein.

Eine andere Jagd dagegen ist das Anschleichen des balzenden Hahns, das „Berücken", wie es früher genannt wurde. Hier tauscht der Jäger die Beschaulichkeit des stillen Ansitzes mit der vielfältigen Kunst des Anbirschens. Sein ganzes jägerisches Können kann er hier erproben. Und doch wird es manches Mal umsonst sein, wenn bei jedem Schritt der gefrorene Schnee zu laut bricht, die Deckung zu spärlich und das Auge des Hahns zu wachsam ist. Manchmal wird sich das „Berücken" des Spielhahns gar nicht vermeiden lassen, wenn er verloren balzt und sich, wie es häufig der Fall ist, auf einer Alm, einem Bergrücken, einer Kuppe, einer Geröllhalde oder einem mit Latschen und niederem Bewuchs bestockten Terrain nicht für einen Platz entscheiden kann. Ein Ansitz bringt dort oft nur die Gewißheit, wieder an der falschen Stelle gesessen zu haben. Solche Hahnen streichen unstet umeinander und melden den einen Morgen hier, den anderen Morgen dort. Vielleicht ergeht es ihnen wie der männlichen Halbwelt in der Großstadt, die sich schwerlich für einen Treffpunkt entscheiden kann. Es gibt deren zu viele, als daß man sich auf einen beschränken mag; an allen präsent sein, heißt die Devise. Vielleicht mögen diese Hahnen ähnliche Beweggründe haben.

Ich kenne einen solchen großräumigen Balzplatz und habe mich dort schon oft auf einen bestimmten Hahn versucht. Viel bittere Erfahrung habe ich gesammelt und kann ein für mich unrühmliches Lied von dem ausgezeichneten Auge des Birkhahnes singen. Ähnlich wie der Fuchs erkennt er sofort die Situation und, hat er einmal einen Verdacht geschöpft, beruhigt er sich kaum und reitet dann auch meistens ab. Diese Erfahrung bestätigte sich wieder einmal, als ich dort einen Gast auf einen älteren Hahn zu Schuß bringen wollte. Dabei bin ich beinahe verzweifelt, nicht über den Gast, sondern über den Hahn. Das Gelände bot gerade so viel Deckung, daß wir immer wieder glaubten, ein Angehen versuchen zu können. Das eine oder andere Mal schien es zu gelingen, aber eine falsche Bewegung in letzter Minute, ein zu schnelles Heben der Läufe, eine Hutkrempe, die vielleicht zu weit über dem Stein auftauchte, machten alle Mühen zunichte. Ein Schuß auf weite Entfernung löste den Knoten nicht, er ging fehl und damit unser Jagen auf diesen Hahn. Mir wurde ins Gewissen geredet. Wir ließen ab von dem Überschlauen, und der Gast schoß auf einem sicheren Balzplatz einen anderen. Dieses Erlebnis gehörte zu den „bitteren" Erfahrungen auf der Jagd, die später die Zeit mit einem süßen Nachgeschmack veredelt. Treffe ich jenen Gast von damals wieder, sprechen wir mehr über den Hahn, den wir nicht bekamen, und erinnern uns dieser Jagd lebendiger als des sicheren und schnellen Erfolges einige Tage später.

Ich kann diesem Lied noch eine Strophe hinzufügen. Beinahe hätte die Geschichte mit einem Katzenjammer geendet, für den es zeitlebens aber nur einen bitteren, galligen Nachgeschmack gegeben hätte. Zu einer Versüßung, wie ich so philosophierend bemerkte, wäre es dabei nie gekommen.

Es war auf einer großen Alm im Hochgebirge, auf der über zehn Hahnen balzten, die aber keinen Platz bevorzugten oder hielten. Ich schaute sie mir an und entschied mich für den wohl stärksten und ältesten. Er stand gewöhnlich ziemlich tief in der Alm, von wo aus er gerne in die Latschenfelder hineinbalzte. Anfangs versuchte ich es auf die herkömmliche Art und Weise. Saß ich unten an, meldete er oben, hockte ich oben, fiel er unten ein. Am nächsten Morgen wartete ich daher das Licht ab und ging den Hahn an. Er eräugte mich, und die Vorstellung war für diesen Tag zu Ende. Am nächsten Morgen begann das gleiche Spiel. Ich hörte den Hahn und birschte mit größter Vorsicht auf ihn zu. Ich war schon weit in die Latschen vorgedrungen, als das Kollern abbrach. Ich wartete und wartete und machte schließlich ein paar Schritte, um auf die freie Alm zu schauen, wo ich den Hahn vermutet hatte. Von oben und von überall klang das Balzen anderer Hahnen zu mir, aber von meinem war nichts zu sehen oder zu hören. Ich stand ungläubig da, als er von schräg unter mir blies. Also zurück! Der Hahn wich aber von mir fort, meldete und wanderte weiter, ließ sich vernehmen und war beim nächsten Kollern wieder weiter drüben. Wie ein ständig genarrter Esel versuchte ich hinterdrein zu birschen und war drauf und dran, die nötige Vorsicht außer acht zu lassen. In dem unübersichtlichen Gelände lagen die besseren Karten eh bei dem Hahn. So bewegten wir uns ein ganzes Stück bergab, bis ich bemerkte, daß er nach links ausgewichen war. Ich begriff die Sinnlosigkeit meines Tuns und wollte aufgeben. Doch jetzt klang sein Lied ganz in meiner Nähe. Nach einigen Schritten bergan – ich stand ziemlich ungedeckt – sah ich eine Bewegung. Behutsam ließ ich das Gewehr von der Schulter gleiten, strich am Bergstock an und wartete auf das Auftauchen des Hahnes. Es vergingen Minuten. Das Herz schlug mir bis zur Kehle; die Arme drohten mir zu erlahmen. Er kollerte unaufhörlich; sollte ich einen Schritt seitwärts tun, um Schußfeld zu haben? Ich war dabei, mit Stock und Gewehr im Anschlag vorzurücken, als der Hahn aus der Überriegelung auftauchte. Im selben Augenblick hatte er mich eräugt. Der Hahn der Büchse war längst gespannt, der Stecher eingesprungen. Ein Blick durch das Zielfernrohr genügte: Es war der Gute, und beinahe im selben Augenblick, in dem ich Gewißheit hatte, fiel der Schuß. Der Vogel löste sich vom Boden und strich flach über mich hinweg talwärts. Er ließ einen Ständer hängen. Verzweifelt riß ich den Hahn des Schrotlaufes zurück, aber das Wild war schon fast zwischen den Lärchen meinen Blicken entschwunden, und die Schrote werden es nicht mehr erreicht haben.

Ich mußte mich hinsetzen und schlug die Hände vor das Gesicht. Die Aufregung des Morgens, die Spannung der letzten Minuten mochten zwar an meinen Nerven gezehrt haben, aber ich war ruhig abgekommen. Und doch, alles in mir hatte den Augenblick, der Schuß und Spannung löste, herbeigesehnt. Hatte ich zu schnell, zu unüberlegt geschossen? Jetzt half das Gehadere nichts, ich mußte nachschauen, suchen – und wußte doch, wie sinnlos es war. Ich ging, wie es sich gehört, auf den Anschuß, fand Schweiß und abgeschossenen Flaum. Warum war ich dem vertrauten Bergstutzen und seiner bewährten Magnum heute untreu geworden? Irgendeine Probiersucht ließ mich zu der kleinen Hahnbüchsflinte greifen. Ich hatte in der Hornet ein härteres Teilmantelgeschoß bereits auf Krähen getestet und glaubte, damit nun noch besser gerüstet zu sein. Doch der schlechte Schuß lag ja gar nicht an dem Gewehr!

In dem wunderschönen Buch „Spiel der Lichter und Schatten" von Cramer-Klett gibt es ein Kapitel „Seine Majestät der Zufall". Es werden dort einige geniale Zufälligkeiten geschildert, die einem auf der Jagd begegnen können, wenn das Schicksal bereit ist zu lächeln. Als ich ohne jegliche Hoffnung talwärts suchte, lediglich um etwas zu tun, ahnte ich nicht, daß heute und jetzt „Seine Majestät der Zufall" bereits geruht hatte einzugreifen. Tief verzweifelt gab ich das sinnlose Umherirren auf und stieg langsam zu dem Treffpunkt hinab, an dem ich mich mit dem Freund verabredet hatte. Ich war zu früh, wartete, sinnierte und grübelte über die Eventualitäten, was gewesen wäre, wenn ...

Vielleicht würde ich in den nächsten Tagen, die ich eifrig umeinander sein wollte, den Hahn nochmals zu Gesicht bekommen. Das war meine einzige Chance, obwohl ich an ein ähnliches Wunder wie um den geständerten Auerhahn nicht zu glauben vermochte.

Der Freund war zum Hahnenverlosen auf einer ostwärts gelegenen Alm gewesen. Die Sonne kam über den Bergsattel, schien mir mit ihren wärmenden Strahlen ins Gesicht. Die Vögel sangen, wie schön, wie glücklich hätte dieser Morgen für mich sein können! Drüben am Steig erschien jetzt der Freund; ich schaute mit dem Glas hinüber und sah, daß er etwas in der Hand trug. Näher kommend schienen es mir Federn zu sein; vielleicht hatte er einige Schaufeln vom Großen Hahn gefunden, der gerne drüben am Steig huderte. Ich ging ihm entgegen und erkannte nun, was er in der Hand hielt: die beinahe vollständige Schar eines Birkhahnes – eines guten Hahns! Mir blieben Mund und Nase offen. Und da berichtete er: Er sei eine Abkürzung gegangen, als unmittelbar vor ihm in dem dichten Bestand ein Raubvogel hochwurde, schwer an etwas trug und abstrich. Der Habicht habe einen Kleinen Hahn geschlagen ... es habe einen Kampf gegeben, überall seien

Federn verstreut, und er sei mit dem Hahn entkommen. Mir hatte es längst zu dämmern begonnen, oder sollte das nur ein Zufall sein, die gute Schar...

Ich erzählte dem Freund, was vorgefallen war. Elektrisierend durchfuhr es uns, und geschwind eilten wir dorthin, wo sich das Drama abgespielt hatte. In dem dichten Bestand fanden wir nicht gleich die Stelle, suchten und standen dann vor der Walstatt. Federn lagen im weiten Umkreis verstreut, Schweiß hatte den Schnee rot gefärbt und ließ den Ablauf der Geschichte erraten: Der Habicht mochte den kranken Hahn verfolgt haben, der in dem dichten Bewuchs zu entkommen suchte, bis ihn die Fänge des geschickten Fliegers erreichten. Beide gingen zu Böden, überschlugen sich, kugelten den steilen Hang hinunter, fingen sich, und der Kampf war entschieden.

Gebannt stand ich, mein Blick suchte etwas, dessen es eigentlich nicht bedurfte, und dennoch hoffte ich, letzte Gewißheit zu erhalten. Wir fanden ein Stück vom Stingel, das geschundene Häuptl, den weißen Unterstoß, zwei der fehlenden Krummen und – ich bückte mich danach wie nach einem Goldstück – einen Ständer. Der Knochen war von einer anderen Gewaltanwendung zerfetzt, nicht von diesem Kampf. Ich hielt den Fund in der Hand und dankte dem Himmel für seine Güte und sein Wohlwollen, die er heute mit mir gehabt hatte. Es mußte einer höheren Fügung bedurft haben, so viele Zufälle konnten nach menschlichem Ermessen nicht zusammenspielen. Wäre der Freund nur ein paar Meter höher, tiefer oder seitwärts durchgestiegen, er hätte nichts vom Habicht und seinem besonderen Jagderfolg gemerkt. Und dies war nur der letzte der Zufälle, die zu alledem nötig gewesen waren!

Der Habicht hatte geistesgegenwärtig seine geschlagene Beute mitgenommen. Wir schauten noch nach ihr und der letzten Krummen, die an ihr stecken mochte, aber wir fanden nichts, und ich vergönnte dem Habicht seinen Anteil. Heute war ich mit der Verteilung einverstanden. Ich dankte seiner Hilfestellung, hatte er doch den Dienst eines abgetragenen Beizvogels übernommen. Ohne ihn wäre die Geschichte nie zu einem Ende gekommen! Wenn es auch für mich kein mit allen Ehren waidgerecht erjagter Hahn war, so war er doch zur Strecke gekommen – und das auf seltene und letztendlich glückliche Weise.

Ein kleines Präparat, das ein Könner aus den übriggebliebenen Resten meisterhaft verfertigte, erinnert und gemahnt mich an dieses Erlebnis und an „Seine Majestät den Zufall".

In einem Jahr ging es mir schwer aus, aber ich wollte auf keinen Fall die hohe Zeit der Schneidhahnen verpassen. Es war schon beinahe Ende Mai, als ich endlich den Weg ins Hochgebirge fand. Die milde Witterung der letzten Wochen hatte die Natur weit vorangebracht und die Schneemengen des

Winters im Nu genommen. Nur von den hohen Regionen leuchteten noch weiße Felder herab. Am Abend meiner Ankunft blieb mir nur ein flüchtiger Blick zu den Bergen, aber die laue, würzige Luft, der klare Abendhimmel und die wunderbare Silhouette der Berge ließen mein Herz höher schlagen. Drei Tage im Hahnenfrühling: Ich wollte sie nutzen!

Mein Ziel für den Morgen war der untere Teil der Alm, die mich mit „Seiner Majestät dem Zufall" verband. Der steile Steig hinauf nimmt zwei Stunden in Anspruch; ich mußte früh aufbrechen. Kein Weg, keine Straße verleitet hier zum Autofahren; ich war froh darüber und genoß den langen Nachtweg.

Die Hahnen spielten sich an diesem herrlichen Morgen flott ein. Ein recht guter meldete in meiner Nähe, und ich schaute ihm lange durch das Spektiv zu. Stahlblau glänzte er in der heraufsteigenden Sonne. Ich freute mich an ihm und seinem munteren Treiben. – Die Sonne ging auf und stieg höher. Ihre Strahlen verbreiteten wohlige Wärme und ließen mich nach dem langen Weg schläfrig werden. Einige Male dämmerte ich hinüber in das ferne Land der Träume. Das Kollern der Hahnen begleitete mich, und mit ihm mischten sich Traum und Wirklichkeit.

Erst spät machte ich mich sonnentrunken auf den Heimweg. Auch hier gehört der ganze Tag dem Hahnenjäger, daheim ein kleiner Schlummer, ein Plauderstündchen, ein Spaziergang, ein Dämmerschoppen. Nichts mahnt zur Eile. Nur spät ins Bett gehen sollte man nicht, was ich auch nicht tat. Die Sonne war gerade untergegangen, als ich meine Bettdecke über die Ohren zog. Dennoch würde es eine kurze Nacht werden. In der Frühe wollte ich ganz hinauf zur Alm steigen; um halb zwei Uhr mußte ich aufbrechen.

Ich hatte mir den steilen Weg in zwei Etappen eingeteilt. Eine Verschnaufpause genehmigte ich mir, sonst ging ich stetig und gleichmäßig, obwohl es im Dunkeln schwerer fällt, den Rhythmus zu finden. In einem stockfinsteren Bestand mußte ich einmal die Taschenlampe zu Hilfe nehmen, was mich in meinem Ehrgeiz ein wenig kränkte. Das letzte Drittel des Weges über die freie Alm aber ging geschwind, und lange vor Tag war ich oben. Ich suchte mir einen kleinen Sitz in den Latschen, von wo ich gute Aussicht haben würde. Zögernd begann es zu tagen. Bevor der erste Hahn meldete, vernahm ich etwas anderes. Mein Herz tat einen kleinen Freudensprung, und ein Lächeln kam mir auf die Lippen. Es klang, als brauchte die Stalltüre vom alten Stadl etwas Öl.

Es war aber keine Stalltüre, sondern der Schneehahn, der hier oben an der Schneegrenze Hochzeit hält. Er mag mit seiner Balzveranstaltung nicht so schaustellerhaft sein wie die blauen Herren von nebenan, aber dafür bemüht er sich um seine Gattin in einer Weise, wie es sich eine Birkhenne nicht einmal träumen lassen würde. Seine Frau – er hat nur eine – läßt sich gerne von seinen Flugspielen, seinem schwingenklatschenden Balzflug – ähnlich dem des Taubers – und seinem knarrenden Lied betören. Wenn sie ihm tändelnd zu entfliehen sucht, gehört das zum Liebesspiel. Er holt sie ein, tut ihr schön, bläht den Kropf, dreht sich und dienert vor ihr. Dann streicht sie fort, um drüben in den Latschen einzufallen. Gleich ist er bei ihr, und wenige Augenblicke später höre ich sein „Knarren" schon wieder hoch oben unter den Wänden. So geht es hin und her.

Als die ersten Sonnenstrahlen leuchtend über den Grat kamen, verstummte der Schneehahn; die Henne wird wohl zu ihrem Gelege gestrichen sein.

Drüben standen drei Birkhahnen, die ich mir nun genauer ansehen wollte. Jede Feder meinte ich mit dem Spektiv zu erkennen. Bei dem letzten beschleunigte sich mir der Puls. Auffallend lange, breite und gut gehakelte Krumme zog der Hahn verführerisch hinter sich her. Der grüne Teufel regte sich in mir; ich hörte sein Flüstern, er wußte ob meiner schwachen Seele. Gewöhnlich fand er ein leichtes Opfer in mir. Noch zögerte ich, spürte aber schon das Gleiten und das Fallen. Halb zog sie ihn, halb sank er hin – und da ward es um mich geschehen!

Ich richtete mir an der Stelle einen kleinen Schirm – und dann auf morgen! Der Entschluß stimmte mich feierlich. In der Vorfreude schwang die merkwürdige, einschätzbare, erfolgversprechende Sicherheit mit, die nur die Hahnenjagd einem schenken kann. Ich durfte mich vorbereiten wie auf ein Fest, dessen Ablauf, Freude und Erfolg nichts im Wege stand. Es galt, die Blume zu pflücken; sie wartete. Morgen würde ich mir den Bruch an den Hut heften und den Hahn von den schneebedeckten Höhen zu den blühenden Wiesen im Tal hinuntertragen.

Mild und ruhig lag die Frühlingsnacht. Die schmale Sichel des abnehmenden Mondes ging hinter den Bergen auf. Leicht stieg ich den steilen Steig hinauf; ich hatte mein Tempo gefunden und machte nur eine kurze Rast. Tief atmete ich die würzige Luft. Das Stück über die Alm war genußreiches Gehen, und geläutert erreichte ich meinen Schirm. Ich sah den ersten Schein des Morgens, sich zu einem Streif färbend und über den ganzen Himmel verbreitend. Die Nacht war vorüber, die Dämmerung begann in tausend Schattierungen, von Augenblick zu Augenblick sich verändernd, unmerklich und doch geschwind. Kalt lag noch die Silhouette des Hochgebirges; erst die Sonne würde ihr die Schärfe, das Abweisende, das Unversöhnliche nehmen.

Der Hahn war tief unter seinem Balzplatz eingefallen; noch sah ich ihn nicht, aber wenn er blies, merkte ich, wie er gemächlich hinaufwanderte.

Nun mußte er den Platz erreicht haben, auf dem ich ihn gestern mit beutegierigen Augen betrachtet hatte. Das Licht ergoß sich über das Firmament und färbte es in den zartesten Pastelltönen. Das Kollern klang herüber, der Schneehahn lockte. Der Morgen des Bergfrühlings breitete vor mir seine ganze Schönheit und Vielfalt aus, ließ mich daran teilhaben und machte mich aus tiefstem Herzen glücklich. Der Glückliche ist auch gut, alle Beutegier verflog, der grüne Teufel verschwand für heute, und die Heiligkeit der Natur ließ mich ein Teil von ihr werden.

Lange schaute ich den Hahnen zu. Als die Sonne höher stand, packte ich voll Freude und Zuversicht meine Sachen zusammen, warf die Büchsflinte über die Schulter und stieg zu Tal. Es war, wie ich es mir gestern erträumt hatte, ich steckte mir nicht einen Bruch, sondern den bunten Gruß des Berglers aus ersten Frühlingsblumen an den Hut, kam von den schneebedeckten Höhen durch den grünenden Bergwald ins blühende Tal. Es war nun Sommer, und meine Gedanken eilten zu den Rehböcken, die daheim in der Ebene längst rot verfärbt hatten.

Sommer

Sommerliches Jagen

Ich habe mich oft gefragt, ob mir die Jagd auf den Rehbock die liebste ist. Doch zu viel bedeutet mir das Jagen in den verschiedenen Jahreszeiten mit all ihren Reizen, um darauf eine Antwort geben zu können. Müßte ich mich aber entscheiden, auf welche Wildart und ihre Jagd ich am wenigsten verzichten wollte, so würde ich ohne zu zögern antworten: auf den Rehbock! Keine Stimmung um ihn, kein Birschgang im sommerlichen Wald und kein Krickel erscheint mir so unverzichtbar wie das des roten Bockes. Alle meine „jagdlichen Grundbedürfnisse" finde ich in dieser Jagd. Sind das die archaischen Beutetriebe, die Sehnsucht nach Ursprung, nach Einsamkeit, nach Schönheit, nach Glück? Ich glaube, ja – und vieles mehr, differenzierter, persönlicher, schattierter bis in die feinsten Verästelungen der Seele hinein. Faustische Sehnsucht!

Nicht jeder Rehbock ist seinen Stimmungen nach gleich, so wie nicht ein Sommertag dem anderen gleicht. Die Jagd auf den ersten des Jahres, der aus dem zartgrünen Wald in die hochstehende Wiese zieht, ist eine andere wie auf den, der in wogenden Getreidefeldern die Hundstage verschläft; und der treibende Brunftbock ist nicht zu vergleichen mit dem späten Augustbock, der sich irgendwo in aller Heimlichkeit auf einem Himbeerschlag die Decke vom Tau des Altweibersommermorgens trocknen läßt. Ihren Reizen und ihrer Jagd nach sind sie alle verschieden. Ich liebe sie alle, gehören sie doch in den bunten Strauß meines sommerlichen Jagens. Es ist ein Strauß besonderer Blumen, manche kleiner und unscheinbar, andere üppig mit grellen Farben; einige zart und fein und wieder andere groß und auffallend. Alle gehören dazu und machen dieses Gebinde so vielfältig, so umfassend – einen Sommer umspannend.

Oder ist mir der Rehbock so lieb, weil er das erste jagdbare Wild war, auf das ich waidwerken durfte? Der Übergang erfolgte sprunghaft, von der Spatzenjagd direkt zum Rehbock; keinen Eichelhäher, keine Krähe, keine Taube, keinen Hasen hatte ich vorher erlegt.

Oder liegt die Ursache noch weiter zurück im Kindesalter? Im Schloß bei den Freunden meiner Eltern, bei denen wir die Ferien verbrachten – und wo ich den Auerhahn bestaunte –, bedeutete die Jagd auf den Rehbock zur Blattzeit die Krone des Waidwerks. Gäste wurden eingeladen, reisten mit Wagen und Standarten an. Die chromblitzenden Karossen standen auf dem Hof, Chauffeure waren ständig bemüht, sie auf Hochglanz zu halten und die Kinder abzuwehren, die, wenn nicht achtgegeben wurde, hinter den Steuerrädern saßen und an irgendwelchen Knöpfen drehten. Mich interessierten diese Abbilder der Technik und der Moderne wenig – jedenfalls zu jener Zeit! Mir ließen die Rehböcke keine Ruhe, und ich scheute keine Übertretung meines zeitlich festgelegten Tageslaufes, um dabeizusein, wenn abends die Jäger zum Schloß zurückkamen und Strecke gelegt wurde – über die ich dann als Sechsjähriger zum ersten und letzten Mal gestiegen bin. Ich konnte mich an den schönen Tieren nicht satt sehen, ihren Glück verheißenden Gehörnen und ihren opalglänzenden, gebrochenen, in die Ferne strebenden Lichtern. Das Kind erkennt in dem Auge das Schlupfloch zur Seele!

Jeden Handgriff, der mit den Rehböcken geschah, verfolgte ich; sie wanderten nach dem Streckelegen in einen tiefen Keller, den ich mich nur ihretwegen getraute aufzusuchen. Die Gehörne wurden dort abgeschlagen und hergerichtet. Welches Glück, welches weltumspannende Ereignis mußte es sein, einen solchen Rehbock erlegen und sich das Krickel zu Hause übers Bett hängen zu können. Ich malte mir aus, wie ich es erreichen könnte, zur Jagd zu gehen. Selbst vor Heimlichkeiten machte meine Phantasie keinen Halt. Wenn ich es nur durchsetzen konnte, einmal mitgenommen zu werden; es hätte für mich ein kaum zu fassendes Glück bedeutet. Mein Vater ist immer ein passionierter Nichtjäger gewesen; aber das Gebettele wird meinen Eltern irgendwann zuviel geworden sein, sie gaben ihre Erlaubnis, und der Jagdherr erbarmte sich meiner Kinderseele. Ich mußte ihm allerdings heiligst geloben, ruhig zu sein, leise zu gehen, auf keinen Stock zu treten, still zu sitzen und nicht zu jammern, wenn es mir langweilig würde. Nichts fiel mir leichter als das! Dann war es ein erstes Mal soweit.

Während der acht oder zehn Tage dieser hohen Zeit erschien morgens um sieben Uhr das Jagdpersonal im Schloß zum Rapport. Nach einem Frühstück brachen die Jäger mit ihren Birschführern in die verschiedenen Revierteile auf. Dort wurde an mehreren Plätzen geblattet, und manchmal wurden die erlegten Böcke sogar von einem Träger versorgt, während Gast und Birschführer bereits zum nächsten Stand zogen. Gegen Mittag versammelte man sich zu einem Imbiß, manche kehrten auch für eine kurze Siesta ins Schloß zurück, während andere ihren Schlummer unter dem Buchenrauschen hielten, weil die weiten Wege aus den entfernten Winkeln des riesigen Revieres zuviel Zeit beansprucht hätten. Nach einem vielleicht glutheißen Nachmittag, an dem die Böcke besonders gut sprangen, schloß sich je nach Zeit- und Weglage ein Abendansitz an. Aber pünktlich um neun Uhr versammelten sich alle vor dem Schloß, es wurde Strecke gelegt und im Schein der Fackeln und der hell erleuchteten Fenster verblasen. Der Jagdherr dankte den Jägern und Förstern. Anschließend wartete ein großes Diner, zu dem man umgezogen zu erscheinen hatte. Zu der Zeit lag ich aber längst im Bett und konnte vor so viel erregenden Eindrücken nicht einschlafen. Das Mitgehen, das Erleben dieses Schauspieles, das Dabeisein war für eine Kinderseele schon genug, von den Erlebnissen auf der Jagd ganz zu schweigen.

Einmal stand ein wohl junger Bock aufs Blatten zu, kam in seiner Neugierde und Erregtheit bis in den Schirm und wurde seines Irrtums erst gewahr, als der Förster ihm einen Klaps auf die Keulen versetzte. Und dann sah ich, wie ein Bock geschossen wurde; faszinierend und furchtbar zugleich – Beute machen, berauschender Gedanke... – Als mir zu alledem von einem Gast, den ich einen Tag begleiten durfte, das Krickel eines der Böcke geschenkt wurde, den „wir" zusammen erlegt hatten, war die Krone des Glücks meiner damaligen Vorstellungskraft erreicht.

Selber bin ich dort später nie zur Jagd gegangen, meine Wege führten mich in eine andere Richtung. Diese Eindrücke und Kindheitserinnerungen haben mich aber nie verlassen.

Die große Stunde meines ersten Bockes schlug mir gänzlich unerwartet. In den einschlägigen Jagdzeitungen ist jeden Sommer über diese Erstlingsböcke zu lesen. Ich achte diese oft rührenden Beschreibungen nicht gering, offenbaren sie doch, welche Bedeutung das Erlegen des ersten Rehbockes für den Jäger bei uns hat. Auch in meiner Glücksbilanz, würde sie jemals aufgestellt, würde er nicht fehlen. Dabei war seine Erlegung so einfach, ja beinahe prosaisch.

Kein Wissen, höchstens der Schimmer einer Ahnung ob kommender Ereignisse beseelte mich, als meine Eltern mit mir Dreizehnjährigem zu dem „Forstmeisteronkel" wegen einer Familienangelegenheit fuhren. Ähnliche Fahrten erfüllten mich sonst mit Widerwillen, aber jetzt war es etwas anderes. Hier bot sich die Möglichkeit, das unjagdliche Elternhaus für ein paar Tage mit der aufregenden Atmosphäre eines Forsthauses zu vertauschen. Ich hatte zwar bisher wenig Kontakt zu dem Onkel, aber ein wenig jagdliche Luft ließ sich bestimmt bei diesem Besuch schnuppern. Aus Gründen, die wohl auf einem Mißverständnis beruhten, wurde nicht ich, sondern mein älterer Bruder in Begleitung meiner Eltern erwartet. Er war bereits einige Male für ein paar Ferientage hier gewesen und sollte nun seinen ersten Rehbock schießen. Die Überraschung für meinen Onkel war nicht zu leugnen, als er mich, den er kaum kannte, statt meines Bruders aufkreuzen sah. Es mag in der Großzügigkeit seines Wesens gelegen haben, daß er den Bock kurzerhand mir freigab. Ohne große Vorrede und ohne langes Hin und Her fragte er mich so, wie man jemanden zu einem Spaziergang auffordert, ob ich nicht Lust hätte... Seine Worte glichen einer himmlischen Offenbarung; sie bedurften keiner Antwort. Stumm vor Glück wäre ich am liebsten in die Knie gesunken.

Es galt für mich nun, den Samstag und Sonntag zu überwinden, die den familiären Verpflichtungen gehörten, deretwegen wir ja gekommen waren. Sie schienen mir jetzt überflüssiger denn je, aber gejagt wurde dennoch erst am Montag. Es war mir unbegreiflich, daß die beiden Tage je vergingen. Ich habe vor Aufregung in den drei zu überstehenden Nächten nur bruchstückhaft geschlafen und wenn, dann peinigten mich Träume und Bilder von Rehböcken, Gewehren, Patronen, die nicht losgehen, und was einem sonst so in diesen Träumen begegnet.

Ich besaß allerdings damals schon die taktvolle Art, mit Gewehr anzureisen. Es war nur ein Luftgewehr, wie ja auch die Spatzen mein einzig jagdbares Wild waren. Wenn mich jetzt die bange Erwartung der kommenden Ereignisse überhaupt nicht mehr schlafen ließ, unternahm ich in den frühesten Morgenstunden Ausflüge in den großen Forsthausgarten und stellte den Spatzen nach.

Endlich war es soweit. Alle Familiendinge waren beendet, und der Morgen der Jagd stand bevor. Zum ersten Mal durfte ich eine Büchse tragen; schon dies kam einem Triumphzug gleich. Strenge Jünger in Huberto werden den Finger heben und nach dem Jagdschein fragen. Nun, das war eben anders, und geschadet hat es nicht. Waidgerechtigkeit erlernt sich nicht nur durch das Gesetz.

Die Sonne war an diesem Morgen noch nicht einmal aufgegangen, als ich mich schon meinem Bock gegenüber sah. Er war es, und nur ihn konnte ich schießen. Ein hilfreicher Geist wird mir die Hand geführt haben, um die Kugel ins Ziel zu bringen. Sie faßte den Bock ein wenig hinten, er zeichnete und flüchtete schwerkrank aus der Wiese, in der wir ihn entdeckt hatten, zurück in den Wald. Heute würde ich mich beruhigt zurechtsetzen, meiner Sache sicher sein und ein gutes halbes Stündchen später den Hund die kurze Wundfährte arbeiten lassen. Damals drehte sich in mir alles, und ich sah vor meinen Augen den Bock über Hügel und Täler für immer verschwinden. Die Wartezeit von einer guten Stunde, die mir auferlegt wurde, kam einer Folter gleich, wenn auch die Worte des Onkels beruhigten, die Aufregung glätteten und die Hoffnung nährten. Schließlich führte uns der Hund an den längst verendeten Bock. In diesem Augenblick durchschritt ich das Tor zu einer neuen Welt, einer Welt, die bestimmend für mein Leben werden sollte.

Mein Onkel hatte das als feinfühliger Mensch gemerkt und nahm sich meiner und meiner Jagdpassion in den kommenden Jahren in reizender Weise an. Diese Passion bedurfte wahrlich einer lenkenden Hand! Vorbild schafft Erziehung; seine Persönlichkeit, die in einer großen jagdlichen Tradition wurzelte, setzte den Rahmen für alles jagdliche Tun. Es hat für mich immer Gültigkeit behalten.

Von da an verbrachte ich zwar regelmäßig die Herbstferien in dem Forsthaus, aber zur Sommerzeit kam ich erst drei Jahre später wieder. Es war Ende Juli, und meine Eltern machten mir zuliebe auf einer Ferienreise dort eine Nacht Station. Ich hatte gerade meinen Jagdschein gemacht und durfte und sollte einen Rehbock – meinen ersten offiziellen – schießen, der mein zweiter gewesen wäre. Wäre, wenn...

Ende Juli, bei beginnender Blattzeit, bestanden hoffnungsvolle Aussichten, obwohl mir nur ein Abend und ein Morgen zur Verfügung standen. Der Abend verstrich ohne greifbares Ergebnis. Am Morgen bestiegen wir bei Dunkelheit mit aller gebotenen Vorsicht einen Hochsitz, von dem aus wir ein weites Tal übersehen konnten. Hier bekam ich zum ersten Mal zu spüren, daß es nicht nötig ist, auf alles Dampf zu machen, selbst wenn es erlaubt sein mag. Ein Fuchs schnürte auf bequeme Büchsenschußentfernung am Waldrand entlang. Zu gerne hätte ich hier mein Mütchen gekühlt. Es plagte mich gehörig, es wäre mein erster Fuchs gewesen, ich fügte mich aber wortlos der abwehrenden Bewegung des Onkels. Der Fuchs beschäftigte meine Gedanken unaufhörlich, und ich begriff gar nicht, daß unterdessen auf der anderen Talseite ein passender Bock aufgetaucht war. Wir baumten ab, umschlugen den Wald und kamen auf Schußentfernung heran. Das Jagdfieber beutelte mich in entsetzlichem Maße, und ich spürte, daß die Sache nicht gutgehen konnte. Der Zielstachel des Fernrohres wackelte immer wieder aus dem Wildkörper heraus, die Anspannung wurde unerträglich, und ich krümmte den Finger, um der Zerreißprobe ein Ende zu bereiten. Der Schuß brach, der Bock stand einen Herzschlag wie ungerührt, um nach Augenblicken mit hohen Fluchten abzuspringen.

Ich wußte, ich hatte ihn gefehlt. Ich wußte auch, daß ich eine meiner ganz wenigen, für mich kostbaren Gelegenheiten vergeben hatte. Es war ein Drama ohne Worte, ein Abgrund, in den ich mich selber gestoßen hatte, der mich und meine Gefühle zu verschlingen drohte. Das war nicht nur heute so, morgen, übermorgen, es blieb, und die verpaßte Chance verfolgte mich über Wochen, beinahe Monate. Ich hätte damals in meinem kindlichen und verletzbaren Gemüt vieles in Kauf genommen oder gegeben, um diesen trostlosen Fehlschuß ausbügeln zu können. So hätte mich die Nachricht, nicht versetzt worden zu sein, nicht im geringsten so getroffen wie dieses

Ereignis. Mein Unglück wäre so leicht zu reparieren gewesen, wir hätten nur einen Tag länger Station machen müssen. Die elterlichen Pläne waren aber unumstößlich, wie es eben ist, wenn der Sohn Interessen nachgeht, die als nicht förderungswürdig anzusehen waren. Heute habe ich für meine Eltern großes Verständnis, sie hatten längst gespürt, daß mein Eifer auf anderen wichtigen Gebieten sehr viel geringer war.

Wie das Tüpfelchen auf dem „i" ergoß sich die Schmach des Fehlschusses über mich. Mein gleichaltriger und jagdlich schon versierter Vetter ließ mich das spüren. Ich empfand es so, als träte jemand den letzten Funken einer Hoffnung oder eines Trostes in mir aus, so wie man das letzte Glimmen eines Feuers auslöscht. Ich machte gerade die Zeit der ersten Liebe durch, weswegen ich von seiner Seite eh gehänselt wurde. Ich fühlte seine Worte wie einen Keulenschlag: „Es ist wohl leichter, ein Mädchen zu küssen als einen Rehbock zu schießen..."

Der Morgen war trotz allem noch nicht zu Ende. Auf dem Nachhauseweg sahen wir einen Bock in einem Haferschlag treiben. Mit einem Male war ich hellwach; alles konnte noch gut werden. Dazu war es ein Bock mit einer Pendelstange; nicht nur ein Rehbock schlechthin, sondern etwas Besonderes. In meiner Vorstellung konnte kein Kapitaler erstrebenswerter sein als dieser hier. Er trieb seine Geiß und hatte von uns keine Notiz genommen. Neues Leben war in mir erwacht, und ich suchte mir einen erhöhten Punkt, um so in den Haferschlag schießen zu können. Trotz der vielen Stellen, an denen das Getreide niedergedrückt war, bot sich mir aber nie eine Chance zum Schuß. Zu allem Überfluß bettete sich der Bock, ich behielt die Stelle genau im Auge und war bereit zu warten. Nun geschah etwas, das mir heute noch unverständlicher erscheint als damals, mein Onkel brach die Jagd ab, wir mußten nach Hause gehen, das Frühstück, die Eltern warteten, die Abreise drängte. Die ganze Trostlosigkeit des Fehlschusses befiel mich wieder.

Nur derjenige wird das nachempfinden können, für den die Jagd mehr als eine Unterhaltung oder Beschäftigung ist. Die Seele des jungen Menschen ist offen und empfänglich für Enttäuschungen. Erst später bildet sich mit den Jahren und den gemachten Erfahrungen eine Kruste und eine Schutzschicht um das Innere. Wir werden „widerstandsfähiger", wie man so schön sagt, aber gleichzeitig sind einige hauchfeine Saiten im Gebilde unserer Empfindung gerissen. Glücklich der, der sich dennoch die Empfänglichkeit für ihre feinen Schattierungen bewahrt hat.

Es bedurfte noch zweier Jahre, bis ich meinen zweiten Rehbock schoß. Inzwischen hatte ich auf andere Wildarten recht brave Strecken vorzuweisen. Der Bock fiel mir als Geschenk einer spontanen Einladung in den Schoß.

Von da ab eröffneten sich mir reichlich Jagdgelegenheiten. Die aber, die dem Rehbock galten, nahm ich mit besonderem Eifer wahr.

Nachdem ich der schulischen Fessel entronnen war und die gewonnene Freiheit aus vollem Herzen auskostete, ergab sich sogar die Notwendigkeit, die Einladungen und Gelegenheiten geschickt auf den Sommer zu verteilen, um das „Pensum" absolvieren zu können.

Wieder einmal rüstete ich zum Auftakt in ein ostholsteinisches Revier. Es war Mai, und die Rapsfelder blühten. Ich liebe die riesigen, gelb leuchtenden Schläge, die bis zum Horizont reichen, mit ihrem süßlichen Duft, der betörend in der Luft und über dem Land liegt, während mich die schon langen Tage und kurzen Nächte des nördlichen Himmels die Mittsommernähe ahnen lassen.

Das milde Abendlicht begleitete mich auf der letzten Strecke durch die hügelige Landschaft mit ihren Knicks, Eichen und weiten Feldern und färbte sie malerisch. Ich hatte mir einen kleinen Umweg gegönnt, der mich über eichengesäumte, kurvige Sträßchen an einigen der schönen Herrenhäuser Ostholsteins vorbeiführte.

Weiß schimmerte schließlich das Gutshaus durch die alten Bäume des Parks. Meine Eltern hatten hier nach der Flucht eine erste Bleibe gefunden, und ich war hier geboren. Wir waren danach bald fortgezogen, kamen aber immer wieder zu Besuch. So verband ich mit dem Haus und dem Land viele Kindheitserinnerungen.

In der Regel blieb mir an diesen Tagen lediglich der Morgen zur Jagd. Es gehörte zu den charmanten Unverständlichkeiten des großen Gutes, daß in dem Hause wenig Sinn für die Jagd aufgebracht wurde; und so ließ sich ein Fehlen an der Abendtafel nur hin und wieder entschuldigen.

Auch dieses Mal hatte ich mich den gesellschaftlichen Gepflogenheiten angepaßt und war nur an den beiden Morgen mit der Büchse unterwegs gewesen. Erkundungsgänge sollten es sein, an denen ich zu „handeln" bereit war, mich aber nicht zu irgendeiner schnellen Bluttat drängen lassen wollte. Ich hatte Zeit und wollte mir einen rechten Bock ausschauen; ein Knopfbock durfte es gerne sein, ein guter brauchte es nicht zu sein, ein alter sollte es sein, und jedem Besonderen, Abnormen gegenüber war ich höchst aufgeschlossen. Das waren so meine Ansprüche.

Wie schnell ich sie über den Haufen werfen sollte, ahnte ich nicht, als ich mich beim allerersten Grauwerden aus dem schlafenden Hause stahl. Bis zu den Vorwerken ging ich die Straße unter den alten Eichen entlang, bog hier nach rechts in den sandigen Weg ein und hatte bald den Wald durch die stark duftenden Rapsfelder erreicht. Ihr kraftvolles Gelb war durch das Dämmerlicht gedämpft und lag wie ein dumpfes Meer hinter mir. Dunkel standen die hochschäftigen Buchen, die sich über mir zu einem Dom schlossen. Die Vögel kündeten vom Frühsommermorgen. Ich birschte einem Hochsitz zu, von dem ich den Wald entlang über die Felder und hinüber zu einem Bruch schauen konnte.

Bei meinem allerersten sommerlichen Jagdausflug in dieses Revier hatte ich dort einen Morgen gesessen und gehofft, einem jagdbaren Bock zu begegnen. Aus irgendwelchen Gründen hatte sich die Jagd damals recht schwer angelassen. Der Morgen schien in gleicher Weise vertan zu sein. Ich wollte abbaumen, aber vorher ein paar alte Äste, die zur Verblendung gedient hatten, entfernen. Sie hinderten die Aussicht, und ich riß und zerrte an dem sperrigen Zeug, tat mir keinen Zwang an und achtete nicht auf meine Umgebung. Aus dem Augenwinkel mochte ich die Bewegung erhascht haben, drehte mich um und sah einen Bock aus dem gegenüberliegenden Bruch zu mir her flüchten und unter dem Hochsitz verhoffen. Irgendwie war es mir gelungen, gleich die Büchse zu greifen, in Anschlag zu gehen und den umschlagenden Bock, als er einen Moment verhoffte, im Zielfernrohr zu fassen. Der Schuß brach, und der Bock verschwand in gestreckten Fluchten in die Richtung, aus der er gekommen war. Ratlos saß ich auf dem Sitz, den ich eben herrichten wollte, um morgen hier einen Bock zu schießen, und schon war er dagewesen. Aus meinen unsanften Geräuschen glaubte er seinen plätzenden Nebenbuhler zu erkennen, vielleicht seinen großen Feind, der hier wohnte. Ich hatte davon nichts geahnt und hatte nun die gute Chance verpatzt.

Einen Fehlschuß ließ ich mir damals schon nicht leicht einreden, ging zum Anschuß, suchte nach Schußzeichen und schließlich nach einer Erklärung für mein eindeutiges Fehlen. Sie fand sich bald. Ich hatte die Schrauben der Aufschubmontage nicht richtig festgedreht! – Die dazugehörige Repetierbüchse war nach einer Flinte das zweite Gewehr, das ich mir von meinem Taschengeld erspart hatte. Nachdem ich einige Zeit über Kimme und Korn damit geschossen hatte, ließ ich angesichts meines schmalen Geldbeutels ein Glas mit einer preiswerten Montage anbringen. Ich war nun ein Opfer nicht der billigen Technik, sondern meiner Nachlässigkeit geworden. Ich ließ es mir eine Lehre sein; Ähnliches sollte mir nicht mehr passieren. Nicht weil ich dem Gewehr diesen Fehlschuß nicht verzeihen konnte, gab ich es bald danach aus der Hand, sondern weil andere, vornehmere, dazugekommen waren. Ich meinte, es würde nicht in meine Sammlung passen. Heute tut es mir leid; denn mit ihm verbanden sich meine ersten selbständigen jagdlichen Gehversuche.

Als ich nun – Jahre danach – wieder auf diesem Hochsitz saß, dachte ich an die Geschichte von damals. Es zeigte sich auch heute kein Reh, und ich beschloß, einen kleinen Rundgang zu machen und mich an dem herrlichen Buchenwald zu erfreuen. Beim Hinuntersteigen kam mir nochmals der heranstürmende Bock in Erinnerung. Lediglich aus Übermut schlug ich mit einem Fichtenreisig an die Leiter des Hochsitzes. Es dauerte nicht eine Minute, da kam zu meinem maßlosen Erstaunen aus der gleichen Richtung wie damals ein Bock herangestürmt. Vor lauter Verblüffung vergaß ich beinahe, die Büchse von der Schulter zu nehmen. Ich mußte laden, aber selbst das hielt der Bock aus, um dann im Feuer zusammenzubrechen. Meinen Unglauben ob dieses Ereignisses konnte ich nicht so schnell abschütteln, erst als ich zu dem verendeten Bock hinüberging, gewannen die letzten Minuten Gestalt. Hätten nicht Jahre zwischen damals und heute gelegen, ich hätte geglaubt, denselben Rehbock vor mir zu haben. Damals war es nur ein Blick, die Erinnerung mochte mich täuschen. Vielleicht vermengte sich in ihr die Identität des Erlebnisses mit der der Gehörne. Wie dem auch sei, vielleicht war dieser hier ein Sohn des Alten, der dessen Griesgrämigkeit gegenüber fegenden Nebenbuhlern geerbt hatte. Ihm aber wurde sie zum Verhängnis. Dieses Mal war ich dank der technischen Verbesserung meines Instrumentariums seinem Ansturm gewachsen.

Ein anderes Mal waren es die Pfingsttage, an denen ich zu meiner Ostholsteintour gerüstet hatte. In vorfeiertäglicher Gemütlichkeit war es ein langer Abend vor dem Kamin des schönen Hauses geworden; viel des guten Rotweines hatten wir getrunken, und ich konnte eine gewisse Bettschwere nicht leugnen. Einen Augenblick zögerte ich, als ich mich verabschiedet hatte; sollte ich zu Bett gehen oder mich lieber umziehen und zur Birsch in den Sommermorgen aufbrechen? Ich kannte meinen tiefen Schlaf während der ersten drei Stunden, der mich jeden Wecker überhören ließ. Ich wollte aber auf keinen Fall die Morgenbirsch verpassen. So zog ich mich geschwind um, nahm Büchse, Glas und Rucksack und ging in die wunderbare Sommernacht hinaus. Ich wanderte die Straße hinunter an den alten Eichen vorbei und blieb immer wieder stehen, um den Geräuschen der Sommernacht zu lauschen. Einlullend und monoton klangen die Frösche aus dem Mühlenteich herüber. Ich wollte nach einem alten Bock schauen, den ich vor zwei Tagen gesehen, aber aus gewissen Hemmungen heraus nicht geschossen hatte. Ich hatte freie Büchse in dem Revier, aber gerade diese Großzügigkeit des Jagdherrn ließ mich Zurückhaltung üben. Davon abgesehen habe ich auch nie das unbändige Bedürfnis verspürt, grundsätzlich den besten Bock des Revieres auf die Decke zu legen. Dieser hatte es mir allerdings angetan, wie ich ohne Umschweife zugab, und so ließ ich mich nicht lange bitten, es auf ihn zu versuchen.

Das Vorwerk lag in tiefem Schlummer; eine Katze huschte über den Weg. Ich bog rechts in den Hohlweg ein und erreichte die kleine Leiter, von der aus ich den Bock gesehen hatte. Einige Male mochten mir auf meinem Sitz die Augen zugefallen sein. Klar kam der Sonnenmorgen herauf. Dieses immer aufs neue faszinierende Schauspiel und die Frische des Morgens halfen mir über den toten Punkt hinweg. Meine Sinne waren jetzt wach und geschärft. Nur der Bock fehlte. Ich begann, an Plänen zu bauen. Sollte ich eine kleine Birsch in die Nähe seines Einstandes wagen, vielleicht war er irgendwo um die Wege? Klüger wäre es, abzubaumen und morgen einen neuerlichen Versuch zu wagen, womöglich konnte ich mich sogar in Anbetracht des begehrten Wildes für einen Abend von der Tafel entschuldigen. Die Unvernunft reizte – und siegte. In den Fällen, in denen die Unvernunft mit einem Erfolg belohnt wird, verliert sie ihre Vorsilbe und hängt sich das Mäntelchen ihrer Schwester um. Damit ist bereits der höchst zweifelhafte Ausgang der nächsten Aktion programmiert. Vernunft und Unvernunft werden immer nahe beieinander liegen; nicht immer wird es sich klären lassen, wer von beiden am Werke war.

Ich baumte ab und birschte behutsam mit immer größerer Vorsicht durch das Buchenaltholz der Dickung zu, in der ich den Einstand des Alten vermutete. Der Wind strich mir stetig ins Gesicht, und ich kam lautlos voran. Wenn der Bock hier vor seiner Morgensiesta um die Wege war, sollte ich ihn erspähen können. Würde er seinen Einstand schon bezogen haben, würde ich umkehren, und es sollte wenig verdorben sein. Noch während ich es dachte, rauschte es im Laub. Gut gedeckt hatte der Bock im Bett gesessen, war hochgeworden und mit ein paar Fluchten verschwunden. Er war sich über meine Person wohl im unklaren geblieben, mürrisch klang sein Schrecken aus dem Jungwald. Ich überlegte, wie ich mich am geschicktesten zurückziehen konnte. Unaufhörlich erscholl seine böse Absage an mich herüber. Er konnte nicht weit entfernt stehen; er fühlte sich sogar recht sicher, denn bisher war jeder Laut von derselben Stelle gekommen. Ich hatte still den Rückzug angetreten, als mich der nächste Groller auf dem Absatz umkehren ließ. Der Bock hatte sich bis jetzt nicht bewegt. Vergrämt war er eh. Nun schadete es nicht, den letzten Versuch zu wagen.

Mit größter Aufmerksamkeit birschte ich dem Schrecklaut entgegen. Das Jungholz war nicht so dicht, wie ich vermutet hatte, und bot einen Schrotschuß weit Sicht. Meter für Meter schob ich mich vor. Obwohl die Pausen zwischen seinen mir nun angenehm erscheinenden Äußerungen länger wurden, konnte ich den Bock orten; er hatte seinen Standpunkt immer noch nicht verändert. Mein Tun wurde gefährlicher, es gab kein Zurück mehr. Im tiefsten Innern bereute ich schon meine Dummheit. Der Wein und die

Übermüdung mochten mir den Kopf leergefegt haben, wie in Trance setzte ich einen Fuß vor den anderen. Die Entscheidung mußte kurz bevorstehen, entweder er sprang mit stampfenden Läufen ab, und ich bekam höchstens seinen blonden Spiegel zu Gesicht, oder – und so war es. Ich sah die Läufe eines Rehs. Das Blatt war fast völlig, Haupt und Träger waren ganz verdeckt, nur darüber blinkte das Gehörn. Ein Sonnenstrahl, der durch das Blätterdach drang, berührte die Stangen und ließ sie in der Taunässe erstrahlen. Die Knie wurden mir weich, mein Herz drohte bei dem Anblick zu zerspringen. Millimeterweise hob ich die Büchse. Ich suchte im Glas, bis ich in dessen Verschwommenheit das Blatt oder die Stelle, wo es sein mußte, gefunden hatte, und drückte ab. Wenn man solche Dinge tut, sollte man das Mäntelchen des Schweigens darüber breiten, allen Geistern danken, wenn es gutgegangen ist, und nächstes Mal die Finger davon lassen!

Der Bock war im Feuer gebrochen. Erst als sich mein Puls beruhigt hatte, ging ich die paar Schritte hinüber. Dankbar zog ich meinen Hut und freute mich an dem Augenblick, der gelungenen Jagd, ihrem glücklichen Ausgang und dem Bock. Es war ein guter Bock und, was mir wichtiger war, ein alter. Es wurde ein beseelter Heimweg mit einer erfreulichen Last im Rucksack. Vor dem Hause im Schatten der großen Platane streckte ich den Bock, setzte mich zu ihm und ließ die Bilder des Morgens passieren. Ich mochte wohl mit offenen Augen eingenickt sein, die Terrassentür hatte sich geöffnet, der Hausherr kam herüber, und voll Freude betrachteten wir den reifen Bock.

Nach diesen frühsommerlichen ostholsteinischen Rehimpressionen widmete ich mich nahtlos den Böcken im Hohen Vogelsberg, wo ich eine Zeitlang ein großes Revier bejagte. Merkwürdige Wege hatten mich dorthin geführt, die mich anfangs ein wenig zögern ließen. Doch ich merkte bald, wie interessant das Jagen in dem ausgedehnten Revier war. Es bestand in der Hauptsache aus einer für die Gegend typischen Wiesenlandschaft, in der einige Jahre zuvor mit irgendwelchen Zuschüssen Parzellen aufgeforstet worden waren. Hier fand das Wild inzwischen ruhige Einstände und auf den Wiesen reichliche Äsung. Das rauhe Klima der Mittelgebirgslage tat dem Rehwild keinen Abbruch; im Gegenteil, das Wild war sogar stark im Wildbret. Hier habe ich meinen schwersten Rehbock geschossen, der mit Ausgang der Brunft immer noch vierundzwanzig Kilogramm wog. Ich denke sehr gerne an dieses Revier zurück. Hinter jeder Fichtenparzelle lag eine weitere Wiese, und die grenzte erneut an eine Kultur. Das Bild änderte sich laufend und bot dem birschenden Jäger das Gefühl der ständigen Chancen, die auf ihn warteten. Ich brauche nicht zu sagen, daß ein solches Revier zum Birschen, ja schlimmer noch, zum Herumrennen verführt. Ich konnte dieser „Revierkrankheit", die mich eine Zeitlang gefährlich zu befallen drohte, nur Herr werden, indem ich mich zum konsequenten Ansitzen zwang. Heimliches Wild errennt man nicht, man ersitzt es höchstens. Von dieser Weisheit hatte ich damals bereits gehört, aber es bedurfte der eigenen Erfahrung, um danach zu handeln.

Daran haperte es auch noch, als sich folgende kleine frühsommerliche Geschichte zutrug. Es war die Zeit vor der Heuernte. Ich wollte einen Bekannten auf einen Rehbock zu Schuß bringen. Es sollte sein erster Bock werden. Er reiste von weither an, hatte nur zwei Tage zur Verfügung, aber dennoch würde es schon klappen. An dem ersten Abend bestiegen wir einen Hochsitz, dessen aussichtsreiche Lage mich großzügig über seine Baufälligkeit hinwegschauen ließ. Auf einer abgemähten Koppel erschien bald ein Jungfuchs. Ich wunderte mich über seine frühe Selbständigkeit und merkte, daß der Freund ihm mehr als nur platonische Aufmerksamkeit schenkte. Ich dachte an mein Erstlingserlebnis dieser Art, die Strenge meines Onkels, dachte aber auch an den „Erfolgszwang" des spätberufenen Jägers, dessen lange Anreise und seine geringen Jagdgelegenheiten.

Die Entscheidung fiel zu Lasten des Fuchses. Der Freund mußte sich umsetzen, der Fuchs drohte im hohen Gras zu verschwinden, es kam Bewegung in Wild und Schützen; ich hörte ein Brett bersten, und der Freund brach mit einem Bein durch den Boden des Hochsitzes. Jetzt wurde es kompliziert. Es ist nicht einfach, sich aus einer so unglücklichen Stellung zu befreien, noch dazu, wenn man gleichzeitig seinen ersten Fuchs erlegen möchte. Der Fuchs hatte auf den ungewohnten Lärm hin verhofft und äugte nun fasziniert zu uns her. Wohl nie zuvor hatte er ein in der Luft hängendes Bein gesehen. Tatsächlich gelang es dem tapferen Jäger, in Anschlag zu gehen, zu zielen und – zu treffen! Das Bein nachher zu befreien, war mühevoller, aber das Bewußtsein, zu schießen wie Wilhelm Tell, ließ ihn lächelnd über die Unzulänglichkeit des Hochsitzes hinweggehen, wofür ich dankbar war. Wir erreichten wohlbehalten den Boden, und nach gebührender Würdigung der Beute schlug ich ihm noch einen Birschgang durch die Wiesen vor. Es zeigte sich aber nichts Passendes. Auf dem Rückweg kamen wir wieder an unserer Fuchskanzel vorbei und mußten zu unserem Erstaunen feststellen, daß ein rechter Abschußbock friedlich an dem verwüsteten Sitz äste.

Wir erreichten in guter Deckung die Leiter, konnten aber den Bock in der hohen Wiese nicht mehr ausmachen. Mehr mit den Augen als mit Worten deutete ich nach oben. Von oben wäre es ein leichtes gewesen, zu Schuß zu kommen. Der Freund schüttelte den Kopf, meine Aufforderung wurde heftiger, er schüttelte wieder mit dem Kopf, ich zuckte mit den Schultern, und wir gingen heim. Beim Militär nennt man so etwas Befehlsverweigerung, wenn ich mich nicht irre. Bis zur Hütte sprachen wir kein Wort. Dort schalt ich ihn einen Hasenfuß, er nannte mich einen Schinder. Schließlich einigten wir uns, freuten uns des Fuchses und der vor uns liegenden Tage. Am nächsten Morgen birschten wir durch die Wiesen, schauten um jede Parzelle herum, ließen keine Wiese aus und kehrten zur Hütte zurück. Wir hatten einiges Wild gesehen, aber zum Schuß hatte es nicht gereicht. Am Abend ließ ich mich erneut verleiten, vom Hochsitz abzubaumen, um einen Rehbock anzugehen. Wir kamen sehr schön heran, Schütze und Rehbock maßen sich eine ganze Weile von Angesicht zu Angesicht, wobei der erstere versuchte, den zweiten ins Zielfernrohr zu bekommen, was aus unerfindlichen Gründen nicht gelang. Schließlich beendete der Rehbock das Unternehmen, zog langsam und kaum beunruhigt davon, während der Schütze am ganzen Leibe zitternd vor meinen Füßen zusammenbrach. Ich war gerührt von dieser Passion und tröstete den Freund mit der Aussicht auf den Morgen, der uns noch verblieb. Der Mißerfolg des Tages lastete ein wenig auf der Hüttenstimmung. Erst als das kühle Bier seine Wirkung tat, wich unsere Einsilbigkeit.

Ein Sonnenmorgen zog herauf, wieder wanderten wir den Wiesen entgegen. Mein Abendgebet zu den Göttern der Jagd und der Freundschaft schien nicht erhört worden zu sein. Kaum ein Reh dieses wildreichen Reviers zeigte sich. Als ich dem Freund ein paar entschuldigende Worte zuflüsterte, fragte er mich, wie viele Böcke ich heuer hier schon geschossen hätte. Ich log – nach unten. Kein Wunder, meinte er, daß man kein Reh sieht! Mir verschlug es die Sprache. Ich wußte aber, daß nicht nur seine Ehre vor seiner Familie auf dem Spiele stand, sondern auch meine Ehre und die des Revieres zu retten waren. Alle Kraft galt es zusammenzunehmen, um den Erfolg in letzter Minute zu sichern.

Beinahe hätte ich dann doch einen Bock übersehen, der am Wegesrand vor uns äste. Ein Blick, ein Handzeichen an den hinter mir stehenden Freund, der Schuß brach, und eine schnelle Flucht des Bockes ließ mich aufatmen. Ich war mir sicher, er würde mit einem tiefen Blattschuß nicht weit gegangen sein. Ich entpuppte mich jetzt nicht nur als Schinder, sondern auch als jägerischer Dilettant. Wir fanden kein Schußzeichen, der Hund verwies nichts und zeigte nicht das mindeste Interesse. Der Bock war gefehlt. Enttäuschung und Selbstvorwürfe auf beiden Seiten blieben nicht aus; dazu gesellte sich die seelische Ermattung, die aus dem jägerischen Streß der letzten zwei Tage rührte. Je passionierter der Jäger ist, um so tiefer graben sich die Folgen; kämpft er um seinen ersten Rehbock, gehen sie an die Substanz!

Eine Möglichkeit war uns noch geblieben. Vielleicht hatte ich sie bewußt als Reserve aufgehalten, um einen letzten Joker in der Hand zu haben. Dazu mußten wir uns beeilen, eine gute halbe Stunde Weges lag vor uns. Ich hörte den Freund ächzen und stöhnen, Ermattung und zu enge Gummistiefel, was ich aber erst später erfuhr, mochten ihm das Jägergewand als Büßerhemd erscheinen lassen. Es half nichts, ich zerrte ihn weiter, und schließlich erreichten wir den Schlag, an dem ich einige Male einen passenden Abschußbock gesehen hatte. Ich bestieg den Hochsitz, winkte, oben angekommen, aufgeregt zu dem Freund hinunter – auf knappe einhundertfünfzig Meter stand der Bock. Er war im Begriff einzuwechseln, der Jungwald hatte ihn aufgenommen, nur sein Träger war noch zu sehen; einige Meter, und er hätte sich unseren Wünschen völlig entzogen. Inzwischen war der Freund oben angekommen, hatte Platz genommen und den Rehbock beziehungsweise das Haupt und eine Handbreit Träger erspäht. Ich war damit beschäftigt, mir eine Formulierung zu überlegen, die ihm mein Einverständnis zum Schuß mitteilen würde. Gleichzeitig wollte ich ihn aber nicht zu einem Schuß verleiten, für dessen Waidgerechtigkeit schwerlich Argumente zu finden waren.

Einem Jungjäger soll man nicht die dunklen Wege weisen, er wird sie früh genug von selbst beschreiten! Ehe ich zu meiner komplizierten Formulierung gekommen war, lag der Freund im Anschlag, ich hörte den Stecher einspringen, und die Detonation des Schusses schlug mir überlaut ins Ohr. Der Bock war verschwunden, einige Fichten bewegten sich vom Schnellen schlegelnder Läufe. Ich schlug dem Freund voller Freude und Begeisterung auf die Schulter. Er schien ein Mann zu sein, der unter extremen Bedingungen Extremes zu leisten imstande war. Ein durchhängendes Bein ist eine arge Behinderung und der obere Teil des Trägers auf die weite Entfernung ein kleines Ziel! – Es war ein großes Glück, das mich ebenso rührte wie ihn. Ein Erfolg in letzter Minute, der dem Erlebnis des ersten Bockes in seinen Augen die Aura des Schicksalhaften gab.

Es gibt wohl bei jedem Menschen Tage oder Daten, denen er mit besonderer Erwartung entgegenlebt. Im tiefsten Innern mißt er ihnen Glück oder Unglück zu. Manche schieben den Sternen und ihrer Konstellation die Schuld für alles in die Schuhe, was über unser menschliches Fassungsvermögen hinausgeht, andere nennen es Schicksalsglaube, und wieder andere sehen darin ein Spiel der Zufälligkeiten. Ich fröne eher dem Schicksal als den Sternen, und noch lieber lasse ich mich von der Freude leiten, die Ereignisse kalendarisch einzuordnen und in kindlicher Weise am Jahrestag auf eine Wiederholung zu hoffen. Im täglichen Leben mache ich davon keinen

Gebrauch, aber auf der Jagd bin ich diesem Bund mit dem Kalender nicht abhold. Welcher Jäger hat nicht schon einen Rehbock, ein Stück Schwarzwild oder einen Fuchs geschossen, und am gleichen Tag ein, zwei oder mehr Jahre später lag wieder ein Bock, ein Überläufer oder Meister Reineke auf der Strecke; kommen einem da nicht zwangsläufig die Gedanken...?

Bei mir gibt es im Juni zwei dieser mit Rehbockrot umrandeten Felder des Kalenders; das eine ist der 17. Juni. Dieses, wird jeder sagen, ist in Deutschland ein Feiertag, der prädestiniert ist zum Jagen. Somit wird es sich gar nicht vermeiden lassen, an diesem Tag hin und wieder einen Rehbock zu schießen. Interessanter mag schon sein, daß sich vier von diesen Böcken ihrem Typus nach gleichen. Sie haben alle auffällig niedere, aber starke Stangen, rauhe Perlung, dunkle Färbung und sind wenig vereckt. Es sind gute Gehörne, die in ein und demselben Revier erlegt sein könnten.

Der erste stammt aus dem Schwarzwald und der Zeit, in der sich mir gerade die Jagdgelegenheiten zu erschließen begannen. Ein Revier stand mir offen; zwar hatte ich keine freie Büchse, wer erwartet das, allein die Möglichkeit, Krähen und Eichelhäher schießen zu können, erfüllte mich mit Glück. Die Krönung war die Erlaubnis auf weibliches Wild und die Aussicht, einen Knopfbock zum Abschuß freizubekommen. Die einzige Erschwernis, mit der ich zu kämpfen hatte, lag in meinen Lebensumständen. Ich war Internatsschüler. Gejagt wird morgens und abends, im Internat wird morgens gelernt und abends Silentium gehalten, sprich gearbeitet. Ich glaube, nach zehn Jahren verjähren manche Delikte, aber ob diese meine schulischen Vergehen vor den verständnis- und phantasielosen, um so gestrengeren Augen meiner Lehrer jemals Vergebung erlangen werden, bezweifele ich. Daher werde ich auf die Beschreibung der näheren Umstände, der Umwege und der diplomatischen Schachzüge, die für meine jagdlichen Unternehmungen notwendig waren, verzichten. Zur Jagd ist ein Gewehr vonnöten, und auch über dessen Verwahrung werde ich schweigen. Es wäre für manchen jungen Leidensgenossen sicherlich von Interesse, darüber einiges zu erfahren. Aber bohrt in ihm die Jagdpassion wie einst in mir, wird er selber Mittel und Wege finden, sein Ziel zu erreichen. Eines sei angedeutet, die Voraussetzungen sind Phantasie und Dickfelligkeit und – die unbändige Lust zu jagen!

Mit dem Fahrrad benötigte ich eine Stunde in „mein" Revier, zurück ging es bergab und damit schneller; hierbei konnte ich wichtige Minuten hereinfahren, die mich manche Internatspflicht mit dem letzten Schnaufer erreichen ließen. Hatte ich ein Reh geschossen, verfrachtete ich es in den Rucksack, balancierte mit dem Fahrrad über holprige Waldwege in der entgegengesetzten Richtung einen steilen Berg hinab, keuchte auf der anderen Seite hinauf und lieferte das Reh in der Försterei ab. Die Förstersgattin sah mein Tun mit wohlwollenden Augen, entlastete ich doch ihren Mann, der ihrer Meinung nach eher ins Haus als in den Wald gehörte. Ihr werde ich auch meine immer weiterreichenden Abschußkompetenzen zu verdanken haben. Brachte ich ein Reh, bekam ich als Belohnung eine anständige Brotzeit; sonntags gab es sogar Kaffee und Kuchen. Meine – einem auserwählten Kreise von Kameraden anvertraute – Schilderung dieser Speisungen rief bei der schmalen Internatskost im Nu einige auf den Plan, die sich für Treiberdienste empfahlen. Einmal sah ich mich sogar genötigt, darauf zurückzugreifen. Ich sollte Geiß und Kitz schießen, die in einen Hag eingedrungen waren. Er lag an einem Hang. Die Pflanzungen waren so dicht geworden, daß nur wenige lichte Stellen genügend Schußfeld boten, die sich allerdings vom Tal aus gut einsehen ließen. Meinem nicht sehr waidmännischen Plan kam das Treiberangebot eines Mitschülers gerade recht. Ich schickte ihn in den Hag und postierte mich im Tal. Erst jetzt bemerkte ich, daß mein Gedanke zwar gut, aber nicht ungefährlich war. Ich legte mir größte Vorsicht auf. Es klappte, der Freund überlebte, und ich schoß Kitz und Geiß, die Geiß sogar mit einem weithin treffenden Schuß. – Meine Versprechungen über die Brotzeit waren nicht aus der Luft gegriffen, wie mir später mein Treiber bescheinigte.

Vielleicht hatte ich es dieser „Hagsäuberung" zu verdanken, daß ich für den nächsten Sommer einen älteren Bock zum Abschuß freibekam. In dem Revier war es nicht einfach, einen Rehbock zu schießen. Lediglich ein paar verwachsene Kahlschläge ließen einen Ansitz sinnvoll erscheinen. Ich hatte zwar einige Rehböcke gesehen, aber es war mir nicht gelungen, einen zu bestätigen; denn, das war die Bedingung, ich mußte den Bock dem Förster erst zeigen. Ich zweifelte damals keinen Augenblick an ihrem Sinn, werten lernte ich sie erst später. Unzweifelhaft wurzelt einem das Erlebnis um einen solchen Bock tiefer im Gedächtnis als um einen zufällig des Weges kommenden, der der schnellen Kugel zum Opfer fällt.

Schließlich war es mir gelungen, einen Bock auszumachen. Es war aber wie verhext. War ich mit dem Förster draußen, erschien der Bock nicht; harrte ich alleine auf der kleinen Leiter, die ich mir eigens gebaut hatte, äste sich der Bock vertraut in den Schlag. Nachdem es eine ganze Weile so gegangen war, hatte der Förster meine Seelennot erkannt. Ich mußte ihm den Bock beschreiben und geloben, nur diesen zu schießen. Ich gab das Versprechen und machte mich ans Werk. Der 17. Juni fiel auf einen Montag, was auch für Internatszöglinge ein langes Wochenende bedeutete, an dem ausnahmsweise gewisse Freiheiten gewährt wurden. Sie kamen meiner Jagd zugute. Gleich am ersten Morgen vergrämte ich den Bock gründlich, als ich im Dunkeln versuchte, meine Leiter zu erreichen. Ich vertrat den Bock, und er sprang schreckend ab. Meine abendlichen und morgendlichen Ansitze im Schlag blieben nun ohne Anblick. Das lange Wochenende neigte sich. Am Nachmittag des Feiertages unternahm ich vor meinem obligatorischen Ansitz einen kleinen Birschgang zu einer unweit gelegenen Lichtung. Hier hatte früher einmal ein Haus oder ein Hof gestanden; die rückwärtige Auffahrt war noch vorhanden, während das Haus längst abgetragen oder verfallen war. Sie bildete einen erhöhten Punkt, von dem aus sich die Blöße, die kaum mehr als sechzig Meter im Quadrat maß, gut übersehen ließ. Ich birschte hinauf und hatte sofort einen Bock im Auge, der auf keine fünfzig Schritt im Bett saß. Das Haupt hatte er von mir abgewandt. Ich schaute durch mein altes Wehrmachtsglas, ein Geschenk meiner Großmutter und in Ermangelung von etwas Besserem mein ständiger Begleiter. Der erste Blick jagte mir das Blut in die Schläfen; er bestätigte das, was ich geahnt, zumindest aber sehnlichst erhofft hatte. Es war mein Bock!

Was sollte ich tun? Ich hatte gelernt, auf kein gebettetes Stück Wild zu schießen. Mir waren solche erlernten Grundsätze heilig. Später habe ich in der „jagdlichen Routine" geglaubt, mir manches Mal einen Übertritt erlauben zu können; froher bin ich dadurch nicht geworden! – Damals war ich entschlossen zu warten, bis der Bock hochwürde. Man stelle sich einen jungen Jäger vor, der tagelang seinem Bock nachgelaufen ist und nun auf bequeme Schußentfernung zum Warten verurteilt ist. Es konnte nicht gutgehen; es mußte eine Dummheit geschehen. Das Fieber beutelte mich in solchem Maße, daß von dem Zähnegeklappere der Bock hätte mißtrauisch werden müssen. Nur den guten Geistern war es zu verdanken, daß meine Dummheit nicht zur alles verderbenden Torheit wurde. Ich birschte von meinem Auslug herunter und ging den Bock in der merkwürdigen Absicht an, ihn zum Hochwerden zu bewegen. Ich hätte das einfacher haben können. Wie dem auch sei, ich war in der Überriegelung dem Bock auf zwanzig Meter auf den Leib gerückt, lugte daraus hervor und stand ihm Aug in Licht gegenüber. Er war hochgeworden und äugte mißtrauisch zu mir her. Wie es mir gelang, das Gewehr von der Schulter zu bringen, in Anschlag zu gehen und ihm über Kimme und Korn die Kugel aufs Blatt zu setzen, vermag ich nicht zu sagen. Aber es war gelungen! Der Bock brach im Feuer, und in meiner unbändigen Freude war ich mit ein paar Sätzen bei ihm.

Es gibt von Münchhausen eine hübsche Ballade sie erzählt von einem Jungen, der mit Pfeil und Bogen einen Falken aus der Luft schießt, der Schmerzensschrei des Falken mischt sich mit dem Jubel des Knaben, und die Zeile lautet: „...beide Schreie flogen zur Sonne und waren beid' jahrtausendalt!" – Nicht anders war es damals. Ich stand bei ihm, als seine Läufe verendend schlugen, das edle Haupt sich ein-, zweimal hob, ein tiefes Röcheln aus seinem geöffneten Äser drang. Noch nie hatte ich aus der Nähe das Verlöschen eines Tierlebens mitangesehen, eines Lebens, das ich getötet hatte... Kein Schauer überkam mich, sondern wilde Freude war in mir – und beide Schreie waren jahrtausendalt!

Meine Seligkeit kannte keine Grenzen. Es war mein Bock, den ich mir ausgeschaut hatte, der mir freigegeben war, dem ich nachgelaufen war und den ich erjagt hatte. Sein gutes Gewichtl bewegte mich erst in zweiter Linie. Die Jagd war mir Erfüllung genug. Ob es ein schlechter oder ein guter, einer mit dünnen oder dicken Stangen war, spielte eine untergeordnete Rolle.

Auch heute empfinde ich das so, denke ich an jenes Erlebnis aus meinen jagdlichen Anfängen zurück. Mir scheint es dann, daß wir „modernen Jäger" manchmal zuviel der Trophäe wegen jagen. Soll sie allein unser Glücksgefühl bemessen, soll ihre Erbeutung den Einsatz jeden Mittels rechtfertigen? Ich glaube, wir sollten uns mehr auf die Jagd selbst konzentrieren und uns nicht zu Trophäensammlern degradieren. Gute Jagd macht das Erlebnis aus und ist das Erstrebenswerte. Betrüge ich mich nicht selber, wenn ich an irgendeinen Platz fahre, den ich vorher nie gesehen habe und später nie wieder sehen werde, zu dem ich keine Verbindung habe, und dort einen Hirsch schieße, dessen Güte lediglich eine Frage des Schecks ist, den ich bereit bin auszustellen? Der Schritt, das Geweih ohne Hirsch zu kaufen und sich zu Hause über das Bett zu hängen, ist nicht mehr groß. Ob die Erbeutung durch Kauf oder gekauften Schuß stattgefunden hat, spielt keine Rolle; beides bedeutet nicht Jagd, sondern Jagd nach Trophäen, die bald an Glanz verlieren und zu dem werden, was sie sind: zu toten Gebilden – zu Knochen!

Ich möchte mir nicht den Anschein des Pharisäers geben; dafür erbeute ich zu gerne eine starke Trophäe, lasse mich von ihrer Faszination und dem Hauch des Besonderen umgeben und denke an das Glück und die Freude, die mir die Jagd in dieser Stunde schenkte. Aber Jagd muß es gewesen sein!

Bis zu dem zweiten Bock vom 17. Juni bedurfte es einer Spanne von sieben Jahren. Aus dem Wehrmachtsglasl war längst das Produkt einer namhaften Firma geworden. Der vom Taschengeld erstandene Repetierer, der später ein Glas bekommen hatte und dann gar verkauft wurde, stand zu dem Zeitpunkt noch im Schrank, aber meine Favoritin und ständige Begleiterin war eine vornehme Bockbüchsflinte mit dem Kugelkaliber 6,5x57R geworden. Ich hatte ein Jahr in dem Vogelsbergrevier gejagt, war dort heimisch geworden und hatte das Wild und seine Wechsel ein wenig kennengelernt. Ein Erlenbruch in dem nicht großen, aber reizvollen Waldteil hatte es mir besonders angetan. An einer Schneise stellte ich mir eine Leiter auf, von der ich auch gute Sicht in die Erlen hatte. Zu jeder Tageszeit lohnte es sich, dort zu sitzen. An einem trüben Dezembervormittag schoß ich einen Überläufer, an einem Januarabend einen Fuchs, und zu Anfang der Bockjagd erlegte ich einen endshohen Spießer.

Heute war ich ziellos durch den Morgen gebummelt. Die bekannten Knopfböcke waren erlegt, dazu noch ein anderer geringer Jährling und ein interessanter, abnormer Bock. Ich hielt ihn auch für einen Knopfer, doch dann war die Überraschung groß; es war ein älterer Bock, dem die kurzen Stangen nach unten in die Decke gewachsen waren.

Die Junisonne hatte den frischen Tau der Frühe getrocknet, und ein heißer Sommertag brach an. Es war ein guter Gedanke, ein oder zwei Stündchen in den Vormittag hinein auf dem Erlensitz zu verhocken, auch wenn ich in letzter Zeit wenig Wild von meinem Lieblingsplatz aus gesehen hatte. Eine halbe Stunde mochte ich meinen Gedanken nachgehangen sein, als eine Rehgeiß hochwurde und sich gemächlich in den Bruch hineinäste. Ich konnte sie zwischen den Stämmen verfolgen. Ein zweites Reh tauchte auf, ein Bock, kein schlechter, ein alter, das meinte ich gleich sagen zu können; auf seinem Haupt schwankte ein dunkles, starkstangiges, wenig vereckertes Gehörn. Die Bockbüchsflinte lag an der Schulter, aber das Ziel war nicht zu fassen. Der Bock äste sich zwischen den Stämmen von mir fort. Endlich fand ich eine kleine Lücke, auf der ich vorgreifend wartete. Für einen Augenblick bot sich mir ein handtellergroßer Fleck. Nach dem Schuß schwankten die Erlen ein wenig, und ich konnte beruhigt das Gewehr absetzen. Eine kleine Viertelstunde der Sammlung ließ ich verstreichen, krabbelte von meinem Sitz und birschte vorsichtig hin. Ich fand die Stelle nicht, und mir kamen schon Zweifel, bis es mir rot entgegenleuchtete. Als ich das Bockhaupt emporhob, fiel mir der Schwarzwaldbock von heute vor sieben Jahren ein. Heute wie damals fühlte ich mich glücklich. Das Glück wandelt sich, und die Tiefen, in die es vordringt, werden differenzierter. Damals gab es nur ein Glück, das umfassende Glück über den Rehbock. Heute war es ein Glücksgefühl über einen besonderen Rehbock. Einen Moment drohte ich dem damaligen uneingeschränkten Hochgefühl, das mich tagelang weit herausgehoben hatte, nachzutrauern. Es war nur ein Augenblick, dann freute ich mich über diesen Bock, brach ihn auf und trug ihn wohlgemut durch den heißen Vormittag zur Hütte.

Das war überhaupt eines meiner fettesten Rehbockjahre, in denen ich begierig jede der sich mir bietenden Chancen nutzte, sei es in diesem rehreichen Vogelsbergrevier, sei es in anderen Jagden, in die mich Einladungen führten.

Das folgende Jahr ließ sich nicht viel schlechter an. Die herbe Landschaft des Vogelsberges war mir ans Herz gewachsen. Besonders genoß ich dort die Mittjunitage, wenn es auf Johanni zugeht. Der 17. Juni stand vor der Tür, und ich schaute ihm mit hoffnungsvollen Erwartungen entgegen. An einer der Aufforstungsflächen in einem entfernteren Revierteil hatte ich einige Male einen im Wildbret starken Bock gesehen, den ich aber nie genauer ansprechen konnte. Der Wind war dort bei der Wahl des Ansitzes zu berücksichtigen, und auch nun am 17. Juni zwang er mich an die ungeliebte Flanke, von der ich bisher den Bock immer nur außerhalb der Reichweite meiner Büchse gesehen hatte. Ich hatte noch nicht lange gesessen, da trat ein im Wildbret besserer Bock aus. Mit zittrigen Händen schaute ich ihn mir an, stellte aber fest, daß es nicht mein Bock sein konnte; dessen Stangen waren stärker, so viel hatte ich bei unseren flüchtigen Begegnungen feststellen können. Der Unbekannte hier hatte eher ein dünnstangiges, gut vereckter Sechsergehörn. Wenn ich allerdings gesehen hätte, welches interessante Gehörn der Bock wirklich trug, hätte ich wahrscheinlich mit dem Schuß keinen Augenblick gezögert. – Drei Wochen später hielt ich es in der Hand, ich erkannte es und sah zugleich, wie ich mich hatte täuschen lassen. Sein Erleger war ein Freund, den ich auf einen guten Bock eingeladen hatte. Ich konnte ihn nicht selber führen, freute mich aber nun um so mehr mit ihm und vergönnte ihm diesen interessanten Bock. Er war besser und stärker, als ich ihn angesprochen hatte, und ein nach hinten gebogenes Achterend wuchs aus der Rose heraus und gab dem Gehörn den Reiz des Besonderen.

Am 17. Juni war seine Stunde also noch nicht gekommen; vielleicht, weil ich ihn nicht erkannt hatte, vielleicht, weil es ein Wink der Vorsehung war. Als dann die Sonne wie ein roter Ball am Horizont versank, zog auf weite Entfernung ein anderer, stärkerer Bock in die Wiese und begann hastig zu äsen. Ich schaute angestrengt, das Haupt war dauernd im tiefen Gras verdeckt. Es mußte mein Bock von neulich sein, dessen war ich mir sicher. Was sollte ich zögern? Das Alter hatte er, das Gehörn wirkte niedrig und knuffig. Die Versuchung und der 17. Juni drängten. Der Schuß wollte gezielt sein, die Auflage auf dem Hochsitz war zu tief, und das Herz hämmerte mir bis zum Halse. In einem Augenblick, in dem der Zielstachel für eine Sekunde ruhig im Wildkörper stand, zog ich ab. Der Bock machte einige Fluchten, verhielt, schwankte und brach zusammen. Unsicher und weich in den Knien wankte ich vom Hochsitz und versuchte beherrschten Schrittes hinüberzugehen. Es tat mir einen Schlag aufs Herz, als ich dann den Bock gestreckt vor mir sah. Es gab ein langes Betrachten, Begutachten und Betasten des Gehörns.

Es war dunkel geworden, und die Junikäfer umtanzten sein gekröntes Haupt. Erst spät kam ich zur Hütte. Ich gönnte mir eine beschauliche Stunde beim Kerzenschein. Das Windlicht warf Schatten, die wie Geister an der Hüttenwand gaukelten, und riesengroß wie Pan selber erschien ein Stangenpaar an der Wand ...

Mehr als ein halbes Jahrzehnt verging. Es waren recht bewegte Jahre, in deren Verlauf ich in den Teil Deutschlands zog, in dem die Uhren anders gehen sollen. Ich fand Anschluß in einem niederbayerischen Revier, das mir heute mit seinen Kiefernwäldern, sandigen Böden, Hopfenfeldern und kleinen Wiesen ans Herz gewachsen ist. Je mehr ich ein Revier bejage, je mehr ich es kennenlerne, desto interessanter und reizvoller wird es mir. Es sind nicht nur die erinnerungsträchtigen Stellen, die sich mehren und mich freuen, sondern es ist auch das Wissen um Wege, Wechsel und Gewohnheiten des Wildes. Das erhöht den Reiz des Jagens wie kaum sonst etwas.

Mitten in dem Revier liegt abgeschieden eine kleine Wiese, die ganz von Wald umgeben ist. Ihre zauberhafte Lage erinnert an eine Märchenwiese. Wenn abends die Nebel steigen oder morgens die Nacht ihre Schleier lüftet, könnten dort die Elfen tanzen. Manchmal meine ich, sie zu sehen, wie sie sich drehen und wiegen in ihrem Reigen, bis das beginnende Licht sie von hinnen ruft oder sie die Dunkelheit einhüllt. Hier kann ich die Welt vergessen. Erst wenn die Rehe austreten und langsam in die Wiese ziehen, kehren meine Gedanken zur Wirklichkeit zurück.

Ich hatte wieder einmal die kleine Leiter bezogen, vor der sich die V-förmige Wiese öffnet, und war im Begriff, den Frieden zu stören. Ein Knopfbock ließ meinen gierigen Blicken keine Ruhe. Ich lag im Anschlag und sah gerade noch ein anderes Reh austreten, setzte geschwind wieder das Gewehr ab und schaute es mir an. Es war ein Bock, der mir gehörig den Atem schneller gehen ließ. Ich bezwang mich, erinnerte mich an mein eigentliches Interesse und schoß den Knopfbock, der beim Erscheinen des Guten schon unruhig geworden war.

Das Erlebnis trug nicht zu meinem Seelenfrieden bei. Zwei Tage später war ich draußen und sah den Bock wieder. Ich hatte mich nicht getäuscht, es war ein guter Bock; nur sein Alter machte mir Kopfzerbrechen. Ganz jung war er nicht, aber auch nicht ganz alt, wie ich meinte. Ich ging an diesem Abend mit zwiespältigen Gefühlen nach Hause: sollte ich, sollte ich nicht? Schließlich gab ich der Versuchung nach. Das Schicksal schien aber anderes im Sinn zu haben. Soviel ich an der schönen Wiese saß und schaute, ich sah den Bock nicht wieder. Ich war geneigt, darin eine höhere Vorsehung zu erkennen, und beinahe bereit, mich ihr zu fügen. Aber das Bild des Bockes tauchte immer wieder vor meinem geistigen Auge auf und ließ mir keine Ruhe. Das Leben besteht aus Kompromissen, und so kam ich mit mir überein: Würde der Bock bis zum 17. Juni auftauchen, könnten die Würfel zu seinen Ungunsten fallen. Sah ich ihn nicht bis zu dem Zeitpunkt, sollte er das heurige Jahr seine Fährte ziehen. Um Johanni herum hatte ich eine Reise geplant, die mich in andere interessante Rehbockgefilde führte. Das würde mir dann helfen, über ihn hinwegzukommen.

Der Bock tauchte nicht auf, und der 17. Juni brach an. Es war ein hoffnungsvoller Morgen, aber der Bock zeigte sich auch an diesem letzten Tag der gesetzten Frist nicht. Ich schloß das Kapitel um ihn ab, fuhr nach Hause und legte mich nieder. Doch als ich erfrischt erwachte, blinzelte ich einen Moment unentschlossen in das gleißende Mittagslicht: Heute abend war auch noch 17. Juni! Was hinderte mich daran, es ein allerletztes Mal zu versuchen? – Waren die Götter unaufmerksam gewesen, hatten sie mich nicht ausrücken sehen, hatten sie vergessen, über ihren Schützling zu wachen? Oder war es ganz anders, hatte mir irgendeiner von ihnen, der mir wohlgesonnen war, die Eingebung zu diesem letzten Versuch eingeflüstert?

Schweres Gewölk zog am Horizont auf. Die Hitze des Tages war in Schwüle umgeschlagen und kündete von einem Gewitter. Sollte ich das Wetter irgendwo abwarten und dann mit nachlassendem Regen meinen Ansitz beziehen? Wenn sich der Bock aber nach dem Gewitter zu einem Bummel verleiten ließ, würde ich zu spät kommen. Kurz entschlossen vertraute ich auf meine Lodenkotze und brach auf. Der Himmel hatte sich düstergrau zugezogen, und die Schwüle lastete bleiern in der Luft. Die ersten schweren Tropfen fielen. Ich erreichte die Wiese, wollte im Wald gedeckt die kurze Entfernung zu der Leiter hinüberbirschen, warf einen schnellen Blick durch die Randbäume und sank in die Knie. In dem ungemähten Teil äste ein Reh, ich sah nur seine Rückenlinie. Es war ein stärkeres Stück, es konnte ein Bock sein. Die ersten Blitze zuckten über den Himmel, und die Donner rollten. Für einen Augenblick hob das Stück das Haupt und äugte zu mir her. Er war es! Ich warf mich auf den Boden, legte Rucksack und Mantel zurecht und bettete die leichte Birschbüchse darauf. Im Liegen war in dem hohen Gras wenig von Blatt und Bock zu sehen. Während ich noch angestrengt schaute, schob sich ein Schleier vor das Bild als beschlage das Zielfernrohr. Ich wischte am Glas und merkte erst jetzt, daß schon ein schwerer Regenschauer niederging. Der Bock wurde nun wohl seiner Verspätung gewahr und kam ins Ziehen. Es mußte schnell gehen, wollte ich ihn noch vor dem Wald abpassen. Für einen Augenblick bot sich mir eine freie Stelle im hohen Gras, der Schuß brach, und der Bock verschwand mit ein paar Fluchten im Bestand.

Der Regen trommelte auf das Blätterdach. Ich hatte ein kurzes Zeichnen gesehen, und ich war ruhig abgekommen, es durfte nichts fehlen. So wartete ich nicht lange und ging hinüber zum Anschuß. Ehe ich mich's versah, war der Hund der kurzen Wundfährte gefolgt, und sein Totverbellen rief mich zum Bock. Ein Wolkenbruch ging nieder, aber ich spürte die Nässe nicht. Voller Glück saß ich bei meinem Bock und betrachtete und betastete das Gehörn. Es war viel stärker als ich es angesprochen hatte. Bis weit hinauf waren die dunklen Stangen dicht geperlt und wuchsen korbförmig auseinander. Noch in einem anderen Punkt hatte ich mich getäuscht, der Bock war deutlich älter als ich gedacht hatte. Seine Reife war mir die größte Freude. Damit wurde das Jagen der letzten Wochen belohnt, und die trotz aller Zweifel bohrende Versuchung, der ich nachgegeben hatte, bedurfte keiner Rechtfertigung. Es ist bis heute der beste derer vom 17. Juni geblieben. Vielleicht ist er mir auch mit allem, was ihn umgab, der liebste.

Wenn der Bock das Alter nicht gehabt hätte, wäre das nicht ein gehöriger Wermutstropfen gewesen? – Ich kenne aus dunklen Stunden all die Einwände und Entschuldigungen, um einen möglichen Fehlgriff zu mildern oder in seinem Ursprung, der allein Disziplinlosigkeit ist, zu rechtfertigen. Sicher mag man sich trösten mit dem Gedanken, es sei schlimmer, ein führendes Stück zu schießen als einen Bock, dem ein oder zwei Jährchen fehlen. Das ist richtig und auch meine Meinung. Auf den Trophäenschauen werden rote Punkte verteilt, aber wer fragt nach den führenden Stücken, die in der Anonymität des Abschußplanes verschwunden sind?

Doch das rechtfertigt keinen Fehlgriff in den Altersklassen. Damals hätte er mir wohl nur die Freude über den Bock und seine Reife getrübt. Inzwischen aber würde er auch meinem Grundsatz widersprechen, die mittleren Stücke, die an der Schwelle zur Reife stehen, unbedingt zu schonen. Das ist der einfachste und bald der erfolgreichste Hegegrundsatz. Ich habe ein Rehwildrevier vor Augen, in dem es durch diesen Vorsatz gelungen ist, innerhalb von einigen Jahren einen Bestand zu erreichen, der einen gesunden Altersaufbau zeigt. Vorher konnte man dort kaum einen vierjährigen Bock antreffen. Heute bringt das Revier immer wieder ältere Böcke hervor, die darüber hinaus ihren Gehörnen nach weit über dem Durchschnitt liegen. Die Richtlinien mancher Bundesländer schreiben inzwischen vor, den Abschuß zur Hälfte in der Jährlingsklasse zu erfüllen. Erfahrungen aus Damwildrevieren – wobei es dort nicht die Spießer, sondern die Hirsche vom zweiten Kopf sind – haben dieser Theorie schon längst recht gegeben. Sie entspricht auch jeder vernünftigen Überlegung. Wir sollten die mittlere Altersklasse – einerlei ob Reh, Gams oder Hirsch – in Frieden lassen und in der Jugendklasse großzügiger eingreifen. Den alten Rehbock, den alten Hirsch zu erbeuten, ist immer reizvoll. Es ist einerlei, ob ihm dann die nötigen Gramm zur so unwichtigen Medaille oder das edle oder lächerliche Kronenende fehlen oder nicht. Mein Hegeziel liegt in dem natürlichen Altersaufbau eines Revieres; alles weitere wird sich eh von selber einstellen.

Zurück zu meinem Rehbockkalender. Der 29. Juni ist das zweite verheißungsvolle Datum! In stillen Stunden versuche ich manchmal, mir alle Rehböcke dieses Tages zu vergegenwärtigen. Ich gebe zu, daß ich das Schußbuch zu Hilfe nehmen muß, wenn ich keinen aus der inzwischen recht stattlichen Anzahl vergessen will. Aber an zwei Böcke denke ich sofort. Das Erlebnis um den ersten fiel in die Zeit meines Jagens im Schwarzwald, als ich eigentlich den Pflichten des Internates mehr Genüge tun sollte.

Der Förster war mit meinem Rehbock vom 17. Juni zufrieden gewesen. Vielleicht betraute er mich daher mit der verantwortungsvollen Aufgabe, nach einem laufkranken Bock zu schauen, der ihm gemeldet war. Anfangs belastete mich die Vorstellung, sogleich einen zweiten Bock zu strecken. Ich befürchtete, durch „Inflation" das Erlebnis zu schmälern. Doch mit der Aufgabe verschwand die schwächliche Überlegung, und der Jagdeifer kehrte zurück.

Ich birschte, saß hier an und verhockte dort einen Abend, wußte aber nicht recht, wie ich die Sache anpacken sollte. Auch war Genaueres über den Bock nicht bekannt. Aus ähnlichen Motiven, die den Verbrecher zum Ort der Tat zurückziehen, birschte ich zu der kleinen Waldblöße und setzte mich auf den bewährten Auslug an der Auffahrt. Ich sinnierte über meinen Bock von vor einigen Tagen, das leichtsinnige Angehen und meinen Dusel. Beinahe hätte ich ein Reh übersehen, das ich mit freiem Auge als Bock ansprechen konnte. Er hatte in den Randfichten im Bett gesessen, war hochgeworden und schonte zweifelsohne einen Vorderlauf. Ehe ich zur Büchse gegriffen hatte, war er verschwunden. Mit dem Gefühl, einen Schatz nicht gehoben, aber gefunden zu haben, fuhr ich mit meinem im Walde versteckten Fahrrad heim ins Internat, schlich mich auf mein Zimmer und begann, Pläne zu schmieden. Die Jagd selbst bedurfte keinerlei Überlegungen; ich würde an der kleinen Blöße warten und ausharren in der Hoffnung, der Bock bliebe in der Nähe. Mehr Sorgen bereitete mir meine nicht vorhandene Freiheit. Ich mußte sie mir ergaunern. Darüber hinaus war ich drei Tage lahmgelegt, weil ich die Repetierbüchse einem Freund überlassen hatte. Genaugenommen hatten wir sie zusammen hälftig erworben. Ihm standen bald andere Pfründe offen, so daß sie ganz in meinen Besitz überging. Dieses Mal hatte ich aber noch Rücksicht zu nehmen. Kaum war er von der Jagd gekommen, holte ich mir geschwind das Gewehr ab und radelte ins Revier. Wie üblich hatte ich die Büchse getarnt und an der Sattelstange festgebunden.

In den letzten Tagen war ich zweimal an der kleinen Lichtung gewesen. Die beiden Ansitze waren ohne Anblick geblieben und bestärkten mich wenig in meiner Hoffnung. Wegen der Unbeständigkeit des Windes hatte ich mir aber ziemlich hoch ein Brett in einer Fichte gerichtet, die sich gut über die tief angesetzten Äste besteigen ließ.

Ich erinnere diese Fahrt ins Revier mit Rad und getarntem Repetierer genau – eine Kipplaufwaffe hätte sich entschieden besser transportieren lassen. Dieses Mal zog ich unliebsame Blicke auf mich, die mich Folgen fürchten ließen. Unehrlichkeit währt am längsten, nicht im Leben, aber in der Schule! Diese Erfahrung bestätigte sich wieder, und so konnte ich später das über mir schwebende Gewitter auflösen und die schweren Wolken vertreiben. – Endlich war ich im Revier, hatte mein Fahrrad in dem üblichen Versteck untergebracht und wickelte wie ein Wildschütz mein Gewehr aus. Zeitig am Nachmittag war ich an der Lichtung, schwang mich wie ein Affe von Ast zu Ast den Baum hinauf und nahm auf dem Brett Platz. Ich hatte den Auslug nur provisorisch gerichtet, was mir jetzt bewußt wurde, und gedämpft dachte ich an die nächsten drei Stunden. Meinen angenehmen Platz auf der alten Auffahrt mußte ich wieder wegen des Windes meiden. Ich rutschte auf der schmalen Latte hin und her und suchte nach einer erträglichen Sitzposition, kam aber gar nicht dazu, mich einzurichten; denn unten am Rande der Lichtung stand der Bock. Mehr der Form halber schaute ich durch mein Glasl, sah vor lauter Zittern weniger als vorher, schoß ohne zu fackeln, und wenige Augenblicke später lag der Bock im Gras. Mein Abstieg glich einem Gleiten und Fallen, das letzte Stück sprang ich hinunter, wobei mich der Kolben des Gewehres beinahe knockout schlug. Ich war unten. Nach einem Augenblick der Sammlung und einem Griff an Kopf und schwellende Beule, hastete ich zu der Stelle, an der der Bock zusammengebrochen war. Ein Glücksrausch durchfuhr mich.

Großes Lob erntete ich vom Förster, was mir damals eine freudige Bestätigung meines Jagens war. Das abnorme, augenfällige Gehörn verwahrte ich wie einen Schatz. In verdüsterten Internatsstunden nahm ich es immer wieder heimlich zur Hand und ließ mich von dem Leuchten, das von ihm ausging, aufrichten und trösten. Die eine stark geperlte Stange biegt sich leicht fliehend nach hinten, während die andere über der Rose abgeknickt ist, um dann nach einigen Zentimetern mit einem blanken Spieß himmelwärts zu wachsen.

Sechs Jahre später kam ich zum ersten Mal in das schöne Wiesenrevier des Vogelsberges und konnte auf einen Bock jagen. Ich war allein mir und meiner Spürnase überlassen und über diesen Umstand in keiner Weise unglücklich, ganz im Gegenteil! Ein Birschführer hätte mich in meinen Erkundungsgängen eingeschränkt, und ich konnte mich schon damals des

Gefühles nicht erwehren, manches Mal direkt auf den Exekutionsplatz geschleift zu werden. Nach einer Nacht in der wenig anheimelnden Hütte, in der mir die Mäuse unangenehm nahe auf den Leib rückten, war ich froh, mit dem Morgengrauen meinem muffigen, feuchten Lager entfliehen zu können. Ich unternahm einen ersten Orientierungsgang, sah nicht viel Wild, fand aber eine Revierecke, die mir verheißungsvoll erschien. Hier plante ich, den Abendansitz zu verbringen, und ging befriedigt zur Hütte zurück, um sie ein wenig wohnlich herzurichten.

Ein wunderschöner Abend zog herauf. Ich saß inmitten der Getreidefelder, die vom Wald umsäumt waren. Hier und da lag ein Kleeschlag eingesprengt und ließ auf Anblick hoffen. Ende Juni ist in den Revieren die Zeit der leichten Rehbockbeute vorbei. Der ältere Bock ist faul geworden, verschläft den Tag irgendwo in seinem Einstand, und das reichliche Äsungsangebot veranlaßt ihn nicht zu umschweifigen Wegen. Ich genoß den Blick über die Felder, das Summen und Sirren des Sommerabends und das Gefühl des weiten Revieres. Ein Reh schob sich aus dem Weizen auf den hochbewachsenen Feldweg. Es war weit, und ich konnte lange nichts von seinem Haupt sehen. Der Figur nach mochte es ein Bock sein, obwohl es ein schwaches Stück war. Als mit einem Ruck das Haupt in die Höhe flog und mürrisch sicherte, hatte ich genug gesehen. Es war nicht viel, was ich durch das Glas erkannt hatte, aber es nahm mir jeden Zweifel. Auf den Schuß hin machte der Bock eine Flucht in den Weizen zurück und war verschwunden. Nach einem halben Stündchen ging ich gemessenen und vorsichtigen Schrittes zum Anschuß. Ich brauchte nicht lange zu suchen. Der Bock war nach wenigen Fluchten im Getreide zusammengebrochen. Ein Zwerg von einem Reh lag vor mir. Ich hob sein Haupt empor, und die Freude schnürte mir die Kehle zusammen. Es war das Gehörn eines uralten Bockes. Flach auf dem Schädel saßen wie Taler die breiten Rosen, aus denen ein Paar dünne Stängelchen hervorwuchsen. Das eine war leicht nach hinten gebogen, während das andere über der Rose abgewinkelt nach oben zeigte. Es war exakt die Miniatur des Schwarzwaldbockes vom Abend vor sechs Jahren. Dem Alter nach hätte es ein älterer Bruder oder der Vater sein können – wenn nicht vierhundert Kilometer zwischen beiden Orten gelegen hätten.

Beide Gehörne hängen heute nebeneinander an der Wand der Auserwählten, und jeder, der sie betrachtet, erkennt in ihnen ein- und dieselbe „Blutlinie"...

Es gibt in meinem jägerischen Terminkalender eine Jagdfahrt um den 23. Juni herum, die mir von unumstößlicher Wichtigkeit ist. Keine Verpflichtung, keine Reise, keine Planung könnte sie übergehen, verschieben oder ausfallen lassen. Anlaß ist der Geburtstag eines Onkels. Das Erscheinen an diesem Tage ist Pflicht. Würde ich das neunte Lebensjahrzehnt in nur annähernder Frische erreichen wie er, würde ich auch darauf bestehen, daß sich jedes Jahr aufs neue ein Kreis von Freunden um mich versammelt. Niemand wird ohne tiefgreifende genealogische Forschung feststellen können, welche verwandtschaftliche Beziehung zwischen uns besteht. Der Name verbindet uns, aber die Linien haben sich irgendwann im Mittelalter getrennt; außerdem trennen uns altersmäßig beinahe zwei Generationen. Das ist aber das einzig Trennende, alles weitere verbindet und am meisten die Jagd. Mein Onkel, ich möchte bei dieser Bezeichnung bleiben, drückt sie doch Respekt aus, lebt seit seiner Flucht aus Pommern auf einem Gut im norddeutschen Wendland.

Bei meiner Ankunft wird mir eine nach streng buchhalterischen Gesichtspunkten aufgestellte Bestandsmeldung beziehungsweise ein Abschußplan vorgelegt. Es werden, wie man unter hanseatischen Kaufleuten sagen würde, die Bücher offengelegt. Die Aufstellung basiert nicht auf „Soll und Haben" – es sei denn, das wären Namen für zwei Rehböcke! Damit ist schon gesagt, worauf sie fußt. Jeder Bock trägt einen Namen und ist registriert. Das erleichtert den Umgang und die Unterhaltung. Man weiß, wer gemeint ist, wenn über „Willi", „Regent", „Leutnant" oder den „Grenzgänger" gesprochen wird. Die Frage, ob „Regent", der „Leutnant" oder gar der selten auftauchende „Sarotti" zu nehmen ist, wird uns nun diese Tage über beschäftigen, drängt gar nach sofortiger Klärung. Eine genaue Besichtigung ist notwendig und läßt uns nach einer hastig hinuntergestürzten Tasse Tee ausrücken. Das Auspacken der Koffer und der nötige Kleiderwechsel müssen im Eiltempo erfolgen; denn schon wartet der Jagdherr in Hut und Stock auf die jungen Leute, sprich mich. Die Disziplin der Rehböcke ist erstaunlich, und so läßt sich am ersten Abend schon mancher anschauen. Nun ist es an mir, dem Gast, Wünsche zu äußern. Nach reiflichem Abwägen entscheide ich mich dann, ob wir auf „Willi", „Regent", oder wie sie heißen mögen, jagen werden. Wann wir allerdings jagen, entscheidet einzig und allein der Jagdherr. Er geht nämlich in der Frühe nicht vor sechs Uhr zur Jagd.

Ich habe großes Verständnis dafür, wenn sich ein gestandener Jäger die Freiheit nimmt, frühmorgens nicht zu Birsch und Ansitz aufzubrechen, weil ihm der Schlaf heilig ist. Aber das ist keineswegs der Grund. Ich sollte vielmehr von Anbeginn überzeugt werden, daß kein Reh vor sechs Uhr auf den Läufen sei. In den ersten Frühstunden des Tages liege das Revier rehleer und unberührt. Obwohl ich die disziplinierte Art der Rehe dort kennen- und schätzengelernt hatte, fiel es mir schwer zu glauben, daß es dem Jagdherrn gelungen war, die Rehböcke zu Spätaufstehern zu machen. Die Gemüter haben sich an diesem Thema beinahe bis hin zu einer operettenreifen Inszenierung erhitzt. Nach Genuß von einigen Karaffen kalter Ente und etlichen Flaschen Schampus, die in diesem Haus als Medizin gereicht werden, wurde ein Burgfriede geschlossen.

Während dieser Tage kann ich es aber an dem einen oder anderen Morgen nicht lassen, mich früh bei Grauwerden aus dem Hause zu stehlen und allein mit meinem Hund in die Felder hinauszubirschen. Das Nahen des Tages, sein Erstrahlen im sommerlichen Licht, das Heraufsteigen der Sonne und das Erwachen der Natur sind für mich nirgends so ergreifend wie in den nördlicheren Regionen. Zu sechs Uhr kehre ich auf den weichen Sandwegen zum schönen Park zurück, gehe durch die hohe Lindenallee dem Haus entgegen, aus dem noch kein Laut dringt, schlupfe durch die angelehnte Tür hinein und komme gerade recht zu dem kleinen Frühstück, das der Hausherr selbst bereitet hat. Nach diesem Imbiß rücken wir gemeinsam zur Jagd aus, und mich dünkt, als beträte ich im großen Schauspiel des Morgens nach einer Pause den Zuschauerraum zum zweiten Akt.

Natürlich gibt es Frühstunden, zu denen wenig Umgang im Revier ist. Nach mondhellen Nächten oder an kalten Sommermorgen setzt sich das Wild gerne erst nach Sonnenaufgang in Bewegung. Eines aber muß ich meinem Onkel zugestehen, ich habe eine Reihe meiner Böcke in diesen vielumstrittenen späten Morgenstunden geschossen, was mir gegenüber nicht genug betont werden konnte. Ich nickte dazu verständig mit dem Kopf.

Es war im letzten Jahr. Bei unserer Ankunft wurden mir wieder die Bücher offengelegt und zwei Böcke anempfohlen, darunter ein Dreistangenbock. Die heurige Bilanz hörte sich nicht schlecht an, und mein erwartungsvoller Eifer, der durch die Vorfreude und die Fahrt durch das Heideland genährt war, ließ mich gerne schnellstmöglich aufbrechen. Obwohl der Abend wider jede Erwartung nicht den erhofften Anblick gebracht hatte, war er mir zum Einstimmen meines Hochgefühles gerade recht. Am nächsten Morgen vertrieb uns der Wind von unserem Nach-Sechs-Uhr-Ansitz, wo wir den Dreistangenbock erwarten wollten. Wir stiegen von dem Hochsitz und schauten einen langen Rübenacker entlang. Friedlich äste dort ein Bock in der Sonne. Es war der „Tischler", der andere mir nahegelegte Kandidat. Die Aufforderung meines Onkels war unmißverständlich, und ich zögerte nicht. Es gab keine passende Auflage, und mein Rucksack reichte nicht für die nötige Höhe, so daß ich über das Knie schießen mußte. Die Entfernung war groß, und ich war meiner Sache alles andere als sicher. Natürlich fehlte ich den Bock. Das Nachschauen mit dem Hund ergab letzte Gewißheit.

Mich plagten die Leere und Öde, die einen nach einem Fehlschuß befallen. Dazu kam das Gefühl, versagt zu haben; denn ein Schuß ins Grüne, das merkte ich gleich, war mir von meinem Onkel nicht zugetraut worden. Vorbeischießen – unmöglich! Das durfte mir nicht passieren! Mir, dem aus irgendwelchen Gründen der Ruf des guten Schützen vorauseilte. Zu Hause im Kreise der Gäste konnte der peinlichen Angelegenheit nur durch Totschweigen begegnet werden. Ich fühlte mich dementsprechend und haderte mit meinem Schicksal, das mich zu diesem Schuß verleitet und so meinen guten Ruf aufs Spiel gesetzt hatte. Es wäre gescheiter gewesen, den Bock anzubirschen. So hätte ich bei Nichtgelingen wenigstens meine Schützenehre gerettet. – Doch am nächsten Morgen hatte ich Gelegenheit, den Fehler auszubügeln. Ich schoß ohne großes Hin und Her – wie man es von mir anscheinend gewohnt war – den Tischler. Doppelte Freude herrschte, meine Ehre war wiederhergestellt, und der Jagdherr freute sich über die Zuverlässigkeit seiner Rehe, die es sogar möglich machte, schlechten Schützen den gefehlten Bock nochmals vor die Büchse zu bringen.

Als wir uns eine kleine besinnliche Minute der Rückschau vor dem Tischler gönnten, dachte ich an einen anderen, der ebenfalls ein Beispiel für die Zuverlässigkeit der Rehböcke in diesem Revier gab. Drei Jahre zuvor hatten wir es auf „Ingius" abgesehen. Ingius zeigte sich gleich an unserem ersten Abend, allerdings auf eine Entfernung, die dort für einen Büchsenschuß nicht in Frage kommt. Im Anblick des Bockes geriet ich in Schwung, wäre ohne Hemmungen bereit gewesen, den Schuß zu wagen, und schlug als Kompromiß vor, ihn anzubirschen. Mein Onkel brach dagegen das Unternehmen ab. Er gab mir zu verstehen, daß es heute keinen Zweck mehr habe und es höchste Zeit sei, zu Hause der kalten Ente zuzusprechen. Seine Kehle mochte sich trocken anfühlen, meine war es nicht im geringsten; sie wurde es höchstens, wenn ich an Ingius dachte, der unten stand, während die Sonne eben erst hinter dem Horizont verschwand. Widerwillig, aber die Pflichten des Gastes achtend, entfernte ich mich hinter dem Onkel her birschend aus dem Gesichtskreis des Bockes. Ich lernte an Ingius das System des geordneten Rückzuges kennen, der die Kraft gibt, am nächsten Tag gezielt die Dinge zur Entscheidung zu bringen. So war es! Am kommenden Abend erschien Ingius auf sechzig Schritt und brach im Feuer.

Nachdem wir den Tischler versorgt hatten, blieben uns zwei Stündchen Zeit, die wir auf dem Hochsitz verbringen wollten, wo der Dreistangenbock erscheinen sollte. Es war ein idyllischer Platz, und ich genoß den Morgen in der heraufsteigenden Sonne. Es wäre ein wunschloses Glücklichsein gewesen, wenn nicht, ja wenn nicht dieser verfluchte Dreistangenbock erschienen wäre. Bisher hatte er es nicht für nötig befunden, uns zu beehren, und nun, wo mein Büchsenlauf noch warm war, erdreistete er sich aufzutauchen. Es kostete mich einige Mühe, keine Wimper zu rühren und so zu tun, als sei unten ein Spießböckchen ausgetreten. Es war ein interessanter Bock! Er löste eine Verwirrung meiner Gefühle aus, die mich fast vergessen ließ, daß ein anderer Bock zum Ausschweißen nicht weit von hier hing. Ich wollte aber nicht den reizenden Onkel und großzügigen Jagdherrn mit den Augen um ein erlösendes Wort bitten... – Ich hätte es gewagt, wenn ich nicht gemerkt hätte, daß dieser Bock auch dem Onkel die Pulse beschleunigte. Bei den bisherigen Begegnungen hatte er ihn wohl nie richtig ansprechen können. Ich drückte ihm kurz entschlossen die Büchse in die Hand. Der Bock hätte nur einen Moment länger verhoffen müssen, und der Schuß wäre gefallen. So schnell der Dreistangler gekommen war, so flink war er wieder verschwunden. Dem alten Gentleman war es nun äußerst peinlich, daß er sich zu diesem Gewehrgriff hatte hinreißen lassen. Darin sah er einen Verstoß gegen seine Prinzipien, denn in Anwesenheit eines Gastes gibt der Jagdherr keinen Schuß ab! Ich war anderer Meinung und hielt es eher für einen Freundschaftsbeweis; ich war kein Gast mehr, sondern ein Freund, in dessen Anwesenheit es immer erlaubt ist, selber ein Stück Wild zu schießen.

Vielleicht dachte er auch im tiefsten Innern seiner Seele, die wie meine nicht ganz ohne trübe Gedanken war, an die Geschichte, die sich zwei Jahre zuvor ereignet hatte. Der Onkel hatte seinen Stiefsohn zur Jagd eingeladen. Ein Bock war ausgesucht, wurde planmäßig erlegt und stellte sich als der interessanteste Rehbock heraus, den das Revier je hervorgebracht hatte. Ein wahnwitzigeres Gehörn habe ich auch auf großen internationalen Trophäenschauen kaum gesehen. Das Gehörn ist nicht drei-, sondern vierdimensional. Obwohl ich keinen Begriff von der vierten Dimension habe, erscheint sie mir vorstellbar, wenn ich dieses Gehörn in Händen halte. Nach allen Seiten stehen Enden ab, oben, unten, seitlich, hinten, vorne – eben vierdimensional. Es sind insgesamt vierzehn Enden oder Stangen. Der Onkel machte in seiner charmanten Art aus seinem Herzen keine Mördergrube und meinte frei heraus, wenn er den Bock richtig angesprochen hätte, kein anderer als er selbst hätte den Begehrten geschossen. Mit einem Zwinkern in den Augen bot er eine erbvertragliche Regelung an, wenn das Gehörn in seinem Besitz bliebe! – Zu der erbvertraglichen Regelung kam es nicht, aber zu einer Zeichnung, die der Sohn als kleines Trostpflaster anfertigen ließ. Es war unmöglich, das Gehörn wirkungsvoll zu fotografieren; wie denn auch, die Fotografie arbeitet nur mit zwei Dimensionen! Der Zeichner konnte ein wenig mogeln, und es gelang. Jetzt hat das Bild einen Ehrenplatz und hängt zwischen den guten und besten Trophäen. Der Onkel wünschte wohl keine Wiederholung eines solchen Falles und widmete sich von nun an selber dem

Dreistangenbock. Nach der Blattzeit – ich hatte längst auf eine Erfolgsmeldung gewartet – kam die erlösende Nachricht. Einige Tage später erhielt ich noch einen dicken Brief, dem ich anschauliches Fotomaterial und eine genaue Skizze des Feldzuges entnahm, der zur glücklichen Erlegung geführt hatte. Ich gratulierte dem Onkel, und wenn ich heute an die Geschichte denke, freue ich mich im Rahmen unseres gemeinsamen Jagens besonders darüber.

Allerdings – oder vielleicht gerade deshalb – erbat ich mir auch auf die Gefahr hin, als Erbschleicher apostrophiert zu werden, das Gehörn dieses Bockes als Nachlaß. Darauf erhielt ich zum Weihnachtsfest eine gelungene Zeichnung, die der Onkel für mich anfertigen ließ. Ich bedankte mich herzlich bei ihm und sagte ihm, daß ich nun ganz gelassen den Dingen ins Auge schauen könne! Aber auch ohnedem sei es mir lieber, wenn wir weiter zusammen jagen würden und so das Erbe vielleicht noch um manch interessantes Stück vermehrten...

Juli – Böcke – Hochsommer; die Natur ist auf dem Höhepunkt ihres Wachsens angekommen; der Zenit des Jahres ist erreicht. Der Wald steht im üppigen Grün, und auf den Feldern leuchtet satt das wogende Getreide. Drei Wochen verbleiben bis zur beginnenden Ernte. Wabernde Hitze liegt über dem Land, die Luft flimmert in der Mittagssonne. In der Kühle des Morgens und in der Frische des Abends ziehen die Rehe auf Wiesen und Kleeschlägen zur Äsung. Der ältere Bock verschläft diese Zeit in satter Ruhe. Nur hin und wieder mag ihn eine vorbrunftige Unruhe auf seinen heimlichen Wechseln länger verweilen und sich verspäten lassen. Ihn schießt man jetzt eher zum „Mittagsläuten", wenn er für einen Augenblick im Getreide, am Feldrand, auf einem Kleeschlag oder auf einer kleinen Waldlichtung sichtbar wird, als dort, wo er zu Aufgang der Jagd allmorgendlich zur Äsung zog.

Inbegriff dieses hochsommerlichen Jagens ist für mich ein oberhessisches Revier, das mir mit seinen Hügeln, Wäldern, Wiesen und Feldern vertraut ist wie kaum ein anderes. Ich habe dort über viele Jahre glücklich gejagt. Nachdem mich meine Wege fortgeführt haben, kehre ich alljährlich für einige Tage zurück und genieße mein Birschen in Erinnerung an Erlebtes und Gewesenes – ich füge ihnen aber gerne Gegenwärtiges hinzu! Ich habe in diesem rehreichen Revier gute, sprich alte Böcke geschossen. Einige von ihnen stammten aus den beginnenden Hundstagen, manche als Beute des Zufalls, manche zäh erhockt oder sauer erbirscht. Das wirklich Gute aber, das Beste, das hier immer wieder auftauchte und auf das ich gewaidwerkt hatte, blieb mir verwehrt. Es waren die Böcke, die mir als die sichersten angepriesen wurden. Wenn ich kam, waren sie verschwunden und blieben verschwunden. Ich habe ihnen viel Zeit gewidmet. Ansitze vom ersten Licht bis zum letzten Schimmer des Tages an ein und demselben Schlag oder Wechsel, bis ich jede Kitzgeiß und jeden Hasen in diesem Gebiet zu kennen glaubte. Meine Geduld wurde mit manchem schönen Erlebnis belohnt, aber der Lohn, den ich mir ersehnte, wurde mir nicht zuteil.

Wenn ich dann die gekappte Trophäe des Bockes, auf den ich meine ganze Energie verwandt hatte und der nun die Beute eines anderen geworden war, in den Händen hielt, tat es mir einen Stich ins Herz. Es war kein Neid, der mich quälte, sondern die betrübliche Erkenntnis, Grenzen aufgezeigt zu bekommen. Mir war das verwehrt, was anderen in den Schoß fiel. Ich kam mir wie ein Kind vor, das den anderen zuschauen muß, wie sie von auserlesenen Früchten in einem Garten kosten, der mir in seiner Herrlichkeit verschlossen blieb.

Einmal allerdings wäre es beinahe anders gekommen. Nach einem heißen Julitag entfloh ich der Stadt und dem Büro frühzeitig und setzte mich auf eine stille Leiter nahe der Reviergrenze mit dem Blick auf die Felder. – Ich habe meine Gedanken zum Grenzjagern bereits geschildert, und man möge mich nicht mit meinen eigenen Worten überführen, aber ich wartete auf einen Bock, den ich gestern von weitem als einen sehr guten angesprochen hatte. Er kam, und bei seinem Erscheinen fuhr mir der Schreck in die Glieder. Es war einer dieser ausnahmsguten, dieser überdurchschnittlichen Böcke. Zwei Handbreit über die Lauscher ragte das Gehörn, und die langen Enden blitzten. Auf die geringe Entfernung sah ich seine dicken Stangen, die weit gestellt waren, aber durch die starke Perlung einer Wurzel zu entwachsen schienen. Der Deubel wollte es, daß der Begehrte zehn Meter jenseits des Grenzweges in einem schmalen Rübenacker äste. Ich erkannte bald, daß er keine Anstalten machte, auf meine Seite herüberzukommen. Zu alledem – oder zum Glück? – hatte ich einen Nachbarjäger auf einem Hochsitz entdeckt. Über meine Gedanken und Pläne, hätte ich ihn nicht gesehen, möchte ich an dieser Stelle ein goldenes Schweigen breiten. Gagern schreibt: „Unter Kavalieren ist die Grenze einen Büchsenschuß breit, nur unter Spießern gleicht sie einer Rasierklinge!" Ich hätte mich vorher mit dem Nachbarjäger über die Begriffe verständigen müssen. Es war mir nicht verborgen geblieben, daß der Bock für den Nachbarjäger durch eine Bodenwelle überriegelt war. Er konnte ihn nicht sehen und hätte wohl auch nicht bemerkt, was hier vorgegangen wäre. Es war kaum anzunehmen, daß er auf einen Schuß hin sofort herbeigeeilt wäre. Und wenn – der Bock konnte in der Todesflucht hinübergegangen sein! Wie dem auch gewesen wäre, gedanklich mag ich mich versündigt haben, aber der Tat habe ich mich nicht schuldig gemacht.

Ich schaute dem Bock lange zu, bis er im Halmenmeer des Roggens untertauchte. Von diesem Abend an sah ich jeden Tag von hier die Sonne hinter den bewaldeten Hügeln versinken, aber den Bock sah ich lebend nie wieder. Zur Blattzeit kam er in einem anderen, entfernten Revier zur Strecke.

Einen von den guten Rehböcken des Revieres, die mit einem Hauch vom Besonderen künden, bescherte mir ein hochsommerliches Jagen, das mir in seiner Schönheit in lebendiger Erinnerung geblieben ist. Das war keiner der wirklich Guten, die in der Hand gehalten und unter dem Licht der Lampe besehen diesen Ansprüchen genügen. Aber er war vieler Wege und vieler Mühen wert.

An einem der ersten Julitage birschte ich morgens durch die Felder. Ich blieb stehen und hatte geschwind das Glas an den Augen. Ein umwerfendes Gehörn mit pechschwarzen Stangen – mehr konnte ich vom Bock nicht sehen – zog über das Halmenmeer. Ich erkannte wenig geperlte, aber starke Stangen. Auf der einen Seite setzte der Vordersproß direkt über der Rose an und ragte wie ein Dorn, der diesem Gebilde entwuchs, gen Himmel. Die anderen Enden waren lang und gaben dem Gehörn Trutz und Stärke. Es verging keiner der nächsten Tage, an dem ich den Bock nicht irgendwo in den weiten Feldern entdeckte. Wie Ebenholz schimmerte seine Krone, wenn ich mit dem Glas sehnsüchtig zu ihm hinschaute. Er blieb aber vorerst unerreichbar.

Wie aufregend, wie faszinierend ist das nahe Jagen am Wild. Nicht nur seine Nähe zu spüren, sondern seiner immer wieder ansichtig zu werden, schürt in mir das Feuer zum offenen Brand. Das ist anders, als einem heimlichen Wild nachzuhängen, die Stunden an einsamen Wechseln oder an dunklen Schlägen zu verhocken und nur eine Fährte oder eine Fegestelle vor Augen zu haben. Da kann ich zum hadernden, grüblerischen Jäger werden, der nach Sinn und Zweck des Mühens fragt. Doch hier wußte ich, daß irgendwann der Tag kommen würde, an dem ich die schwarzen Stangen mit meiner Hand umspannen werde.

Eines Morgens traf ich auf dem Heimweg vom Ansitz eine streunende Katze an. Ich zögerte nicht, ihr den Weg zu versperren. Ich stach den Kugellauf ein, mußte aber absetzen und schoß mit Schrot. Sie gab ihr Leben, und ich entrichtete einen Blutzoll. Ich hatte den gestochenen Abzug vergessen, und so konnte ich der Bockbüchsflinte das Doppeln nicht übelnehmen. Sie schlug mit geballter Kraft zurück, und das Zielfernrohr fuhr mir in die Braue. Für jeden Hundeführer wäre es eine Freude gewesen, meine Schweißfährte zu arbeiten; er hätte sie bequem mit den Augen halten können. Vielleicht war dieser Aderlaß, dieses Blutopfer notwendig, um die Götter gnädig zu stimmen.

Am Abend bezog ich mit Blessur meinen angestammten Hochsitz. Der

Bock ließ nicht lange auf sich warten. Freudig merkte ich, daß er Richtung auf mich nahm. Als er einen Feldweg querte, ließ ich mich zum Schuß hinreißen. Es war weit, wohl zu weit. Die Spannung der letzten Tage verführte mich zu dem Versuch, und ich fehlte den Begehrten gründlich. Er nahm keinerlei Notiz von meinem unfreundlichen Vorhaben und behielt seine Richtung bei. Ich wollte noch nicht an die Möglichkeit glauben, daß sein heutiges Ziel ein schmaler Kleestreifen war, der auf bequeme Büchsenschußentfernung vor mir lag und den er aus irgendwelchen Gründen bisher gemieden hatte. Der Bock war im hohen Getreide unsichtbar geworden. Meine Kleingläubigkeit machte mich schon wieder zweifelnd und beinahe verzweifelnd, es dauerte Ewigkeiten. Das Licht drohte zu schwinden. Würde es reichen? Würde er kommen? Doch jetzt sah ich den Bock schon ganz in meiner Nähe, und wenig später zog er auf den Klee. Das Absehen verschwamm leicht gegen den dunklen Hintergrund. Der Schuß fiel.

Ein schwarzes Gewichtl an meiner Wand spricht von Julitagen, denen Streben und Erfüllung beschieden waren, wie sie sich zum vollkommenen Glück selten ineinanderfügen.

Noch ein anderer Rehbock gehört in den sommerlichen Strauß der Juliböcke. Dieses Mal war ich schon aus südlichen Gefilden nach Oberhessen gekommen. In der Vorfreude auf die Tage hatte ich mir längst einen Plan für Ansitz und Birsch zurechtgelegt. Aber so etwas läßt sich nie aus der Ferne machen. Natürlich kam alles anders. Am ersten Abend bei vollem Büchsenlicht querte eine Bache mit Frischlingen den schmalen Wiesenstreifen, an den mich der Freund nicht ohne Absicht gesetzt hatte. Ich hörte die Gesellschaft anwechseln und genehmigte mir einen der ansehnlichen Burschen.

Das war ein erfreulicher Auftakt. In den nächsten Tagen suchte ich all die bekannten Stellen auf, schaute hier und dort, saß eine Weile unter dem Buchenrauschen oder birschte durch die Felder, revidierte die Kleeschläge und ließ mich in den Sommertag hineintreiben.

Ein älterer, besserer Bock war mir anempfohlen. Ich hatte zwei schwache Jährlinge geschossen und wollte mich nun in der verbleibenden Zeit ihm widmen. Er sollte allabendlich auf einen Kleeschlag zur Äsung ziehen, der von einer Leiter in einem Birnbaum gut zu übersehen sei. Ich kannte den Platz nicht, da er in einem Gebiet lag, das erst durch Neupachtung hinzugekommen war. Ich bestieg die Leiter, die fein säuberlich in den hohen Birnbaum gebaut war. Oben auf dem Sitz stellte ich mit Unwillen fest, daß sich der Kleeschlag keineswegs einsehen ließ. Er lag auf einer leichten Erhebung, und ein davor hochgewachsenes Getreidefeld verdeckte jedes Reh. Kurzum, der Hochsitz war zu niedrig. Mein Versuch, mich an die Flanke des Ackers zu setzen, scheiterte an dem küselnden Wind; es half nichts, ich mußte auf den Hochsitz zurück. Ich kletterte kurz entschlossen höher in den Baum hinauf, bis ich den Klee einigermaßen übersehen konnte, und setzte mich auf einen Ast. Meine Schweißhündin, die gerade ihre ersten Jagdausflüge hinter sich hatte, war unter dem Sitz abgelegt. Ich hoffte, ihre und meine Geduld nicht zu lange strapazieren zu müssen, denn ein Ast ist kein Sessel. Der heiße Sommertag neigte sich, und kein Reh hatte sich bisher gezeigt. Dankenswerterweise lenkte mich ein Bock zur Linken von meinen Sitzproblemen ab. Ich betrachtete ihn aufmerksam mit dem Spektiv, und es schien mir ein willkommener Anlaß zu sein, meinen ungeliebten und drückenden Auslug zu verlassen.

Dann besann ich mich auf den Bock, der mir zugedacht war, und blieb meinem unbequemen Ast treu. Die Sonne war untergegangen, ein wenig Frische zog auf, und meine Ungeduld regte sich. Die äußersten Winkel des Kleeschlages waren mir auf meinem erhöhten Posten immer noch verborgen. Um mir kein Versäumnis vorwerfen zu müssen, stand ich auf, streckte mich und reckte meinen Hals, um die letzte überriegelte Ecke des Ackers einzusehen – und hatte sofort das Glas an den Augen. Ich mußte noch weiter hinauf, um genauer schauen zu können. Der Winkel wurde besser, mein Stand schlechter und mein Schauen schwankender. Ich sah ein Reh, einen Bock, es war ein älterer und kein geringer. Das mußte er sein. Ich hegte keine Zweifel, revidierte meine Ansicht über seine vermeintliche Unpünktlichkeit und war willens, ihm die Kugel aufs Blatt zu setzen. Einfacher gesagt als getan. Ich mußte noch höher hinauf in den nunmehr bedenklich schwankenden Wipfel des Birnbaumes. Von dort hatte ich endlich freies Schußfeld. Es mag ein hübsches Bild gewesen sein, wie ich, auf zwei Ästen balancierend und den dünnen Stamm des Baumes mit dem Arm umfassend, im Anschlag stand und versuchte, das tanzende Absehen auf den Wildkörper zu bringen. Nicht der Schuß war eine Meisterleistung, sondern die Kunst, den Augenblick zu finden, in dem sich Zielstachel und Blatt des Bockes deckten. Ich war selber von der Wirkung des Schusses beeindruckt; der Bock brach im Feuer zusammen. Mich hielt nichts mehr auf meinem Mastbaum. Ich kletterte hinunter, lobte das Hundchen ob seiner Geduld, und gemeinsam schritten wir zu dem Bock hinüber.

Es wurde eine Überraschung, wie man sie sich wünscht. Den Seinen gibt's der Herr im Schlaf! Von der Güte des Bockes hatte ich nicht das Geringste gesehen. Mein Mastkorb war nicht dazu angetan gewesen, große Ansprechübungen zu veranstalten, das durfte ich mir zugute halten. Es war ja auch nicht notwendig gewesen! Ich betrachtete und wendete das Gehörn hin und her und konnte mein Glück kaum fassen. Ich gedachte des Freundes und seiner Großzügigkeit, mir einen solchen Bock freizugeben, sicherlich das Beste, was dieses Revier zu bieten hatte. In meinem tiefsten Innern rührten sich Zweifel, aber es mußte der Bock sein! Zwei von dieser Sorte waren hier bestimmt nicht um die Wege.

Es war lange nach Dunkelwerden, als ich mit meiner Last im Rucksack am Hause ankam. Ich streckte den Bock auf dem Rasen. Windlichter wurden herbeigeschafft, und gemeinsam mit dem Freunde betrachteten wir meine Beute. Es huschte wohl ein leichtes Zucken über sein Gesicht, aber sein Waidmannsheil war das herzlichste, was ich mir vorstellen konnte, und so bewährte sich die Freundschaft. Es war natürlich nicht der Bock, den ich schießen sollte, sondern ein unbekannter, der vielleicht von einer vorbrunftigen Unruhe getrieben zugewechselt war und den anderen verjagt hatte, der mein Bock werden sollte. Es wurde ein langer Abend, an dem wir uns oft zutranken und gebührend des Überraschungsbockes – des BB-Bockes (i.e. Birnbaumbockes) – gedachten. Er ist bis heute mein bester aus dieser Gegend geblieben.

Im späteren Juli beginnt die Blattzeit, Bewegung in die Rehe zu bringen. Frühbrunftige Geißen rufen plötzlich Böcke auf den Plan, die vorher nie zu sehen waren und später ebenso spurlos wieder verschwinden. Es ist eine interessante Zeit, und sie ermöglicht es einem, sich an Zufälligkeiten „zu laben"! Ich nutze gerne eine dieser Gelegenheiten, wenn sich etwas Besonderes bietet, etwas, das den Ansprüchen der fortgeschrittenen Jagdzeit entspricht. Der Hunger ist gestillt. Die meisten Rehböcke, denen es galt, sind geschossen; alles, was nun kommt, gilt der Nachlese. Ich will nicht verhehlen, daß gerade ihre Früchte wohlschmeckend, süß und verführerisch sind.

Die Blattzeit hat mich nie als wirklich passionierten Rufjäger gesehen. Vielleicht bin ich durch die großen, durchorganisierten Jagden, wie ich sie ganz zu Beginn geschildert und später das eine oder andere Mal mitgemacht habe, verprellt worden. Diese Art der Jagd bietet mir nicht, was ich suche und was mich mit der Birsch auf den roten Bock verbindet. Obwohl ich bei meiner Art zu jagen einige Male zwei Böcke an einem Tag geschossen habe, blieb das die Ausnahme. Ich habe es sogar möglichst vermieden; denn der Rehbock war mir als Streckenwild immer zu schade. Zu schnell verblassen die Dinge, sie werden zu Momentaufnahmen degradiert und bleiben als tote Zahl einer „Mengenerbeutung" in Erinnerung. Ich möchte nicht den passionierten Rufjägern in den Arm fallen; ich weiß, wie aufregend, wie spannend es ist, wenn diese Jagd pfleglich, sparsam und umsichtig gehandhabt wird. Für mich aber bildet die Blattzeit schon eher den Ausklang des Rehbockjagens.

Ich hatte einen Bekannten und Freund auf einen Rehbock eingeladen. Er war nicht das, was ich einen erfahrenen Jäger nennen würde. Erst in reiferen

Jahren war er zur Jagd gekommen, ihn hatte aber nie, wie es manchmal der Fall ist, die unbändige Beutelust erfaßt, sondern er war seinem Wesen treu geblieben, war ein Ästhet, schoß wenig und erlebte eine Welt um das Stückl, das er strecken konnte. Von jeher war er mit seinem vielseitigen Interesse ein gerngesehener Gast in unserem Hause und wurde ein ebenso angenehmer Gesprächspartner für alle jagdlichen Belange. Er erbat sich nun, während der Blattzeit auf diese Einladung zurückkommen zu dürfen. Sein großer Wunsch war, den Bock in der für Reh und Jäger so aufregenden Zeit schießen zu können. Wir hatten uns Zeit genommen, richteten uns in der kleinen Hütte des Revieres so gut es ging ein und sahen innerlich und äußerlich gerüstet wohlgefällig unseren Unternehmungen entgegen. Wir erlebten stille, schwüle Augustmorgen. Wir saßen den Vormittag über bis zum Anbruch der glutheißen Stunden im Buchenaltholz und ließen vorsichtig die scheuen Fieplaute ertönen. Die kühlen Abende verbrachten wir irgendwo auf einem Hochsitz am Waldrand, schauten über die abgeernteten Felder und zogen, wenn die Nebel am Bach stiegen und sich wie Schleier über die Wiesen legten, in der Dunkelheit der Augustnacht zur Hütte zurück. Wir saßen dann lange auf der Bank im Schein der Kerze, sprachen über viele Dinge und sahen den Fliegen, Faltern und Nachtinsekten zu, die das Licht umtanzten. Wir schauten zu dem Sternenhimmel hinauf, der sich jetzt klarer als sonst über uns spannte, und hingen unseren Gedanken nach, bis die Gespräche langsam verebbten und die Müdigkeit uns gemahnte, für den morgigen Tag Kräfte zu sammeln. Wir hatten bisher guten Anblick gehabt, aber den Freund drängte nichts zu schießen. Er wollte wohl diese Tage, die er sich besonders eingerichtet hatte, nicht mit einem schnellen Schuß beenden. Ich gab ihm zu verstehen, daß wir nicht an einen Bock gebunden seien, daß es gerne derer zwei sein könnten. Ich schlug ihm das altbewährte Prinzip vor: erst einen sicheren, dann in Ruhe einen auserwählten...

Vielleicht war er zu bescheiden; denn mit einem Mal trat ein, was immer dann geschieht, wenn man großzügig die Gaben der launischen Glücksgöttin verschmäht; die Chancen werden weniger, die Zeit enger, und das Mißgeschick grinst höhnisch und schlägt einem ein Schnippchen nach dem anderen. Am Morgen hatten wir einen Rehbock auf einem Kahlschlag angebirscht, der dort mit seiner Geiß die Kühle des Morgens genoß. Als es galt, eine Auflage für den Schuß zu suchen, versackte mein Begleiter mit einigem Getöse in einem Wurzelloch. Der Bock sprang erst ab, als der Freund sich aus der mißlichen Lage befreit hatte und beinahe wieder feuerbereit war. Nachdem wir uns von diesem Schreck erholt hatten, blatteten wir vorsichtig an manchen Stellen. Junge Böcke sprangen uns, aber die anderen, die zum Schießen gewesen wären, erspähten im letzten Moment eine Bewegung und schlugen um, bevor die Kugel aus dem Lauf war. Oder sie kamen gemäß der Tücke des Objektes in unserem Rücken und entzogen sich so auf elegante Weise dem ihnen zugedachten Schicksal.

An diesem Tage war uns wenig erspart geblieben, und die Höhen und Tiefen – in der Hauptsache die Tiefen – des Blattjägers schienen bereits durchkostet, als wir zu einem aussichtsreichen Buchenjungwald kamen. Von einer Leiter bot sich günstiges Schußfeld, der Wind paßte, und so bat ich meinen Gast, oben auf dem Sitz Platz zu nehmen. Ich selber wollte unten bleiben und von dort aus blatten. Beim Hinaufklettern erwähnte ich aus gegebenem Anlaß, er möge aufpassen, der Bock könne auch von hinten kommen! Bald begann ich mit meiner Musik. Es dauerte keine fünf Minuten: Wie an der Schnur gezogen kam mit tiefem Windfang ein älterer Bock direkt auf uns zu. Rechtzeitig sah ich ihn und zischte nach oben, der Freund solle schießen. Ich wagte nicht, die Augen zu bewegen, da der Bock inzwischen völlig frei auf vierzig Gänge verhoffte. Ich schielte unter der Hutkrempe zu ihm hinüber und erwartete jede Sekunde den Schuß. Es geschah nichts, gar nichts! Dann hob über mir ein furchtbares Gescharre, Gezerre und Gerutsche an, so daß die leichte Leiter in ihren Grundfesten erbebte. Ich traute mich wegen des Rehbockes kaum, eine Bewegung zu machen, und lugte über die Schulter nach oben. Der Freund saß rittlings auf der Bank und versuchte gerade, sein zweites Bein aus dem Spalt zwischen Sitz und Lehne herauszuziehen, durch den er beide Beine gesteckt hatte. Er hatte verkehrt herum auf dem Sitz gesessen, um, der bitteren Erfahrung vom Tage gemäß und meiner Ermahnung eingedenk, gegen die von hinten anwechselnden Böcke gefeit zu sein. Nun war auch dieses Mal wieder der Bock für ihn von hinten gekommen! Der Bock hatte wenig Verständnis für die Komik der Situation und den Versuch – so mutete es jedenfalls an –, den Hochsitz auseinanderzunehmen. Er zog es vor, sich mit wippendem Spiegel und kräftigen Schrecklauten zu entfernen. Der Tag war gelaufen, die Gespräche bei Kerzenschein und einem kühlen Bier nicht ergiebig, und so gingen wir bald zu Bett.

Am nächsten Morgen gelang mit neuen Kräften und neuem Mut das Waidmannsheil. Der Bock stand aufs Blatt zu; dieses Mal paßte alles bestens, obwohl auch er es nicht lassen konnte, sich in unserem Rücken anzuschleichen. Hochzufrieden mit dem Erfolg fuhren wir nach einem Frühstück in der Vormittagssonne unter dem Buchenrauschen durch ein schönes Land nach Hause. – In das Gästebuch schrieb der Freund: Er danke für alles und insbesondere für die tiefgreifende Erfahrung, daß die Böcke immer von hinten kommen, einerlei, wie herum man auf dem Hochsitz Platz genommen hat.

Wenn ich die Gehörne der Böcke, die mir auf das Blatt gesprungen sind, vor meinem inneren Auge passieren lasse, sehe ich ein unscheinbares Gewichtl, mit dem es eine besondere Bewandtnis hatte. Als ich das zweite Jahr in dem schönen Wiesenrevier des Vogelsberges jagte, entdeckte ich gleich zu Aufgang der Jagd einen sehr guten Bock. Ich sah ihn öfter und bat meinen Forstmeisteronkel zu kommen. Es war mein großer Wunsch, mit ihm, dem ich so viel verdankte, noch einmal zu jagen. Seine Pensionierung und eine familiäre Verpflichtung hatten ihn in eine andere Gegend ohne Freunde und Jagd geführt. Die Umstände wollten es aber, daß er nicht vor Mitte August würde anreisen können. Ich fürchtete um meine Pläne und war mir keineswegs sicher, ob es gelänge, ihn dann noch auf diesen guten Bock zu Schuß zu bringen. Der Bock hielt zwar den Sommer über treu seinen Einstand, aber was würde ihm in der Blattzeit in den Sinn kommen, und wo würde er gar nach der Brunft sein?

Am 6. August war ich im Revier. Ich weiß es so genau, weil ich zwei Tage später heiratete und in banger Erwartung der kommenden Dinge einen ruhigen Abend im Wald genießen wollte. War es die Entscheidung mit dem folgenschweren Ja, die mich zu plagen drohte, oder waren es nur die Lust und die Freude an dem schönen Augustabend, die mich ausrücken ließen? Das ist heute einerlei. Ich schoß den „Hochzeitsbock", einen Bock mit einem interessanten Gehörn und Grandeln, und – ich bin seither glücklich verheiratet! Vielleicht wurde das Gehörn mit seinen merkwürdigen Stangen Sinnbild für verschlungene Wege, und die Grandeln standen für das Einmalige... Als ich den „Hochzeitsbock" durch die taufeuchten Wiesen zur Hütte trug, begegnete ich dem Guten. Ich hatte ihn lange nicht gesehen, und dies Wiedersehen ließ mich auf das Gelingen meiner Einladung hoffen.

Mein Onkel reiste an, und es war, als wenn von da an eine höhere Macht die Fäden in die Hand genommen hätte. Wir fuhren ins Revier, und im ersten Büchsenlicht des nächsten Tages streckte er mit sicherer Blattkugel den guten Bock. Als wir vor ihm standen, schloß sich ein Kreis. Ein Kreis, der damals vor nahezu fünfzehn Jahren mit einem Bruch begonnen hatte, den mein Onkel mir überreicht hatte. Ich war dem Weg gefolgt, der sich mir auftat, und heute gab ich den Bruch zurück. Er enthielt das, was in solchen Augenblicken unaussprechlich ist.

Am Abend dieses feierlichen Tages begegneten wir einem laufkranken Bock; er wurde vor uns flüchtig, als wir zum Ansitz birschten. Er hatte einen stark angeschwollenen Lauf, den er deutlich schonte. Soviel wir auch in der verbleibenden Zeit nach ihm schauten, er blieb verschwunden. Zu gerne hätte ich meinen Onkel auf diesen Bock noch zu Schuß gebracht, aber die Abreise war herangerückt. Es war das letzte Mal, daß wir zusammen jagten; einige Monate später starb er.

Den laufkranken Bock hatte ich beinahe vergessen. Erst im Dezember bei Eis und Kälte sah ich ihn wieder. Ich saß frierend auf einem Hochsitz, um eine schwache Geiß zu schießen. Mühsam zog der Bock mit seinem steifen Lauf durch den hohen Schnee. Ich war versucht, ihn zu nehmen, nur die Schwachheit des Herzens und der Glaube an das Gesetz ließen es mich nicht tun. Ich war mir sicher, daß er den Winter nicht überstehen würde, der in dieser Gegend unter dem Rehwild eine gesunde Auslese hält.

Es war Anfang August des nächsten Jahres. Ich hatte bei einem warmen Sommerregen einen Bock erlegt, saß bei ihm und merkte kaum, wie mich der laue Regen durchnäßte. Ich konnte mich von dem Bock, dem schönen Bild und den regenschweren, düsteren und doch einnehmenden Stimmungen des milden Abends nicht lösen. Einer Spielerei folgend ließ ich auf meinem Strohhalm ein paar Fieplaute erschallen. Ich steigerte sie ein wenig in der Lautstärke und steckte den Halm an seinen Platz hinter dem Hutband. Ohne Anblick zu erwarten, schaute ich den Dickungsrand ab. In dem schummrigen Licht zweifelte ich einen Augenblick, hatte mich aber nicht getäuscht: Dort verhoffte ein Bock, stand halb verdeckt und äugte zu mir her. Als er vorsichtig weiterzog, sah ich, daß er den Vorderlauf schonte, der unten bis zu den Schalen eigenartig verdickt war – wie ein Klumpfuß. Ich wußte, wer er war, obwohl unsere Bekanntschaft aus dem entgegengesetzten Revierteil herrührte.

Es ist das einzige Mal geblieben, daß ich ein Stück Schalenwild geschossen habe, während ich einem anderen die Wacht hielt. Die Umstände um diesen Bock, den in meiner Vorstellung schon mein Onkel erjagt hatte, erlaubten es. Die Freude um Erlebnis und Geschichte sind mir bis heute gegenwärtig.

Wenn sich um den 10. August herum in unseren Revieren der Ebene die stürmische Zeit der Rehböcke dem Ende zu neigt, plane ich die letzte meiner rehbockjagdlichen Fahrten. Sie führt mich in die Steiermark, in das Revier meiner hahnenjägerischen Tätigkeiten und Berichte. In den ersten Jahren, in denen ich zur Blattzeit hierher kam, mutete es mich ungewohnt an. Ich kannte den Wald, die Berge und die Natur nur im Hahnenfrühling. Ich lernte aber sehr schnell den sommerlichen Reiz dieser herben Landschaft schätzen und genießen. Wie beglückend ist es, ein Revier, eine Gegend, ein Land im Wechsel der Jahreszeiten zu erleben und mit ihnen den Zauber der Vielfalt, den sie uns schenkt.

Es war ein großer Sommer gewesen. Der Ausdruck des großen Sommers mag für schönes Wetter, gute Jagd, glückliche Begegnungen stehen, für Gespräche mit Freunden bis tief in die milde, sommerliche Nacht hinein, bis die Kerzen heruntergebrannt sind und im Osten der Morgen schimmert.

Geläutert, zufrieden, ja glücklich fuhr ich in die Steiermark, um ein paar Tage in dem schönen Jagdhaus zu genießen. Ich ließ es mir dort wohl sein, freute mich an der Natur und unterlag keinem mir selber auferlegten jägerischen Zwang. Wenn der Bauer, der oben auf der Alm ein paar Stück Vieh hielt, hinaufkam, lud ich ihn zu einem Glas Most ein; der Förster besuchte mich, vielleicht verirrte sich ein Wanderer in die gottverlassene Gegend, und so fand sich manch nette gemütliche Runde ein.

Heute waren der Bauer, der Förster und Hochwürden, der sich dem Förster angeschlossen hatte, länger geblieben als sie wollten. Einige Doppelliter des erfrischenden Getränkes waren geleert, und jeder machte sich spät auf seinen Weg. Aus Gründen, die nicht näher beschrieben zu werden brauchen, war der Tag nicht mehr für große Taten geeignet. Dennoch war ich nicht gewillt, den beschwerten Abend ganz den Sünden der vergangenen Stunden zu opfern, und setzte mich in der Nähe des Jagdhauses an einen kleinen, halb zugewachsenen Schlag und fing nach einer Weile an zu blatten. Es mochte eine Viertelstunde vergangen sein, da teilten sich die Büsche, und ein Reh zog langsam, aber stetig auf mich zu. Ich hatte es im Glas; es war ein Knopfbock. Irgend etwas wollte mir an ihm zu einem Jährling nicht passen. Ich machte mir aber keine Gedanken, nahm ihn ins Zielfernrohr und drückte ab. Statt des erwarteten Knalls gab es nur einen metallischen und ernüchternden Kletscher. Ich hatte nicht geladen. Der Bock drehte „auf dem Absatz" um und ließ mich nicht einmal den Versuch unternehmen nachzuladen. Geschwind war er in den Stauden verschwunden. Jetzt regten sich stärkere Zweifel ob des Alters, und mit ihnen kroch mir der Ärger über den versimpelten Bock in die Magengrube. Ich ärgerte mich sogar sehr! Nicht nur über meine Schlamperei, die ihren Ursprung in der mostseligen Stimmung haben mochte, sondern zugleich über die verpatzte Chance. Trotz allen Verständnisses für Geselligkeit war ich zum Jagen hier. Ich schrieb es mir hinter die Ohren, ging zum Jagdhaus zurück, legte mich ins Bett und schlief den gerechten Schlaf des Ungerechten bis zum ersten Morgengrauen.

In der Hahnenfalz hatte ich einen guten Bock gesehen. Obwohl unsere Begegnung nur einen Augenblick dauerte, erschien mir seine Krone sogar ausnahmsgut. Ich wunderte mich immer wieder, welch starkes Rehwild das hochgelegene Revier mit den extremen Schneelagen hervorbrachte. In der näheren Umgebung, ja schon in einem der tieferen Nachbartäler wurden immer wieder Böcke erlegt, bei deren Anblick es mir die Sprache verschlug. Es war gar nicht lange her, da wurde im Nachbarrevier ein Sechshundert-Gramm-Bock gesichtet.

Wenn irgendwo ein Stück Wild auftaucht, das ruhigen Gewissens kapital genannt werden darf, ist schnell eine Anzahl derer zur Stelle, die das Stück gehegt, gepflegt, gefüttert haben und nun die Erbeutung einzig und allein für sich beanspruchen. Um so größer war die Aufregung, als eines Tages der Sechshundert-Gramm-Bock mit einem Schuß verludert aufgefunden wurde. Die Gemüter erhitzten sich daran, aber soviel geredet und spekuliert wurde, die Sache konnte nie geklärt werden. Das edle Gehörn wanderte an die Wand dessen, der sich für den Gerechtesten und Verdienstvollsten hielt.

Und obwohl sich der Ruch des Mysteriösen um die Geschichte rankte, wurde der Bock mit Recht in den einschlägigen Zeitungen erwähnt.

Sicher war unter denen, die von dem Bock wußten, auch der eine oder andere, der einer solchen Trophäe wegen nicht vor einem heimlichen oder illegalen Schuß zurückgeschreckt wäre. Ihn mag die Vorstellung, das Krickel sein eigen nennen zu können, durch Tage und Nächte verfolgt haben. Vielleicht hat sie ihn hinausgetrieben in der Hoffnung, dem Leben – entgegen dem ehernen Gesetz von der Verteilung des Glückes – einen zusätzlichen Fußbreit abzugewinnen. Vielleicht erschien ihm die starke Krone auch erstrebenswerter als alle Schätze der Welt? – Wer weiß, wie es zugegangen sein mag. Warum verließ ihn dann aber die Leidenschaft, die ihn getrieben hatte, um sich voller Angst aus dem Staube zu machen? Oder war es nur der Schuß eines Halbherzigen, der sich aus Tollerei und Prahlerei dazu hinreißen ließ, dem es nur um die Aufschneiderei und die Gaudi ging und der sich davonschlich, als das Stückl nicht im Feuer lag?

Mein Bock, den ich im Frühjahr gesehen hatte, reichte natürlich nicht annähernd an diesen oder einen ähnlichen heran. Aber gut, ja sehr gut, mußte er sein.

Ausgeschlafen und voller Tatendrang brach ich im ersten Licht auf. Ich blattete an einigen Stellen, an denen er um die Wege sein konnte. Aber kein Reh zeigte sich. Die Frische des Morgens war verflogen, die Insekten begannen zu summen, und ohne Regung erwartete der Wald den heißen Sommertag. An einem schattigen Hang in einem Fichtenaltholz wollte ich einen letzten Versuch machen. Wenn er hier nicht auf mein Rufen zustand, verbrachte er die Tage der ausgehenden Brunft in schläfriger Ruhe an der Seite einer Rehschönen, oder aber es hatte ihn in ganz andere Gefilde getrieben. Warum war mir aber kein lüsterner Jungbock, kein blondes Sechserböckchen oder keine nachschauende, querelende Geiß gesprungen? War er doch in der Nähe, der Alte, der Gute, dem keiner zu nahe kam?

Ich hatte einige Male mehr leise als laut, eher schüchtern als fordernd auf meinem Strohhalm das Fiepen des Schmalrehs nachgeahmt. Es schien ungehört in den Morgen zu verklingen. Beinahe eine Stunde war seit dem letzten Laut aus meinem Strohhalm vergangen, als ich eine Bewegung wahrnahm. Der freudige Schreck der Gewißheit fuhr mir in die Glieder. Wie ein Fuchs jede Deckung nutzend, schlich der Bock heran. Ich hatte die Büchse längst an der Schulter und am Bergstock angestrichen und wartete auf eine winzige Gelegenheit. Der Bock war in Bewegung, und jedesmal, wenn er verhoffte, stand er gedeckt hinter einem Baum. Ich mußte Sorge haben, daß er mir in den Wind zog. Ich durfte nicht länger warten, fuhr mit dem ziehenden Wild mit und berührte den feinen Abzug. Der Schuß zerriß für einen Moment die Stille. Der Bock stürzte.

Ich konnte nicht gleich hinübergehen. Die Spannung der letzten Minuten brach aus mir heraus, ich mußte mir ein wenig Zeit lassen, bis sich die Aufregung gelegt und der Atem beruhigt hatte. Es eilte nichts; ich konnte mich jetzt des Augenblickes freuen und meine Gedanken ordnen, bevor das Betasten und Begutachten mich gefangennahmen. Es war nicht mein Bock gewesen, das wußte ich, es war ein anderer, ein alter mit knuffigen, engstehenden, dunklen Stangen.

Die Neugierde trieb mich schließlich doch früher hinüber. Als ich das Haupt aus den Ästen befreite, in denen es sich im letzten Todeskampf verfangen hatte, traf es mich wie ein Keulenschlag. Die tiefen, nicht zu umfassenden Rosen überwucherten im wahrsten Sinne des Wortes das Haupt des Bockes. Aus ihnen wuchsen dicke, knuffige Stangen empor, die sich bis in die Vereckung hinein beinahe berührten und dem Gehörn einen mächtigen Eindruck gaben. Es mußte einmal ein sehr, sehr guter Bock gewesen sein, der seit langem seinen Zenit überschritten hatte. Er stand mit Sicherheit im zweiten Lebensjahrzehnt. Es war ein wunschlos beglückender Moment, den ich durchkostete. Wie viele Gedanken, wie viele Träume, wie viele Wünsche ranken sich um so ein Gebilde, um so ein Gehörn und das Geschöpf, dessen wir uns bemächtigen?

Erst am Nachmittag kehrte ich zum Jagdhaus zurück. Der Tag war mit Träumereien verflogen. Und doch rückte ich nochmals aus; vielleicht mit einer speziellen Absicht, denn ich nahm die Büchse mit, aber eigentlich nur, um nicht ganz dem Sinnieren zu verfallen. Ich schaute an dem kleinen Schlag vom Vorabend, wo ich den vermeintlichen Knopfbock versimpelt hatte. Ich blattete behutsam einige Male. Es geschah, was ich nicht erwartet, was ich nicht einmal ersehnt hatte, aber vielleicht doch heimlich erhoffte; die Büsche teilten sich wie gestern, und mißtrauisch äugte mich ein stangenloses Bockhaupt an. Dieses Mal war die Büchse geladen, und die Stichkugel ließ den Vorsichtigen im Knall verenden. Wie in Trance ging ich zu ihm hin. Es ist wohl das älteste Reh, das ich je geschossen habe. An Alter wird es den vom Vormittag noch um einiges übertroffen haben, soweit sich das überhaupt noch an den total abgeschliffenen Molaren beurteilen ließ. Er hatte abgeworfen und kein neues Gehörn geschoben. Ich trug ihn zum Hause und erlaubte mir, mit zwei Böcken Strecke zu legen. Es war ein gleiches und ungleiches Paar zugleich. Das Alter verband sie. Vielleicht waren sie sich irgendwo einmal in die Quere gekommen und hatten ihre Florette gekreuzt. Oder sie waren sich nie begegnet und hatten ihre Erfahrungen auf verschiedenen Wechseln in anderen Wäldern gesammelt. Noch heute entführen mich die Gedanken, wenn ich die starke dunkle Rehkrone des einen betrachte und den bleischweren stangenlosen Schädel des anderen in Händen halte.

Oder ist die Blattzeit nicht doch mehr als nur ein krönender Ausklang, ist sie die Krone? Ich vermag es nicht zu sagen. Mit ihr endet mein jährliches Rehbockjagern – von gewissen Ausnahmen abgesehen. In manchen Jahren gab es einen Schlußstrich mit einem späten August-Bock, manchmal sogar einen verlängerten Schlußstrich, wenn ich ein gekröntes Haupt aus den taubenetzten, versponnenen Waldgräsern des Altweibersommermorgens hob. Hin und wieder suchte ich mir geradezu einen Bock, der von frühherbstlichen Stimmungen geprägt sein mußte. Einen, den ich erlegte, wenn die Frühnebel brauten, dem ich die Wacht hielt, bis die Sonne durchbrach, und den ich dann über abgeerntete Felder und durch einen Wald heimtrug, den der Herbst bereits gelb zu zeichnen begonnen hatte.

Seit einigen Jahren habe ich, beinahe ohne es gewahr zu werden, von ihnen gelassen. Vielleicht wird es wieder einmal einen von diesen Späten geben; denn denke ich an ihren Reiz und ihre Schönheit, rührt es mich wehmütig an.

Ich habe nun die rehjägerische leichte Birschbüchse an den Nagel gehängt und gleichzeitig den schweren Stutzen aus dem Schrank genommen, um den nächsten Reigen, den um die Feisthirsche, einzuläuten.

Sommers Wende

Mein erstes Lehrgeld auf den Feisthirsch habe ich in einem kleinen Bergrevier gezahlt. Es gehörte einem Bauern, und ich kam dorthin, um auf Sommergams zu jagen, und schloß sehr bald die Hirsche in mein Trachten ein. Ich merkte, wie schön sich beides verbinden ließ. Wenn die Heimlichen morgens ihren Einständen zugewechselt waren, konnte ich immer noch vom Ansitz weg ins Lichtgebirge hinaufsteigen, um an den schattigen Hängen nach Gams zu schauen.

Niemand in dem Revier stand mir mit Rat und Tat zur Verfügung; keiner wußte um die Hirsche und ihre Wechsel, und so blieb ich auf mich und meine Unerfahrenheit gestellt. Ich fährtete fleißig, vielleicht zu fleißig, die Almen, Schläge und Steige ab, fand verheißungsvolle Tritte, die mir das Blut in den Kopf jagten, fand starke Fegestellen, aber von den Hirschen selber bekam ich keinen zu Gesicht. An einer größeren Fratte, von der aus wiederum ein anderer Schlag einzusehen war, baute ich mir im jugendlichen Eifer einen Hochsitz. Wie viele Stunden habe ich auf diesem Hochsitz verhockt! Mit Beharrlichkeit meinte ich meinem Ziel näher zu kommen, und so nahm ich wohl zuweilen nicht die nötige Rücksicht auf den Wind. Meine kleinen Birschgänge, zu denen ich mich öfter verleiten ließ, und das ewige Abspüren und Umeinandersein entfernten mich auch eher von meinen Wünschen, als daß sie mich ihnen näher brachten. Dennoch wertete ich es als Lohn meiner Ausdauer, als ich eines Morgens einen geringen Hirsch schoß. Hätte ich ein paar Minuten zugewartet, wären die zwei oder drei anderen, vielleicht gar besseren Hirsche, die ich später fortbrechen hörte, auf den Schlag herausgezogen. Das Jagdfieber duldete aber keinen Aufschub; es war mein erstes Stück Hochwild. Die Freude war ungetrübt, und der Kenner möge verständnisvolle Milde walten lassen.

Das Eis war damit gebrochen, und ich erlegte jedes Jahr einen jüngeren Abschußhirsch. Von den älteren, deren Trittsiegel ich immer wieder fand, bekam ich aber kein Haar zu sehen. Einmal verhalf mir der pure Zufall zu einem unverdienten Erfolg. Ich war für ein paar Tage gekommen, hatte meine Siebensachen in die schon vertraute Kammer getragen und mit dem Bauern ein Begrüßungsstamperle getrunken. Zwischen uns war über die Jahre eine Freundschaft gereift, wie sie ungleicher nicht hätte sein können.

Ich lernte in ihm den freien, stolzen, unbestechlichen Hochgebirgsbauern schätzen und achten, der unberührt von Zeit, Strömungen und Veränderungen sein Leben führte, wie er es immer geführt hatte. Sein untrügliches Gefühl hatte ihm längst gesagt, daß das leichte Geld, wie es mit dem Tourismus ins Land kam, und der damit verbundene Materialismus schlimmere Krankheiten ins Haus holten, als es harte Arbeit und das einschichtige Leben je vermocht hätten.

Für jeden Menschen gilt es, die Zeichen der Zeit zu erkennen, sich Neuerungen und Entwicklungen nicht zu verschließen und doch den Bezug zum eigenen Leben zu sehen und eine gewisse Distanz zu wahren. Das mag für einen Hochgebirgsbauern einfacher sein; er führt auf seinem Hof das angestammte Leben. Gerade aber er, des kargen Lebens überdrüssig, könnte sich den neuen Möglichkeiten verschreiben, die ihm Geld und Arbeitsentlastung verheißen. Wie viele von ihnen haben ihr Land verkauft, ihre Viehställe in Pensionen umgebaut und sind bald bei versiegendem Fremdenstrom und mit drückender Schuldenlast ohne einen Groschen vom Hof gegangen! Die anderen, die es unter merkantilen Gesichtspunkten „geschafft" haben, sind gehetzte Schatten ihrer selbst geworden und führen ein Leben, das ihr früheres an Härte und Arbeit bei weitem übertrifft. Die Zufriedenheit ihres in der ländlichen Kultur wurzelnden Lebens haben sie als Preis für materiellen Wohlstand – und seine Schattenseiten – gezahlt. Ein hoher Preis!

Ich verstand den Bauern. Ich weiß nicht, was er in mir sah; vielleicht den Städter, der ausnahmsweise nicht kam, „um ihm gute Manieren beizubringen". Vielleicht sah er in mir aber auch nur den jungen passionierten Jäger, dem es eine Freude war, ihm den Abschuß von einigen Gams und einem oder zwei Stück Hochwild zu erfüllen. Er selber liebte die Jagd nicht, betrachtete sie aber als ein an Grund und Boden gebundenes Recht, das man nicht aus der Hand gibt. Anfangs mochte es tatsächlich eine Symbiose sein. Ich konnte zur Jagd gehen, wie ich es mir schöner und freier nicht denken und damals gar nicht erlauben konnte. Er bekam dafür zuverlässig ein paar Stückl Wild angeliefert. Aus der „Nutzgemeinschaft" erwuchs eine Freundschaft, die herkommensgemäße Grenzen überwand. Wenn ich im Sommer und Herbst ein oder zwei Wochen dort verbrachte, lebte ich in der Familie weniger als Gast denn vielmehr als Knecht, der zur Jagd zu gehen hatte. Besonders die Bäuerin sah es äußerst ungerne, wenn ich meine „Pflicht" vernachlässigte und mir einen Morgen des Ausschlafens gönnte. An einen völlig jagdfreien Tag war schon gar nicht zu denken. Der Abschuß drängte und sollte erfüllt werden, damit fürs Jahr Ruh' war!

Der kleine Begrüßungstrunk war genommen, und so machte ich mich am frühen Nachmittag auf ins Gamsrevier. Gleich hinter dem Haus führte der steile Steig hinauf, verlor sich in dem üppigen Jungwald, von wo aus ich mir meinen eigenen Weg hinauf zu den Wänden suchte. Heute kam ich nicht so weit. Ich achtete wenig auf meine Umgebung. Wild war hier um diese nachmittägliche Sonnenstunde eh nicht zu erwarten. Ich weiß nicht, war es ein Knacken, das ich vernahm, oder war es eine Bewegung, die ich durch das Jungholz erhaschte, ich blieb stehen. Ein Hirsch zog auf keine vierzig Schritt an mir vorbei. Ich sah stärkere Stangen ohne Kronen. Mit zittrigen Händen ließ ich das Glas sinken, nahm den Stutzen von der Schulter und schoß dem ziehenden Hirsch die Kugel aufs Blatt. Er brach im Feuer zusammen; als er versuchte, wieder auf die Läufe zu kommen, war ich heran und gab ihm den Fangschuß. Jetzt erst merkte ich, daß ich im Eifer des Gefechtes durch den Mündungsschoner geschossen hatte. Das Relikt hing wie eine traurig ausgefranste Manschette um den Lauf. Die Geister waren mir hold gewesen, und die Kugel hatte trotz des Hindernisses Ziel und Wirkung nicht verfehlt. Ich konnte mein Glück nicht fassen. Es war zwar kein alter, aber doch immerhin ein sechs- bis siebenjähriger ungerader Eissproßzehner. Wieviel Mühe hatte ich mir gegeben, wie viele Stunden der Feisthirsche wegen verhockt, bis mir dieser bessere vergönnt war. Erst später erschien es mir wie eine Ironie des Schicksals, daß er mir nicht als Lohn meiner Mühen an einem der vielen Morgen oder im letzten Licht des Sommertages zuteil wurde, sondern als Beute des Zufalls in einem Augenblick, in dem ich am wenigsten an ihn dachte.

Ich konnte meine Freude kaum zähmen, stieg zum Hof hinunter, um die erfreuliche Botschaft zu bringen. Das Wohlgefallen des Alten ließ mich erkennen, daß ich richtig gehandelt hatte: „Zwei Stunden im Revier und schon einer am Boden!"

Im übernächsten Jahr beunruhigte mich einer der guten, älteren Hirsche und ließ mich seine Anwesenheit spüren wie kaum einer vorher. Ich fand nach meinen Ansitzen auf dem alten Hochsitz immer wieder sein mächtiges Trittsiegel beim vorsichtigen Abspüren. Einen Abend mußte ich verstreichen lassen, weil der Wind zu unsicher war, bezog aber in der Frühe vor Büchsenlicht wieder meinen gewohnten Sitz.

Als es zu dämmern begann, hörte ich Hochwild anwechseln. Ich zweifelte nicht, daß es der Hirsch war aber das Herz krampfte sich mir zusammen. Er zog im Bestand hangauf. War es dem Heimlichen schon zu hell geworden? Ich betete, er möge wenigstens den oberen Wechsel nehmen, dann böte er mir vielleicht in einer Bestandslücke noch eine kleine Chance. Viel Zeit zum Spekulieren aber ließ einem das Wild dort nicht. Würde das Licht überhaupt zum Ansprechen und Schießen reichen? Die Dämmerung hatte sich gehoben, es könnte reichen, wenn er käme – und er kam. Ein starker Berghirsch, das hatte ich sofort erkannt, und ehe ich mir Gedanken über das Geweih machen konnte, zeigte er mir eine große Gabel auf der rechten Seite. Sekunden später fiel der Schuß. Der Hirsch zeichnete und verschwand.

Mühsam und in Ungeduld wartete ich eine Stunde ab. Mich trieb die Unruhe. Ich ging zum Anschuß und fand Schnitthaar. Der Hund fiel sofort die Fährte an. Ich folgte ihm in dem unwegsamen Gelände ohne Riemen. Er verwies einen Tropfen Schweiß, zog weiter und verhielt mit hoher Nase. Er wartete, bis ich herangekommen war. Der Hirsch mußte in unmittelbarer Nähe vor uns sein. Ich glaubte in meinem grenzenlosen Optimismus, er sei sicherlich verendet, nahm aber zum Glück den Stutzen von der Schulter und bedeutete dem Hund weiter zu suchen. Der Hirsch wurde aus dem Wundbett hoch, flüchtete schräg zu einer Lehne, um dann talwärts zu wenden. Ich hatte mit ein paar Sprüngen ein Köpfl erreicht, strich am Bergstock an und versuchte nun, steil hinab auf den fortbrechenden Hirsch abzukommen. Es war nicht weit, dennoch bot der Träger kein ermutigendes Ziel. Auf den Schuß hin stürzte der Hirsch wie vom Blitz getroffen, überschlug sich, walgte mit den mächtigen Stangen ins Gestein schlagend, fing sich und blieb liegen. Beglückend klang der volle, ruhige Ton des Totverbellens zu mir herauf, meldete, daß alles gut gegangen war, und rief mich zum Hirsch.

Eine böse Enttäuschung wartete auf mich. Meine letzte Kugel war zu hoch gezielt gewesen und hatte von hinten eindringend den Schädel gesprengt. Verunstaltet war das Haupt dieses guten Berghirsches. Ich machte mir Vorwürfe ob meiner Leichtsinnigkeit und meines viel zu frühen Nachkriechens. Und doch wußte ich, wie froh ich sein mußte, daß mir der unglückliche Schuß wenigstens eine ungewisse Nachsuche oder gar Hetze ins Nachbarrevier oder weiß Gott wohin erspart hatte. Hätte ich geahnt, daß sich später der Schädel in seinen Teilen beinahe nahtlos zusammenfügen ließ, wäre mein Kummer geschwind verflogen gewesen. Nur noch dem Eingeweihten offenbart sich so das Schicksal, welches der Hirsch gehabt hatte! – Als dann der Bauer in anerkennender Freude mein Waidmannsheil mit den Worten kommentierte: „Kopfschuß ist das beste...!", konnte ich mich sogar eines Lächelns nicht erwehren.

Als ich aber vor dem Hirsch stand, ahnte ich von alledem noch nichts. Statt dessen befiel mich ein anderer Schreck. Die linke Stange trug eine Viererkrone. Ich kannte die Besessenheit um die Kronenhirsche und sah mich im Geiste schon in Handschellen. Denn inzwischen ist es mancherorts beinahe schlimmer, einen zu jungen Kronenhirsch zu schießen, als seinem Nächsten ein Leids zuzufügen!

Bei ruhigem Betrachten des Hirsches erkannte ich aber sein Alter. Mein erster Eindruck des reifen Hirsches hatte mich nicht getäuscht. Er würde der

Form Genüge tun und die zehn Jahre erbringen, die hier für den Hirsch der Klasse I notwendig sind. Es löste sich alles in Wohlgefallen, und nun erst kam die Freude auf, die das Erlebnis verdiente. Es war mein erster reifer Hirsch. Nachdem wir ihn geliefert und später das letzte Stück mit Pferd und Wagen zum Hof geführt hatten, kam der benachrichtigte Hegeringleiter und segnete die Geschichte ab. Er ließ es nicht an einer Anerkennung fehlen. Er betrachtete überhaupt mein Jagen nach anfänglichem Mißtrauen mit wachsendem Wohlwollen.

Dieser ungerade Vierzehnender blieb mein bester Hirsch aus dem Revier. In den beiden folgenden Jahren erlegte ich einen recht guten Achter und einen abnormen Hirsch mit starken, dunklen Stangen. Sein Geweih war weit geschwungen, die Augsprossen standen wie aufgepflanzte Bajonette nach vorne, und die endenlosen Stangen bogen sich oben einwärts, als wollten sie sich berühren. Beide Hirsche schoß ich in der ausgehenden Brunft, und so gehören sie nicht zu den Erinnerungen um die Feisthirsche.

Ein Jahr später starb der Bauer, und ehe die Beerdigung vorüber war, standen die Leute um die Jagd an. Der Sohn bat mich zu kommen, und ich fuhr wie ehemals zum Jager hin, merkte aber, daß meine Zeit vorüber war. Schweren Herzens schloß ich dieses Kapitel ab. Ich hatte zu dem Zeitpunkt schon gelernt, daß nicht allein die Jagd, sondern die Begleitumstände zählen. Wenn die Harmonie verloren ist, ist es besser zu gehen. Ich verabschiedete mich von den Bergen und den Wäldern und wußte, daß ich ihnen ein freies Jagen über zwölf Jahre verdankte, wie es in seiner Art und Bodenständigkeit einmalig war.

Jedes Ende bedeutet einen neuen Anfang. Ich fand Zugang zu einem wunderschönen Hochgebirgsrevier, in dem die Jagd auf den Feisthirsch traditionell den Höhepunkt des sommerlichen Jagens bedeutet. Vielleicht mögen die Ruhe und die Abgeschiedenheit dieses Fleckchens Erde, seine schattigen Gräben und Lahner mit den uneinsehbaren Erlendickichten und den kühlen Lärchenbeständen die Hirsche bewegen, hier ihre Feiste zu verbringen. Kein Tourist oder Bergsteiger setzt seinen Fuß in diese Gebiete. Auch der Jäger ist Anfang Juni das letzte Mal zum Salzlegen dort gewesen. Später wird genau darauf geachtet, daß kein Rehbockjagern und keine sommerliche Gamsbirsch in die geheiligten Einstände führt.

Im August hat sich die üppige Vegetation der Südalpen während der kurzen Zeit des Wachsens und Gedeihens voll entfaltet und läßt einen kaum ahnen, daß der Herbst vor der Tür steht. In wenigen Wochen werden sich die Lärchen verfärben, die Leiten braun werden, und der September kann schon einen der frühen Schneefälle bringen. Dann können Ruhe und Ungestörtheit die Hirsche nicht mehr halten; sie drängen zu den angestammten großen Brunftplätzen in dem milderen und nicht so steilen Nachbartal.

Aber noch ist Sommer und die sorgloseste Zeit für das Wild. Die ärgsten Lasten der Kinderstube sind überwunden, die Kälber und Kitze sind selbständig geworden, und die Tiere und Gaisen können an sich und ihr Feist denken. Die Hirsche und Gamsböcke verbringen die Tage in irgendwelchen einschichtigen Lagen, lauschen den summenden Insekten und träumen vor sich hin. Hoch oben in den schattigen Karen ist den großen Scharwildrudeln der Tisch reichlich gedeckt; bewachsene Lahner, Mulden und Hänge bieten frische Äsung, und zarteste Kräuter wachsen zwischen den Steinen der leblos erscheinenden Geröllhalden. Die Murmeltiere sind hier zu Hause und liegen auf den besonnten Steinen. Wenn es nicht den Adler gäbe, wäre ihr Leben das angenehmste, das ich mir denken kann. Wer träumt nicht davon, den Winter bis in den Mai hinein zu verschlafen, ohne Streitereien der Liebe nachzugehen und bis zum September an schönen Tagen vor dem Haus zu sitzen und den Strahlen der Sonne nachzurücken?

Wenn die Murmel der Arbeitseifer überkommt, heuen sie in der Früh ein wenig und bringen abends die trockene Ernte säuberlich in den Bau ein. Aber vielleicht birgt bei näherem Hinsehen ihr Leben doch mehr Gefahren. Ich habe einen Fuchs über zwei Jahre beobachtet, wie er intensiv die Murmelbaue kontrollierte. Er schien sich darauf spezialisiert zu haben und bei seiner Stärke nicht schlecht davon zu leben. Auch drohen den friedfertigen Gesellen immer wieder böse Überraschungen, so zum Beispiel in Gestalt der rauflustigen Hündin eines birschenden Jägers! Vielleicht hatte das Murmel uns nicht gehört. War es zu tief in seinem Schlummer versunken, oder fühlte es sich zwischen den Latschen vor dem Hauptfeind, dem Adler, so sicher? Die Hündin war mit zwei Sätzen über ihm, Murmel und Hund verwickelten sich zu einem Knäuel, überschlugen sich hüpfend wie ein Ball im steilen Gelände. Der kleine Kerl hatte sich als erster gefangen und stellte sich todesmutig mit schlagbereiten Vorderpranten zum Kampf. Die Hündin mochte darüber ein wenig überrascht sein, vielleicht hatte sie auch bereits ein paar Hiebe mit den nadelspitzen Krallen erhalten, jedenfalls folgte sie nicht undankbar meinem energischen Abpfiff. Das Murmel vergewisserte sich, daß kein weiterer Angriff zu befürchten war, und verschwand in sichere Gefilde.

In einem meiner ersten Jahre in diesem Revier wurde mir schon im Juli von einem sehr guten Hirsch berichtet, dessen ausgeschobenes, aber nicht verschlagenes Geweih als gewaltig geschildert wurde. In der Stangenlänge solle an einem Meter nichts fehlen, Aug- und Mittelsprossen seien einen Unterarm stark, und er habe eine riesige, nach hinten ausholende Gabel. Der

Hirsch sei so stark im Wildbret, daß die beiden anderen, ebenfalls besseren Hirsche wie Jünglinge neben ihm wirkten.

Ein Achter also mit gewaltigen Stangen und einer riesigen Gabel! Welche Faszination mußte von diesem kargen, aber starken Geweih ausgehen. Ich habe nie das Gerede und Getue um die Kronenhirsche verstanden. Bei den Auhirschen ist es etwas anderes, aber in den Bergen mutet es mich lächerlich an, auf den naturgemäß schwächeren Geweihen Kronenenden heranzüchten zu wollen. Mich überkommt ein mitleidiges Gefühl, wenn ich das Ergebnis des modernen Hegezieles sehe: dünne Stangen, kurze Geweihe, aber vierzehn Enden und eine Viererkrone.

So mag es verständlich sein, daß mich der gesichtete Achter besonders interessierte, zumal es ein alter Hirsch sein sollte. Anfang August stieg ich seinetwegen zum ersten Mal in den Berg. Obwohl die Schußzeit hier erst Mitte des Monats aufgeht, wollte ich mich auf die Jagd einstimmen. Vielleicht ließ sich der Hirsch sogar anschauen, was den Reiz erhöht hätte, meiner Ruhe aber sicherlich nicht zuträglich gewesen wäre. Der Hirsch zeigte sich in den beiden Tagen nicht. Es war kein Wunder, die Ungestörtheit der weiten Einstände des Hammertals brauchten ihn gar nicht zu veranlassen, auf den Fürstenriegel hinauszuziehen. Der Fürstenriegel ist ein großes, zum Teil mit dichten Erlen bestocktes Lawinenfeld, das von Gräben, Bächen und Scharten durchzogen wird. Kleine und größere Graslahner locken das Wild zur Äsung an. Die Feisthirsche lieben seine Erlendickichte und scheinen hier gerne zu verschlagen. Das Jagen am Fürstenriegel ist also immer interessant, und der Jäger darf ständiger Überraschungen gewärtig sein. Der Wind macht einem in den seltensten Fällen einen Strich durch die Rechnung; er fängt sich in der gewaltigen Lawinenschneise und streicht entweder hinauf oder hinunter.

Eine Woche später rüstete ich wieder zum Fürstenriegel. Die Schußzeit war aufgegangen, und ich war gewillt, die erste sich mir bietende Chance auf den guten Hirsch zu nutzen. Am Einstieg zum Fürstenriegel sahen wir einen aufregend guten Gamsbock. Der Freund kannte ihn seit drei Jahren – sollten wir? Zum Gamsjagern blieb uns noch Zeit genug. Jetzt galt es den Feisthirschen. Der Gams traute unserer Abstinenz nicht und empfahl sich still. Es war kein Fehler, ihn hier zu wissen; ich würde darauf zurückkommen, und der Anblick war für heute ein guter Anfang unserer Birsch. Mit schweren Rucksäcken machten wir uns dann an den steilen Anstieg, der uns den Schweiß aus allen Poren trieb. – Soll es nicht so sein, gehört es nicht dazu? Macht es das Jagen nicht erst reizvoll, wenn jeder Meter ins Revier nur mit dem natürlichsten und einfachsten Fortbewegungsmittel – den Beinen – zurückzulegen ist? Um so schöner ist es, oben an der Hütte durchzuatmen, sich an der sprudelnden Quelle zu erquicken und in der Wohligkeit der Hütte zu rasten. Würde ein Weg hier hinaufführen, wo blieben Stille und Abgeschiedenheit dieses Fleckchens, die einen Gott näher bringen? Kein Zeichen der Zivilisation stört das Auge, das von Wald, Bergen und Himmel verwöhnt wird.

Von der Hütte sind es nur einige Meter zu unserem unteren Sitz. Drei jüngere Hirsche zogen zeitig aus dem Hammertal, wurden mehrmals auf den Graslahnern des Fürstenriegels sichtbar und tauchten schließlich in dem dichten Erlengestrüpp unter. Hoch oben wechselte ein besserer Gams durch. Die Dunkelheit brach herein, und wir kehrten zur Hütte zurück. Wir waren mit dem Anblick zufrieden, genossen den Abend bei Kerzenschein und einem Glasl Wein und gingen zu Bett. Das für zwei Mannsbilder enge Bett auf der Fürstenhütte – Nomen ist in diesem Falle keineswegs Omen – verlangt jedem eine besondere Schlafdisziplin ab, zumal wir es mit zwei anderen Herrschaften zu teilen haben. Es ist altes Recht, daß die Hunde auf den Jagdhütten nicht auf dem kalten Boden zu schlafen brauchen. Ich sehe das mitleidige Lächeln mancher Härtetestphilosophen, aber Recht ist Recht und wird es bleiben. So sind die beiden Hundedamen nicht bereit, bei den herrschenden engen Verhältnissen auch nur einen Fußbreit abzugeben. Haben wir uns alle dann arrangiert, sorgen Luft, Wein und Anstrengung für einen gesunden Schlaf. Wenn ich an diesem Abend geahnt hätte, was mir bevorstand, wäre ich nicht so seelenruhig hinübergeschlummert.

Lange vor Büchsenlicht brachen wir zum oberen Stand auf. Es ist kein Katzensprung hinauf. Der Steig war mit hohem Farn und üppigem Huflattich zugewachsen, führt über glitschige Steine und Löcher, und wir waren froh, als wir rechtzeitig den Sitz erreicht hatten. Noch lag tiefe Dämmerung über dem Fürstenriegel. Die Gedanken wanderten weit fort. Erst als es zu tagen begann, kehrte ich mit meinen Sinnen zurück und begann, mit dem Glase die Blößen und Lahner abzusuchen. Ein klarer Bergsommermorgen zog herauf. Schon konnte ich auf den Rücken hinschauen, auf dem sich der Hirsch im Juli gezeigt hatte. Es wurde heller und heller, drüben ließen sich die Konturen der Lärchen erkennen, mit denen die geheiligten Einstände des Hammertals beginnen. Das Grau des Morgens hob sich. Es war der Augenblick, in dem die Formen Gestalt gewinnen und die Farben sichtbar werden – und drüben an den Randlärchen stand der Hirsch! Der Freund hatte ihn zuerst gesehen, wenige Augenblicke später hatte ich ihn im Glas. Ich erkannte einen im Wildbret gewaltigen Hirsch und ein endshohes Geweih. Es mußte schnell gehen, später blieb genug Zeit zum Schauen; er stand auf einem fünf mal fünf Meter freien Fleck, zwei Schritte weiter, und die Chance wäre vertan. Der Stutzen lag auf dem Rucksack, klar sah ich den Hirsch im

Zielfernrohr, ruhig stand der Zielstachel hinter dem Blatt, der Finger berührte den hauchfeinen Abzug, der Schuß brach, ein wenig blendete mich das Mündungsfeuer des kurzen Laufes, trotzdem sah ich eine riesige Flucht des Hirsches, die Todesflucht, wie ich meinte. Hinter ihm schlossen sich die Erlen wieder zu dem uneinsehbaren Dickicht. Beruhigt setzte ich das Gewehr ab. Den Freund beutelte das Jagdfieber. Mit klappernden Zähnen bestätigte er das schwere Zeichnen des Hirsches. Es waren gestreckte zweihundert Meter, aber fehlen durfte nichts. Die Aufregung löste sich in wilde Vorfreude. Die kleine Schnapsflasche wurde aus dem tiefen Rucksack hervorgeholt, und wir tranken uns ein verhaltenes, aber hoffnungsvolles Waidmannsheil zu. Wir wollten die Dinge nicht beschreien. Was sollte schon schiefgegangen sein?

In der Rückschau war diese Stunde der seligen Vorfreude, der gespannten Erwartung, der Beinahe-Gewißheit der Beute der glücklichste Moment. Was danach kam, gehört zu den düstersten Augenblicken in meinem Jägerleben. Noch am schmalen Steig durch die Erlen und Gräben des Fürstenriegels verhielten wir immer wieder, wogen ab, lobten den glücklichen Zufall und schoben in froher Erwartung den großen Augenblick hinaus, an den Hirsch herantreten zu können. Der Anschuß ließ sich auf den Meter genau bestimmen, und als ich den Hund dort sah, wußte ich in meinem tiefsten Innern, daß der Hirsch gefehlt war. Das Desinteresse der Hündin gab mir bittere Gewißheit. Aber alles in mir sträubte sich dagegen. Es konnte nicht sein, es durfte nicht sein! Ich suchte zentimeterweise den Anschuß ab. Ich fand die Schaleneingriffe und ahnte, wie es geschehen war. Die Kugel wird in nächster Nähe eingeschlagen sein, ein paar Erdfetzen mochten den Hirsch getroffen haben, ließen ihn zusammenrucken und in dem steilen Gelände hinten wegrutschen. Wir tumben Toren hatten das für die Todesflucht gehalten. Dennoch wollte ich es nicht wahrhaben. Ich animierte den Hund und suchte selber wie ein Schweißhund in der Fluchtrichtung des Hirsches. Die Hündin spürte meine Verzweiflung und suchte mir zuliebe. Sie war ein schlechter Schauspieler, und ihre Mühen ließen sich leicht als reine Pflichterfüllung erkennen. Ihr Blick sagte alles: Laß uns gehen, es hat keinen Zweck, der Hirsch ist nicht krank, er ist fort, fort für heute – für dieses Jahr – für immer! Du hast diese große diese einmalige Chance vertan.

Immer noch suchte ich wie ein Besessener. In wilder Verbohrtheit durchkämmte und entweihte ich die geheiligten Einstände des Hammertals. Es half nichts, ich mußte mich der Wirklichkeit fügen. Müde, zerschlagen und am Ende meiner körperlichen und seelischen Kräfte stolperte ich zum Anschuß zurück, wo ich Mantel und Rucksack zurückgelassen hatte. Der Hund hatte es gescheiter gemacht, er lag längst dort und schaute mich an: Ich habe es dir gleich gesagt, warum glaubst du mir nicht? – Ich weiß nicht, woher ich die selbstzerstörerische Kraft nahm, ich zog aus dem Rucksack ein weißes Blatt, heftete es auf den Anschuß und feuerte von drüben einen Probeschuß ab. Die Kugel saß „Mitte Blatt".

Es wurde ein trauriger Weg zur kleinen Hütte, eine trübsinnige, mit dem Schicksal hadernde Rückschau. Wie konnte ich den Hirsch fehlen! Es wäre die Krönung meines Jagens in den Bergen gewesen, einen solchen Hirsch zu erbeuten. Warum mußte ich gerade dieses einmalige Wild fehlen? Es war weit gewesen, aber nicht zu weit für den Mannlicher Stutzen, den ich heute führte, und sein schweres 7-mm-Teilmantelgeschoß. Ich hatte eine gute Auflage gehabt, war ruhig gewesen und sauber abgekommen. Warum hatte es nicht sein sollen? Der Geist des Fürstenriegels hatte schützend seine Hand über den Hirsch gehalten. Vielleicht hatte er es schon oft getan und ihn so vor den gierigen Augen der Jäger verborgen gehalten. Wir stiegen spät ins Tal hinab. Dort unter Menschen kam mir die Verlassenheit noch vollständiger, noch quälender vor. Wie schön hätte alles sein können; die Wacht vor dem gestreckten Hirsch wäre einer Andacht gleichgekommen. Welches Glück wäre es gewesen, das starke Geweih zu betasten und zu bestaunen, immer wieder und aufs neue! Ich hätte es einem Triumphzuge gleich auf der Kraxe den steilen und doch lieb gewordenen Steig hinuntergetragen. Den Hirsch hätten wir zerwirken und Stück für Stück auf dem Rücken hinunterbefördern müssen. Für diesen Hirsch hätte ich es auf Knien getan.

Am selben Abend fuhr ich aus den Bergen ab; ich floh aus ihnen, und die Enttäuschung saß mir tief im Herzen. Eine Woche später aber hielt es mich nicht mehr. Ich kam zurück, stieg zum Fürstenriegel auf und war entschlossen, das Glück zu zwingen. Hirsche zeigten sich genug, doch was sollte ich mit ihnen? Ich hatte nur den einen im Sinn, und der blieb verschwunden. Mitte September schoß ich an anderer Stelle einen jüngeren Abschußhirsch. Ein wenig Freude kam auf und überdeckte das, woran ich wie ein wundes Tier krankging. Mit bevorstehender Brunft begann das alte Spiel; das Hochwild zog bis auf das ein oder andere Stück ab. Trotz der Revierflucht sah der Freund einen hochinteressanten älteren Sechser, den er aus falscher Bescheidenheit mir zuliebe ziehen ließ. Auch dieser Hirsch zeigte sich nie wieder.

Als mir dann im späten November ein älterer Hirsch mit kurzem Geweih begegnete, zögerte ich nicht, die Chance zu nutzen, und schoß ihn. Es war eine Freude, und mit ihm schien die Wunde um den Guten einen Schritt zuzuheilen. Zwei Tage später schloß sich ein weiterer Kreis um die Geschichte vom August.

Am Vormittag bei niedrig stehender Novembersonne brach ich zum Fürstenriegel auf und hatte kurz vor dem Einstieg vom Tal aus einen Gams in der Leiten entdeckt. Ich war spät dran, wollte keine Zeit verlieren und schnürte beinahe unwillig den Rucksack von der Kraxe herunter, um an Glas und Spektiv zu kommen. Nach dem ersten Blick wußte ich, um wen es sich handelte. Es war der gute Gams, den wir damals beim Aufbruch zum Hirschabenteuer gesehen hatten. Seither war er trotz eifrigen Schauens nicht mehr aufgetaucht. Ich fand in einem umgedrehten Wurzelstock eine wie geschaffene Auflage. Es war ein teuflisch weiter Schuß steil bergauf, der mich nachher mit seiner in Ruhe betrachteten Entfernung schwindelig werden ließ. Der Bock brach im Feuer, kam ins Rutschen, stürzte über eine Wand, schlug auf und blieb liegen. Die Steilheit des Geländes mochte den Aufschlag abgefangen haben; weder Gams noch Trophäe waren zerschunden. Als ich bei diesem guten neunjährigen Bock saß und die starke, ausgereifte Krucke betrachtete, war die Wunde, die eines anderen wegen noch in mir brannte, zur Narbe geworden, und ich hatte das Gefühl, daß über meinem Jagen in dem Revier doch ein guter Stern stand.

Es war wieder Sommer geworden. Keine besonderen Nachrichten kamen im Juli vom Fürstenriegel. Kahlwild und ein paar jüngere Hirsche hatten sich dort eingestellt. Meine heimliche Hoffnung hatte sich also nicht bestätigt. Anfang August stieg ich selber hinauf und schaute zwei Abende und Morgen, aber außer drei jüngeren Hirschen verbarg der Fürstenriegel seine Geheimnisse. Aus dem östlichen Revierteil wurde mir ein besserer Achter gemeldet, der allerdings nicht annähernd einem Vergleich mit dem Alten standhalten würde. Es sei ein guter, jagdbarer Hirsch. Ich zögerte nicht und machte mich ans Werk, was leichter gesagt als getan war. Er wurde zwei Male in einem recht zugewachsenen Schlag des Brandriegels gesehen. Über den Brandriegel führt ein öfter von Bauern begangener Steig hinauf zu den Almen. Obwohl starke Fegestellen von der Anwesenheit des Hirsches kündeten, erschien es mir ungewiß, ihn hier abends oder morgens bei Büchsenlicht zu Gesicht zu bekommen. Da er seinen Einstand nicht in unmittelbarer Nähe haben konnte, gedachte ich, ihn auf seinem Wechsel fünfhundert Meter vorher an der Pfarrkante abfangen zu können. Ich hatte einen Abend und einen Morgen dort verbracht, als mir der Freund von einem guten Eissproßzehner mit hohem Geweih berichtete. Er hatte ihn zusammen mit einem besseren Sechserhirsch auf einer Fratte oberhalb der Pfarrkante gesehen. Gleich am nächsten Abend stieg ich hinauf. Ich war äußerst vorsichtig, wartete, bis der Wind mit Sonnenuntergang hangabwärts gedreht hatte, und bezog erst dann den Stand. Pünktlich zur gleichen Stunde wie am Vortag und bei vollem Büchsenlicht zog der Sechser in den Schlag. Ich hatte das Wild anwechseln hören und hatte mich gerichtet, um jede unnötige Bewegung zu vermeiden. Der Hirsch war äußerst vorsichtig, sicherte lange, begann zu äsen, um gleich wieder aufzuwerfen. Ich saß gut gedeckt und völlig unbeweglich, dennoch äugte der Hirsch ständig zu mir. Was erregte sein Mißtrauen? War es der helle Bergstock, den ich vor mir in den Boden gesteckt hatte? Jetzt erst merkte ich, daß er wie eine Fahnenstange aufgepflanzt war. Hatte ihn der Hirsch auf die Entfernung von gut einhundertfünfzig Metern als menschlichen Tand erkannt? Ich konnte es nicht glauben, aber er wendete und zog wenig beunruhigt, aber unmißverständlich in den Bestand zurück. Dort war der Eissproßzehner um die Wege, und ich hörte nun die Hirsche hangauf ziehen. Sie würden sicherlich ihren Wechsel vom vorigen Abend nicht beibehalten. Doch in den Randfichten hatte ich eine Bewegung gesehen. Das Licht war schlechter geworden, zum Ansprechen und Schuß im Schlag reichte es gut, aber im dunkleren Bestand wurde es schwierig. Ich konnte die Hirsche genau ausmachen. Drei waren es, ein junger, der bessere Sechser und ein im Wildbret guter Hirsch. Das mußte der Eissproßzehner sein. Es wäre ein leichtes gewesen, ihn zu schießen. Aber ich hätte mich um das Beste betrogen; denn hatte ich es nötig, einen Hirsch auf die Decke zu legen, den ich selber nicht richtig angesprochen hatte? Ich ließ ihn ziehen. Der Sechser war mit seinen hohen, gut ausgelegten Stangen auch mancher Wege wert. Würde vielleicht heuer der Augenblick kommen, wo ich dieser Gelegenheit reumütig gedachte? – Eine Ahnung kam in mir auf, aber ich war zu hoffnungsfroh, um mich diesen Gedanken hingeben zu wollen.

Am nächsten und übernächsten Abend saß ich wieder an der Fratte. Die Hirsche kamen nicht, statt dessen erschien an der Pfarrkante, wo jetzt der Freund auf Posten stand, der Achter. Ich hatte es wirklich nicht besser verdient! Warum ließ ich mich durch den erstbesten Hirsch von dem Achter ablenken? Wahrscheinlich hatte der grüne Teufel mir den Eissproßzehner zur Ablenkung geschickt, und ich war kleinmütig genug, darauf hereinzufallen. Wäre ich dem Achter und der Pfarrkante treu geblieben, ich hätte schon längst den Bruch am Hut!

Ich mußte für ein paar Tage in die Stadt reisen. Als ich in die Berge zurückkehrte, erwartete mich die Nachricht, daß der Achter am Brandriegel am hellichten Tage um acht Uhr morgens vertraut geäst und ausgiebig sein ansehnliches Geweih gefegt habe. Das verunsicherte mich erneut. Wo hatte der Hirsch seinen Einstand? Er tauchte morgens spät am begangenen Brandriegel auf. Nahm er von dort wirklich den Wechsel über die Pfarrkante in die dahinterliegenden Einstände, oder steckte er sich irgendwo am Brandriegel? Er war an beiden Stellen gesehen worden. Ich schloß mit mir selber einen Kompromiß, setzte mich abends an die Pfarrkante und wollte morgens am Brandriegel lauern. Schlechtes Wetter stellte sich ein und peinigte mich mit seiner Unbill. Schlimmer als Nebel und Wolken war der Wind; an drei Morgen drehte ich auf halbem oder dreiviertel Weg um, weil ich den kühlen Hauch im Nacken spürte.

Danach klarte es auf, und an einem ruhigen, angenehmen Nachmittag stieg ich wieder zur Pfarrkante hinauf. Als die Sonne hinter den Gipfeln untergegangen war, das Licht zu schwinden begann und die Stunde anbrach, in der es spannend wird, da zog der alles verderbende Nebel ein. Manchmal hob er sich wieder und gab ein wenig Sicht, gerade so viel, wie es bedurfte, um mich ausharren zu lassen. Als im Graben, durch den der Wechsel führte, Steine gingen und kurz darauf Stangen an den Zweigen anstrichen, begann ich zu beten und den Nebel zu beschwören. Entweder der Vorhang hob sich, oder ich mußte mich schnellstens zurückziehen, denn der Hirsch würde zwangsläufig von mir Wind bekommen. Mein Bitten und Betteln schien erhört zu werden. Gerade als ich mich davonschleichen wollte, hob sich der Nebel ein wenig. Ich schaute mir die Augen aus dem Kopf, sah eine Bewegung, einen Hirsch, ein Geweih, aber wie von unsichtbaren Händen wurde es mir genommen, verschwamm, löste sich auf, und die Nebel brauten. Im gleichen Augenblick spürte ich den verräterischen Luftzug im Nacken, und schon brach über mir Hochwild fort. Dümmer hatte es nicht gehen können. Es wurde ein Heimweg voll Ärger und Selbstvorwürfen. Warum hatte ich wider bessere Erfahrung auf verlorenem Posten ausgeharrt? Der Gerechtigkeit halber mußte ich mir aber eingestehen, daß ich immerhin den Hirsch gesehen hatte. Es hätte nur einiger Augenblicke mehr bedurft, und die Entscheidung wäre nahe gewesen.

Der Hirsch blieb von nun an unsichtbar. Ich hatte mich in die Geschichte verrannt und ließ manchen Abschußhirsch ziehen. Das Wetter blieb schlecht und erschwerte meine Unternehmungen. Als es sich beruhigte, tauchte plötzlich der Eissproßzehner wieder auf. Vom Tal machten wir ihn mit dem Spektiv aus. Er äste vertraut in der Fratte, wo ich ihn damals erwartet hatte. Wir unternahmen das Naheliegende, was jeder unternommen hätte, den das Hirschfieber um den Verstand zu bringen droht; wir nahmen die Beine in die Hand und schauten, daß wir hinaufkamen. Wir absolvierten die nahezu einstündige Wegstrecke in weniger als der Hälfte der Zeit. Dieser fliegende Aufstieg wird mir mein Leben lang unvergeßlich bleiben. Kein Tropfen Schweiß mochte mehr in mir sein; das Blut schien mir den Kopf zu zersprengen, und ich hätte die Tortur nicht zehn Schritte länger ausgehalten. Ich schaute in den Schlag – er war leer. Damit war ich ebenso leer, ausgelaugt und verzweifelt dazu. Meine Hirschpassion schlug in Zorn um; mußte ich immer zu spät kommen! Was gab es für ein schlechtes Omen in meinem Hirschjagen, das sich immer im letzten Moment dazwischenstellte, mir den Nebel sandte oder einen übervorsichtigen Beihirsch oder all die andere Unbill?

Ich stieg zu Tal, packte meine Sachen und fuhr in die Stadt. Dort plagten mich Zweifel ob meines gerechten oder ungerechten Zornes, und das Hirschfieber regte sich schlimmer als vorher. Wollte ich noch etwas erreichen, mußte ich mich beeilen. Es war bereits der 7. September, und zwischen dem 10. und 15. begann erfahrungsgemäß der Abmarsch der Hirsche. Alle Schwüre, die Hirsche für heuer nicht mehr anzurühren, waren vergessen, und am nächsten Nachmittag stieg ich wieder den Steig zur Pfarrkante hinauf. Heute staune ich selber über meine damalige Beharrlichkeit; erneut ließ ich einen Abschußhirsch ziehen. Hätte ich gewußt, was der nächste Morgen mir für ein Schauspiel zu bieten hatte, hätte ich ihn aus Trutz geschossen, mich daran gefreut und hätte den Bergen bis zum Gamsjagern Lebewohl gesagt.

Vor Büchsenlicht hatte ich am nächsten Morgen meinen Sitz am Brandriegel bezogen. Es wurde hell, und plötzlich stand der Achter im Schlag. Ich sah die starken Stangen, die langen Enden – es war ein guter Hirsch! Ich griff zur Büchse, doch in diesem Augenblick war der Hirsch schon ins Ziehen gekommen. Ich folgte ihm mit dem Fadenkreuz durch dichte Himbeeren, hohes Gras und Jungfichten. Irgendwo mußte sich eine Lücke bieten, ich versuchte vorzugreifen, um enttäuscht zu sehen, daß sein Blatt oder irgendein Stück beziebaren Lebens immer wieder hinter Stauden, Gras und allem mir feindlich Gesinnten verschwand. Schließlich durfte ich miterleben, wie der Hirsch sich an einigen Jungfichten Genüge verschaffte. Er schlug und fegte darin herum, daß die Fetzen flogen. Wenn er Atem für einen erneuten Angriff holte, sah ich sein hohes Geweih gegen den Himmel ragen. Aber er zeigte mir nicht eine Handbreit vom Träger, auf den ich unbedenklich geschossen hätte. Nachdem ihm wohl heiß geworden war – mir war es schon längst –, tauchte er im Jungwald unter. Bei genauerem Hinschauen begriff ich, daß der verkürzte Winkel zwischen mir und dem steil über mir ziehenden Hirsch die Sache so uneinsehbar gestaltet hatte. Ich glaubte, an diesem Morgen trotz des wieder einmal enttäuschenden Ausgangs dem Ziel nahe gekommen zu sein. Es wurde ein trauriger Irrtum.

Es war ein verrücktes Jahr, das so hoffnungsvoll mit den Feisthirschen begonnen hatte und deprimierend endete. Einundzwanzig Hirsche hatten wir gesehen, und ich stand mit leeren Händen da! All die versäumten Gelegenheiten und mißlungenen Versuche bohrten in meiner Erinnerung und ließen mich mit dem Schicksal hadern.

Im nächsten Sommer kamen keine verheißungsvollen Berichte von den Feisthirschen. Ich war im Juli selber für zwei Tage in die Berge gekommen, hatte zwar Hochwild gesehen, aber außer einem ungeraden Achter keinen reizvolleren Hirsch. Später, zu Anfang August, waren meine Gedanken und Wünsche noch nicht „rehbockrein". Ich liebäugelte mit gewissen Plänen, als mich ein spontaner Entschluß für ein kurzes Wochenende ins Hochgebirge fahren ließ. Ich wollte und mußte nach den Hirschen schauen. An einem schwülen Nachmittag stieg ich mit dem Freund zusammen zum Fürstenriegel hinauf. Der steile Weg und die dumpfige Luft machten uns mehr zu schaffen als sonst. Die Schwüle war treibhausartig geworden, und wir wunderten uns nicht, als sich im Westen drohende Gewittertürme aufbauten. Die Tropfen fielen. Gerade vor dem ersten Wolkenbruch erreichten wir die schützende Hütte. Kurz vor Schwinden des Büchsenlichts ließ der Regen nach und erlaubte uns einen Blick auf den Fürstenriegel. Ein Kälbertier konnten wir ausmachen. Wir wollten gerade umkehren, als uns eine Bewegung fesselte. Es war ein Hirsch. Die Konturen begannen sich bereits aufzulösen, doch der mächtige Wildkörper ließ keine Zweifel zu. Von seinem Geweih konnten wir anfangs nichts erkennen, so angestrengt wir auch mit den Gläsern schauten. Doch als er das Haupt hob, leuchtete mir eine helle, riesige Geweihgabel entgegen! War es der gute Hirsch von vor zwei Jahren? Jetzt zog er über einen Graslahner, kam näher und verhoffte auf gute einhundert Gänge. Völlig frei stand er dort, erkennbar als ein Schatten gegen den helleren Hintergrund. Es gab keine Zweifel, er war es. Trotz des schwindenden Lichtes sahen wir das Geweih. Aber war es das wirklich, konnte es das sein, oder war es ein Truggebilde, das die Dämmerung mit ihren Schatten zauberte? Als der Hirsch das Haupt wendete, durchfuhr es uns, und wieder blitzte eine riesige, helle Gabel...

In dem unwegsamen Gelände von Gräben, Scharten, Überhängen und Stauden ist es ein seltener Anblick, einen Hirsch so vertraut, so lange und völlig frei vor sich zu haben. Einen Augenblick, ich gebe es offen zu, durchzuckte es mich, und ich bedauerte, kein Gewehr bei mir zu führen. Es war nur der Anflug eines Gedankens, denn gleichzeitig wußte ich, daß ich nicht geschossen hätte, weniger um dem Gesetz Genüge zu tun, denn die offizielle Schußzeit ging erst vier Tage später auf, als um mir selber treu zu bleiben. Den Hirsch wiederzusehen, ihn hier zu wissen, war Freude und Glück genug.

Bald darauf tauchte er in den Erlen unter. Wir standen lange noch und konnten uns von diesem Bild und seinem Eindruck nicht lösen. Es hatte erneut begonnen zu regnen, wir spürten die Nässe nicht. – Wo war der Hirsch hergekommen? Vielleicht war er immer dagewesen, und nur das Gewitter hatte ihn einmal aus den tiefen Einständen des Hammertals gelockt. Würden wir ihn jemals wiedersehen, oder war es ein Fehler gewesen, die

Büchse zu Hause zu lassen...? War das die einzige Chance, die er uns geben sollte? Eine merkwürdige innere Stimme sagte mir, es war nicht das letzte Mal... Ich war beinahe sicher, es würde ein Wiedersehen geben. Am Abend rätselten wir bei Kerzenschein in der kleinen Hütte nur über diese eine Frage. Am Morgen wagten wir nicht, zum oberen Sitz hinaufzusteigen. Schweres Gewölk hing noch am Himmel. Der Fürstenriegel blieb ohne Hochwild; wir wußten eh genug und machten uns am Vormittag mit hoffnungsfrohen Gedanken auf den Weg ins Tal.

Ich mußte in die Stadt zurück. Das einmalige Bild des Hirsches blieb mir in jeder Minute gegenwärtig, und schloß ich die Augen, sah ich ihn frei und arglos wie ein Traumbild über den Boden ziehen. Es war kein Traum, dieses Mal war es Wirklichkeit gewesen, und es würde noch einmal Wirklichkeit werden. Meine Aufmerksamkeit bei der Arbeit und gegenüber den Dingen des täglichen Lebens ließ äußerst zu wünschen übrig. Einen Tag früher, als ich es eigentlich verantworten konnte, entfloh ich den Pflichten und kehrte heim in die Berge. Ich hatte alles hinter mir gelassen, einzig das Sinnen und Trachten um den Hirsch beherrschte mich. Ich wurde mit einer Nachricht empfangen, die meinen Herzschlag weiter beschleunigte. Der Freund hatte von der gegenüberliegenden Talseite den Hirsch bei vollem Licht über den Fürstenriegel wechseln sehen.

Erwartungsschwanger stiegen wir dieses Mal zum Fürstenriegel hinauf. Ich hatte Zeit, und ich war willens, auf meine Stunde zu warten. Gleichzeitig fühlte ich, daß sie in greifbarer Nähe war. Viel zu früh kauerten wir in unserem Stand und schauten immer wieder alle Flecken, Böden und lichten Stellen ab. Es zeigte sich Hochwild, aber nicht der Gesuchte. Erst im letzten Licht zog der Hirsch, unverkennbar in seiner Stärke, über eine kleine Blöße unterhalb einer Höhle. Ein Schuß bis dort hinauf ist möglich, wenn auch an dreihundert Metern wenig fehlen wird. Das Licht war im Schwinden, und wir schlichen zur Hütte zurück. Wir genossen die Gemütlichkeit des kleinen Raumes, beredeten kurz die Ereignisse und gingen zeitig zu Bett.

Wir sahen das erste Dämmern des Morgens kommen, sein Grau schwinden, die Konturen und Formen wachsen. Es wurde Tag. Ein Stück Hochwild hatten wir in den Erlen ausgemacht, aber wir sahen mit bloßem Auge, daß es nicht der Unserige war. Und dann: der Hirsch! Ehe ich meine Büchse richten konnte, war er über einen der oberen Böden gezogen. Hielt er den Wechsel, mußte er uns unterhalb der Höhle noch einmal kommen. Wie in einem Schraubstock lag die Büchse. Aber der Hirsch kam nicht. Es verging über eine halbe Stunde. Ich hatte mich längst aus dem Anschlag gelöst. Er mußte einen anderen Wechsel genommen haben, tiefer oder höher durchgezogen sein und so ungesehen die Einstände erreicht haben. Die Sonnenstrahlen kamen blendend über den Grat. Unter uns auf einem der freien Lahner des Fürstenriegels äste ein Gams. Seine hohe, enggestellte Krucke fiel mir gleich auf. Ich glaubte nicht mehr an das Auftauchen des Guten und wollte mir gerade den Bock, mit dem es später im Jahr ein Wiedersehen geben sollte, durch das Spektiv anschauen, als es mich wie ein Schlag durchfuhr. Unter der Höhle stand der Hirsch. Vertraut äugte er talwärts. Mächtig hob sich der dunkelrote, gewaltige Wildkörper von dem Lahner ab. Endshoch ragte das Geweih. Es war ein paradiesisches Bild voller Ruhe, Gelassenheit und Schönheit, dessen Unwiederbringbarkeit ich fühlte. Dann stand das Fadenkreuz hinter dem Blatt des Hirsches. Der Schuß brach, ich hörte dumpfen Kugelschlag. Das Paradies war zerstört, die todeswunde Kreatur flüchtete schwerkrank steil bergab, brach zusammen, walgte, war überriegelt und unseren Blicken entschwunden.

"Zwei Schreie flogen zur Sonne und waren beid' jahrtausendalt..." – Ich trug diesen Jubel auf der Zunge, zügelte mich, aber die Stunde meiner Glückseligkeit war angebrochen. Heute würde es keine Enttäuschung geben, heute hatte sich endlich mein Streben vollendet. Ich durfte mich freuen. Der Hirsch war längst verendet, das war so gut wie gewiß. Lange besprachen wir jede Kleinigkeit der letzten sich überstürzenden Ereignisse und gönnten uns in Zuversicht und Freude ein Hinauszögern des großen Augenblicks.

Wir mußten weit überhöhen, um die tiefen Gräben und Scharten des Fürstenriegels zu umgehen und zum Anschuß zu gelangen. Tiefrot leuchtete uns der Schweiß entgegen. Ich konnte nicht auf den Hund warten, der ruhig und sorgfältig, wie es seine Art ist, den Anschuß untersuchte. Ich stürmte auf der Fährte abwärts und fand die Stelle, an der der Hirsch zusammengebrochen war. Dann war er noch einmal auf die Läufe gekommen, und schon befielen mich wieder dumpfe Zweifel. Der Hund war bei mir, ich lobte ihn, entschuldigte mich ob meiner Disziplinlosigkeit und schickte ihn vor. Ein paar bange Herzschläge nur, dann klang sein dunkler Hals zu mir her. Keine fünfzig Meter unterhalb lag der verendete Hirsch. Wie verzaubert stand ich vor ihm. Was für ein Hirsch! Seine wirkliche Wucht und Stärke erfaßten wir erst, als wir ihn aus dem Graben, in den er gewalgt war, mit zwei Seilen mühsam weiter hinabließen, um ihn auf einem ebeneren Flecken strecken zu können.

Gewaltig ist wohl der Ausdruck, der diesem Bild am gerechtesten wurde. Natürlich gibt es stärkere Hirsche an Geweih und Wildbret. In diesem Fall zählte nicht das Absolute, sondern die Relation. Wie bewegt sich ein solch schwerer Hirsch in dem extrem steilen und ungangbaren Gelände, welche Klugheit hat er besitzen müssen, um hier dieses Alter zu erreichen? Denn er hatte, darüber waren wir uns einig, und es bedurfte der offiziellen Bestätigung kaum, die Mitte des zweiten Lebensjahrzehntes erreicht, wenn nicht gar überschritten. Wo kommst du her? Wo hast du gelebt? Wo hast du die Frühlingstage mit ihren lauen Nächten verbracht? Wo den Sommer? Wo bist du in der Brunft gewesen, und wo hast du dich in den mörderischen Wintern verborgen gehalten? Oder bist du irgendwo aus den Tälern heraufgewandert, um hier Ruhe und Abgeschiedenheit zu suchen und zu finden? – Das glaube ich nicht. Dein starkes derbes Achtergeweih zeugt davon, daß du ein Kind der Berge und dieser Landschaft bist, in der nur das Beste und Härteste überdauert. Wie konnte er sich so lange den lauernden Büchsenrohren der Jäger entziehen, die in ihren kleinen Jagden allerorten nur auf einen solchen Nichtkronenhirsch passen? Das war das größte Wunder! Wenn so einer auftaucht, tuscht es gleich; da wird nicht lange gefackelt.

Er lauschte den Fragen wie ein Schlafender, auf den man einspricht. Er hatte sein Geheimnis mit fortgenommen. Ich fühlte mich einem gestreckten Wild nie so verbunden wie ihm. Was war alles bis zu dieser Stunde notwendig gewesen! Jetzt erkannte ich in dem Weg das Ziel. Ich wußte, damals war die Zeit nicht reif gewesen. Und ich war nicht reif gewesen, den Wert dieses Geschenkes der Berge zu ermessen. All die Momente der tiefen Enttäuschung erhielten nun schicksalhafte Bedeutung. Es war ein Weg zu diesem Augenblick, der in seinem letzten Stück nicht klarer, selbstverständlicher und ohne jedes Zögern hätte sein können.

So stand ich lange vor dem Hirsch. Bis weit in den Mittag hinein sinnierten wir und glaubten, einen kleinen Stein aus dem großen Diadem seines Geheimnisses lösen zu können. Erst der Sommertag und das Brummen der Fliegen gemahnte an die Arbeit, die uns bevorstand. Das Aufbrechen war schon schwere Arbeit; allein den Hirsch in dem Gelände zu wenden, kam einem Kraftakt gleich. Wir trugen zuerst Geweih und Aufbruch zu Tal – so wie ich es schon einmal erträumt hatte. Wir kamen mit Messern und Leintüchern wieder, begannen mit der Arbeit und gingen am nächsten Tag zu zweit drei Male, bis wir die einhundertachtzig Kilogramm auf der Kraxe hinuntergetragen hatten. Die Gänge trieben mir die letzten sentimentalen Gedanken aus dem Kopf. Sicherlich wäre es stilvoller gewesen, ihn mit Pferd und Wagen durch das Tal hinauszuführen – doch wo kein Weg, geht kein Pferd, und schöner war es so!

Was bedeuten Maße? – Einen Schritt zum Absoluten, und so seien sie angeführt, um einen kleinen Eindruck von der Gewaltigkeit des Hirsches zu geben, der in einem Gebiet die Fährte zog, das seinem Ursprung und seiner Beschaffenheit nach dem Gamswild vorbehalten ist. Die Stangen messen weit über einen Meter. Sie sind bis in die Enden hinein von einer starken Männerhand nicht zu umfassen, und das Gewicht des Geweihes liegt heute in trockenem Zustand und mit kleinem Schädel noch nahe an sieben Kilogramm. Dieses sei nur am Rande vermerkt, sozusagen für das Notizbuch des deka- und zentimeterfreudigen Jägers.

Der Fürstenriegel hat mir lange nicht verziehen. Sooft ich in den nächsten drei Wochen bei erinnerungsträchtigen Gängen hinaufschaute, blieb er ohne Hochwild. Mein Sinn stand auch nicht nach Beute. Erst als mich eine extrem weitgestellte Gamsgais von oben anäugte, waren die platonischen Gedanken verflogen. Heute noch entzog sie sich meiner ernsthaften Nachstellung, aber vielleicht würde es ein Wiedersehen geben. Es war auch schon September geworden, beginnender Herbst – und für mich Zeit des Gamsjagerns.

Herbst

Herbstliches Jagen im Hochgebirge

Nach dem Rehbock ist der Gams mein nächstes „Kreuztier" gewesen; das Kreuz steht für das erste seiner Art in meinem Schußbuch. Auch ist der Gams nach dem Rehbock das Schalenwild geblieben, auf das ich die größte Strecke vorzuweisen habe. Mit einigem Abstand folgen Rot-, Schwarz- und Damwild.

Die Faszination des Gamsjagerns liegt für mich in der unverdorbenen, eindrucksvollen Landschaft des Hochgebirges. Die Natur offenbart hier noch die ganze Fülle ihrer Schönheit, wie sie uns bei zunehmend engerem Lebensraum immer seltener erhalten bleibt. Nicht nur ihre Schönheit, sondern auch ihre Gewalt spüre ich nirgends mehr als hier. Zu dem Meer als Naturelement, zu seiner Poesie und Kraft, habe ich nie den gefühlsmäßigen Zugang gefunden. Dagegen verkörpern die Berge für mich Natur, in die ich mich auch im Zeitalter des technischen Fortschritts als Bestandteil einzufügen habe und an der meine seelischen und körperlichen Kräfte reifen. Es ist lediglich die Erschöpfung, die mich manchmal aus dem Gebirge vertreibt, aber schon bald zieht es mich wieder hinaus, auch wenn die Wolken in Augenhöhe hängen, die Kälte auf die Knochen dringt oder der Schneesturm heult.

Mancherorts hat die moderne Jagd in ihrem „Fortschritt" längst auch leichtere Erfolgsrezepte entwickelt. Wegebau bis in die höchsten Regionen, vierradgetriebene Geländewagen, Seilbahnen und ähnliches mehr ermöglichen den bequemen Gamsabschuß.

Ich steige lieber zu Fuß zu den weiten Karen hinauf, flüchte mich bei einem Wetter in eine kleine Hütte oder harre unter einem Felsvorsprung und trage dann meine Beute auf der Kraxe zu Tal. Ich behaupte, so mehr um einen Gams zu erleben als einer, der mit Hilfe von Motorenkraft und Gipfelbahn deren zehn erlegt.

Der Gams gilt als schwer anzusprechendes Wild. Manche sehen in ihm sogar die Wildart, die am schwersten auf ihr Geschlecht und Alter hin zu erkennen ist. Dennoch möchte ich aus meiner Kenntnis unserer jagdbaren

Schalenwildarten heraus sagen – auch wenn es provozierend klingen mag –, daß das Rehwild in puncto Altersbestimmung den Gams übertrifft und weit schwerer anzusprechen ist. Ich kenne Rot-, Dam- und Schwarzwildexperten, und ich habe mit Jägern gejagt, die beinahe fehlerlos Gams ansprachen. Doch ich habe noch niemanden getroffen, dem nicht immer wieder die größten, ja lächerlichsten Irrtümer beim Ansprechen des Rehwildes passieren.

Gerade beim Gamswild gibt es untrügliche Kennzeichen, die sich dem Kenner offenbaren. Ich hatte das Glück, länger mit einem Jäger im Wilden Kaiser zu jagen, und war anfangs bereit, an Hexerei zu glauben, mit welch umwerfender Sicherheit er Gams ansprach. Heute, nachdem ich viel Gams gesehen, verglichen und geschossen habe, haben sich die Vorhänge zu diesen Mysterien für mich ein wenig gelüftet.

Als ich meinen ersten Gams erlegte, war das anders; ich kostete von dieser Jagd wie von einer fremden Speise. Ein wenig zögernd, doch staunend und begierig sog ich das Unbekannte in mich auf, und ich fühlte, daß meine Vorstellung von der Jagd eine neue Form gewinnen würde.

Eine elterliche Urlaubsreise hatte mich in die Berge geführt, und mit meinem speziellen Spürsinn ging ich gleich daran, die Jagdmöglichkeiten zu ergründen. Über viele Umwege geriet ich an den Grafenweger, den Hochgebirgsbauern, von dessen Hirschen bereits die Rede war. Ein wenig schüchtern kam ich zu ihm auf den Hof und fragte ihn so, wie eben nur ein Preuße sprechen kann, ob ich bei ihm einen Gams schießen dürfte. Er lachte zähnefletschend und musterte mich in meinem grünen Jagerjankerle. Seine Frau mochte wohl wie bei allen wichtigen Entscheidungen den Ausschlag gegeben und unmerklich mit dem Kopf genickt haben. Ich durfte wiederkommen. Mein Herz tat einen Hupfer; ich löste mir eine Jagdkarte und stand am übernächsten Tag in dicken neuen Bergschuhen gestiefelt und mit geliehener Büchse gespornt für die erste Birsch bereit.

Nach einem gemeinsamen Erkundungsgang war ich überwältigt von der Fülle der Eindrücke. Es würde höchste Lust sein, in diesem imposanten Felsenkessel auf Gams zu jagen. Der Grafenweger spürte meine Begeisterung, und er fragte mich, ob ich mir zutraue, hier alleine zu gehen; denn er hätte keine Zeit, mich ständig zu begleiten. Ich akzeptierte, ohne nachzudenken; denn das machte das Abenteuer erst perfekt. Meine Freude darüber konnte ich gar nicht verhehlen. Eine weite Lunge, ein gutes Herz, junge Beine und jugendlicher Eifer waren gegeben!

Ich sammelte in den nächsten Tagen meine ersten Bergerfahrungen; als Wichtigstes gehörte dazu, den Umgang mit dem Bergstock zu üben. Ich sah einige Gams, doch legte ich mir große Vorsicht und Zurückhaltung auf. Als ich eines Nachmittags drei schwächere Stücke zwischen den Latschen und Felsen des gegenüberliegenden Hanges ausgemacht hatte, glaubte ich, den Schuß auf das geringste Stück wagen zu können. Der Gams flüchtete steil bergab und verschwand in dem dichten Gewirr von Latschen und Geröll. Für meine damaligen Vorstellungen hatte ich ihn auf eine unsagbare Entfernung geschossen. Später trug ich stolz in mein Schußbuch ein: zweihundertfünfzig Meter! Als ich ein wenig mit den Bergen und der Landschaft vertraut war, merkte ich, daß ich unter den überwältigenden Eindrücken die Entfernung gehörig überschätzt hatte. Aber da zur Gamsjagd – wenigstens in den Erzählungen – ein himmelweiter Schuß gehört, beließ ich es dabei...!

Ich behielt die Stelle, wo ich den Gams zum letzten Mal gesehen hatte, im Auge und machte mich erst nach Dunkelwerden auf den Heimweg. – „Es wird schon passen!" meinte der Grafenweger. Nach einer eher durchlittenen als durchschlafenen Nacht weckte ich am nächsten Morgen lange vor Hellwerden den Bauern. Ich muß wohl einen recht übernächtigten Eindruck gemacht haben; denn der Grafenweger setzte mir erst einmal zur Kräftigung eine Schale Kärntner Sterz vor. Während ich das traditionelle Bauernfrühstück löffelte, schaute ich ihm aufmerksam zu, wie er Seile und Eisen mit kundiger Hand ordnete und zurechtlegte. Bevor er sich dann die schweren Genagelten anzog, wickelte er seine Füße sorgfältig in Lappen ein. Auf meinen neugierigen Blick hin erklärte er mir kurz, daß sie schonender und angenehmer zu tragen seien als das „moderne Gelump" – die Strümpfe. Ich habe den Weg zu vielen althergebrachten, bewährten und nützlichen Utensilien gefunden, aber zu den Lappen habe ich mich nie durchringen können.

Als wir ausrückten, lagen die Berge noch in der Frische des Morgens, und der wolkenlose Himmel kündigte einen herrlichen spätsommerlichen Tag an. Wir stiegen in der angenehmen Kühle auf dem schmalen Steig in den steilen Felskessel hinein. Dann arbeiteten wir uns im Bachbett über Felsbrokken, abgestürzte Bäume, Schotterrinnen und glitschige Steine hinauf, erklommen eine steile Geröllhalde und fanden den Gams in den Latschen. Ich war tief bewegt von dem Augenblick, der Beute, den senkrecht aufragenden Felswänden, der tiefen Schlucht und den Karen. Bei dem Grafenweger war wenig Zeit für solche Betrachtungen. Er war mit dem Abschuß zufrieden, obwohl der Gams, den ich als Bock geschossen hatte, inzwischen zur dreijährigen Gais geworden war. Das tat mir und meiner Freude keinerlei Abbruch. Ich packte den Gams in den Rucksack und stolperte hinter dem Bauern her den Weg zurück. Mit meiner Last auf dem Rücken schienen mir der Graben, seine Rinnen, Felsbrocken und Abstürze kein Ende zu nehmen. Auch das letzte ebene Stück durch den Wald bis zum Hof wurde mir zur Ewigkeit. Dann durchkostete ich zum ersten Mal den göttlichen Augenblick, nach dem langen Gehen Rucksack und Gams absetzen zu können. Alle Mühe und Plage des beschwerlichen Weges fielen ab. Mit ihnen und mit jedem Schritt und Tritt war aber die Last zur Beute gereift und mir ans Herz gewachsen.

Das war mein bergjägerischer Anfang. Von nun an kam ich jedes Jahr zum Gamsjagern in die Grafenweger Wände. Es fehlte nicht an heiklen Situationen, wenn ich allein auf mich gestellt im Gelände herumkraxelte, aber meine Unbefangenheit und die Unkenntnis der Gefahr ließen mich manches Hindernis überwinden, und ein ganzer Troß von Schutzengeln stand mir des öfteren bei. Es gab in dem Felskessel Stellen, von denen aus es unmöglich war, einen Gams zu bergen; daher verbot es sich, dorthin zu schießen. Ich wollte es nicht wahrhaben und wurde um eine traurige Erkenntnis reicher. Die passende Bemerkung des Grafenweger ließ nicht auf sich warten.

Geist und Körper wurden gefordert, und das machte die Jagd noch reizvoller. Und meine Gamserfahrungen mehrten sich, wenn sie auch nicht immer ohne rote Punkte blieben. Sie blieben aber bis auf einen Fall ohne schwarze Punkte. Einmal passierte es mir nämlich, daß ich ein führendes Stück schoß. Ich hatte die Gais lange beobachtet. Außer einem Jahrling – wohl ihrem vorjährigen Kitz – schien kein Gams bei ihr zu sein. Auf den Schuß hin sprang das Kitz aus den Latschen, aber zum Glück konnte ich es erlegen. Der Schreck darüber stand mir noch auf der Stirn geschrieben, als ich mit Gais und Kitz am Hof ankam. Eigentlich meinte ich, mit zwei Gams auf dem Rücken einen Großteil meiner Schuld gebüßt zu haben. Der Sohn des Grafenweger nickte sogar anerkennend: „Da mußt von guten Eltern sein!" – Aber der Tadel des Alten blieb mir nicht erspart und fuhr mir mächtig in die Glieder. Nie verlor er ein Wort darüber, wenn die Böcke, die ich brachte, zu jung waren. Hier jedoch hielt er zu Recht mit seinem Unmut nicht hinter dem Berg.

Ich sah die naturnahe, lebenserfahrene Einstellung des Grafenweger zur Jagd und begriff seine Welt. Ich fühlte mich dort heimisch und wurde ein Stück von ihr. Das harte Brot des Bergjägers wurde mir vertraut, und ich lernte seine Würze kennen und schätzen; denn in den Bergen wird viel gejagt und wenig geschossen. Mit Wohlgefallen denke ich an den alten Bauern, seinen Wald und die Berge, die mir glückliche Sommer- und Herbsttage schenkten. In Dankbarkeit lege ich einen Latschenbruch von hoch oben aus den Wänden auf sein Grab.

Heute habe ich meine gamsjägerische Heimat im Revier des Fürstenriegels, der Leiten und schattigen Lärchenbestände sowie der großen weiten Kare gefunden. So beginne ich auch erst mit dem Gamsjagern, wenn das Kapitel um die Feisthirsche abgeschlossen ist.

Damals, als ich den guten Hirsch geschossen hatte, holte mich die Begegnung mit der weitgestellten Gais auf den steinigen Boden des Gamsjagens zurück. Ich war ihr weit hinauf ins Kar nachgestiegen, bis ich die Sinnlosigkeit meines Bemühens begriff und enttäuscht umdrehte.

Das Gamswild nimmt gelegentliche Störungen in einem ruhigen, ihm vertrauten Gebiet nicht übel. Es war aber etwas anderes, was mich an einem Wiedersehen zweifeln ließ. Erfahrungsgemäß war in dem Gamswild dieser hohen Regionen Bewegung, und ein ständiger Wechsel bestand über den Grat hinüber auf die Sonnenseite des Nachbartales. Selten gelang es hier oben, Stücke wiederzuerkennen oder gar über einen längeren Zeitraum zu verfolgen. Natürlich lassen sich diese riesigen, unwegsamen Gebiete nie so gründlich beobachten wie die Leiten und Grashänge der unteren Lagen. Dort kannten wir standorttreue Gams, von denen später noch die Rede sein wird.

Trotz der geringen Aussicht, die Gais wiederzusehen, stieg ich in den folgenden Wochen einige Male zur Alm hinauf und suchte von der oberen Hütte aus das große Kar nach ihr ab. Es war ein müßiges Unterfangen. Selbst mit dem Spektiv ließen sich die höher stehenden Gams kaum oder nur ungenau ansprechen.

Oktober war es geworden. Ich schaute wieder einmal ohne allzu große Hoffnungen das Kar mit dem Spektiv ab, als ein fester Gamsbock am Scharboden auftauchte und mich die weite Gais vergessen ließ. Der Scharboden ist ein kleines Plateau, das am Fuße des Großen Kares liegt und den Fürstenriegel nach oben begrenzt. Ich kannte den Gams. Es war ein älterer Bock, dem an zehn Jahren nichts fehlen würde. Seiner auffällig hellen Färbung wegen hatte ich ihn den „Fahlen" getauft. Seit vorigem Jahr hatte er sich diesen Platz als späten Sommersitz ausgewählt. Er kam dabei öfter unserem „Schary" ins Gehege, der eigentlich der Herr auf dem Scharboden war und zu unseren standorttreuesten Gams gehörte. Es verging kaum eine Birsch, auf der er sich nicht anschauen ließ. Schary war gutes Mittelalter, er mochte seine sieben bis acht Jahre auf dem breiten Ziemer haben, während der Fahle mit Sicherheit älter war. Seine verwaschenen Züge gaben ein deutliches Altersmerkmal. Es war mein erstes heuriges Wiedersehen mit ihm. Er kam mir gerade recht, und ich wollte die Chance nutzen. Ich ließ die weite Gais weite Gais sein, packte Gewehr, Glas und Rucksack und birschte vorsichtig bis zum Lärchenrücken. Dort war ich überriegelt, stieg zügig hinauf und traversierte nach links in Richtung auf den Scharboden, wo der Fahle hoffentlich so ruhig wie vorher äste. Ich kam problemlos bis zu einem vorgelagerten Köpfl.

Von hier mußte ich nun entweder den Schuß wagen oder ungedeckt über einen Riegel birschen. Ich war mir sicher, der Gams würde das nicht aushalten, und entschloß mich zum Schuß. Es war sehr weit, aber ich wagte das Unternehmen. Auf den Schuß hin zeichnete der Bock in einer Weise, aus der ich nicht schlau wurde, und verhoffte mit schiefgehaltenem Haupt. Erst dachte ich, er würde stürzen, zögerte einen Augenblick, durfte aber mit einer zweiten Kugel nicht warten. Ich mußte mich liegend auf die andere Seite drehen, um eine neue Patrone aus der Tasche zu fummeln. Eine Reihe von Flüchen über mich und meine Schlamperei kam mir über die Lippen. Wenn ich dem Snobismus des einläufigen Kipplaufstutzens huldige, kann ich mich nicht nur auf seine Führigkeit und die Rasanz des 6,5x68 Kalibers verlassen, sondern muß die Patronen griffbereit haben, besser noch, sie mir zurechtgelegt haben. Wahrscheinlich kostete mich diese Verzögerung die Möglichkeit zum ruhigen zweiten Schuß, vielleicht kostete sie mich sogar den Gams! Als ich gottendlich wieder feuerbereit war, zog er spitz von mir fort. Er verhoffte vor den Latschen einen Augenblick; der Schuß brach, und der Gams verschwand ohne ein Zeichen in den Latschenfeldern. Ein schlechtes Gewissen peinigte mich und der Ärger über meine Hudelei dazu. Ich ließ eine gute Stunde verstreichen, ehe ich zum Anschuß hinüberging. Mein Gemütszustand schwankte zwischen Hoffnung und Selbstvorwürfen. Mir stand das merkwürdige Zeichnen auf den ersten Schuß vor Augen. Am Anschuß ließ sich aber nicht das Geringste finden. Der Hund als mein sicherster Helfer meinte „gefehlt". Besser gefehlt als krankgeschossen. Dennoch kroch ich der Fluchtfährte nach, um letzte Sicherheit zu haben, und ärgerte mich schließlich gewaltig über meine verdorbene Gamsbirsch.

Mit einem Auge hatte ich gesehen, daß oben im Kar trotz dieses Debakels noch Gams standen. War es nicht eine schöne Idee, wo die Ruhe eh gestört war, der Sache die Krone aufzusetzen und hinaufzubirschen? Vielleicht ließ sich ein jüngeres Abschußstück beim Rudel ausmachen. Könnte ich das Glück ertrutzen? Oder war es gescheiter, einen geordneten Rückzug anzutreten und ein anderes Mal wiederzukommen, wenn ich mit mir und der Welt im reinen war? Es wäre unsinnig, aus dieser verärgerten Stimmung heraus das Jagen fortzusetzen. Es würde nichts Segensreiches daraus werden.

Der Wind stand gut, er zog stetig hinab und würde eine Zeitlang halten. Ende September kommt die Sonne erst am späten Vormittag ins Kar; mit ihr und ihren wärmenden Strahlen dreht der Wind bergwärts. Gegen alle mir eben eingeredeten Argumente packte ich es an. Ich kam gut gedeckt von Boden zu Boden, von Absatz zu Absatz und schließlich von Stein zu Stein an das Rudel heran. Ich hatte es auf bequeme Büchsenschußentfernung vor mir. Nachdem sich der vom schnellen Steigen fliegende Puls beruhigt hatte, schaute ich mir die Gams nacheinander durch das Spektiv an. Es waren in der Hauptsache Kitzgaisen. Zwei ältere fielen mir auf, die ihre zwölf bis fünfzehn Winter gesehen haben mochten, sonst waren es mittlere Stücke und junges Geraffel, von dem sicherlich ein Stück zum Nehmen gewesen wäre. Es drängte mich plötzlich nichts mehr. Ich war mit dem Anblick recht zufrieden und genoß das herrliche Panorama der Felslandschaft. Nicht sehr oft kam ich hier herauf, schon um nicht die Ruhe des Wildes zu stören.

Der Ärger über den Fehlschuß war verflogen, es würde sich sicher eine zweite Gelegenheit auf den Fahlen bieten. Ich war drauf und dran, mich so still zurückzuziehen, wie ich gekommen war, riskierte einen abschließenden Blick auf die Gams und erstarrte. Ich glaubte, eine Erscheinung gesehen zu haben. Auf keine achtzig Schritt hatte mir die weite Gais direkt ins Glas geäugt. Ihr Haupt war für einen Augenblick in die Höhe geflogen, um gleich wieder in der Überriegelung zu versinken. Dort mußte sie die ganze Zeit gestanden haben, sonst hätte ich sie schon vorher gesehen. Hellwach und mit fiebernder Geschäftigkeit suchte ich nun alles nach ihr ab, fand sie aber nicht. Das Rudel bewegte sich gemächlich von mir fort. Weitere Gams zogen aus der Senke heraus, aber die weite war nicht dabei. Es dauerte und dauerte. Die ersten hatten den Grat zum Kleinen Kar erreicht. Ich war nahe daran, an meinem Verstand zu zweifeln, ob dieses kurze Bild Wirklichkeit gewesen war. Alle Gams mußten längst aus der Überriegelung herausgezogen sein. Immer nervöser schaute ich den letzten mit dem Spektiv zwischen die Lauscher.

Und dann kam doch noch ein Nachzügler. Sie war es, aber ich mußte ganz sicher sein. Bei unserer ersten Begegnung hatte ich sie bereits als nicht führendes Stück angesprochen. So unwahrscheinlich es auch war, ich konnte nicht ausschließen, daß es sich um ein Double von ihr handelte. Als ich dann Gewißheit hatte und zum Stutzen griff, war die Entfernung größer geworden, aber jetzt fehlte ich nicht. Sie brach im Feuer und walgte den Hang hinunter. Ich wartete mit schwer zu zügelnder Ungeduld, bis das Rudel über den Grat gezogen war, und ging, rannte und stolperte hinüber. Ich ließ dem Hund das Vergnügen, mich zum Stück zu führen. Während er den verendeten Gams bewindete und mit seiner Nase das rote Wundmal betupfte, stand ich still dabei und zog den Hut. Welch schöne Jagd war es gewesen, und welch wunderbare Trophäe hatte sie mir beschert.

Die Kolkraben und Alpendohlen hatten mich entdeckt und umkreisten mich in respektloser Nähe. Sie mußten auf ihren Teil warten, ich gönnte mir eine lange Wacht. Der Hund sah sich veranlaßt, das in seinen Augen lästige Volk hin und wieder auf Schwung zu bringen. Lässig erhoben sich die schwarzen Vögel vor ihm, um ein paar Meter weiter einzufallen und ebenso ungeduldig wie vorher zu rufen und mich unmißverständlich zu mahnen. Schließlich gab ich ihrem Drängen nach, brach die Gais auf, ließ ihnen ihren

Teil und zweigte sogar den reichlichen Feist ab, der sonst zu Tal befördert wird. Ich wollte heute nicht kleinkrämerhaft sein. Sie hatten lange genug auf ihren „Zoll" warten müssen. Ich schränkte den Gams, band ihn auf mein Gamstragl, das aus ein paar Lederriemen besteht, mit denen er sich kommod auf den Rücken schnallen läßt. Darüber kam der Rucksack, die Büchse schräg vor die Brust, den Bergstock eingesteckt, so ging es flott hinab zur Fürstenhütte. Dort genehmigte ich mir einen kleinen Verschnaufer, packte alle Sachen, die ich an der Hütte hatte, samt Gams und Rucksack auf die Kraxe, ließ den Blick einmal hinauf zum Kar und zu den Wänden wandern und machte mich schwerbepackt an den Abstieg.

Den Fahlen sah ich im Novemberschnee wieder. Ich erkannte ihn an seiner hohen, engen Krucke, die im oberen Drittel einen merkwürdigen Schwung nach auswärts zeigt und ihn so unverwechselbar machte. Er trieb eine Gais unterhalb des Fürstenriegels und ließ mir keine Zeit, auf Schußentfernung heranzukommen. Ich war hocherfreut über dieses Wiedersehen und gab mir in den kommenden Tagen größte Mühe, es zu wiederholen.

Ich stieg zum Fürstenriegel hinauf. Auf siebzig Meter stürmte ein guter Bock an mir vorbei und brachte einen anderen auf Trab. Der Schnee stäubte nur so um die schwarzen Gesellen. Als der Platzbock später in seiner Fährte ausgepumpt mit offenem Äser zurückkam, sah ich seinen langen, starken Pinsel. Es war ein reifer Gams. Ich kannte ihn nicht, sollte ich ihn nehmen? Ich dachte an den Fahlen und ließ ihn ziehen. Er gehört zu denen, die ich nie wieder sah.

Der Fahle blieb verschwunden. Ich gebe zu, ich wurde später schwach und schoß einen engen, starkschlauchigen Bock, der jünger als der Fahle war. Ich freute mich über ihn, zumal es ein altbekannter war. Er war es nämlich, der mich damals beinahe den guten Hirsch verpassen ließ. Dieses Erlebnis verband mich mit dem Gams, und um so lieber hielt ich ihm heute die Wacht. Er half mir aber nicht, den Fahlen zu vergessen.

Der brachte sich im folgenden August von selbst in Erinnerung. Er hatte im Vergleich zu den Vorjahren verfrüht seinen Sommersitz auf dem Scharboden bezogen. Das Gerangele mit Schary ließ nicht auf sich warten, und so waren die beiden öfter zu beobachten, wie sie wie geölte Blitze durch die Erlen jagten.

Mitte August stieg ich der Feisthirsche wegen zum Fürstenriegel hinauf. Auf meinem Sitz war ich in einen gemütlichen Schlummer hinübergeglitten, und als ich die Augen aufschlug, sah ich es weißlich vor der Höhle schimmern. Der Fahle saß dort im Bett und hielt gleich mir eine nachmittägliche Siesta. Als er hochwurde und sich in die Erlen hineinäste, schaute ich ihn mir genau an. Das war mehr als nur ein reifer Gams, das war ein alter Gams! Und – ein anderer Ausdruck fällt mir nicht ein – mager war er.

Heute war ich der Hirsche wegen hier, aber im September, wenn die Entscheidung um sie gefallen war, würde ich wiederkommen.

Eine Woche später sah der Freund den Fahlen, als er von einem mittleren Bock ausgeteufelt wurde. Als ich davon erfuhr, konnte ich mich eines unguten Gefühles nicht erwehren. Ich wollte es nicht wahrhaben. Dennoch bohrte die Nachricht in mir, und so stieg ich Anfang September zum Fürstenriegel hinauf mit der festen Absicht, jede sich bietende Chance zu nutzen. Ich saß keine zwanzig Minuten auf dem oberen Sitz, als von drüben aus dem Hammertal zwei Gams hervorpreschten, vorneweg der Fahle, hinterdrein ein fester, dunklerer Bock. Wahrscheinlich war das Schary, der heuer nun den anderen auf Schwung brachte. In Sekundenschnelle ging die Hatz über den Fürstenriegel hinüber an mir vorbei. Die Gams drohten bereits in den Erlen unterzutauchen, als der Verfolger abließ und der Fahle einen Augenblick verhoffte. Sein Haupt war verdeckt, wenige Meter trennten ihn von der Überriegelung. Mir blieb keine Zeit, ich sah einen fahlen, großen Gams und schoß. Der Bock zeichnete und tauchte mit einer Flucht in den Erlen unter. Ich war zu weit hinten abgekommen und beschloß zu warten.

Plötzlich stand unten wieder der Bock. Das war ein auffallend heller Gams, aber nicht der Fahle! Schwerkrank zog er über den schmalen Lahner. Ich ahnte Fürchterliches, mich würgte es in der Kehle, aber ich mußte handeln. Es war keine Zeit zu verlieren. Der zweite Schuß ließ ihn zusammenbrechen und verenden.

Ich hatte mich verleiten lassen zu schießen, weil „er" es ja sein mußte. Er war immer hier um die Wege gewesen und hatte sich mit dem anderen gejagt. Blind vertraute ich seiner auffälligen Färbung und schoß ebenso blind einen anderen Bock tot. Ich erinnerte mich an eine ähnliche Geschichte und schämte mich nun noch mehr über meine Schußhitzigkeit. Es war ein bedrückender Abend in der Hütte, der meinem Gemüt wenig Linderung schenkte. Am nächsten Morgen packte ich zeitig ab, hatte genug von der Jagd und meinem ewigen Herumgelaufe auf der Suche nach den besonderen Stücken, die ich hütete wie meinen Augapfel und nur zu schießen gedachte, wenn meine vielgepriesenen Stimmungen danach waren. Im August war mir der Fahle nicht recht gewesen, ich zierte mich wie eine Primadonna, und heute zögerte ich nicht, den nächstbesten Gams zusammenzuschießen, nur weil es der Färbung nach der Gesuchte sein mußte. Ich floh aus den Bergen und vor mir selber.

Meine Schwester kam zum Jagen. Es blieb mir nichts anderes übrig, als – wie es ausgemacht war – mit ihr ins Gebirge zu fahren. Zäh erkämpfte sie sich gegen Wetterunbill und unter Aufbietung all ihrer Kräfte einen Gams. Ihr Eifer und ihre Freude erfüllten mich mit Hochachtung und rückten in mir ein paar Dinge zurecht. Ich begann wieder klarer zu denken. Ich war sogar bereit, mich erneut dem Fahlen zu widmen, ja vielleicht sogar noch mehr als vorher.

Sooft ich auch in den nächsten Wochen nach ihm schaute, er blieb unauffindbar. Seit der Freund ihn Ende August gesehen hatte, war er nicht mehr aufgetaucht. Ich machte mir Sorgen, ließ aber in meinen Bemühungen um ihn nicht nach. In meinem Trutz und meiner Ausschließlichkeit war ich sogar fähig, einen interessanten Hirsch, einen Gabler mit gedrehten Stangen, zu verschonen. Ich unternahm auch keine Birsch ins große Kar, in dem die starken Rudel standen und mich oft in Versuchung führten. Ich wurde nicht wortbrüchig, ebensowenig aber wurde meine Abstinenz belohnt.

Im November kam ein fürchterlicher Schnee, der jede Birsch in den Berg beinahe unmöglich machte. Dennoch hatte ich die Hoffnung auf den Fahlen nicht aufgegeben und quälte mich den Fürstenriegel hinauf. Ich war kurz davor umzudrehen. Es wäre gescheiter gewesen; denn als ich mit Mühen das letzte Stück zur Hütte geschafft hatte, setzte der Schneesturm erneut ein. Ich führte oben zwei Tage einen Existenzkampf, ohne einen Augenblick an Jagd denken zu können. Als Sturm und Schneefall nachgelassen hatten, begann ich den elend steilen Abstieg. Ich wundere mich heute noch, daß ich so glimpflich über die gefährlichen Stellen hinweggekommen bin. Im hohen Schnee ist bergab kein Tritt sicher zu setzen, und wie leicht zieht es einem die Beine unter dem Leib fort und dann – aber lassen wir das. Als ich glücklich das Tal erreichte, hatte ich wieder einmal restlos die Nase voll von Bergen, Schnee und Mühsal und verließ wie ein Gezeichneter das Gebirge.

Ich mußte wirklich ein Gezeichneter sein; denn zehn Tage später kam ich zurück. Der Fahle hatte mir keine Ruhe gelassen. Die extremen Verhältnisse hielten mich vom Fürstenriegel fern, aber ich versuchte, seine unteren Lagen vom Tal aus abzuschauen. Ich pflügte durch den Schnee und kam auf dem Steig sehr nahe an die senkrechten Felsen des unteren Fürstenriegels heran. Plötzlich wollte der Hund, der bisher bedächtig in meiner Spur gelaufen war, mir etwas zeigen. Ich folgte ihm und zog wenig später einen verendeten Gams aus dem Schnee, der mit einer Neuschneelawine abgegangen sein mußte. Als ich ihn mir näher besah, versetzte es mir einen Tiefschlag: Ich hielt die Krucke des Fahlen in der Hand.

Heute sind Wehmut und Bitternis, derer ich mich lange nicht erwehren konnte, gewichen. Es war zwar ein trauriges Trostpflaster, das ich für mein Mühen und mein beharrliches Jagen erhalten hatte, aber es setzte trotz allem einen Schlußpunkt unter die Geschichte. Heute danke ich dem Zufall von

Herzen für die glückliche Fügung und bin gewillt, die guten Geister, die das alles eingefädelt hatten, ob ihrer Güte zu loben. Ich habe aus späteren traurigen Erfahrungen gelernt, daß ein Ende mit Schrecken besser ist als gar keines.

Die hohe Krucke mit zwölf Jahresringen hat einen Ehrenplatz bekommen – und neben ihr eine andere, die dort nicht hängen sollte! Wenn im Vorübergehen mein Blick auf sie fällt, wird die Erinnerung an diese lange Geschichte in mir lebendig. Natürlich wäre es schöner gewesen, wenn ich irgendwann an einem Septembermorgen an diesen reifen Gams herangetreten wäre, oder wenn ich ihn damals im November als Bartgams erbeutet hätte. Warum hatte ich ihn heuer bei unserer letzten Begegnung im August nicht genommen, warum passierte das Debakel mit seinem vermeintlichen Doppelgänger? Was macht eine Trophäe aus? Doch nur die Jagd, die man mit ihr verbindet. In manchen Augenblicken bin ich sogar versucht anzunehmen, daß die Krucke für mich so wertvoller geworden ist, als wenn damals am Scharboden meine Kugel ihr Ziel erreicht hätte.

Es gibt eine Reihe von verschollenen Böcken, deren Schicksal sich nicht auf ähnlich glückliche Weise aufgeklärt hat. Von zweien möchte ich erzählen, weil ich mich manchen Herbst und Winter um sie geplagt habe. Wie viele Birschen, wie viele Aufstiege und wie viele Jagdtage, wieviel Mühe und wieviel Seelenschmerz es letztendlich gewesen sind, vermag ich nicht zu sagen.

Der eine war der „Daffalo". Ich hatte ihn in Anlehnung an eine sehr schöne Geschichte von Cramer-Klett so getauft. Im Gegensatz zu seinem Namensgeber fehlte ihm allerdings nur ein Hakel. Er hätte der Sohn einer endshohen Gais gewesen sein können, die mit Fug und Recht kapital zu nennen war. Ich kenne ihre Erlegung nur aus Erzählungen, habe aber oft ihre weite Krucke in der Hand gehabt. Sie hatte ihren Einstand tief in einer Leiten und war ein richtiger „Staudengams". Sie ließ sich immer wieder vom Talweg aus anschauen, doch wenn es ihr galt, war sie regelmäßig in dem dichten Unterwuchs der Büsche verschwunden. Zu diesem Zeitpunkt war der Daffalo schon um die Wege. Er trug die gleiche himmelhohe, auseinanderstrebende Krucke, der aber, um sie kapital nennen zu können, die Stärke fehlte, und hätte ein unglücklich glücklicher Schütze ihn nicht vorbeigeschossen, hätte er sogar aus einer Verwechslung heraus für die Mutter sein Leben lassen müssen. Im darauffolgenden Jahr führte die Gais wieder ein Kitz und war damit tabu, aber im nächsten September schlug ihre Stunde. Siebzehn Jahresringe ließen sich an den weitgestellten Schläuchen abzählen.

Der Daffalo hatte vielleicht seine Jugend und seinen Sturm und Drang in höheren, gamswürdigeren Gebieten zugebracht und war nun für seine gesetzten Jahre in das Reich seiner Kindheit zurückgekehrt. Er war mir zwar ans Herz gelegt worden, aber weder seine reife Krucke, die ich bei unserer ersten Begegnung nicht einmal genau angesprochen hatte, noch das Gebiet, in dem er stand, spornten mich zu ernsteren Maßnahmen an.

„Die Staudenjäger" – das ist ein abfälliger Ausdruck des Berglers, der gewohnt ist, von Fels zu Fels zu springen. Er bezeichnet damit die Jäger der Ebene, die sich seiner Meinung nach nur in den Büschen herumdrücken. Ich sehe weder in dem einen noch in dem anderen etwas Besseres oder Schlechteres; jeder jagt in der ihm angestammten Landschaft. Ich gebe allerdings zu, daß es mir widerstrebte, dort unten zwischen den Büschen einen Gams zu schießen; sie waren, um in der Terminologie zu bleiben, für mich eben „die Staudengams". Erst später lernte ich, wie schwer es ist und wie großer Ausdauer es bedarf, hier ein bestimmtes Wild wiederzufinden und gar zu erlegen. Der Daffalo erteilte mir darin eine gewaltige Lektion.

Als wir im kommenden Jahr unsere private Bestands- und Abschußplanbesprechung hatten, nahm ich mir vor, mich ihm nun mit meiner ganzen Aufmerksamkeit zu widmen – zumal der Freund ihn inzwischen für mindestens zehnjährig hielt.

Anfang September hielt der Daffalo beständig einen Wechsel. Morgens beim ersten Licht zog er über ein Köpfl, das zwischen Wald und Büschen herausragte. Viel Zeit durfte man sich dort nicht lassen; denn anschließend tauchte er in dem dichten Staudenwerk unter. An meinem ersten Morgen – wie so oft – wäre es leicht gegangen, ich zögerte' zu lange und meinte, ihn erst mit dem Spektiv anschauen zu müssen. Am zweiten Morgen kam er so früh, daß an ein sicheres Abkommen auf die zweihundert Meter nicht zu denken war. Am dritten Morgen blieb er aus, und so ging es dahin. Ich sah ihn wieder, aber nie reichte es zum Schuß. Dann änderte er seine Gewohnheiten. Ich mußte mich nun darauf verlegen, von der gegenüberliegenden Talseite nach ihm das Gebiet abzuschauen, das sich mit seinen Lücken und Grasflecken von dort gut einsehbar darbot. Tatsächlich entdeckte ich ihn zweimal, aber als ich näher herankam, verschob sich der Blickwinkel, und das undurchdringliche Staudenmeer verschloß ihn vor mir. Es war wie verhext.

Ich wurde dieser Art des Gamsjagerns müde und setzte meine Hoffnungen auf die Brunft, in der ich vielleicht leichteres Spiel haben würde. Soviel ich dann aber auch nach dem Daffalo Ausschau hielt, er blieb unsichtbar. Erst – und das nehme ich ihm persönlich übel – am 24. Dezember zeigte er sich wieder. Wir machten einen Spaziergang durch das Tal, genossen den winterlichen Tag und schauten in weihnachtlicher Stimmung nach dem Wild. Völlig vertraut auf achtzig Schritt vom Weg stand der Daffalo in einer Leiten, äste und scherte sich in keiner Weise um uns. Ich blieb meinem

Grundsatz treu, Weihnachten nicht zu jagen, und verspürte keinerlei Bedürfnisse zu sündigen. Sieben Tage bis zum Ende der Schußzeit blieben mir, und das sollte reichen – aber nicht beim Daffalo!

Am ersten Januar reiste ich ab und hatte kein Haar mehr von ihm gesehen. Ich verließ die Berge dieses Mal nicht ohne Groll. Ich konnte kein Recht auf diesen Gams ableiten, das kann niemand und sollte sich niemand einbilden, aber ich hatte mir Mühe um ihn gegeben, und was blieb mir? Ein langes Gesicht! Ich konnte sein ziegenähnliches Hohnlachen geradezu hören! Auf nächsten Herbst, Daffalo! – lautete damals noch meine herausfordernde Antwort.

Im Februar kam ich eine knappe Woche ins winterliche Revier. Jeden Tag, den der Herrgott werden ließ und den ich dort verbrachte, stand der Daffalo in der Leiten. Ich habe ihm oft und lange zugeschaut. Hätte ich damals gewußt, daß ich ihn niemals wiedersehen würde, wäre ich nicht so ruhig gewesen. Ich hätte ihm ohne Zögern – horribile dictu – das gleiche Ende wie seinem Namensgeber bereitet; es wäre dann ein Schonzeitbock vom Februar geworden. – Schonzeiten sind dafür da, daß sie eingehalten werden, weniger, um dem Gesetz Genüge zu tun als vielmehr, um dem Wild Ruhe zu garantieren. Ich weiß das und halte mich daran; ich halte mich aber auch an Grundsätze, von denen nichts im Gesetz steht und die dennoch dem Wild zugute kommen. So hätte ich mir, wo es kein Wild beunruhigte, einen heimlichen Schuß erlaubt. Meiner Freude hätte es keinen Abbruch getan, was so sicher ist wie das Amen in der Kirche.

Damit ist die Geschichte vom Daffalo zu Ende. Wird er einem Nachwinter, Kälte und spätem Schnee zum Opfer gefallen sein, oder hat ihn eine Lawine aus der Wand geworfen? Eine andere Lösung dieses Bergrätsels kann ich mir nicht vorstellen. Er hätte schon eine große Wanderung machen müssen, um in ein Nachbarrevier zu kommen und dort die Beute eines Jägers zu werden. Ich glaube es nicht; denn erfahrungsgemäß sind die alten Gams in tiefen Regionen standorttreu. Schweren Herzens schloß ich das Kapitel um ihn ab.

Der andere, von dem ich berichten will, war ein ausnahmsguter Bock. Er war einer von den besonderen Gams, die in einem Gebiet vielleicht nur alle zehn Jahre oder noch seltener auftauchen. Solche guten werden entweder erlegt, dann kündet eine starke Krucke von ihnen, oder sie werden nur einmal von Jägeraugen geschaut, bleiben im Verborgenen und ziehen ihre Fährte, bis sie irgendwann alt geworden in einem harten Winter den Schneetod finden. Sie geistern durch die Wünsche manches Jüngers in Huberto, und schließlich weiß nur noch eine sagenumwobene, ins Unermeßliche reichende Schilderung von ihnen zu berichten.

Dem Ausnahmsguten stand ich plötzlich beim frühsommerlichen Salzlegen im Hammertal auf Schrotschußentfernung gegenüber. Ich glaubte, meinen Augen nicht trauen zu können. Das zweite Mal sah ihn der Freund und bestätigte meinen Eindruck. Die weite, hohe und starke Krucke ließ mit dem ersten Blick das Besondere erkennen.

Begegnet uns Jägern ein solches Stück Wild, das in seiner Stärke den Durchschnitt weit überragt, umgibt es der Hauch des Einmaligen. Sein Bild verfolgt uns, und wir wären bereit, alles – oder zumindest vieles – daranzusetzen, das begehrte Krickel zu erbeuten. So erging es mir damals – und doch war es anders! Der Bock stand in den großen, ungestörten Einständen der Herzkammer des Revieres, dem Hammertal. Wenn im Oktober das letzte Stück Hochwild abgezogen ist, mag es zu verantworten sein, die eine oder andere Birsch in dieses Gebiet zu lenken. Aber wo sollte ich in Geduld die Abende und Morgen verbringen und den „Übergams" erwarten? Keine Blöße in dem Hain uralter Lärchen- und Zirbenbestände bietet Platz für einen aussichtsreichen Ansitz. Sollte ich aufs Geratewohl herumlaufen, in jeden Graben, hinter jeden Felskopf schauen? Es widerstrebte mir, unter solchen Bedingungen aussichtslose Gänge in die besten Einstände des Revieres zu machen. So hätte ich jedesmal aufs neue die Gams oder die großen Scharwildrudel beunruhigt, die hier bei Wetterstürzen Schutz suchten.

Der Gedanke um diesen Gams hatte sich in mein Hirn gebohrt. Ich suchte nach Wegen und Möglichkeiten, seiner habhaft zu werden, fand aber keine Lösung. Er stand auf meiner „Gams-Wunschliste" obenan und bildete zugleich einen Sonderfall. Ich konnte nur auf einen Zufall hoffen, einen ähnlichen, dem ich überhaupt das Wissen um ihn verdankte.

Heute frage ich mich oft, ob ich es nicht entschlossener und ohne die ewige Rücksicht auf Einstände und Wild hätte angehen sollen. Wäre es die Krucke nicht wert gewesen, einen Herbst unter anderen Aspekten zu jagen? Im nächsten Jahr hätten sich die Hirsche wie jeden Sommer eingestellt, und die Gams wären längst wieder vertraut geworden, nachdem sie dort gravierende Störungen gar nicht kannten. Vielleicht hätten zehn Tage konsequenten Sitzens an einem guten Wechsel eine Entscheidung gebracht. Aber an welchem Wechsel, wo, in einem Gebiet, das im wahrsten Sinne des Wortes unübersehbar ist? Wahrscheinlich hätte es eines anderen als meiner bedurft, um die dafür notwendige eiserne Entschlossenheit aufzubringen. Vielleicht wäre sie eines Tages belohnt worden.

Mir war ein Gedanke gekommen, der sich im Ansatz realisierbarer erwies, als ich anfangs selber glauben wollte. Wenn die Lärchen einen Teil ihrer Nadelpracht abgeworfen hatten und ein Schnee das Gebiet durchsichtiger machte, wollte ich auf die Berge der anderen Talseite steigen und von dort das Hammertal abschauen. In einer schlaflosen, windgezausten Nacht auf der Fürstenhütte war mir der Gedanke gekommen, ob sich nicht von dort der Bock ausmachen ließ. Hatte ich ihn ausgemacht, sollte es möglich sein, ihn anzugehen. Der Weg hinüber nahm drei Stunden in Anspruch, in denen ein Gams weiter- und fortziehen konnte, ebensogut konnte er aber dort für ein paar Stunden äsend und ruhend bleiben. Es würde zumindest eine Möglichkeit sein, gezielt auf ihn zu jagen.

Ich ging als Tourist getarnt einige Male auf die nachbarliche Sonnenseite hinüber. Ein sehr schönes Plätzchen hatte ich gefunden, an dem ich wohlgemut einen Herbsttag verbringen konnte. Ich lag in der milden Herbstsonne und suchte immer wieder den Gegenhang mit Glas und Spektiv nach Gams ab. Es gab Stunden, in denen das Schauen über die wohl acht- oder neunhundert Meter Luftlinie schwer wurde, weil das schräge Sonnenlicht blendete und in der klaren Herbstluft die Sicht nahm.

Tatsächlich entdeckte ich eines Nachmittags von meinem Auslug aus einen sehr starken Gams. Deutlich erkannte ich trotz der großen Entfernung eine herausragende Krucke. Mir machte das Herz vor Freude einen Hupfer. Jetzt hatte ich ihn ausgemacht, nun konnte es gelingen. Ich sprang mehr als daß ich rannte den Steig hinab, merkte aber sogleich, daß ich mit meinen Kräften haushalten mußte. Ich hatte Gewehr und einige andere unentbehrliche Utensilien unten im Tal versteckt. Ich mußte den Weg über die Fürstenhütte hinüber ins Hammertal wählen, weil ein direktes Angehen nicht möglich war. Eine unüberwindbare Steilstufe ist vom Tal aus dem Hammertal vorgelagert.

Schneller aber, als ich erwartet hatte, kam ich zur Hütte hinauf und traversierte nun den Fürstenriegel dem Ziel meiner Wünsche entgegen. Vorsichtig birschte ich in den alten Lärchenbestand. Nun drängte nichts. Ich hatte Zeit; ich würde die Nacht auf der Hütte bleiben. Die Dunkelheit brauchte mich also nicht zu sorgen. Zur Orientierung diente mir ein Graben, und bald war ich mir sicher, auf der frischen Fährte des Bockes zu sein. Um schnell gerüstet zu sein, nahm ich Zielfernrohrdeckel und Mündungsschoner ab. Der Hund ging ein wenig vorgezogen bei Fuß, damit ich ihn immer im Auge hatte. Er würde mir sofort Wild anzeigen. In einem solch unübersichtlichen Gelände ist das Birschen mit einem erfahrenen Hund eine große Hilfe.

Es war ein wunderbarer Herbsttag. Die Lärchen hatten ihre gelbe Pracht noch nicht ganz verstreut, fußhoch lag der Schnee, und die Sonne verwandelte alles in ein Funkeln aus Licht und Farben. Aber hier war Schatten, und so zog der Wind kaum merklich, aber gleichmäßig abwärts. Es paßte alles; ich durfte nur jetzt in der schwerlich gezügelten Aufregung keinen Fehler machen. Der Hund verhielt und avisierte Wild, das schräg über uns stehen mußte. Lange schaute ich, der Hund stand unbeweglich. Ich machte zwei kleine Schritte vor und sah einen festen Gams. Er äugte zu mir herunter. Ich sah eine hohe, weite und starke Krucke, und ich sah, daß es mein Bock nicht war. Dieser war höchstens fünf Jahre alt. Enttäuscht ließ ich das Gewehr sinken, das ich schon von der Schulter genommen hatte. Es wird ein vielversprechender Sohn des Guten gewesen sein, für den sich in drei oder vier Jahren mancher Weg hier herauf lohnen würde.

Ich kehrte an diesem Abend erschöpft und ein wenig enttäuscht zur Hütte zurück. Warum war es nicht der Alte gewesen? Vielleicht wäre es der Lust zuviel gewesen, ihn so erjagen zu können. Das ewige Fragen, das Hadern mit den Mächten, in deren Händen unser Tun liegen mag, blieb und beschäftigte mich. Das Feuer knackte im Ofen und warf die Schatten an die Wand der kleinen Hütte. Ich beschloß in dieser Stunde, die Finger von dem Gams zu lassen. Ich scheute mich, zu viel meines Strebens und Hoffens in ein Bild zu legen, das mir klar und deutlich vor Augen stand, das ich aber nicht greifen konnte. Oder war es gar ein Trugbild, dem ich nachlief?

In dem darauffolgenden Monat, dem letzten Mond des Gamsjagerns, drang die Kunde zu mir, daß im Nachbarrevier ein sehr guter Bock geschossen worden war. Obwohl der Bock eine lange Wanderung hätte machen müssen, hielt ich es für möglich, daß es mein Übergams war. Ich fand mich damit ab und war beinahe froh, daß die Sache auf diese Weise zu einem Abschluß gekommen war.

Es wurde Sommer, bis ich einmal den Nachbarjäger aufsuchte, um die gute Trophäe anzuschauen. Ich kam ins Zimmer, sah die Krucke und wußte genau, daß es nicht mein Bock war. Dieses war ein sehr, sehr guter Gams, aber die Höhe und die Auslage – ja, die weite Auslage des anderen – hatte dieser nicht. Auch das Alter schien mir nicht zu passen. Dieses war ein zehnjähriger Bock, meiner durfte, mußte älter sein. Er reichte sicherlich an die Schwelle des Alters, das ein Bock in diesen Regionen überhaupt erreichen kann, denn nach den Strapazen der Brunft sind die Böcke den extremen Wintern, ihren Gefahren und Entbehrungen mehr ausgeliefert als die Gaisen.

Wenn es nur die Höhe gewesen wäre, die mich zu dieser Annahme kommen ließ, wäre ich nicht sicher gewesen. Gerade weitgestellte Krucken lassen sich schwer auf ihre Höhe ansprechen. Ich habe diese Erfahrung immer wieder gemacht, und auch erfahrene Gamsjäger haben mir dies Phänomen bestätigt. Aber darüber hinaus war der Typus der Krucke ein völlig anderer und ließ keinen Zweifel zu.

Damit war das Rätsel um den Guten immer noch nicht gelöst. Wahrscheinlich werden das Hammertal und der Fürstenriegel dieses Geheimnis eines ihrer stolzesten Söhne hüten und nicht dem schnöden Menschenwissen preisgeben. So wie sie manches andere hüten, von dem wir kein Wissen, nicht einmal eine Ahnung hegen. Vielleicht ist das auch der Ansporn für uns und für jeden Jäger, der sich wache Sinne bewahrt hat, immer aufs neue auszuziehen, um der Natur, den Bergen, dem Fürstenriegel und dem Hammertal eine Schrittbreite ihrer Geheimnisse abzuringen. Bevor ich von zwei solchen Köstlichkeiten erzähle, mit denen getrennt verlaufende Kreise sich zu einem schlossen, möchte ich von dem ältesten Gams berichten, den ich je lebend oder gestreckt gesehen habe.

Ich hatte über drei Jahre hin eine Einladung in eines der größten, schönsten, ruhigsten und bestgepflegten Hochgebirgsreviere Kärntens. Inzwischen sind solche Paradiese auch in den Alpen selten geworden. Zu sehr haben Industrialisierung und Wohlstand den Tourismus bis ins letzte Bergtal vorangetrieben, als daß noch viel Raum für sie bliebe. Dieses Revier ist nunmehr auch durch Wegebau und einen neuen, anders orientierten Besitzer in der jagdlichen Einzigartigkeit zerstört worden. Früher führte kein Meter Forstweg in das riesige, arrondierte Gebiet, das kaum wirtschaftlich genutzt wurde. Nur gejagt wurde dort – und das mit Verstand.

An einem milden, sonnigen Oktobertag kam ich zum ersten Mal in das Revier und schaute in eines der riesigen Kare, das sich von Almboden zu Almboden immer tiefer in die Weite erstreckt. Überall stand Wild. Allein hier zählte ich an die vierhundert Gams, und am frühen Abend, als das Hochwild in Bewegung kam, sah ich etwa hundert Stück Rotwild. Vertraut zogen sie auf den Böden und Lahnern zur Äsung.

Mein Jagen in dem schönen Revier stand merkwürdigerweise unter keinem guten Stern. Am ersten Morgen meines damaligen Ausfluges beschoß ich einen älteren Sechserhirsch auf eine, wie mir erst später bewußt wurde, unselige Entfernung. Der Morgendunst lag über dem Almboden, und der Hirsch zog mit seinem kleinen Rudel auf der gegenüberliegenden Seite den höhergelegenen Einständen zu. Es war nicht ganz allein meine Schuld. Der Förster, der mich führte, fragte, ob ich mich getraue, dorthinüber zu schießen? Was sagt man auf eine solche, beinahe rhetorische Frage? Sehr klein stand der Hirsch im Zielfernrohr. Ich hielt hinters Blatt und zog über der Rückenlinie ab. Ich dachte, ich hätte den Hirsch gefehlt, dann erst zeichnete er. So grotesk das klingen mag, aber eine Gedankenlänge lag zwischen Schuß und Zeichnen. Der Hirsch zog sichtlich krank weiter, und ich fehlte ihn zweimal, ehe er in einer Senke überriegelt war. Trotz allem meinten wir, er sei zum „Aufklauben". Die Enttäuschung war um so größer; wir fanden weder den Hirsch noch irgendein Schußzeichen. Das einzige, was ich entdeckte, war eine abgesplitterte Kante auf einem Fels, die von einem Geschoß herrühren konnte. Die Kugel mußte so stark gefallen sein, daß sie den Stein traf, der einige Meter vor dem Hirsch aus der Erde ragte, und von dort abprallend ihn von unten waidwund faßte.

Es wurde eine grauenhafte und schwierige Nachsuche über Almen, Geröllfelder, durch Einstände, riesige Latschenfelder und zurück zu den Einständen. Dort gelang es schließlich dem Hund, den Hirsch zu stellen, und der Fangschuß fiel. Das Glück und die Freude über den immer wieder zweifelhaften, letztendlich aber doch erfolgreichen Ausgang kannte keine Grenzen und ließ uns die Erschöpfung kaum spüren. Über allem war es später Nachmittag geworden. Es stellte sich heraus, daß der Hergang so ähnlich gewesen sein mußte, wie wir vermutet hatten. Das Geschoß war in deformiertem Zustand von unten in den Wildkörper eingedrungen und steckte im kleinen Gescheide.

Einen Wermutstropfen barg die Geschichte für mich doch: Es war nicht mein Hund gewesen. Ich hätte ihm zu gerne diese Arbeit gegönnt. Vor meiner Ankunft war mir bedeutet worden, es sei nicht erwünscht, einen Hund mitzubringen, da die Hündin des Försters äußerst eigen sei. Wie der Herr, so's Gescherr! Ich fügte mich natürlich und ging die Male, die ich dort jagte, ohne Hund, was mir nicht leicht fiel. Es war aber ein großes Erlebnis, diese hervorragende Hündin und ihren einfühlsamen Führer auf der schwierigen Fährte zu beobachten, auf der nicht ein Tropfen Schweiß zu finden war. Bei einer derartigen Leistung von Hund und Herr werden Eigenarten gerne zugebilligt. Außerdem möchte ich nicht wissen, welchen Eindruck mein Hund und ich inzwischen auf normale Menschen machen.

Bei einem nächsten Besuch schoß ich einen Gamsbock, versorgte ihn und setzte mich erneut unter die Schirmfichte, von der aus ich den Bock erlegt hatte. Tatsächlich wechselten im schwindenden Licht Spießer, Tier und Kalb an. Ich erlegte das Kalb und beschoß das Tier. Wegen des Mündungsfeuers konnte ich ein Zeichnen nicht sehen und hörte das Tier nur fortbrechen. Mein ungutes Gefühl bestätigte sich am nächsten Morgen, es hatte einen Laufschuß. Nach einer längeren Riemenarbeit hetzte der Hund das Stück durch schwieriges Gelände. Als es sich endlich stellte, dauerte es noch, bis ich zum Hund aufschließen und den Fangschuß geben konnte.

Im darauffolgenden Jahr machte ich das Maß voll. Ich war für einige Tage zur Hirschbrunft eingeladen, die mir in ihrer Reichhaltigkeit unvergeßlich bleiben wird. Vierzehn, fünfzehn, an manchem Abend noch mehr Hirsche meldeten in einem dieser ungestörten Almkessel. Wir saßen vor der Hütte und hörten ihnen zu. Immer wieder wechselten andere über den Grat herein und ließen sich gegen den hellen Himmel anschauen.

In dem lichten Bestand der gegenüberliegenden Bergseite konnten wir den ganzen Tag über Hochwild ausmachen. Einige alte, gute Hirsche waren dabei. Einer hatte es mir besonders angetan. Er trug ein weitausladendes Geweih mit einer einseitigen Krone und einer tief angesetzten Gabel. Ich hätte viel gegeben, auf ihn zu waidwerken, aber der Förster ließ sich nicht auf meinen Plan ein. Er fürchtete die Beunruhigung des Wildes. Zwei Wochen später fiel der Hirsch. Ich stand lange andächtig vor dem guten Geweih, das der erbeutet hatte, dem es zugedacht war und der es verdiente – der Förster. Er hatte über viele Jahre keine Mühe für das Wild gescheut, den Bestand herangehegt und zu dem gemacht, was er bis zu der Übergabe des Besitzes war.

Statt dessen versuchte ich mein Glück auf einen älteren Achter. Er kam mir auf nicht einmal einhundert Schritt und brach im Feuer. Als ich das Gewehr abgesetzt und nachgeladen hatte und wohlgefällig nach dem Hirsch schauen wollte, befiel mich der kalte Schrecken: Der Hirsch war fort. Er war über alle Berge, die Nachsuche mit der guten Hündin verlief erfolglos, und ich konnte nur hoffen, daß es wirklich ein Krellschuß war, den der Hirsch ausheilen mochte. Ich war so betrübt über dieses Mißgeschick, daß ich am nächsten Tag zu Tal stieg und abreiste. Ein wenig blieben diese schönen, interessanten Tage in der Erinnerung davon überschattet.

Erst zum Gamsjagern kam ich mit einem Freund wieder. Er kannte das Gamswild nur aus Neuseeland und war überwältigt von diesem Revier und seinem Wildreichtum. Den ersten Morgen birschten wir zu dritt in das große Kar hinein. Es war kein ganz glücklicher Plan des Försters; denn wir trieben mit schlechtem Wind das Wild vor uns her. Ich äußerte gewisse Bedenken, die aber übellaunig abgeschmettert wurden. Ich erkannte das Gebot der Stunde, dachte an die Theorie von viel Licht und viel Schatten, und so fügten wir uns in dieses mir sinnlos erscheinende Unternehmen. Ich mußte dem alten Brummelkopf – von ihm habe ich erst das richtige Fluchen gelernt – in einer Weise später doch wieder Recht geben; denn in einer der zahllosen Überriegelungen stießen wir auf Gams. Eine kitzlose mittlere Gais ließ sich ausmachen. Es war kein schwerer Schuß, und die Gais lag im Feuer. Darauf sprangen aus einer anderen Senke weitere Gams, die wir nicht bemerkt hatten. Ihnen nach zottelte eine riesige, behäbige Matrone, die bei dem Tempo nicht mithalten konnte. Sie schnaubte wie eine Lokomotive und machte immer wieder tief Atem holend ein Standerl. Für den Freund als Routinier genügte ein Blick durchs Glas, Nachladen des Blockstutzens und Schießen waren eins. Der Förster hatte zwar „Feuer frei" gegeben, glaubte wohl aber nicht an die Schnelligkeit des Freundes und beobachtete immer noch die erste Gais, die schlegelnd abwalgte. Daher mochte ihn der zweite Schuß aus dem Konzept gebracht haben. Er sprang auf, hielt wie ein Frontkämpfer, der jeden Augenblick den Angriff des Feindes erwartet, sein

Gewehr in der Hand und rief: „Was war jetzt das! Was macht Ihr? Was schießt Ihr mir meine Gams zusammen!"

Natürlich war die Schnelligkeit des Freundes auf neuseeländisches Jagen abgestellt, das anscheinend rasches Zugreifen lehrt... – Als wir aber den Förster beruhigt hatten und – er grollend, wir freudig erregt – zum zweiten Gams gekommen waren, löste sich alles in Wohlgefallen auf, und es gab ein Staunen und Beglückwünschen. Dieser Gams war eine abgeschlauchte Gais, an deren Kruckenstummeln wir neunzehn Jahresringe abzählen konnten. Somit wird sie mindestens vierundzwanzig Jahre auf dem Buckel gehabt haben. Vielleicht war sie auch älter, da die Schläuche nicht unbedingt oberhalb der ersten Millimeterringe abgebrochen sein mußten.

Es wurde ein vergnügter Tag, und es gab eine kleine Feier auf der schönen Hütte. Der Förster ging seiner Lieblingsbeschäftigung nach und zauberte ein phantastisches Menü, das jedem Meisterkoch zur Ehre gereicht hätte. Ich fragte mich nachher, ob er wohl die Leber der Vierundzwanzigjährigen verwendet hatte, und wenn das der Fall gewesen war, dann sprach das für seine Meisterschaft. Sein anfänglicher Ärger über den schnellen zweiten Schuß war längst verflogen, und von nun an sprach er mit größter Hochachtung von dem Freund und ließ keine Gelegenheit aus hervorzuheben: „Der Herr Diplom-Ingenieur schießt wie ein Partisan...", wobei das Wort Partisan mit mehreren „P's", einigen „s" und einem langgedehnten „a" gesprochen wurde, um dem Ganzen die genügende Schwere und Bedeutung zu geben.

Am nächsten Tag erlegte ich eine enge, hohe Gais, die in einem Rudel stand, das ich vom Karboden aus anging. Es bedurfte dreier Kugeln, bis sie schließlich stürzte. Sie saßen alle drei auf einem handtellergroßen Fleck hinter dem Blatt, und mir ist die Wirkungslosigkeit meiner Schüsse unverständlich geblieben. Man sagt ja, daß nach dem ersten Schuß die Schockwirkung verlorengeht. Der Freund hatte die Geschichte von unten mit angesehen und war mit seiner Waldläuferkondition innerhalb von Minuten hinaufgestiegen. Als erfahrener Ballistiker empfahl er mir gleich, ein anderes Geschoß zu verwenden, und als ein allem Hergebrachten verbundener Mensch wechselte ich es natürlich nicht!

Auf dem gemeinsamen Rückweg begegneten wir dem Förster, der mein Schießen gehört hatte und Schlimmes von mir vermutete. Ich hatte ihn ja auch sonst wahrlich nicht verwöhnt. Dieser Gams war das letzte Stück Wild, das ich in dem Revier schoß, und so war wenigstens der Abschluß meines Jagens in dem herrlichen Gebiet ungetrübt.

Zu dem Zeitpunkt waren mir der Fürstenriegel und sein Revier längst ans Herz gewachsen, und so wog der Verlust dieser Jagd nicht zu schwer. Ich wollte aber von zwei Schätzen des Hammertals berichten, deren Geheimnisse sich schließlich lüfteten. Es war ein wunderschöner Endseptembertag. In der Frühe hatte es Reif gegeben, der nun schnell in der heraufsteigenden Sonne schwand. Zu dieser Jahreszeit zieht das Wild schon den wärmenden Strahlen entgegen. Mir selber ergeht es nicht anders. Wenn ich irgendwo die ersten Stunden des Lichts an einem Wechsel oder einem Schlag verhockt habe, bleibe ich gerne ein paar Minuten länger sitzen, warte die Sonne ab und lasse mich von ihren Strahlen durchwärmen. Kaum etwas ist wohliger und angenehmer, als so ein kleines Viertelstündchen zu verharren und die Hirsche und alles Wild für ein paar Herzschläge zu vergessen.

Von den Hirschen und der Brunft, die längst im Gange sein sollte, hatte ich weder etwas gesehen noch gehört. Am späten Vormittag brach ich dann mit dem Freund zum Fürstenriegel auf. Heiß brannte inzwischen die Sonne, aber der Steig lag im Schatten. Die Kühle und Frische hatten sich hier gehalten und machten das Gehen angenehm. Oben an der Hütte setzten wir unsere schwerbepackten Kraxen ab. Wir hatten eine Menge Proviant mit heraufgenommen, um hier ein paar Tage in genüßlicher Ruhe zu verbringen. Im Hammertal sollte es eine alte Kohlgais geben, die seit sieben Jahren bekannt war. Sie mußte weit im zweiten Lebensjahrzehnt stehen. Der Freund hatte sie oft am Fürstenriegel, im Winter ein wenig tiefer und dann auch auf einer der seltenen Gamsbirschen ins Hammertal gesehen. Die Gais führte regelmäßig ihr Kitz, und so verging Jahr für Jahr, und der Grad der Bekanntschaft wuchs. Vielleicht begegneten wir ihr einmal. Ich hätte sie zu gerne angeschaut.

Die Kohlgams sind in diesem Gebiet gar nicht so selten. Als vor fünfzehn Jahren die Gamsräude in den teilweise wohl überhegten Beständen wütete, meinte man beobachten zu können, daß die vereinzelt vorkommenden Kohlgams widerstandsfähiger gegen diese Seuche waren. Nach dem Abklingen der Räude tauchten die „Kohlerten" in dem auf wenige Stücke reduzierten Bestand verstärkt auf. Wir haben leider bisher nie abgeklärt, ob sich diese Beobachtung wissenschaftlich untermauern läßt. Heute sind sie keine Seltenheit in unserem Revier. Ich habe zu Beginn meines dortigen Jagens einen recht guten Kohlbock geschossen. Sonst aber schonen wir sie allenthalben, denn sie bedeuten eine willkommene Bereicherung. Es ist ein faszinierendes Bild, die total schwarzen Gams durch den Schnee stäuben zu sehen. Sie gemahnen an den leibhaftigen Berggeist. Stundenlang kann ich auch den Kohlkitzen zuschauen, wenn sie wie schwarze Kobolde ihre Sprünge machen oder ernst wie Mönche neben ihrer normal gezeichneten Mutter einhermarschieren.

Die Kohlgamsmutation wird dominant vererbt, und Mischungen sollen nicht vorkommen. Einmal – außer mir legen zwei Leute ihre Hand dafür ins Feuer – haben wir einen „Halbkohlerten" gehabt. Der Bock hatte die Blesse, die hellen Innenseiten der Lauscher und die weiße Zeichnung am Träger, aber die helle Gesichts- und Bauchzeichnung fehlte. Er führte mich mit seiner weiten Krucke und nicht zuletzt seiner abnormen Färbung wegen in arge Versuchung. Er war wohl nur sechsjährig, und ich wollte meinem Grundsatz, die mittleren Böcke zu schonen, nicht zuwiderhandeln. Ein Grundsatz kann nur den erhofften Erfolg zeitigen, wenn man sich strikt an ihn hält. Ich habe den Bock, wie auch einige andere Begehrte, nie wiedergesehen und hätte gerade bei ihm vieles für eine zweite Begegnung gegeben.

Die Tage am Fürstenriegel vergingen, und wir sahen die alte Kohlgais nicht. Statt dessen zeigte sich eine enge, hohe Gais, bei der die Hakeln hinten zusammenführten und sich beinahe überschnitten. Auch sie kannte der Freund seit Jahren. Sie war eine der Urmütter, die nach der Räudezeit regelmäßig ihr gutes Kitz führte. Die einwärts gedrehten Hakeln, die an enggestellten hohen Gams immer wieder auftauchen, erinnern heute noch an diese Blutlinie.

Als die Gais im Jahr davor zum ersten Mal kein Kitz hatte, wurde sie von einem anderen Jäger gefehlt. Heuer hatte sie sich wohl aus Sicherheitsgründen wieder Nachwuchs zugelegt. Ich betrachtete sie aufmerksam durch das Spektiv. Es war ein alter Gams. Die dunklen Züge des Hauptes waren verwaschen und ließen es noch länger und hagerer erscheinen.

In der ausgehenden Brunft sah ich sie wieder, als sie sich mit einem Jüngling vergnügte. Siehe da, die alten Damen! – So bekam sie ihren Namen: die alte Dame. Ich wußte um ihre Mutterschaft und widmete ihr daher keine weitere Aufmerksamkeit. Das änderte sich schlagartig mit dem 12. September des nächsten Jahres. Die alte Dame stand in der Lassnigleiten, die gen Westen den tiefen Ausläufern des Fürstenriegels vorgelagert ist. Wir erkannten sie sofort an ihrer Krucke und ihren altersgrauen Zügen. Und wir sahen noch etwas: Sie führte kein Kitz. Wir registrierten das nicht ohne böse Gedanken. Nur die Stunde zählt. So machten wir uns auf die Socken und gingen sie aus einer seitlichen Überriegelung an. Der Wind strich hinab. Wir waren gut herangekommen und schauten erwartungsvoll hinter einem Felsblock hervor in die Leiten. Doch die war leer! Vielleicht schob ich mich zu weit über unser Versteck hinaus; denn plötzlich ertönte ein unfreundlicher Gamspfiff aus dem Geröll. Die alte Dame hatte in ihrer Altersschlauheit längst die Situation erfaßt. Als wir noch auf weite Entfernung ungedeckt das Tal querten, wird sie in aller Seelenruhe schon in Deckung gegangen sein.

Jetzt sah ich sie; nur Träger und Haupt schauten hinter einem Fels hervor. Schnell hatte ich auf dem Stein Rucksack und Mantel als Unterlage für die

Büchse gerichtet Ich war im Anschlag und wollte den kurzen Schuß auf den Träger ohne Hemmungen wagen, aber in letzter Sekunde tauchte sie fort. Doch ich war mir sicher, sie würde in neugieriger Gamsmanier irgendwo auf einem Köpfl erscheinen. Nicht so diese gewitzte Dame. Sie machte es einfacher und wirkungsvoller, sie verschwand wie vom Erdboden verschluckt. – Ich war nicht allzu betrübt, daß es nicht gepaßt hatte. Oder sollte es eine nicht so schnell wiederkehrende Gelegenheit gewesen sein?

Oberhalb von der Lassnigleiten liegt ein Felsplateau, von dem aus die Wände senkrecht hinaufragen. An deren oberem Rand stehen ein paar alte Lärchen. In dem Wurzelstock eines dieser jahrhundertealten Bäume soll es einen berüchtigten Sitz geben, der mir für die Jagd auf die alte Dame anempfohlen wurde. Man säße in ihm wie auf einem Söller; unter einem lachen zwar zweihundert Meter freier Fall, aber es sei ausgesprochen kommod, von dort die Gams zu schießen. Ich habe großes Verständnis für gute, einfache und sinnvolle Jägersitze. Auch war ich bereit, viel für die alte Dame zu tun, aber ich war mir ebenso sicher, daß sie mich dort oben nie zu Gesicht bekommen würde. Ich wollte ihr lieber von unten auf den Leib rücken. So schaute ich vom Tal aus regelmäßig das breite Geröllfeld, die grünen Grasbandeln, die Felsplatten und die Wände und Scharten ab.

Ich bin ein wenig den Geschehnissen vorausgeeilt. Am nächsten Tag nach unserem mißglückten Versuch gingen wir trotz des erwachten Interesses an der alten Dame zum Fürstenriegel hinauf. Wir stiegen weiter ins Kar, und ich schoß aus einem größeren Rudel einen schwachen Gams. Ich freute mich an der Beute und der guten Jagd. Es war nicht einfach gewesen, das Rudel anzugehen, da der Wind in dem sonnenbeschienenen Kar bergauf strich.

Es war längst dunkel geworden, als wir mit aufgeschnalltem Gams an der Hütte anlangten. Ich war mit meiner Beute höchst zufrieden und gedachte, den Morgen mehr sinnierend als jagend zu verbringen. Solche Vorsätze soll man nie fassen. Gerade diese von einer höheren, vergeistigten Warte aus geführten jagdlich unjagdlichen Unternehmungen enden im guten Falle mit fetter Beute, im schlechten und häufigeren mit Fehlschüssen und Zerknirschtheit.

Es war fast noch ein spätsommerlicher Morgen, aber das Laub und die Lärchen verfärbten sich bereits. Wir kauerten in unserem Sitz am Fürstenriegel. Eine Bewegung rechts von mir ließ mich zum Glas greifen. Ein dunkler, großer Gams, gefolgt von einem Jahrling, zog dort durch die Erlen. War das nicht – ja, das mußte die Kohlgais sein! Der Freund nickte. Sie verschwanden in einem der vielen Gräben, zogen drüben auf einer Lahner und verhofften. Die Gais stand frei. Ich hatte gestern mit einem weithin treffenden Schuß mir selber die Führigkeit und Vertrautheit meines Kipplaufstutzens wieder unter

Beweis gestellt und gebührend gelobt. Hier konnte auf die „lächerlichen" zweihundert Meter nichts schiefgehen. Trotz der Aufregung um die plötzlich aufgetauchte begehrte Gais zitterte das Abkommen keinen Millimeter, wie eingeschraubt lag die schwere Büchse. Ich berührte den herrlich weichen Abzug. „Gefehlt!" flüsterte der Freund. Ich war baff, konnte es nicht glauben und war im Begriff, mit ihm zu rechten, so sicher war ich meiner Sache. Zum Glück bequemte ich mich, selber einmal hinüberzuschauen. Dort standen die Gams, und die Gais äugte eher überrascht als mißtrauisch zu uns her. Ich hatte immer noch nicht gelernt. Es dauerte ewig, bis ich eine zweite Patrone aus der Tasche gekramt und neu geladen hatte. Nun war es mit der Ruhe vorbei, die nötig gewesen wäre, um den Schuß zu zielen. Aber die Kohlgais zeichnete schwer und flüchtete in die Überriegelung. Wir mußten warten; sie würde sicherlich ins Wundbett gehen.

Es vergingen zwanzig Minuten, die mich ruhiger machten. Ich hatte einen Augenblick fortgeschaut und traute meinen Augen nicht, als drüben am Wechsel zum Hammertal die Kohlgais schwerkrank den Einständen zu zog. Es brauchte nur ein paar Sekunden, bis der Schuß heraus war. Sie zeichnete nicht; sie verhoffte, tat sich nieder, und verendend sank das Haupt auf die Seite.

Einen Augenblick schnürte es mir die Kehle zusammen. Ich sah das Leiden und Verenden eines Tieres, das Leiden, das ich ihm zugefügt hatte. Schizophrenie der Menschenseele. Der Mensch zieht aus, um Beute zu machen, und es graust ihn ob des Leides, das er anrichtet. Das Raubtier tötet, es kennt keine Fragen und keine Zweifel, es folgt seinem Gesetz. Unser Verstand läßt uns im Beutemachen das Leid des Opfers erkennen und damit die Wertung von Gut und Böse entstehen. Gut und Böse sind menschliche Begriffe, die das Tier nicht kennt. Die Katze ist nicht böse, weil sie den Vogel fängt. Nur unser Verstand führt uns in dieses Dilemma, aber mit ihm gäbe er uns die Möglichkeit, vom Rauben oder Töten abzulassen. Dennoch töten wir – machen wir uns nicht dadurch schuldig an der Natur und seinen Geschöpfen?

Es war nur ein Anflug dieser Gedanken. Dann überwog die Freude alle rationalen Überlegungen von Gut und Böse. Als die Sonne höher gestiegen war und der Fürstenriegel in ihrem Licht erstrahlte, gingen wir den schmalen Steig hinüber zum Gams. Ich zog meinen Hut und stand lange vor ihm. Ein besonderes Stück Wild war mir zuteil geworden.

Wenn mir heute seine Erlegung leichter als manch anderes Mal gemacht wurde, so war es kein minderes Glück. Auch leichte Beute kennt ihre unbändige Freude. Sie ist ein Ausgleich für viel Mühen und Hoffen um manches andere Stück, das einem verwehrt bleibt. Damals stand mir alles Trachten um Daffalo, den Fahlen und wie sie sonst alle heißen noch bevor.

Ich hätte mit der aufgebundenen Gais von hier direkt absteigen können, trug sie aber zur Hütte hinüber, um mit dem Gams von gestern Strecke legen zu können. Sechzehn Jahresringe hatte ich an der Krucke der Kohlgais gezählt. Als sie ein Kitz war, schoß ich meinen ersten Gams beim Grafenweger. Zeitliche, zeitumfassende, lebensumfassende Betrachtungen – gedankliche Spielereien des Glücklichen.

Fürstenriegel und Hammertal hatten eine ihrer Kostbarkeiten preisgegeben. Durch diesen Erfolg ermuntert, schärfte ich meinen Blick für die alte Dame. Aber die Lassnigleiten blieb gamsleer. Für einige Tage mußte ich die Berge verlassen und kehrte erst Ende September zurück. Ein Wettersturz kam, es regnete tagelang, und die Schneefallgrenze reichte schließlich bis ins Tal hinunter. Vielleicht war die alte Dame bei diesem Wetter um die Wege. An dem ersten Morgen steuerte ich auf direktem Wege zur Lassnigleiten. Ein Blick genügte. Ich schaute durchs Spektiv, sie war unverkennbar! Sie hatte inzwischen voll durchgefärbt, war eher blau- oder altschwarz anstelle der satten, dunklen Färbung, die die anderen frühverfärbten Gams um diese Zeit haben.

Ich ging die Sache ruhig und besonnen an. Ich umschlug den Talboden, um nicht ihre Empfindlichkeiten zu wecken, und stieg vorsichtig von Felsblock zu Felsblock die Leiten empor. Ich hatte mir eine einzelne hohe Lärche als Ziel gesetzt. Von dort mußte ein Schuß möglich sein. Ab und zu spähte ich aus sicherer Deckung hervor. Friedlich äste sie und argwöhnte nichts. Ich hatte die Lärche erreicht, richtete mir eine gute Auflage und wollte mir einen Augenblick der Ruhe vom zügigen Steigen gönnen. Unangenehm stieß mir nun auf, daß ich nicht meinen vertrauten Kipplaufstutzen bei mir hatte, sondern heute die leichte Birschbüchse führte. Als notorischer Verächter der neumodischen Taschenlampe hatte ich neulich abends in dem stockfinsteren Bestand den Steig verloren, fand nicht zurück, ging der Nase nach, rutschte über eine Felsplatte ein paar Meter hinunter, überschlug mich und blieb zum Hohne meiner selbst auf dem Steig liegen. Erst am nächsten Tag sah ich, daß es den Schaft am Baskül abgesplittert und herausgehoben hatte. Der Stutzen war zum Büchsenmacher gewandert. Mein alter Mannlicher, den ich sonst gerne in den Bergen führe, war seines Glases wegen dort, und so hatte ich notgedrungen zu dem leichten Gewehrle gegriffen.

Ich bemerkte es mit Unwillen, wußte ich doch aus eigener Erfahrung, wie viel schlechter es sich auf weite Distanz mit den leichten Gewehren schießt. Jeden Herzschlag machen sie mit, während die schwere Waffe ruhig auf der Auflage liegt. Der weite Schuß hinauf wollte gezielt sein, und mein Zustand im Anblick der alten Dame war alles andere als gelassen. Der Gams zog nun äsend spitz von mir fort. Die Entfernung wurde immer weiter, er drohte in den Steinen zu verschwinden, verhoffte und stand breit. Ich zielte, hielt den Atem an, setzte ab, zielte noch einmal. Der Finger ging mir nicht, wie man so schön sagt, was immer ein schlechtes Zeichen ist. Schließlich, auf den Knall hin, blieb die alte Dame stehen und verschwand dann mit einigen lässigen Fluchten nach oben in die Felsen. Ich hätte am liebsten vor Wut und Verzweiflung einen Schrei ausgestoßen, um mir Luft zu verschaffen. Es half nichts, ich stieg das biestig steile Stück zum Anschuß hinauf. Wie ich vermutet hatte, war kein Schußzeichen zu finden. Der Blick des Hundes sprach Bände. Obwohl ich ihn nicht zu oft enttäuschte, schien er sagen zu wollen: „Wieder nichts!" Ärgerlich und über die leichten Gewehre schimpfend, ging ich nach Hause, packte einige Sachen zusammen und stieg zum Fürstenriegel hinauf, um dort Abstand und Läuterung zu erfahren.

Von der Fürstenhütte birschte ich zum Samerberg, der das große Kar nach Westen begrenzt. Dort entdeckte ich in einem Lärchenbestand ein größeres Rudel Gams. Der Wind stand bergwärts. Ich mußte in einem Graben Höhe gewinnen, um von oben an das Wild zu kommen. Auseinandergezogen ästen die Gams in dem Lärchenbestand. Nach langem Schauen hatte ich eine junge, enggestellte Gais ausgemacht, die ich dann auch mit meiner leichten Damenbüchse erlegte.

Ich war losgezogen, um irgend etwas zu schießen, weil ich das, was ich haben wollte, nicht bekommen hatte. Ungerecht, wie der Mensch eben ist, dachte ich aber jetzt nur an die alte Dame. Wieviel lieber hätte ich an ihrer Seite gesessen! Schließlich verscheuchte ich die unguten Gedanken und freute mich dann doch über die schöne und erfolgreiche Jagd. Ich nahm mir ein Vorbild an meinem Hund, der mit der Entwicklung dieses blamabel begonnenen Tages hochzufrieden war. Ihm war Gams gleich Gams. Ich band die Gais auf mein Tragl, stieg zur Hütte ab und schnürte dort alles auf die Holzkraxe. Beim Wandl, einer Felswand, die mit ein paar Tritten durchstiegen werden muß, fing ich die Sache mit dem falschen Fuß an, konnte mich nicht korrigieren, die schwere Kraxe verrutschte, ich verlor das Gleichgewicht und sauste aus der Wand. Ich hatte mich zweimal überschlagen und lag irgendwo in den Stauden mit dem Kopf nach unten, die Arme verbogen, Kraxe samt Gams und Rucksack im Genick.

Ich habe großes Verständnis dafür, wenn jemand in den Bergen das Fluchen lernt. Spätestens hier absolvierte ich einige Lektionen hintereinander – und alles nur wegen des blödsinnigen Fehlschusses auf die alte Dame. Oder war sie es sogar, die meine Gedanken verwirrt hatte, mich den falschen Fuß nehmen ließ und mir jetzt im Genick saß? Es fühlte sich so an, und es bedurfte einer akrobatischen Leistung, mich aus der Lage zu befreien, ohne daß die Kraxe alleine oder in meiner Begleitung eine weitere Etage abging.

Damit war für mich wieder einmal das Maß erreicht, und ich entschwand aus den Bergen. – Vierzehn Tage später kam ich wieder. Mein erster Blick galt der Lassnigleiten und der alten Dame – mit freudigem Schreck sah ich sie. Ich schlug meinen erprobten Umweg ein und stieg hinauf. Es fehlte nicht viel zu der Lärche, die ich mir wieder als Ziel genommen hatte, als ich einen Hauch im Nacken spürte. Das Fell stellte sich mir auf, und gleichzeitig ertönte der Gamspfiff. Ich mußte damit zugeben, daß sich die Geschichte um diesen Gams rundete. Der Fehlschuß und die erneute Störung waren der alten Dame verständlicherweise zuviel. Sie mied von nun an das Gebiet weiträumig.

Ende Oktober kam meine Schwester wieder für ein paar Tage in die Berge, um die Landschaft zu genießen und um einen Gams zu schießen. Die Betonung liegt auf letzterem, denn sie ist eine passionierte Bergjägerin geworden, der für ein Krickel kein Gebirge zu hoch und keine Wand zu steil ist. Sie kommt aus der Gegend Deutschlands, in der die Auffahrt zu einer Brücke als Berg empfunden wird und in der die Bäume so wachsen, wie der Wind weht. Mit eiserner Energie trainiert sie sich für die Tage im Gebirge durch Treppensteigen im Laufschritt und Balancieren auf einem Brett über die Güllegrube. Ihr Besuch alle zwei oder drei Jahre hat schon Tradition.

Nach einem recht vergnüglichen ersten Abend kamen wir am Morgen spät aus den Betten, so daß wir es vorzogen, in den unteren Regionen des Revieres zu schauen. Ohne irgendwelche bösen Absichten nahm ich mein Gewehr mit; meine Schwester sollte ja einen Gams schießen, nicht ich. Der Freund war mit von der Partie, und so machten wir uns zu dritt auf den Weg. Wir kamen zur Lassnigleiten, und ich traute meinen übernächtigten Augen nicht: Dort stand die alte Dame! Es gab keine Zweifel. Am Abend vorher hatte ich laut und deutlich verkündet, daß ich sie an ihrer altschwarzen Färbung sofort erkennen würde. Ich schaute noch durchs Spektiv, sah eine enge Krucke, und die arme Schwester war vergessen. Ich hoffte auf ihr Verständnis für meinen Zwang zum Handeln, schilderte ihr in kurzen Worten die Besonderheit dieses Gams, sicherte ihr ein anderes Waidmannsheil zu und bat sie brüderlich zurückzubleiben. Sie konnte sich das nun folgende Schauspiel wie im Kino auf der Leinwand anschauen.

Der Gams hatte längst unsere Geschäftigkeit eräugt. Er zog hangauf, und mir blieb nichts anderes übrig, als einen sehr weiten Schuß zu wagen. Ich warf Mantel und Rucksack auf einen Stein, verspannte mich mit den Beinen halb liegend dahinter, zielte kurz und drückte ab. Ich sah den Gams zeichnen, ein paar kurze Fluchten machen, schwanken und zusammenbrechen. Der

Freund schlug mir auf die Schulter. Ein wenig schamhaft wehrte ich seinen Überschwang ab und empfand eher die gesetzte Freude um eine lange Geschichte, die nun ihr Ende gefunden hatte. Ein wenig Stolz mischte sich mit gezügelter, aber angemessener Ausgelassenheit ähnlich dem des Triumphators, der dem Besiegten Hochachtung zollt. Wir holten meine Schwester und stiegen zu dritt, wie in einer Prozession und wie es der alten Dame gebührt, die steile Leiten hinauf. Die alte Dame wird ihre Freude daran gehabt haben; denn sie schaute uns vielleicht von irgendeinem sicheren Versteck aus zu und lachte sich ins Fäustchen. Der Gams, der dort lag, war allenfalls ihre Tochter oder eine Nichte, auch keine junge mehr, aber nicht mit der anderen zu vergleichen.

Verdorben war nichts. Ein Kitz führte sie nicht, doch meine Blamage war perfekt. Gestern hatte ich verkündet, sie sei nicht zu verwechseln, und heute dieses...! Aber wer kann damit rechnen, daß die alte Dame ihre verheißungsvolle Verwandtschaft als Kanonenfutter vorschickt? Hatte ich mich bei den vorigen Begegnungen auch geirrt? Nein, damals hatte ich genau geschaut und ihre altersgrauen Züge deutlich gesehen, die ich heute mit einem klaren Auge gleich vermißt hätte. – Damals stand mir die nächste Verwechslung dieser Art mit dem Fahlen noch bevor. Vielleicht hatte ich daher meinen Humor noch nicht eingebüßt. Nach dem Anfangsschock freute ich mich an der Geschichte und ertrug geduldig den Spott, um den ich mich nicht zu sorgen brauchte.

Bei meiner Schwester entschuldigte ich mich für meinen gastgeberisch ungeziemenden Vorgriff. Sie kam aber nicht zu kurz. Sie schoß Hirsch und Gams und wünschte unnötigerweise der alten Dame ein langes Leben. Die aber blieb weiter verschwunden, sooft ich mir die Augen nach ihr aus dem Kopf schaute. Es wurde Weihnachten. Der Gamsabschuß war zu unserer Zufriedenheit erfüllt, und wir konnten selbstgefällig unsere kleine, ganz private Trophäenschau veranstalten. Der Platz für die alte Dame oder ihre Krucke war natürlich unbesetzt geblieben.

Ich fuhr in die Stadt und kam zwei Tage vor Silvester wieder, weniger um diese Tage jagdlich zu nutzen, als um das Jahr in aller Zufriedenheit ausklingen zu lassen. Ich sollte langsam gegen diese gewollten Abstinenzen ein Mißtrauen hegen. Die Nachricht empfing mich: Die alte Dame stünde jeden Tag ganz tief in der Lassnigleiten. Der Freund hatte sie gestern auf siebzig Meter in aller Ruhe angeschaut. Jetzt, wo ich innerlich das Jahr abgeschlossen hatte, war sie zum Hernehmen. Ich wollte es ihr zeigen! Gleichzeitig wußte ich, daß es sehr unfreundlich wäre, ihr den kleinen Irrtum im Kalender mit Pulver und Blei heimzuzahlen. Die Schonzeit begann erst mit dem Jänner; das war ihr sicher nichts Neues. Darüber hinaus ahnte sie, daß der Abschußplan erfüllt war. Wenn sie mich aber wirklich gekannt hätte, wäre es ihr nicht verborgen geblieben, daß mich eine kleine Überschreitung dieser Verordnung vom grünen Tisch keine Reueminute und höchstens ein Lächeln gekostet hätte.

Am nächsten Morgen zog ich aus und schaute sie mir genau an, am darauffolgenden Tag wieder, und es kribbelte einen Augenblick in den Fingern. Aber sie erlebte Silvester und Neujahr, und ihre kalendarische Ungenauigkeit wurde ihr nicht zum Verhängnis. Ich wünschte ihr Gesundheit und sprach meine Hoffnung auf ein Wiedersehen im nächsten Jahr ungeniert aus. Ich zweifelte nicht daran. Aber wie ich sie zu kennen glaubte, war ich gewiß, daß sie sich aus Sicherheitsgründen ein Kitz zulegen würde. Sie hatte in der Brunft bestimmt einen vierjährigen Gamsdocker gefunden, der sich zu diesem zweifelhaften Vergnügen hergegeben hatte.

Am 8. September sah ich sie wieder. Sie stand in den unteren Regionen des Fürstenriegels. Sie war damit der Lassnigleiten nicht untreu geworden, waren es doch lediglich ein paar Gamsminuten herüber. Es gab keinen Zweifel, daß sie es war und – sie führte kein Kitz. Ich war erstaunt und erfreut zugleich darüber. Eines fiel mir auch noch auf, sie war alt geworden. Heuer waren ihre Züge völlig erloschen, und ihr Haupt schimmerte schlohweiß.

Sie hatte uns sofort eräugt und die Gefahr erkannt. Ich schlängelte mich zwar durch die Erlen näher heran, aber es blieb ein weiter Schuß steil nach oben mit einer ungünstigen Auflage. Ich hatte in einer Astgabel mehr angestrichen als aufgelegt, und mein Gefühl ließ mich einen Fehlschuß ahnen. Der Freund meinte, ein Zeichnen gesehen zu haben. Tatsächlich war der Gams zurück in die Wand gesprungen, aus der er unserer Meinung nach nicht entkommen konnte, ohne daß wir es hätten gewahr werden müssen. Ich gab mich nur zu gerne dieser trügerischen Hoffnung hin, und schließlich war ich festen Glaubens, sie getroffen zu haben. Erst am Vormittag kamen wir mit Seilen und Eisen wieder und krallten das ungute Stück zum Anschuß hinauf, hievten den Hund hinterher und fanden nichts. Der Anschuß ließ sich problemlos rekonstruieren, und nun sahen wir ein schmales Grasbandl, das nach oben aus der Wand hinausführte. Dort hatte sich die alte Dame gekonnt unseren Blicken entzogen. Es war eine Enttäuschung, aber keine herbe und schon gar kein Schmerz. Ich wußte, einmal wird es gehen, einmal wird meine Stunde kommen, und dann würde ich nicht fehlen.

Am 12. September, genau ein Jahr nach meinem ersten Versuch mit ihr, sah ich sie wieder. Sie stand nahezu an derselben Stelle, an der ich sie vor ein paar Tagen gefehlt hatte. Sie erspähte uns gleich und schob sich geschickt in die Latschen, aus denen sie vorsichtig zu uns herunteräugte. Ihr weißer Grind leuchtete mir aus dem grünen Wirrwarr direkt ins Spektiv. Heute ließen wir sie in Frieden, aber ich wußte, was ich zu tun hatte. Ich suchte mir oberhalb von dem Platz, den sie zumindest hin und wieder aufzusuchen beliebte, einen Auslug. Ich fand auf halbem Wege zur Fürstenhütte ein vorgeschobenes Plateau, von dem aus ich kommod das Gebiet ihrer Wahl einsehen konnte. Ich freute mich wie ein kleines Kind über diese verborgene Stelle, auf der ich wie in Abrahams Schoß saß und die mir das Warten leichtmachen würde. Die Geschichte um die alte Dame würde jetzt zu einer Entscheidung kommen, entweder zu meinen oder zu ihren Ungunsten – und sollte es drei Wochen dauern!

Der erste Abend verging mit wohlgefälligen Betrachtungen. Für den nächsten Morgen hatte ich mir eine zusätzliche Sicherung eingebaut. Der Freund sollte vom Tal aus die betreffenden Regionen des Fürstenriegels beobachten und mir mittels eines weißen Tuches über die acht- oder neunhundert Meter Luftlinie „telegraphieren", ob die alte Dame an den für mich überriegelten Stellen zu sehen war. Wir hatten zwei Zeichen vereinbart: Gams sichtbar, warten – Gams sichtbar, herunterkommen.

Am Morgen brach ich zeitig auf; denn ich mußte bei völliger Dunkelheit den Talboden queren, um nicht gleich von der alten Dame eräugt zu werden, sollte sie bereits um die Wege sein. Danach war ich überriegelt, konnte mir Zeit lassen und gemächlich mit beginnendem Licht zu meinem Auslug hinaufsteigen. Ich erreichte mein schönes Plätzchen, richtete mich ein und harrte der Dinge, die da kommen sollten. Wie vereinbart erschien etwas später der Freund im Tal und „telegraphierte" nach einiger Zeit: „Gams sichtbar, warten!" Ich glaubte, mein Zittern müßte den Fürstenriegel erschüttern, so schlotterte alles an mir. Unaufhörlich suchte ich das Gelände mit dem Glas ab, aber ich konnte keinen Gams entdecken. Das weiße Tuch gab nach wie vor dieselbe erschütternde Nachricht. Der Gams mußte irgendwo in der Wand stehen. Da nahm ich eine Bewegung wahr, hatte das Glas an den Augen, ließ es aber sofort sinken, es war ein junger Bock. Er verschwand bald. Der Vormittag brach an, von unten kam keine Nachricht, und so schnürte ich mein Ränzel und stieg zu Tal.

Der Freund hatte nur sicherheitshalber „telegraphiert". Durch die schräg einfallenden Sonnenstrahlen konnte er den Gams nicht ansprechen. Auf diese Weise löste er beinahe ein Erdbeben am Fürstenriegel aus! Unser Nachrichtensystem hatte sich damit schon bewährt, und wir waren uns einig, es noch zu verfeinern.

Am Nachmittag schleppte ich mich nach einem weinseligen Forellenmittagessen draußen in der Sonne zum Ansitz hinauf. Wenn die alte Dame an diesem Abend erschienen ist, so traf sie einen schlafenden Jäger an. Mir begegnete sie nicht einmal in meinen Träumen.

Der nächste Tag war der 14. September, der Tag, an dem ich im Vorjahr die Kohlgais schoß, ein vielversprechendes Datum! Bei Dunkelheit querte ich den Talboden und schob mich in den Fürstenriegel ein. Wie in der Hahnenfalz fühlte ich mich, wenn ich eingesponnen in die Nacht auf das Balzen des Hahnes warte. Jetzt war nicht Frühjahr, es war Herbst! Die Erde verströmte nicht ihren würzigen Geruch, und in der Luft lag nicht das Blühen, vielmehr war sie frisch und kalt und ließ beginnendes Vergehen ahnen.

Es wurde heller. Ich konnte sehen, wo ich den Tritt setzte, und machte mich auf den Weg. Bei Büchsenlicht erreichte ich meinen Auslug, blieb aber heute ein wenig zurückversetzt sitzen, um mehr Deckung zu haben. Es würde wieder ein herrlicher Tag werden. Leuchtend streiften die ersten Sonnenstrahlen die Gipfel der Berge, wanderten tiefer, bis sie blendend ins Tal fielen. Der Freund war auf seinem Posten noch nicht erschienen. Ich übersah mit einem Blick das Gelände unter mir. Beruhigt konnte ich meinen Gedanken nachhängen, die Augen wandern lassen und den Morgen genießen. Ich hatte gerade eine Gedenkminute für die Kohlgais in ihrer Erlegungsstunde eingelegt, als unten wie hingezaubert die alte Dame stand.

Heute gab es kein Vertun, kein Zögern und kein Fehlen. Ein paar Fluchten, und eine lange Geschichte hatte ihren Abschluß gefunden. Spontane Freudenausbrüche fallen mir schwer, doch hier, wenn es in dem steilen Gelände möglich gewesen wäre, hätte ich am liebsten einen Indianertanz aufgeführt. Im Tal tauchte der Freund auf, und so eilte ich hinunter, um ihm die Freudenbotschaft zu bringen. Ich schwor ihm, wenn es heute wieder eine andere sei, dann könne es sich nur um eine ältere Tante der alten Dame handeln. Noch einmal stiegen wir das steile Stück zum Anschuß hinauf, aber heute gingen wir nicht umsonst.

Es wurde eine Feierstunde bis in den Nachmittag hinein. Wir genossen den Augenblick und ließen die Bilder dieser langen Gamsgeschichte passieren. Was war alles bis zu dem Augenblick notwendig gewesen! Alles gewann jetzt Gestalt und Sinn. Keine Episode wollte ich missen, in jedem Fehlschuß und in jedem Mißerfolg erkannte ich eine höhere Fügung, und ich dankte Gott, daß er mich vor einem schnöden Wortbruch im Dezember bewahrt hatte. Wir gedachten der alten Dame, ihrer Schlauheit und ihrer klugen Altersweisheit. Ich versprach ihr einen Ehrenplatz an der Wand der Auserwählten und einen noch viel schöneren in meiner Erinnerung. Sie wird es nicht mehr gehört haben, obwohl ihre dunklen Lichter unter den schlohweißen Gesichtszügen zu blitzen schienen. Aber sie wandelte schon den ewig grünen Gefilden zu, in denen es keine Winterstürme und keine hinterhältigen Jäger gibt.

Die alte Dame ist mir wohl die liebste Gamskrucke, dazu mit achtzehn fein abzuzählenden Jahresringen meine älteste. Die jägerische Quintessenz dieser Geschichte blieb, daß ich auf alte Gamsgaisen nur noch am 14. September gegen sieben Uhr früh jagen sollte...!

Ich verlasse nun das Hochgebirge, und ich muß achtgeben, nicht mein Herz dort zu vergessen. Doch ich kehre gerne und voll Freude in die Reviere der Ebene zurück.

Novembertage

November – ziehende Nebel, feuchtnasse Morgen, diesige Tage und eine schnell fallende Dämmerung. Wenn der Nebel in den späten Vormittagsstunden aufreißt, wirft die Sonne ein wundervoll mildes Licht auf den herbstlich gefärbten Wald. Die Stürme haben das Buchenlaub gelichtet, aber noch glüht es gelb und rot. Noch ist es nicht Winter geworden, noch erstrahlt an diesen Tagen die Natur in der Schönheit des gelassenen Bereitseins und des stillen Verlöschens.

Solche Tage haben während meiner jägerischen Anfangsjahre eine tiefe Sehnsucht in mir ausgelöst. Mit ihnen verband ich meine ersten jagdlichen Erinnerungen, die unverrückbar an das Forsthaus meines Onkels und an die Herbstferien gebunden waren. Zumeist Anfang November durfte ich dort einige Tage verbringen. Ich lebte dieser Zeit über Wochen entgegen. Aus meinem Klassenzimmer konnte ich durch eine Häuserzeile auf die Bahngleise schauen. Ich paßte jeden Vormittag mit verlorenem Blick den Zug ab, der mich in mein Jagdparadies bringen würde, und meine Gedanken fuhren dann in freudvoller Erwartung mit.

Wenn die Tage um waren und ich in dem Zug Platz genommen hatte, der mich aus Jagd und Land heraus in die Stadt zurückbrachte, liefen mir – ich brauche es nicht zu verhehlen – die Tränen über die Wangen. Ich versuchte, es vor den Leuten im Abteil zu verbergen, indem ich angespannt aus dem Fenster schaute. Wie durch einen Schleier sah ich die Landschaft vorbeieilen. Und saß ich dann wieder auf meiner Schulbank, hörte ich die Lehrer nicht, sondern fuhr sehnsuchtsvoll mit dem Zehn-Uhr-Zug meinem Glück entgegen und erlebte in der Erinnerung die Jagdtage und ihre Erlebnisse noch einmal.

Für einen anspruchsvollen Jäger geschah in diesen Ferientagen, die mir so viel bedeuteten, nicht viel. Ich erlebte um einen Eichelhäher, einen Hasen oder gar eine Rehgeiß eine Welt, wie sie mir keine Löwen- oder Elefantenjagd hätte bieten können.

Mein Onkel mochte als guter Schrotschütze und passionierter Hundeführer die geselligen Jagden im kleinen Kreis. Ihm machte es große Freude, wenn wir zu zweit oder zu dritt am Vormittag umherstreiften, der Hund die Hecken, Waldränder und Gebüsche durchstöberte und ein paar Hasen und

Fasanen hochmachte. Mir brachten diese erfreulichen Unternehmungen in der Regel auch einigen Schmerz ein; denn für mich brach eine Welt zusammen, fehlte ich einen Hasen, einen Fasan oder einen Eichelhäher. Es brachen damals viele Welten ein, und ich schämte mich meiner diversen Fehlschüsse. Besonders haderte ich, wenn mein gleichaltriger Vetter oder – schlimmer noch – meine jüngere Cousine mit von der Partie war. Sie verehrte ich glühend; sie war ein Naturtalent im Schrotschießen. Niemand hatte ihr etwas vom Flintenschießen erklärt oder gezeigt. Sie schoß und traf von Anfang an. Es konnte nicht einmal Übung sein; dazu ging sie viel zu selten mit zur Jagd. Sie ließ den Hasen rollieren, der vorbeistreichende Eichelhäher fiel herunter, und selbst den schnellen Fasan traf sie, während ich meist Löcher in die Luft schoß.

In dem Jägerhause herrschte eine unangenehme Sitte, die mich die Schmach der Fehlschüsse noch deutlicher empfinden ließ: Derjenige mußte nach der Jagd die Gewehre reinigen, der das schlechteste Trefferverhältnis hatte. Vielleicht ist daher aus mir ein so passionierter und gründlicher „Gewehrputzer" geworden...!

Besonders gut sind mir unsere ausgeklügelten Treiben auf Eichelhäher in Erinnerung. Es waren immer dieselben Waldränder, von denen sie angezogen wurden. Als schwerfällige Flieger scheuten sie, auf das offene Feld hinauszustreichen, und ließen sich daher leicht treiben. Einer von uns stellte sich vor, während die anderen den Wald durchgingen. Der Flankenschütze mußte ein wenig vorziehen, um die „ausbrechenden" Eichelhäher abzufangen. Wohl kaum eines unserer Treiben blieb erfolglos, ja, wir haben sogar erstaunliche Strecken auf diese Weise erzielt.

Mein Onkel liebte auch den abendlichen Entenstrich. Ich sah es mit geteilten Gefühlen. Mein Schießen auf die schnellen Enten war nicht besonders gut, und so hatte ich kaum ein Auge für die Bilder und Stimmungen um einen Herbstabend am kleinen Fluß. Dennoch packte mich mächtig das Jagdfieber, wenn von ferne das Klingeln der Enten ertönte und näher kam. Ich traf wohl hin und wieder eine, aber das tröstete mich über mein schlechtes Schießen nicht annähernd hinweg.

Darüber hinaus spielte ein anderer Grund mit, der Hauptgrund, warum ich dem Entenstrich nicht aus vollem Herzen huldigte: Ich versäumte dadurch den abendlichen Ansitz auf Rehe. Ihre Jagd war für mich die Krone dieser glücklichen Tage. Es gab nichts Schöneres oder Erstrebenswerteres als den beschaulichen Ansitz oder das Birschen durch den herbstlichen Wald. Ein Rehabschuß, den ich in mein Schußbuch eintrug, konnte durch noch so viele Hasen oder Fasanen nicht aufgewogen werden. Erst als ich später durch englische Taubenjagden zum passablen Flugwildschützen geworden war schloß der Entenstrich in meiner Rangskala zu den Rehen auf, und er gehört heute für mich zu den herbstlichen oder winterlichen Kostbarkeiten.

Dennoch waren es die vielen verschiedenen jagdlichen Unternehmungen, die diese Tage so schön und beglückend machten. In jeden Ferien kam eine Strecke zusammen, wie sie bunter und umfassender nicht sein konnte. Einmal trug ich in mein Schußbuch ein: zwei Rehe, zwei Hasen, ein Fasan, eine Ente und sechs Eichelhäher. Das nächste Mal waren es: drei Rehe, ein Hase, aber mehr Fasanen und Enten. War das Glück solcher Strecken für einen jungen Jäger nicht umwerfend? Davon zehrte ich ein ganzes Jahr.

Aus diesen Herbstferien ist mir ein Ausflug in besonderer Erinnerung geblieben. Ich hatte eine Rehgeiß mit zwei schwächeren Kitzen ausgemacht. Mein Onkel war an dem Abend verhindert, aber als frischgebackenen Jugendjagdscheininhaber ließ er mich alleine gehen. Mir erschien es damals sehr viel vornehmer, zum Ansitz zu fahren als zu laufen – auch in dem Punkte haben sich meine Ansichten gewandelt! Das Moped des Onkels konnte ich zwar nicht handhaben, da mein Interesse noch vor Motoren haltgemacht hatte, aber die Cousine ging blendend damit um. Mein Selbstbewußtsein ihr gegenüber war an diesem Tage durch einen vormittäglichen Jagderfolg gestärkt worden. Ich hatte auf einer unserer Hasensuchen einen Mümmelmann erlegt. Er flüchtete mit angelegten Löffeln an mir vorbei, ich schoß, und es warf ihn wie vom Hammer getroffen um. Ich führte die Bockbüchsflinte des Onkels und wunderte mich schon ein wenig über den überlauten Knall meines Schusses. Und doch war meine Überraschung groß, als ich eine abgeschossene Kugelhülse aus dem Lauf zog. Noch größer aber war mein Renommee. Einen flüchtigen Hasen mit der Kugel zu erlegen, das konnte selbst die gut schießende Cousine nicht. Ich möchte nicht näher darauf eingehen, wie ich dazu kam, den Kugellauf bei einer Hasensuche zu laden, aber von dem Augenblick an war ich dem Kugelschuß verfallen...!

Von diesem hohen Roß aus heuerte ich nun meine Cousine als Fahrerin an. Als Gegenleistung ließ ich mich leichtsinnigerweise zu dem Versprechen hinreißen, ihr das Gewehr in die Hand zu drücken, falls ein Eichelhäher unsere Wege kreuzen sollte. Das Wort darauf war leicht gegeben, da ich auf die Scheuheit dieser Vögel vertraute. Wir schoben das Moped des fehlenden Führerscheines wegen um die Straßenecke, hier begann der Wald. Ich setzte mich auf den Soziussitz und ließ mich von meinem zierlichen Chauffeur ins Revier kutschieren. Es war keine Fahrt ohne Komplikationen. So wie mir das Gefühl des Beifahrers für das Kurvenverhalten fehlte, so vermißte ich bei ihr das Gespür für eine angemessene Geschwindigkeit. Doch ohne größeren Schaden zu nehmen, erreichten wir unser Ziel und stellten das blinkende

Gefährt in nächster Nähe ab – wenn schon, denn schon – und bestiegen die Leiter.

Ich weiß nicht, warum gerade an diesem Nachmittag eine ganze Eichelhäherfamilie zu unserer Leiter einen Ausflug unternehmen mußte. Sämtliche Anverwandten waren mit von der Partie und hüpften um uns herum. Es war furchtbar, aber ich hielt die Bockbüchsflinte fest in beiden Händen und hatte, um gegen alles gefeit zu sein, den Schrotlauf nicht geladen. Es kostete mich große Überredungskünste, Ausflüchte und neuerliche Versprechungen auf anderen Gebieten, um den Schuß auf einen Eichelhäher zu verhindern. Es wurde immer dämmriger. Die bunten Vögel mit den schönen Federn, die so gut zu dem neuen Hut gepaßt hätten, waren längst verschwunden, und die Rehe zeigten sich nicht. Ich mußte mir Bemerkungen gefallen lassen, wo sie denn blieben, auf die ich so hingebungsvoll warten würde und um derentwillen wir die andere, viel erstrebenswertere Beute ausgelassen hätten. Wir hätten einen Eichelhäher haben können und müßten nicht ohne Erfolg nach Hause gehen. Doch die Rehe ließen mich nicht im Stich. Sie kamen, und ich wählte, sorgfältig der Mahnung des Onkels eingedenk, das Geißkitz aus. Auf den Schuß hin flüchtete es in den Wald, ohne daß ich ein Zeichnen erkennen konnte.

Sorgenschwer saß ich hinten auf dem Moped und ließ mich heimzu fahren. Vielleicht war uns so aber Schlimmeres erspart geblieben; denn den langen Vetter samt Reh hätte auch die couragierte Cousine kaum heil nach Hause gebracht. Am nächsten Morgen lösten sich die tiefen Sorgen. Der Hund fand das Kitz wenige Meter im Wald, und mich plagte nur die Erfüllung der Versprechungen, die mir als Preis für den unterbliebenen Eichelhäherabschuß abgefordert worden waren. – Kindheitserinnerungen!

Später versuchte ich, den Zauber dieses Jagens im bunten Herbstlaub zu beschwören. Es war anders. Die Erinnerung an die ersten Anfänge schwang mit, wenn beim Abendansitz die Rehe austraten, wenn ich die kleinen Hasensuchen veranstaltete oder wenn ich zum Entenstrich schlenderte. Aber die Jugendträume waren gereifterem Jagen gewichen – das erste Glück ist unwiederbringbar.

Manchmal lasse ich mich auch heute noch von den Eichelhähern an die Anfänge – und an einzuhaltende Versprechungen – gemahnen. Ich jage sie gerne, und es gab Jahre, in denen ich beinahe eine dreistellige Strecke erzielt habe. In einem Revier, in dem ich als Gast waidwerken konnte, hatte ich im Herbst Eichelhäher beobachtet, wie sie sich in einem Wäldchen den Kropf mit Eicheln vollschlugen, fortflogen, um ihre Last irgendwo als Wintervorrat abzuladen, und zurückkamen. Sie hielten dabei eine feste Flugschneise ein und benutzten dieselben Bäume als Zwischenlandeplätze. Sich dort anzustellen, bedurfte keines riesigen Spürsinnes. Es war leichte Beute, und ich schoß einmal in einer Stunde sechzehn Stück von einem der Bäume herunter. Die Sammelleidenschaft der eifrigen Tiere dauerte nur wenige Tage, sie wiederholt sich aber von Jahr zu Jahr.

Zu meinem herbstlichen Jagen auf Rehgeißen, Hasen, Fasanen und Enten in dem kleinen, anheimelnden Kreis kam früh ein besonderes Juwel hinzu. Auf dem Gut in Ostholstein, von dem ich im Rahmen meiner Rehbockexkursionen berichtet habe, gibt es, wie sollte es in Holstein anders sein, Damwild. Was liegt näher, als dort zu jagen, zumal wenn verwandtschaftliche Bande das ermöglichen. Oft liegt das Nächste so fern! So war es vor den geschilderten Erlebnissen auch hier. Niemand erinnerte sich meiner Jagdpassion, und ich hatte erstaunlicherweise die Verwandtschaft in Ostholstein vergessen. Es bedurfte eines traurigen Anlasses, um den jagdlichen Weg dorthin zu öffnen.

Meine Großmutter war gestorben. Ich wurde aus der Schule genommen und fuhr mit meinen Eltern nach Holstein. Diese großzügige, aber gestrenge Frau verehrte ich sehr, war sie doch die einzige, die für meine unbändige Jagdpassion Verständnis hatte und sie förderte, wo es nur ging. Ich verdankte ihr des öfteren das Fahrgeld in die Herbstferien, das sonst ein großes Loch in mein schmales Taschengeld riß, das erste „Wild und Hund"-Abonnement und einiges mehr. Sie hätte Verständnis für meine folgende Pietätlosigkeit gehabt und hätte gnädig über diese Formverletzung hinweggeschaut, für die sie auf anderen Gebieten keinerlei Duldsamkeit aufbrachte.

Zuletzt hatte meine Großmutter in einem Stift gelebt. Es unterstand einem reizenden Mann, der als passionierter Jäger wenige Jahre zuvor den besten Schaufler Holsteins geschossen hatte. Gleich nach unserer Ankunft drängte ich mich – anders kann ich es nicht bezeichnen – diesem freundlichen und verständnisvollen Mann auf und durfte die Trophäe des Hirsches bewundern. Sie stand auf einer Säule im schönsten Raum des Hauses. Ich umkreiste sie voll staunender Bewunderung. Mit rührender Geduld wurden mir meine nicht enden wollenden Fragen beantwortet. Vergessen war alle Trauer, und als ich zu einer Birsch auf Damwild eingeladen wurde, war die Freude perfekt. Am nächsten Tag verabredete ich mich mit dem zuständigen Jäger, und wenig später brachen wir zu unserer ersten Birsch auf. Er war ein älterer, trotz seiner Behäbigkeit unwirscher Mann. Er hatte mit so jungen „Kavalieren" wohl keine guten Erfahrungen gemacht; denn er schulmeisterte mich gehörig. Ich gab mir größte Mühe, nicht sein Mißfallen zu erregen, achtete auf jeden Schritt und auf jeden Ast.

Als ich Wild im Stangenholz entdeckte, das er übersehen hatte, nahm er es brummig zur Kenntnis, und unser Verhältnis läuterte sich ein wenig. Er hatte mir seinen Repetierer zur Verfügung gestellt, von dem er vorsorglich das Glas heruntergenommen hatte. Er meinte, den jungen Jägern täte es besser, über Kimme und Korn zu schießen, und ob ich damit zurechtkäme? Er schaute mich ungläubig an, als ich ihm antwortete, ich sei nichts anderes gewöhnt. Damals hatte mein Geld zu einem Zielfernrohr noch nicht gereicht, und ich schoß ausschließlich über Kimme und Korn, hatte jedoch dummer-, aber verständlicherweise mein Gewehr zu dieser Reise nicht mitgenommen.

Wir stießen auf ein kleines Hirschrudel, bei dem ein geringer Knieper stand. Die Hirsche eräugten uns und wurden flüchtig. Der Jäger postierte mich an einem Wechsel und schärfte mir ein, nur den schwachen zu schießen. Er versuchte, das Rudel zu drücken. Es dauerte nicht lange, da hörte ich die Hirsche anwechseln. Wie an der Schnur aufgefädelt, zogen sie an mir vorbei. Der zweite mochte meiner sein. Sie ließen mir Zeit, und schließlich konnte ich ihm, ein wenig vorgreifend, auf kurze Entfernung die Kugel hinters Blatt setzen. Der Hirsch brach im Feuer. Ich bekam ein Lob vom Jäger, und unsere gegenseitige Achtung wuchs. Er verriet mir allerdings nicht, wie er die Hirsche gedrückt hatte. Ich verstand nicht, warum es ein Geheimnis bleiben sollte, hatte aber gemerkt, daß er sein Wild und seinen Wald kannte. Am nächsten Tag waren wir noch einmal unterwegs, und ich muß freimütig gestehen, daß ich beinahe zu spät zur Beerdigung kam. Mein Vater warf mir einen mißbilligenden Blick zu, obwohl ihm sein Humor ein Lächeln abzwang. Meine Mutter hingegen war höchst ungehalten, und ich entging der gerechtfertigten Maßregelung nicht.

Trotz des traurigen Anlasses konnte ich beim Leichenschmaus meinen Jägerstolz nicht verhehlen, und so kam ich zu einer weiteren Jagdeinladung. Sie sollte mich nun auf das Gut der Verwandtschaft führen. Meiner Mutter wegen durfte ich aber den Bogen nicht überspannen. Ich war nicht zu Jagdferien hier und sagte ab, versicherte mich aber der zeitlichen Unbeschränktheit dieser Einladung.

Erst als ich der Unfreiheit der Schule ledig geworden war, konnte ich auf die Einladung zurückkommen. Es war zwar nur ein zweitägiger Besuch auf dem Gut, in dem weißen Haus und dem schönen Park; aber das ganze Revier stand mir zur Verfügung, und ich wußte kaum, wohin ich mich zuerst wenden sollte. Ich kannte den Wald, die Gehölze und Felder aus Kindheitserinnerungen und früheren Spaziergängen, doch als Jäger hatte ich den Wald nie betreten. Ich ging meiner Nase nach und schoß beherzt und ohne Umschweife einen geringen Hirsch. Ich freute mich sehr und erntete bei meinem Onkel und dem Förster Anerkennung für den richtigen Abschuß.

Im nächsten Jahr kam ich zur Brunft Anfang November wieder. Dieses

Mal hatte ich mir einige Tage Zeit genommen, birschte und saß an mehreren Stellen und versuchte, mir ein Bild von den Hirschen, ihrem Treiben und der Brunft zu machen. Ich sah viel Wild, hatte aufregende Erlebnisse und entdeckte einen älteren, beinahe völlig schwarzen Abschußhirsch. Ich zögerte, gleich zu schießen, und wollte mich erst beim Förster rückversichern.

Natürlich ließ sich der „Schwarze" nicht mehr blicken, und der letzte Morgen rückte ohne greifbaren Erfolg heran. Ich hatte dem Heißersehnten längst abgeschworen und hätte liebend gerne einen anderen passenden Hirsch geschossen. Es war Büchsenlicht geworden. Von ferne hörte ich ein mir unbekanntes Geräusch, das wie das Aufeinanderprallen von Geweihen klang. Ich birschte zügig zum Waldrand vor und sah auf dem Feld zwei kämpfende Damschaufler. Hoch spritzte das Erdreich, wenn sie krachend aufeinander losfuhren. Einen Augenblick hielten sie inne, um gleich mit erneuter Kraft aufeinander zuzustürmen. Es mochten beides mittlere Hirsche sein, von denen der eine eine tiefe, O-förmig zerrissene Schaufel hatte. Ich hatte gelernt, daß solche Hirsche geschossen werden konnten. Als die Hirsche voneinander abließen und der eine den Rückzug antrat, fackelte ich nicht lange und schoß meinem die Kugel aufs Blatt. Auf den Schuß hin warf er sich herum, flüchtete aufs Feld hinaus und entschwand hinter einer langgestreckten Rübenmiete. Ich birschte so schnell und so leise es ging am Waldrand entlang, um dem Schaufler den Weg in den Wald abzuschneiden, wobei ich das Feld und die Rübenmiete nicht aus den Augen ließ. Ich hatte ihre Höhe erreicht und sah direkt vis-à-vis von mir den Hirsch hinter der Miete verhoffen. Ein Blick durchs Glas ließ keinen Zweifel, und auf den Schuß hin brach er zusammen. Ich führte damals noch auf stärkeres Wild die erwähnte, nur halbgeliebte Mauser-Büchse, repetierte nicht sauber, die Patrone verklemmte sich und nahm meine Aufmerksamkeit für einige Augenblicke in Anspruch. Als ich eine Kugel im Lauf hatte und aufschaute, traute ich meinen Augen nicht. Der Hirsch stand wieder dort! Bedingt durch die vergangenen Ereignisse mochte ich nicht mehr ganz bei kühlem Verstand sein, argwöhnte keinen Augenblick ein böses Spiel und schoß zum dritten Mal. Der Schaufler brach schlagartig zusammen – endgültig, wie ich hoffte.

Beim Nachladen stellte ich mit einigem Unbehagen fest, daß das meine letzte Kugel gewesen war. Damals frönte ich einer merkwürdigen Vorstellung. Wenn drei Patronen für eine Birsch nicht reichten, würden mehr die schlechte Jagd nur verlängern. Mir war nie der Gedanke gekommen, daß ich ein Stück krankschießen könnte und dringend die vierte Kugel zum Fangschuß brauchte. – Ich zweifelte aber nicht, daß heute der Hirsch lag und bereits verendet war. Die weiten Felder versanken im Novembernebel, und diesig war es Tag geworden. Ich setzte mich auf einen Stein, atmete tief durch und ließ die Ereignisse Revue passieren. Ich dachte an den ersten schlechten Schuß, an den zweiten, der den Hirsch zusammenbrechen und wieder hochwerden ließ, und schließlich an den dritten, der dem traurigen Spiel ein Ende bereitete.

Langsam ging ich übers Feld zur Miete hinüber und weiter zum Anschuß. Ich war gerade um den Rübenhügel herumgebogen, als ein Hirsch vor mir hochwurde und schwerkrank übers freie Feld dem Wald zu flüchtete. Ich stand und hatte keine Patrone mehr. Der Hirsch war so krank, daß ich ihn laufend leicht hätte einholen können. Ich mußte aber tatenlos dem Unglück zuschauen. Alle möglichen Gedanken jagten mir durch den Kopf, und ich schwor zehn Eide, daß mir das nicht mehr passieren würde. Ich eilte schnurstracks zur Försterei und beichtete mein Mißgeschick. Der Förster war sehr einfühlsam, was mir wohltat, verabreichte mir ein Beruhigungsfrühstück und ließ den Jäger kommen. Zu dritt machten wir uns dann auf den Weg. Wir steuerten dem Anschuß zu, und ich wollte gerade dem Förster bedeuten, hier sei – aber ich kam nicht weiter. Wie heute sehe ich ihn vor mir und höre ihn lakonisch sagen: „Da liegt ja der Hirsch!"

Ein Keulenschlag hätte mich nicht schlimmer treffen können. Ich war viel zu erschüttert, um irgendeine Regung von mir zu geben. Der Förster begriff nun nichts mehr. Er redete mit mir wie mit einem kleinen Kind, das nicht Herr seiner Sinne ist.

Ich hörte nicht auf ihn, statt dessen zog eine Vision vor meinem geistigen Auge auf. Nun redete ich meinerseits mit ihm in einfachen Worten, meine Erklärungsversuche blieben aber umsonst. Erst als ich ihm den anderen Anschuß und die deutliche Schweißfährte zeigte, glaubte er an den fortgeflüchteten Hirsch. An seinen Zweifeln ob meines Zustandes änderte sich dagegen nichts. Ich brach den Überraschungshirsch auf, und langsam ordneten sich in mir die einzelnen Erkenntnisse zu dem Ablauf der Geschichte. Der erstbeschossene, kranke Hirsch war hinter die Miete geflüchtet, hatte dort die zweite Kugel erhalten, die ihn zusammenbrechen, aber nicht verenden ließ. In seiner nächsten Nähe, es waren keine zehn Meter, hatte der Schaufler, den ich gerade aufbrach, abgebrunftet im Bett gesessen, wurde auf die Schießerei hin hoch und fiel einer Verwechslung und meiner dritten Kugel zum Opfer. Durch das unsaubere Repetieren war meine Aufmerksamkeit abgelenkt, ich hatte die Vertauschung der „Personen" nicht wahrgenommen und war zusätzlich durch die gleiche Stärke der Schaufler und ihrer Geweihe getäuscht worden. Dieses war ebenfalls ein mittlerer Hirsch mit zerrissenen Schaufeln.

Jetzt galt es, den ersten Hirsch zu finden, der zwei Kugeln haben mußte. Der Jäger und ich stellten uns am Wechsel vor, während der Förster mit seinem Hund die Fährte arbeitete. Der Hirsch wurde aus dem Wundbett hoch und kam schwerkrank auf Schrotschußentfernung an mir vorbei. Eine der nun reichlich vorhandenen Patronen machte dem Leiden ein Ende. Der Hirsch war zur Strecke gekommen, so weit war alles in Ordnung. Nun blieb mir noch der Gang nach Canossa.

Zeitlebens habe ich meinem Onkel großen Respekt entgegengebracht. Obwohl er kein passionierter Jäger war, war er ein umsichtiger Heger und Hüter des Waldes und des Wildes. Auf dem Weg zum Herrenhaus legte ich mir meine Rede zurecht. Vielleicht konnte ich es ein wenig beschönigen und den unglücklichen Zufall betonen, der seine Hand im Spiel gehabt hatte. War es nicht ein ungewöhnliches Zusammentreffen: Ein krankgeschossener Hirsch flüchtet in Richtung auf einen anderen Hirsch, verhofft dort, und der andere wird erst hoch, als ihm die Knallerei zu toll wird? In der Brunft ist vielleicht alles möglich. Oder war es ausschließlich meine Unaufmerksamkeit und meine Schußhitzigkeit? – Ich trat in das große Eßzimmer. Alles Zurechtgelegte war vergessen, ich sagte kurz, wie es gewesen war, entschuldigte mich für meine Unachtsamkeit und gelobte, es mir zur Lehre gereichen zu lassen. Das einzige, was mein Onkel mir entgegnete, war: „Waidmannsheil, freu dich doch! So hast du zwei Hirsche geschossen..."

Freuen war vielleicht zuviel gesagt; aber plötzlich war ich froh. Alles war gut abgegangen, der Hirsch war zur Strecke gekommen, und ich hatte einen milden und verständnisvollen Richter gefunden. Heute hängen sich die Trophäen beider Hirsche in einem Gang gegenüber. Wenn ich an ihnen vorübergehe, schaue ich einmal links, einmal rechts und denke an diese unfreiwillige, merkwürdige Dublette, die keine war.

Der Förster vergaß die Geschichte nie. Ich bezweifle sogar, ob er sie je begriffen hat. Seither, bis auf den heutigen Tag, spricht er mit mir nicht anders wie damals am Anschuß. Er sagt alles langsam und deutlich, in kurzen Sätzen und wiederholt es, damit es sich besser einprägt. Obwohl ich inzwischen ein wenig hinzugelernt haben mag und ihm in vielen Jahren keinen Anlaß zur Sorge oder zu einer Nachsuche gegeben habe, kleben mir in seinen Augen nach wie vor die jagdlichen Eierschalen hinter den Ohren. Ich werde damit leben müssen, bemühe mich aber redlich, meinen Ruf bei ihm aufzubessern.

Einmal konnte ich ihn zu einem zustimmenden oder sogar anerkennenden Lächeln bewegen. Ich war frisch verheiratet und rüstete, weil ich von dieser lieben Gewohnheit nicht abgehen wollte, wie alle Jahre im November nach Ostholstein. Jung verheiratet wie ich war begleitete mich meine Frau, und mit einem schnellen Sportflitzer, mit dem ich sie zum Jawort bewogen hatte, sausten wir durch Deutschland. Es waren schöne Tage, an denen ich morgens und abends zur Jagd ging, allerdings ohne viel Wild zu sehen, geschweige denn zu schießen. Der Nebel machte einen Strich durch meine Rechnung. Er hüllte die weiten Felder in seine undurchsichtigen Schleier, und im Wald durchkreuzte sein unsteter Wind meine Pläne. Einmal am Vormittag riß er auf, und die herrlich milde Novembersonne brach durch. Ich hatte meiner Frau einen Spaziergang versprochen und wollte ihr dabei das Gut und den Wald zeigen. Bei achtzig Stück Damwild hörte ich auf zu zählen. Einige jagdbare Hirsche waren dabei, die Rehe registrierte ich kaum, und zur Krönung sahen wir einen Fuchs. Wo wir hinschauten, stand Wild und ließ uns oft vertraut in nächster Entfernung vorübergehen. Meine Frau schaute mich ein wenig fragend an und meinte: „In diesem Tierpark sollte es wohl möglich sein, einen Hirsch zu schießen. Was machst du eigentlich, wenn du dauernd zur Jagd gehst?" Eine Erklärung nutzte wenig, die Fakten sprachen gegen mich. Ich stand nun unter drückendem Erfolgszwang.

Der letzte Morgen kam. Ich hatte mich bereits mit dem Gedanken vertraut gemacht, ohne Hirsch abzufahren, und bastelte schon an Plänen eines erneuten Versuches im Januar.

Die Geister waren mir aber hold. Im Bestand entdeckte ich ein kleines Rudel, bei dem ein Abschußhirsch stand. Das Wild zog von mir fort, und ich mußte versuchen, es unter dem Wind zu umschlagen. Direkt nachbirschen konnte ich nicht, da ich kaum Deckung hatte. Ich kannte das ausgezeichnete Äugen des Wildes, nahm einen größeren Bogen und griff auf einer Schneise vor. Der Plan gelang, der Hirsch kam, der Schuß fiel. Einige kurze Fluchten, ein Verhalten, ein Schwanken, und er brach zusammen. Es war ein rechter Abschußhirsch. Ich freute mich über ihn und den Erfolg in letzter Minute. Ich brachte ihn zur Försterei und kam später mit meiner Frau und dem reisefertigen Wagen dort vorbeigefahren, um das Haupt abzuholen und mitzunehmen. Zu meinem großen Unglück mußte ich feststellen, daß ich zwar schon einige Geweihe und Trophäen mit dem unsinnigen Wagen transportiert hatte, damals aber auch keine Frau dabei hatte. Hirsch und Frau ließen sich in dem Auto nicht vereinen. Ich gab mich nicht geschlagen, probierte hin und her, sann nach Auswegen und packte die Koffer anders. Der Förster beäugte meine Versuche nicht ohne Gefallen. Vielleicht sah er darin eine Bestätigung seiner Meinung über mich. Schließlich sagte ich, um die Situation ein wenig aufzulockern: „Da werde ich meine Frau mit der Bahn nach Hause schicken müssen!" Das verfehlte seine Wirkung nicht. Ein Lächeln huschte um seine Lippen, und er mochte sogar versucht sein, mich doch für einen zünftigen Jäger zu halten. Meine Frau hat das natürlich nicht gehört. Sie fuhr auch nicht mit der Bahn nach Hause, sondern das Geweih blieb beim Förster. Ich kaufte mir ein vernünftigeres Auto und nahm beim nächsten Besuch die ungern zurückgelassene Trophäe mit.

In manchem Jahr mußte ich meinen Besuch auf Ende November verschieben, so daß ihn das Buß- und Bettag- sowie das Totensonntagläuten umgab. Die Tristesse dieser Tage spiegelt sich in der Landschaft, ihrer Weite und ihrer Lichtlosigkeit wider und kündet vom umflorten Verlöschen der Natur. Das einzige, was fehlte, war Chopin-Musik, die durch das stille Haus klang! – Jagdlich tat ich mich nach der Brunft schwerer, aber letztendlich fuhr ich nie beutelos ab. Ich schoß einige sogenannte Abschußhirsche, eine Reihe jüngerer Knieper und einige geringe Spießer. Es war schöne Jagd, und ich liebte es, aus einem Rudel die geringsten Stücke herauszusuchen. Oft birschte ich ihnen nach, verlor sie im Bestand, fand sie oder sah sie erst in den nächsten Tagen wieder und erlegte dann das gesuchte Stück.

Es war mir angetragen, weiße Stücke zu schießen, weil sich das Rudel durch ihre Auffälligkeit beunruhigt fühle. Ich hielt mich an die Bitte und erlegte einen weißen Spießer. Gerade er aber hatte geschont und beobachtet werden sollen. Des Försters Mißfallen war erneut erregt. Ich fühlte mich aber nicht betroffen und ließ keine Zweifel daran. Ein wenig sah ich mich sogar in meinen Bemühungen und meiner Freude verkannt, schwaches und abschußnotwendiges Wild zu erlegen.

Diese Geschichte mochte vielleicht der Anlaß zu meiner Bitte sein, einmal einen von den guten alten Schauflern schießen zu dürfen. Wahrscheinlich war die Zeit dafür bisher noch nicht reif gewesen, aber nun glaubte ich nach meinem bisherigen Jagen, meinen Onkel fragen zu können. Meinem Wunsch wurde in großzügiger Weise stattgegeben, als wäre es das Selbstverständlichste von der Welt. Nur der Förster machte ein betretenes Gesicht. Das dämpfte meinen Eifer nicht im geringsten, und ich setzte alles daran, einen dieser guten Hirsche zu bekommen. Ich hatte mir selber eines zur Auflage gemacht: Er mußte alt sein. – Ich sollte schwer daran tragen!

Wieder einmal, gleich zu Beginn meines Bemühens, trennte mich nur ein Herzschlag von dem Krümmen des Fingers am Abzug und damit der Erfüllung meines Wunsches. Der Schaufler hielt diesen Augenblick nicht aus und verschwand im Unterholz. Ich habe ihn nie wiedergesehen. Es war ein sehr guter Hirsch, dessen breite, starke Schaufeln und dessen korbförmiges Geweih mir noch deutlich vor Augen stehen. Obwohl ich nicht recht zeichnen kann, habe ich damals eine Skizze für mein Schußbuch angefertigt. Sie erinnert mich an einen Moment des Zögerns und eine verpaßte Chance.

Im zweiten Jahr hörte ich von einem anderen sehr guten Hirsch. In der Brunft war er fortgewandert, aber seinetwegen reiste ich nochmals im Januar an. Er hatte seinen Einstand in einem dreißig Hektar großen Waldstück. Ich liebe diese Revierecke nicht, und die äußeren Umstände drohten dem Hirsch das Geheimnisvolle, das Einmalige, das Erstrebenswerte zu nehmen. Das Waldstück liegt in der Nähe einer Straße und eines Ausflugslokals und bildet einen äußeren Revierzipfel, der bereits von nachbarlichen Feldern umgeben ist. Das nützte oder schadete mir wenig; denn der Schaufler stand in der Hauptsache in dem Wäldchen, das bis auf wenige lichte Stellen mit Buchenverjüngung bestockt war. Es gab nirgendwo eine Blöße oder einen Schlag, die zu einem Ansitz einluden. Bei meinen Plänen mußte ich die Spaziergänger mit einbeziehen, die unversehens um eine Wegbiegung kommen konnten. Ich fährtete das Gebiet ab und setzte mich schließlich an eine Schneise. Ich verbrachte hier jeden Morgen und jeden Abend. Nach dreieinhalb Tagen des Sitzens hatte ich genügend Spaziergänger gesehen und Autolärm gehört. Ich ließ den Hirsch so gut sein, wie er wollte, hatte genug und fuhr ab. Weniger der Mißerfolg hatte mich verstimmt als das unerfreuliche Jagen. Ich gehe nicht auf die Jagd, um dem menschlichen Unrat, den ich täglich vor Augen habe, auf Schritt und Tritt zu begegnen. Ich will auf der Jagd Natur erleben, die Illusion der Einsamkeit haben und mit diesem Empfinden einem heimlichen Wild nachspüren. Ich hatte meine Selbstverleugnungskünste überschätzt, des Hirsches und der Trophäe wegen auf alles andere verzichten zu können. Vielleicht hatte ich auch gehofft, der Hirsch würde mir zur schnellen Beute werden und alles weitere könnte ich über der Freude an einer guten Trophäe vergessen.

Der Hirsch wurde nachher noch vom Jäger einige Male in dem Wäldchen gesehen und im darauffolgenden September als Feisthirsch im Nachbarrevier geschossen. Als ich zur Brunft wiederkam, habe ich mir das Geweih angeschaut, und es tat mir den berühmten Schlag aufs Herz. Es wäre sicherlich einiger Mühen und größerer Ausdauer wert gewesen. In diesem Augenblick haderte ich mit meiner beleidigten, vorzeitigen Abreise im Januar. Vielleicht hätte ich an der Schneise aushalten sollen; irgendwann wäre mir der Hirsch gekommen. Für ihn hätte ich mein „landschaftliches Wohlbefinden" beruhigt ein paar Tage zurückstellen dürfen. Oder nicht?

In dieser Brunft beschäftigte mich aber wieder ein guter Schaufler. Er erreichte nicht die Klasse des anderen, dem man eine blinkende Medaille bei der Trophäenschau umgehängt hatte, war aber ein guter, alter Hirsch. Ich sah ihn einige Male, aber es reichte nie zum Schuß. Vielleicht hätte ein Frontalangriff die Sache zu meinen Gunsten entschieden. Doch ich wagte nicht, den meldenden Hirsch in seinem Einstand anzugehen. Ich fürchtete eine Beunruhigung des Wildes, die den Erfolg völlig in Frage gestellt hätte. So blieb ich bei meiner Taktik des Sitzens und Passens. Der Hirsch bevorzugte einen Knick, an dem er von einem Waldstück ins andere wechselte. Ich war eines Nachmittags ein wenig spät vom Gut losgegangen, hatte auf den Feldern Wild entdeckt und mit dem Spektiv angeschaut. Die Zeit war mir fortgelaufen, und ich mußte mich sputen, zu meinem Ansitzplatz zu kommen. Kein ganz gutes Gefühl begleitete mich. Ich hatte meinen vorgeschobenen Posten noch nicht erreicht und blieb ruckartig stehen. Dort stand ein Hirsch. Er hatte schon eine Bewegung von mir eräugt und sicherte starr zu mir her. Das Geweih war von Zweigen verdeckt. Es war ein im Wildbret starker Hirsch, und ich zweifelte nicht, daß es meiner war. Ich hoffte, er möge einmal das Haupt wenden, damit ich einen Hauch von seinen breiten Schaufeln sehen könnte. Der Hirsch äugte minutenlang zu mir her, machte dann eine Wendung, verschwand im Knick und war auf der anderen Seite untergetaucht. Ich lief vor, um ihm beim Einwechseln in den Wald den Weg abzuschneiden, aber ich kam zu spät. Der Hirsch war fort, und ich hatte diese geschenkte Gelegenheit verbummelt.

Ich kam auf den Hirsch nicht zu Schuß. Im Januar sei er zum Hernehmen gewesen, hörte ich, aber ich hatte keine Zeit, nach Holstein zu fahren. Im Februar lag er eingegangen an der Fütterung. Es konnte nichts Augenfälliges an ihm festgestellt werden. Warum soll auch ein Hirsch im vorgerückten Alter nicht eines natürlichen Todes sterben? Er habe einen leeren Pansen gehabt, wurde gesagt. Das Alter des Hirsches war bemerkenswert, es wurde auf über fünfzehn Jahre geschätzt.

Das starke Geweih schenkte mir mein Onkel. Ich wußte nicht, ob ich mich freuen sollte. Es erschien mir wie ein Hohn. Die Trophäe mußte mir überreicht werden, weil es zum Erjagen eines guten Schauflers nicht reichte. Das war im Frühsommer, meine Gedanken gehörten den Rehböcken, und so verflog bald mein Groll über die Damhirsche.

Ende November reiste ich wieder mit ernsthaften Absichten an. Die Brunft war allerdings zu Ende, und die älteren Hirsche würden heimlich geworden sein.

Es war einer dieser dämmrig dunklen Tage, an denen es nicht hell wird. Düster lagen die kleinen Häuser unter ihren tiefen Reetdächern, als wollten sie sich vor Sturm und Regen darunter verkriechen. Die Bäume im großen Park bogen sich, und der Wind jagte das Laub über den Rasen und die Wege. Über mangelnde Novemberstimmung brauchte ich mich nicht zu beschweren. Ich hatte sie, wie Holstein sie eindrucksvoller nicht hätte bieten können. Die Gemütlichkeit des Hauses und ein heißer Tee rückten mein Gleichgewicht zurecht, und ich war bereit, den Hirschen und dem Wetter die Stirn zu bieten. Noch am Abend absolvierte ich den Anstandsbesuch beim Förster. Ich bemerkte zufrieden, daß sich an seinem Zweifel meinen jägerischen

Qualitäten gegenüber nichts geändert hatte, und fragte ihn daher in aller Bescheidenheit nach einem besseren Hirsch. Ich kannte seine Litanei, wie schwer es sei, einen alten Schaufler zu schießen etc., man brauche Zeit, und jetzt nach der Brunft seien die Aussichten sowieso am schlechtesten. Davon abgesehen sei auch gar kein guter Hirsch im Revier. Die Nachricht ermunterte mich nicht, aber sie entmutigte mich ebensowenig.

Ich verabschiedete mich und fuhr an zersplitterten Ästen und entwurzelten Bäumen vorbei zum Herrenhaus. Ich genoß einen langen Abend vor dem Kamin und war geneigt, den nächsten Morgen mit Ausschlafen zu beginnen. Später würde ich einen Gang über das Gut machen und am Nachmittag eine Erkundungsbirsch in den Wald wagen. Als ich zu Bett ging, heulte der Sturm unvermindert ums Haus. Ich stellte nicht einmal den Wecker.

Sechs Uhr früh war es, als ich ans Fenster ging und nach dem Wetter schaute. Der Wind trieb die Regenschauer prasselnd gegen die Scheiben. Ich war hellwach. Sollte ich nicht hinausgehen? Ans Bett kommt das Wild nicht! So trat ich wenig später in den Wettermantel gehüllt, unter dem ich Glas und Gewehr zum Schutz verbarg, vor das Haus. Der Sturm riß mir den Hut vom Kopf und trieb ihn vor mir her. Trieb der grüne Teufel mit mir nicht das gleiche Spiel? Dunkel lag der Park. Ich schaute, daß ich über den altbekannten Weg am Vorwerk vorbei zum Wald kam.

Im Seemoor standen immer wieder gute Hirsche. Es war ursprünglich ein feuchtes Gebiet inmitten des Waldes gewesen, das trockengelegt und aufgeforstet worden war. Der Fichtenbestand war inzwischen so licht geworden, daß es sich gut birschen ließ. Das Seemoor lag windgeschützt, das mochte heute das Wichtigste sein. Das Wild würde sich bei dem Wetter gerne dort aufhalten. Ich umschlug einen weiten Teil des Waldes, um mit gutem Wind heranzukommen, querte ein Feld und kämpfte gegen den Sturm, daß es jedem Seemann zur Ehre gereicht hätte. Der Regen peitschte mir ins Gesicht, und ich wäre beinahe noch umgekehrt; denn: „Wenn der Wind jagt, braucht der Jäger nicht zu jagen."

Gezaust und durchnäßt erreichte ich schließlich das Seemoor. Hier herrschte fast Windstille. Nur in den Wipfeln der Fichten hörte ich das Rauschen des Sturms. Der Hund ging ein wenig vorgezogen bei Fuß, so daß ich gleich merken würde, wenn er Wild in der Nase hatte. Ich war noch nicht weit gekommen, als ich eine lange Schneise hinunterschauen konnte. Auf einhundertfünfzig Gänge stand ein starker Hirsch. Das sah ich mit bloßem Auge, und der Blick durchs Glas jagte mir den Puls zum Hals. Ich zwang mich, ruhigen und kühlen Blutes zu bleiben und genau anzusprechen. Der Hirsch war gut, aber war er auch alt? Ich erkannte breite, heruntergezogene Schaufeln, einen langen Dorn, und ich sah sogar die starken Leisten. Es mußte passen. Mich wunderte, daß der Schaufler mein Gefuchtele mit Rucksack, Glas und Spektiv ausgehalten hatte. Würde er noch einen Augenblick verhoffen, oder sollte es mir wie damals gehen, als ich auf den Korbförmigen nicht fertig wurde? Zog er nur fünf Meter über die Schneise hinüber, war er für mich verloren. Ich lag flach auf dem nassen Waldboden, nahm die Büchse und bettete sie auf den Rucksack. Auf den Schuß hin machte der Schaufler eine hohe Flucht und brach noch auf der Schneise zusammen. Es hielt mich nicht lange. Wie in Trance ging ich auf ihn zu. Es war dem langen Weg gleichbedeutend, der bis zu dieser Stunde notwendig gewesen war. Bilder meines Jagens in diesen Wäldern tauchten auf, eilten vorüber. Ich kam näher, und eine breite, langgezogene Schaufel leuchtete mir entgegen. Die letzten Zweifel verflogen. Andächtig stand ich vor dem Hirsch. Es war ein reifer und ein sehr, sehr guter Schaufler.

Ein Wunsch war heute in Erfüllung gegangen, in einem Augenblick, in dem ich es am wenigsten erwartet hatte. Alle Mühen der letzten Jahre waren vergeblich gewesen, und jetzt erfüllte sich alles beinahe ohne mein Zutun. Was wäre das Heute ohne das Jagen der letzten Jahre gewesen? Ein Funke, eine Laune des Schicksals! Aber so war es eingebettet in mein Streben und Hoffen um einen guten Hirsch und wurde Lohn, Höhepunkt und Abschluß.

Ich brach mir einen besonderen Bruch und merkte jetzt, daß bereits ein anderer dem Hirsch den letzten Bissen gereicht hatte. Wie eingesteckt hielt er ein Fichtenreis im geschlossenen Äser. In dieser Stunde war ich bereit, den einfachen Dingen eine höhere Bedeutung zu geben. Erst am späten Vormittag holte ich Verstärkung. Gegen die allgemeine Trägheit des Herzens setzte ich durch, daß der alte Jagdwagen angespannt wurde. Das schwere Arbeitspferd paßte nicht ganz zu dem Bild; aber schöner hätte es dennoch nicht sein können, den guten Schaufler durch den hohen Buchenwald, die alte Eichenallee entlang zum Park zu geleiten, wo wir ihn feierlich streckten.

Winter

Sauen im Dezemberschnee

Dezember ist es geworden – Winter! Tief verschneiter Wald, klirrende Kälte – woran anders soll ich denken als an Saujagden? Ruhig stehe ich im Hochwald, das Treiberrufen klingt gedämpft zu mir her, plötzlich wird ein jagender Hund laut. Ich sehe, wie sich der Schnee von den Ästen am Dickungsrand löst, ein dunkles Stück Wild schiebt sich aus den Fichten. – Träumen wir nicht davon, daß es so oder so ähnlich ist?

Ich träume davon, seitdem es einmal so gewesen ist. Die Doppelbüchse lag an der Schulter. Noch stand der Keiler gedeckt und sicherte. Ich hörte das Jiff-jaff des Terriers herankommen. Augenblicke vergingen, Gedanken, Hoffnungen und Wünsche kreuzten mein Hirn – jetzt! Der Schuß war hinaus. Der Keiler zeichnete unmerklich, und seine Flucht wurde zur Todesflucht. – Sternstunde des Jägers!

Höchste Spannung, Momente, in denen sich alles entscheidet, Glück oder Unglück, vertane Gelegenheit oder Sternstunde – das ist Drückjagd! Ich liebe aber nicht nur diese Jagd auf Sauen. Ohnehin sollte meinem Naturell die stille Birsch oder der beschauliche Ansitz viel näherkommen.

Um mein erstes Stück Schwarzwild zu erlegen, habe ich viele mondhelle Nächte verhockt. Einmal hörte ich die Rotte von ferne anwechseln. Das Blut stockte mir in den Adern. Zu meiner großen Enttäuschung bekamen die Sauen Wind und schlugen um, aber schon wenige Nächte später saß ich wieder auf dem Hochsitz. Hell schien noch der abnehmende Mond, silbrig lag die Wiese. Wo war das Stück Schwarzwild hergekommen? Keinen Laut hatte ich vernommen. Unwirklich hob es sich gegen den lichten Hintergrund ab. Zitternd griff ich zur Büchse. Geblendet vom Mündungsfeuer schaute ich und schaute und erkannte ein dunkles Etwas. Wilde Freude durchfuhr mich. Es war meine erste Sau, und ich konnte mir kaum eine heimlichere und aufregendere Jagd vorstellen.

Wenn ich vom Abendansitz durch eine Vollmondnacht heimwandere, reizt es mich immer wieder, ein paar Stunden in der verklärten, glänzenden Landschaft zu verbringen. Aber wenn es dunkel ist, der Mond hinter den

Wolken verschwindet oder seine halbe Sichel nur ein schwaches Licht wirft und für den passionierten Nachtjäger die richtige Zeit gekommen ist, bleibe ich lieber zu Hause und lasse Schwarzwild Schwarzwild sein. Ein „Schemenjäger" zu werden, gelüstete mich nie.

Vielleicht aber liegt meine Ablehnung dieser Nachtjagerei nur an meiner mangelnden Ausrüstung! Auf den meisten meiner Gewehre habe ich vierfache Gläser, und auf dreien befindet sich ein sechsfaches, was ebenfalls den Ansprüchen und dem modernen Empfinden nicht zu genügen scheint, wie ich mir habe sagen lassen. Wie dem auch sei, es gibt Reviere, in denen die ständige Beunruhigung eine andere Bejagung des Schwarzwildes kaum zuläßt. Ich beneide die Jäger nicht, die so ihren Abschuß erfüllen.

Besonders gerne habe ich im Vogelsberg auf Sauen gejagt. Neblige, feuchtkalte Tage mußten es sein, regnen durfte es, es konnte auch ein wenig schlackern. Nur der Wind sollte nicht gehen oder wenn, dann stetig. Auf solche Morgen, an denen man sich eigentlich lieber auf die andere Seite dreht, hoffte und wartete ich. Wenn das erste Dämmerlicht in den Buchenbestand drang, begann ich meine Birsch. Sie führte mich zum Mooskopf. In der hügeligen Landschaft des Vogelsberges ist das ein kleiner Bergzug, auf dessen Kamm eine Dickung liegt, die wiederum in ein Buchenaltholz eingebettet ist. Besonders bei solchem Wetter schienen sich die Sauen dort gerne im hohen Holz zu verspäten und über der reichlichen Buchenmast Wechsel und Einstand zu vergessen.

Es war Anfang Dezember. Das Wetter war unnatürlich mild. Es regnete seit Tagen, und Nebel lag über Wetterau und Vogelsberg. In den letzten Tagen hatte ich zweimal meinen Gang um den Mooskopf gemacht. Obwohl überall frisch gebrochen war, hatte ich keinen Schwarzkittel zu Gesicht bekommen.

Es würde spät Licht werden. Ich ließ den Wagen weitab stehen und ging über den feuchten Weg dem Wald zu. Ich kam an der „Italienerhütte" vorbei, in der früher die Holzfäller genächtigt hatten, die aus Italien oder Jugoslawien zum Herbst heraufkamen. Ein wenig weiter kreuzte ich die Schneise, auf der ich als frischgebackener Jagdscheininhaber bei einem kleinen Drükken einen guten Keiler viermal vorbeirepetierte. Er trollte ganz gemächlich durch das lichte Unterholz, während meine Schüsse einige Jungbuchen wie Streichhölzer abknicken ließen. Der Keiler beschleunigte sein Tempo kaum, und wenn eine fünfte Patrone im Magazin gesteckt hätte, würde ich die ebenfalls verpulvert haben. An jenem Tag war ich verständlicherweise nicht besonders froh, und die gutgemeinten, doch hämischen Ratschläge und Tröstungen der anderen dienten nicht dazu, mein Gleichgewicht wiederherzustellen. Nur mein Onkel litt mit mir. Er war auch der einzige, der mir den

Keiler wirklich vergönnt hätte. Ich erzählte ihm, wie die Gewehre weiß schimmerten...

Voll von erinnerungsträchtigen Plätzen ist das Revier. Ich ließ die Bilder an mir vorüberziehen, während ich zum alten Schnepfenstand gelangte. Der Kamm war damit erreicht. Nun wurde es ernst. Es war heller geworden, aber der Nebel dämpfte das Licht, und kriechend kam der Tag. Der Wind zog mir leicht ins Gesicht. Ich birschte, immer wieder stehenbleibend und horchend, in das Altholz hinein. Auf dem feuchten Laub kam ich lautlos voran. Kein Ästchen knackte unter meinen Schritten, und selbst der Hund versuchte, die Pfoten lautlos zu setzen. Unsere Vorsicht war nicht unbedingt notwendig; denn wenn die Sauen im Gebrech stehen, vernehmen sie nicht jedes verdächtige Knistern. Der Hund hatte Wild in der Nase, ich lauschte. Hörte ich nicht Sauen brechen? Schritt für Schritt birschten wir näher. Vor uns war eine kleine Senke, die ich nicht einsehen konnte. Ich reckte meinen Hals wie eine Giraffe. Eine dunkle Rückenlinie erkannte ich, wagte mich einige Meter vor und blieb stehen. Ein Überläufer und gleich darauf ein zweiter zogen aus der Überriegelung heraus. Besser konnte die Gelegenheit nicht sein. Ich ging in Anschlag, strich an meinem Birsch-Bergstock an, und das Stück brach im Feuer. Auf den Schuß hin spritzten aus der Mulde noch sechs Schwarzkittel heraus und verhofften einen Augenblick. Nur der Bruchteil eines Momentes blieb mir, um das neue Ziel zu fassen; denn schon flog die Rotte herum und ging flüchtig ab. Ich war nicht fertig geworden, fuhr aber mit, bekam einen Überläufer zwischen den Buchenstämmen frei und zog den zweiten Abzug durch. Ich sah kein Zeichnen, und wie ein Spuk war die Gesellschaft verschwunden.

Das Jagdfieber begann mich zu schütteln, so wie es mich manches Mal nach dem Schuß mehr beutelt als vorher. Ich lud den Doppelbüchsdrilling nach und hätte beinahe eine Bewegung am Dickungsrand übersehen. Dort stand einer der Überläufer und äugte unschlüssig in den Bestand. Hatte er den Anschluß an die Rotte verloren, oder war es der von mir Beschossene? Ich hatte das Gewehr im Anschlag. Es war doch wohl nicht meiner, und ich wollte kein gesundes Wild beschießen, bevor ich nicht Klarheit über meinen zweiten Schuß hatte. Oder sollte ich die einmalige Gelegenheit nutzen? Es war genug, und durch mehr würde es nicht „mehr" werden. Der Überläufer drehte um, und ich fand später nach einer kurzen Schweißfährte mein zweites Stück mit einem Blattschuß in der Dickung. Ich brach die Sauen auf und streckte sie nebeneinander. Lange und wohlgefällig betrachtete ich meine Beute. Beglückender hätte sie nicht sein können, krönte sie doch mein „Mooskopf-Jagen" an nebligen, nassen Dezembermorgen.

Einige Tage später schlug das Wetter um. Es war kühler geworden, und am Nachmittag hatte es begonnen, in großen Flocken zu schneien. Ich frohlockte, führte am Abend ein Telefongespräch und verabredete mich für die nächste Frühe mit dem Freund zum Kreisen. Das Büro mußte morgen auf mich verzichten. Es bedurfte einer Ausrede, die leicht gefunden war. Hätte die Personalabteilung eine Statistik über Schneefall im Dezember geführt und diese mit den Tagen meines Unwohlseins verglichen, hätte sich ein Zusammenhang nicht leugnen lassen. Wer denkt aber – zum Glück, auch im Zeitalter des Computers – an so etwas. Meiner Frau gegenüber war mein Gewissen nicht so rein. Sie hatte noch große Hoffnungen auf mich gesetzt. Verständnis ist die beste Basis einer Ehe; vielleicht war es wichtiger, eine Karriere als Jäger zu machen? Ich schwänzte also das Büro und fuhr durch eine winterliche Landschaft dem Revier zu. Meistens rächt sich das Schicksal bei solch ergaunerten Unternehmungen. Heute war es wohl geneigt, beide Augen zuzudrücken.

Als ich bei dem Freund ankam, lag noch tiefe Dunkelheit über dem kleinen Ort. In den Ställen brannte Licht, und die Geräusche des frühmorgendlichen Melkens drangen herüber. Bei einem Kaffee beratschlagten wir. Die Sauen würden bei dem nassen Schnee locker liegen, und wir müßten beim Abfährten sehr leise sein. Ich würde den Mooskopf abspüren und danach in den Dorfwald hinübergehen. Anschließend wollten wir uns treffen und die Ergebnisse besprechen.

Ich warf mir mein weißes Tarnhemd über und stapfte los. Vor fünf Tagen war ich hier durch Nebel und nasses Laub gebirscht. Jetzt lag der Wald verwandelt und wie zur Ruhe gegangen unter dem ersten Schnee. An der Stelle, an der ich die beiden Sauen geschossen hatte, hielt ich eine kleine Gedenkminute.

Ohne eine Schwarzwildfährte gekreuzt zu haben, erreichte ich meinen Ausgangspunkt. Zum Dorfwald hinüber waren es ein paar Minuten. Ich hatte den Doppelbüchsdrilling des Falles der Fälle wegen geladen und begann meinen Bogen. Er führte mich durch ein Buchenaltholz einen Hang entlang. Zur Linken lag in der Senke eine Dickung, und zur Rechten war oberhalb eine Kiefernkultur, in der sich die Sauen sehr gerne steckten. Der Schnee machte das Buchenaltholz durchsichtig, und ich konnte den gesamten Hang einschauen. Hier wäre ein guter Stand mit weitem Schußfeld. Das Wild würde nicht zu schnell sein, und man fände Zeit für ein ruhiges Abkommen – dachte es und sah eine Rotte aus der Dickung wechseln. Was konnte sie locker gemacht haben? Die Sauen zogen flott den Hang hinauf dem oberen Jungholz zu. Zehn mögen es gewesen sein, mitten unter ihnen ein starkes Stück. Es war nicht lang, aber hoch, wobei der Widerrist wie bei einem Dreieck den höchsten Punkt bildete. Der Keiler überragte so die anderen beinahe um das Doppelte. Ich hatte das Gewehr schon in der Hand, ließ mich auf meinen Allerwertesten nieder, legte den linken Arm über die angezogenen Knie und versuchte, den Keiler ins Visier zu bekommen. Es war vielleicht nicht sehr waidmännisch, gleich ihn aufs Korn zu nehmen, aber Skrupel plagten mich in dem Augenblick nicht.

Nie hatte ich ihn frei, immer zog neben ihm oder dicht dahinter ein anderes Stück. Die Rotte bewegte sich schräg von mir fort, und die Entfernung wurde größer. Die Sauen mußten eine Rinne queren. Wenn es hier nicht gelang, gelang es nie! Als der Starke aus dem Graben auftauchte, war er einen Augenblick frei, und in der Sekunde fiel der Schuß. Die Rotte wurde flüchtig, und der Keiler, riesig anzuschauen, blieb mitten zwischen ihr. Gefehlt – fuhr es mir durch den Kopf, aber ich war gut abgekommen. Erst jetzt merkte ich, wie weit es geworden war; an einhundertfünfzig Gängen fehlte nichts. Auf ein flott ziehendes Wild im hohen Holz ist das ein unsicherer Schuß. Ein schlechtes Gefühl saß mir im Nacken. Langsam ging ich zum Anschuß und gewahrte schon von weitem die rote Fährte im Schnee. Ich jubelte auf; wenn das Stück so stark schweißte, konnte es nicht weit kommen. Ich verbrach den Anschuß und lief zu unserem Treffpunkt, wo mich der Freund erwartete. Er hatte den Schuß gehört, und ich sah seinen fragenden Augen die Neugierde an. Wir kamen überein, nach Hause zu fahren, zu frühstücken – das Beste, was man in so einer Situation machen kann – und nach drei Stunden nachzuschauen. Meine Skrupel waren verflogen, und ich konnte mich einer gewissen Vorfreude nicht erwehren. Es ist ein gnädiger Zug des Schicksals, daß es uns verhüllt, was es mit uns vorhat.

Die Jagdpassion glühte, unsere Aufregung drängte, und nach sehr knappen drei Stunden standen wir am Anschuß. Jetzt sah ich, daß der Keiler gar nicht so stark schweißte. Die paar Tropfen liefen in dem nassen Schnee aus und täuschten das Auge.

Die Fährte ließ sich problemlos halten. Der Schweiß wurde zwar weniger, hörte aber nicht auf, und der Keiler blieb ständig bei der Rotte. Die Sauen zogen im Kreise, was wir nicht mit Unwillen feststellten; denn bisher hatten wir das Revier nicht zu verlassen brauchen In der Hoffnung, der kranke Keiler würde sich gesteckt haben, umschlugen wir jede Dickung, aber jedesmal fanden wir seine Rotfährte wieder.

Unterhalb vom Mooskopf lag eine bürstendichte Fichtenkultur. Sie schien nach Saugeschmack zu sein; denn in dem schmalen Streifen steckten sich die Schwarzkittel gerne Anscheinend übte die Dickung auch heute auf die Rotte ihre Anziehungskraft aus. Wir umschlugen den Jungwald weitläufig und stellten freudig fest, daß keine Fährte hinausführte. Unser Hoffnungsbarometer stieg sprungartig, und wir holten Verstärkung. Die Fläche war klein, und drei Büchsen waren schnell zusammengetrommelt. Ich hatte mich an der Stirnseite postiert, an der ein Stangenholz direkt an die Dickung stieß. Die Schützen waren noch nicht angestellt, als ich schon schweres Wild anwechseln hörte. Ich war im Anschlag, und die Sauen kamen genau an der Stelle, an der ich sie erwartete. Was sollte ich machen? Ich konnte nicht schießen, sie brachen alle gleichzeitig aus der Dickung, und mitten unter ihnen stob der Keiler über die Schneise.

Wenn der Keiler jetzt noch bei der Rotte war, konnte ihm nicht viel fehlen. Ich versuchte, mich damit zu beruhigen, sah aber, daß er stetig schweißte. Es war später Nachmittag, in einer Stunde würde es dunkel sein. Wir kamen überein, die Nachsuche abzubrechen. Ich würde am nächsten Morgen der Fährte so weit wie möglich nachhängen und dann alles Weitere entscheiden.

Todmüde fiel ich am Abend ins Bett. Es wurde eine unruhige Nacht. Mich quälte nicht das schlechte Gewissen um das Büro, das einen weiteren Tag auf mich warten mußte, sondern der leichtsinnige Schuß. Traumgeplagt wachte ich in der Nacht auf und hörte den Regen auf das Dach prasseln. Auch das noch! Damit schwand meine letzte Hoffnung, die trotz allem noch wie ein Fünkchen in mir glomm.

Es waren keine sehr munteren Gespräche, die wir beim Morgenkaffee führten. Der Freund sprach nicht aus, was ich dachte. Die weitere Nachsuche würde unser Gewissen vielleicht beruhigen können, aber sie böte wenig Aussicht auf Erfolg.

Die Geschäfte des Freundes duldeten keinen Aufschub, so machte ich mich alleine auf den Weg. Der Regen hatte den Schnee beinahe völlig genommen; hier und da leuchteten noch weiße Flecken. Bei Büchsenlicht war ich mit dem Hund am Anschuß. Er fiel die Fährte wieder freudig an. Ich vertraute ihm wie immer blindlings. Das war das einzige, was ich tun konnte. Wer da meint, dazwischenreden zu müssen, sollte besser selber auf allen vieren dem Wild nachkriechen. Hin und wieder fanden wir Röte, die in den Schneeresten aufgegangen war, aber der Keiler zog unverändert mit der Rotte. Die Suche führte jetzt ins Nachbarrevier – wir hatten vorsorglich die Jäger der angrenzenden Reviere verständigt –, bog aber wieder zurück und hielt Richtung auf den Dorfwald. Der Hund war so sicher auf der Fährte, daß ich keinen Grund hatte, die Sache abzubrechen. Aber es war schon so, wie wir am Vorabend gesagt hatten: Blieb der Keiler weiter bei der Rotte, konnte ihm nicht viel fehlen.

Die Fährte führte nun durch ein dichtstangiges Buchenjungholz. Der Hund lag fest im Riemen; plötzlich verhielt er mit hoher Nase. Seine Nackenhaare begannen sich aufzustellen. Sollte es doch noch spannend werden? Ruhig nahm ich dem Hund die Halsung ab, griff die Büchse und gab ihm das leise Kommando. Ich folgte ihm durch das dichte Zeug so gut es ging. Es vergingen Minuten – siedendheiß fuhr es mir über den Rücken: War es richtig gewesen, den Hund zu schnallen, hätte ich nicht vorher das Jungholz umschlagen sollen? Es war höchst fraglich, ob sich der aufgemüdete Keiler vor dem Hund stellen würde.

Wie eine Erlösung erklang dann das Totverbellen und gab mir Gewißheit davon, was ich die letzten Augenblicke nicht zu hoffen wagte. Ich lief hinzu und stand vor dem längst verendeten Keiler.

Wieviel Glück hatte ich gehabt! Ich mochte nicht darüber nachdenken, wie schnell ich ohne die Passion des Hundes die Nachsuche abgebrochen und mein Gewissen beruhigt hätte. Gerührt vor Freude lobte und lobte ich ihn, der sich seiner ganzen Bedeutung bewußt war.

Ich hatte später ordentliche Mühe, das starke Stück aufzubrechen. Die Kugel war durch die Federn gefahren, ohne Leben zu fassen und ohne die Kammer zu öffnen. Ich führte damals in der großkalibrigen Büchse ein hartes Teilmantelgeschoß, das sich nicht im geringsten zerlegt hatte. Der Keiler wird innerlich verblutet und dann in der Fährte zusammengebrochen sein.

Wenn das Schicksal die Hand nach einem leichtsinnigen Schuß so wie heute über mich hielt, wollte ich das Wägen seiner Waagschale gerne akzeptieren. In dieser Stunde war ich zutiefst dankbar.

Es freute mich besonders, dem Freund die gute Nachricht bringen zu können. Er kümmerte und bemühte sich in spezieller Weise um das Schwarzwild. Er hatte längst erkannt, daß kaum ein anderes Wild so dankbar für ein wenig Hege ist. Es gibt in dem Revier Plätze, an denen nie ein Schuß fällt. Es ist eine Freude zu sehen, wie gerade die führenden Bachen die Ruhe mit Einstandstreue honorieren. Vielleicht hatte das damals auch die Rotte bewogen, das weitere Revier nicht zu verlassen. Warum sonst endete eine kilometerlange Nachsuche keine tausend Meter Luftlinie vom Anschuß?

Am gestreckten Wild trat die hohe, kurze Statur des Bassen noch augenfälliger hervor. Er wog aufgebrochen einhundertachtzehn Kilogramm. Aber um ihn als Hauptschwein bezeichnen zu können, fehlte ihm wohl das Alter.

Einem Hauptschwein bin ich in frühen Jahren einmal begegnet. Unsere Wege kreuzten sich auf merkwürdige Weise. Nicht mir erschien es im Traume, wie es üblich und denkbar ist, sondern ich könnte ihm wie eine beunruhigende Vision in seinem Schlaf gegenübergestanden haben. Den Beweis seines Alters muß ich schuldig bleiben. Obwohl die Unerfahrenheit eines jungen Jägers Eindrücke ins Gigantische erheben kann, zweifle ich auch heute nicht an meiner Beobachtung. Die Geschichte fällt in meine Internatsjahre und mein geschildertes Jagen im Schwarzwald. Der Förster, dem ich mit dem Abschuß des weiblichen Rehwildes fleißig geholfen hatte, weihte mich in eines seiner Waldgeheimnisse ein. Im Spätherbst, wenn im hohen Schwarzwald nicht zuviel Schnee liegt, hätte er jedes Jahr ein oder mehrere Stück Schwarzwild gespürt. Sie strebten seiner Meinung nach, wenn die Maisfelder in der Rheinebene abgeerntet seien, über die uralten Fernwechsel den großen Buchen- und Eichenwäldern des südöstlichen Schwarzwaldes zu. Je nach Witterung oder anderen nicht ergründbaren Gesetzen hielten sich die Sauen manchmal ein oder zwei Tage im Revier auf; es gelte also, auf der Hut zu sein.

Es war Allerheiligen. Einer frommen Sitte eingedenk ging ich an diesem Tage nicht jagen. Diese Disziplin entsprang mehr dem Brauch als einem Bedürfnis! Heute huldige ich diesem Tag nur noch auf jagdliche Art und Weise und stehle mich gerne mit dem Gewehr aus dem Haus. Wenn tatsächlich ein Schuß fällt, und es hört ihn jemand, wird derjenige vielleicht auch kein reines Gewissen haben. Damals aber fügte ich mich gläubig und erlebte, wie einem die Gläubigkeit heimgezahlt werden kann, was ich auch heute noch dem lieben Gott ein wenig übelnehme.

Die Nacht war kalt gewesen, und morgens glänzte alles weiß bereift. Einer dieser glasklaren Herbsttage des Schwarzwaldes brach an. Unten im Tal lagerte der Nebel, und oben schien eine angenehm milde Sonne. Ich freute mich an der Schönheit der Landschaft und des Waldes und schaute auf einem Schlag nach den Rehen, die jetzt der wärmenden Sonne entgegenzogen. Dann schlenderte ich den kleinen Steig ins Tal hinunter, der an einer Fütterung vorbeiführte. Der Förster hatte sie bereits mit einigen Brocken beschickt. Auf dem Steig ging es sich leise. Die Futterstelle lag geschützt in einem lichten Fichtengehölz umgeben von Dickungen. Ich war nicht besonders vorsichtig gebirscht. Um so mehr ruckte ich zusammen, denn unter einer der Raufen lag etwas großes Eisgraues. Ich nahm das Glas an die Augen, es war ein mächtiges Wildschwein, ein Keiler. Im ersten Moment glaubte ich, er sei verendet. Dann aber sah ich, daß er schlief. Er schlief süß und selig vor sich hin. Er lag nicht auf der Seite, sondern er saß mit untergeklappten Läufen auf dem Bauch. Ich schaute ihm eine Weile zu, und meine Verblüffung wuchs von Augenblick zu Augenblick. Die Gewehre ragten weit aus dem Gebrech hervor. Die Teller zuckten einige Male wie im Traume. Ruhig lag das starke Haupt, und mächtig erhob sich der Widerrist.

Ich schaute ein letztes Mal hin, drehte mich um und verschwand leiser als ich gekommen war. Sollte ich das Gewehr holen? Es würde zwei Stunden brauchen, bis ich wieder zur Stelle sein konnte. Das war selbst mir nicht vorstellbar, daß ein Keiler so lange so unbesorgt schlafen würde. Ich eilte zu meinem Fahrrad und fuhr, weil es der kürzere Weg war, zur Försterei. Den alten Grünrock plagte kein Allerheiligen-Brauch. Obwohl er anfangs meine Geschichte nicht zu glauben schien, gedachte er seiner Fernwechselerfahrungen, nahm den Hahndrilling vom Haken, schwang sich auf sein Moped und sauste mir voraus. Ich konnte mit dem Fahrrad seine keilerbeseelte Geschwindigkeit nicht halten und kam ausgepumpt zu unserem verabredeten Treffpunkt. Der Förster war längst den Steig hinuntergebirscht. Ich wartete gespannt auf den Schuß, aber er fiel nicht. Statt dessen tauchte nach einem Viertelstündchen seine Gestalt auf. Unwirsch schien er mich für das Mißlingen verantwortlich zu machen und zweifelte sogar an meinem Bericht. Wir gingen nun gemeinsam hinunter, und ich konnte ihm mit triumphierendem Blick den breiten Kessel unter der Fütterung zeigen und wenig später auf ein handtellergroßes Trittsiegel deuten.

Wir verabredeten uns für den Abend und schauten dann beide auf unserem Ansitz in den Mond. Als ich in der nächsten Nacht in meinem Internatsbett lag, mit dem Allerheiligen-Brauch haderte, im Schlaf den Keiler beschlich und von einem kleinen Gewehrchen träumte, das ich immer bei mir führen wollte, fiel draußen ein Schuß. Der Förster schoß in dieser Nacht einen Keiler und war einen Augenblick versucht, ihn mir am nächsten Tag als den „Fütterungsbassen" auszugeben. Ich erinnerte ihn an das übergroße Trittsiegel und wünschte ihm dennoch ein kräftiges Waidmannsheil.

Ich bin kein Schwarzwildspezialist, und meine Strecke ist nicht dreistellig wie bei vielen Jägern, die ich kenne. Daran gemessen haben aber recht viele stärkere Stücke meine Wege gekreuzt. In dem Wiesenrevier des Vogelsberges fährtete ich bei einem Dezemberschnee eine einzelne schwerere Sau. Ohne größere Absicht oder gar Hoffnung folgte ich ihrem Wechsel. Schwarzwild war hier oben selten. Ab und zu steckte sich ein Stück oder eine kleine Rotte für kurze Zeit in einem Bruch oder den Dickungen. Die Aufforstungen in den Feldern, obwohl sie bürstendicht waren, gefielen den Sauen aus unerfindlichen Gründen nicht. Vielleicht waren sie zu klein, die Felder zu unruhig oder anderes mehr.

Die Fährte führte auf diese Dickungen zu. Nur der Ordnung halber umschlug ich die drei oder vier Hektar große Fläche. Mein Gehirn begann aber erst zu arbeiten, als keine Fährte hinausstand.

Die Dickung war am oberen Eck mit einem Schützen abzustellen, der die rechte Flanke und die Stirnseite bestreichen konnte. Nach unten oder zur anderen Seite würde der Keiler schwerlich ausbrechen, denn dort hätte er weit über das freie Feld flüchten müssen. Es genügte, wenn ich einen Bekannten mobilisierte, der zwei Terrier führte. Er könnte sich für alle Fälle unten postieren. Dieser Plan war ihm gegenüber nicht sehr freundlich, aber einleuchtend. Er teilte diese Meinung, zeigte jedoch großes Verständnis für meine Absichten. Er stellte sich unten auf und schickte den auf Sauen hervorragend jagenden Terrier in das dichte Zeug. Es dauerte keine drei Minuten. Der Hund wurde laut, und schon brach der Keiler auf der frei vor mir liegenden Flanke heraus und flüchtete den Hang hinauf auf mich zu. Der Hund war dichtauf, er mußte ihn regelrecht überrascht haben, sonst hätte das starke Stück sich nicht so unversehens ins Freie drängen lassen. Ich hatte Zeit, mich zu richten, und obwohl das Wild in voller Flucht war, bedurfte es keiner „Freikugel". Das wohl nicht ganz saugemäße 6,5-mm-Geschoß faßte den Keiler hinter dem Teller, warf ihn zur Seite, und schon hing der Terrier an ihm.

Ich winkte dem Freund, der von unten heraufschaute. Gemeinsam begutachteten wir dann den Bassen und freuten uns an der unverhofften und beinahe unverdienten Beute. Wenn es sein soll, geht es leicht! So ist es auf der Jagd und auch im Leben. Es war kein sehr schwerer Keiler, aber er hatte lange, scharf gebogene Gewehre, die bis zur Spitze beinahe zweiundzwanzig Zentimeter maßen.

Über mehrere Jahre bin ich Gast auf einer interessanten Drückjagd im Hochsauerland gewesen. Ich freute mich lange vorher auf die Einladung, und ich achtete peinlich darauf, daß keine Verpflichtung mich Anfang Dezember – es war in der Regel der erste Mittwoch des Monats – davon fernhalten konnte.

Das landschaftlich reizvolle Revier, das mit seinen großen, zusammenhängenden Waldungen einen bestgehegten Rot- und Schwarzwildbestand aufwies, ging leider durch Neuverpachtung verloren. Heute bedauere ich, daß ich nicht öfter der Einladung zu Birsch und Ansitz gefolgt bin, denn natürlich galten meine vorrangigen Interessen dem eigenen Revier im Vogelsberg.

Es waren wohl eher Riegeljagden. Mit höchstens zwanzig Büchsen wurden einige bewährte Stände besetzt. Die Treiberwehr bestand aus nicht vielen, aber erfahrenen Leuten, die von einem umsichtigen Jäger geleitet wurden. Er führte eine gut eingejagte Saumeute, zu der drei Terrier, zwei Wachtel und einige undefinierbare Gesellen gehörten. Sie schien beinahe nach „Frießschen Gesetzen" zusammengestellt zu sein. Fremde Hunde wurden nicht geschnallt. Durch die großen Treiben bestand kaum eine Gefahr des Überjagens. Natürlich ließen sich einige Sauen überlaufen und gingen durch die Treiber zurück, wenn der Hund nicht unmittelbar hinter ihnen war. Da aber darauf geachtet wurde, daß das Wild möglichst keinen Wind von den abgestellten Schützen bekam, ließ sich in der Regel das Schwarzwild problemlos drücken.

Ich habe bei den Jagden nie erlebt, daß weniger als zehn Sauen erlegt wurden. Die beste Strecke, an die ich mich erinnern kann, betrug vierzehn Stück Schwarzwild und sechs Stück Hochwild. Ich selber habe auf diesen Jagden einen lächerlich schlechten Anlauf gehabt und schoß lediglich drei Überläufer in all den Jahren. Es war aber Freude genug, die ausgezeichnete Organisation der Jagd zu sehen, wie umsichtig und geschickt getrieben wurde und wie gut unter Berücksichtigung des Windes die Stände für die Schützen gewählt waren. Es gab meistens drei Treiben, zwei am Vormittag und eines am Nachmittag. Wenn es sich einrichten ließ, wurde bei den älteren, verdienten Schützen darauf geachtet, daß sie jedes Jahr ihren Stand bekamen, auf dem sie sich bereits Meriten erworben hatten und zu dem sie deshalb schon mit Erwartung und Spannung gingen.

Zwei- oder dreimal war in der Nacht vor der Jagd eine Neue gefallen, und der Jäger hatte in der Früh mit seinen Kreisern Sauen festgemacht. Die Treiben waren dann natürlich kleiner, und es wurde enger abgestellt. So stand ich einmal neben einem älteren Herrn, dessen zierliche Doppelbüchse mir bereits aufgefallen war. Es würde bestimmt kein Vergnügen sein, aus ihr das große Kaliber zu verschießen. Es war aber ein Vergnügen, die ausgezeichnete Wirkung der alten Schüler 11,2x72R Patrone zu sehen, denn um die handelte es sich. Zwei Überläufer rollierten in dem Doppelschuß wie die Hasen. Es beeindruckte mich sehr, und ich konnte dem glücklichen Schützen nachfühlen, daß nicht nur die Freude an der Jagd, sondern auch die Begeisterung über den guten Schuß zählt.

Bei einem Drücken wurde ich neben einem Herrn abgestellt, den ich von einer anderen Jagd her kannte und dem der Ruf eines schnellen und sicheren Schützen vorauseilte. Wir verständigten uns mit einem Handzeichen. Die schmale Schneise erschien mir zu gefährlich, und ich entschloß mich, anwechselndes Wild passieren zu lassen und nach hinten zu beschießen, so würde ich niemanden behindern oder gefährden können. Tatsächlich kam die Rotte zwischen uns. Es blieb mir keine Zeit, einen Gedanken zu fassen. Der erste Schuß des Nachbarn und der erste Überläufer fielen auf dem Weg, der zweite wenige Meter dahinter und die anderen drei, als die Rotte durch den Schnee den Gegenhang hinaufpflügte. Er repetierte ohne abzusetzen an der Wange, und es war ein Genuß, diese Schießkunst mit anzusehen. Als ich ihn nachher zu dem einmaligen Waidmannsheil beglückwünschte, fragte er, warum ich nicht geschossen hätte – ich wußte es eigentlich selber nicht und sagte ihm, ich sei so fasziniert von seinem Schießen gewesen. Vielleicht mochten meine Worte ein wenig ironisch geklungen haben, obwohl sie gar nicht so gemeint waren; denn er entschuldigte sich: „Verzeihen Sie, aber ich bin überpassioniert!" – Ich habe mir diesen Ausspruch gemerkt und in mein Repertoire übernommen.

Es war Silvester, und ein guter Freund kam zu Besuch. Mildes Wetter herrschte, aber eine Kaltfront rückte von Norden heran und ließ innerhalb weniger Stunden das Quecksilber von fünfzehn Grad plus auf fünfzehn Grad minus fallen. Es hatte anfangs geschneit, und nun grüßte die Neujahrsnacht winterlich verzaubert mit klirrender Kälte. Trotz unserer kleinen Silvesterfeier waren wir früh zu Bett gegangen, um zeitig und ausgeruht im Revier sein zu können. Durch den rapiden Kälteeinbruch war die vorausgegangene Feuchtigkeit zu einer Eisschicht erstarrt, auf die es geschneit hatte. Wir kämpften uns wie „Kapitän Scott auf seiner letzten Fahrt" über die spiegelblanken, zugeschneiten Landstraßen. In den Dörfern brannten in einzelnen Häusern noch Lichter, und hier und da begegneten uns gutgelaunte Nachtschwärmer. Sonst lag still das verschneite Land und erwartete ergeben den Neujahrsmorgen.

Mit dem ersten Licht begannen wir, unsere Bögen zu schlagen. Erst gingen wir gemeinsam, trennten uns später, trafen wieder zusammen und kreisten die Kieferndickung im Dorfwald, die ich von meinem Keilererlebnis und der langen Nachsuche her kannte. Sie war inzwischen so licht geworden, daß keine Sau sich dort mehr steckte. Im Frühwinter hatte dann aber Schneebruch eine Verwüstung geschaffen, die bisher nicht aufgearbeitet war. Das schienen die Sauen zu lieben, und das mochte sie heute veranlaßt haben, sich dort einzuschieben. Es waren sechs bis acht Stück, wie wir mit Befriedigung feststellten.

Zum Abstellen der Dickung brauchten wir etwa zehn Schützen. Meine für diesen Tag wohl sehr frühen Anrufe wurden eher als Zumutung aufgefaßt – zumindest von den Ehefrauen. Dennoch gelang es, die nötige Schützenzahl zusammenzubekommen, und wir verabredeten uns für zwei Uhr.

Ich stellte den Freund auf den aussichtsreichsten Stand. Er ist ein guter Schütze, und ich wollte ihn gerne zu Schuß bringen. Ich selber postierte mich als letzter der Schützenkette an der Feldseite und hatte hier eher eine beobachtende Rolle als irgendeine ernsthafte Aufgabe zu erfüllen. Das gehört sich auch so. Früher nahmen die Jagdherren nicht einmal ein Gewehr mit hinaus, wenn sie eingeladen hatten.

Das kleine Treiben begann. Die Rotte ließ sich sprengen, und das Wild kam einzeln vor die Schützen – leider nicht bei dem Freund, sondern nur bei seinen Nachbarn. Es fielen sieben Kugelschüsse; und keine Sau lag auf der Strecke. Das war ein recht enttäuschendes Ergebnis. Es grämte mich aber nur kurze Zeit; denn des einen Leid ist des anderen Freud'. Die Sauen konnten ihre Schwarte ins neue Jahr retten, und die Jäger würden schon über ihre katerbeschwerten Fehlschüsse hinwegkommen.

Fünf Tage später, in der Nacht zum Dreikönigstag, hatte es erneut geschneit. Ich fuhr in der Früh zum Kreisen hinaus und stellte fest, daß sich eine einzelne stärkere Sau wieder in der Kieferndickung gesteckt hatte. Bei unserem Neujahrstreiben war mir aufgefallen, wie licht doch die Kultur war und wie gut ich einen kleinen eigenen Versuch starten könnte. Ich hatte vor, heute die Sache ganz privat, ohne viel Getöse zu regeln, ohne Autos im Revier, ohne lärmende Treiber und ratschende Jäger, ohne kläffende, an der Leine zerrende Hunde und ohne all das, was das Revier und die lieben und geheiligten Plätze entweiht.

Ich prüfte den Wind. Das Stück hatte sich unter halbem Wind eingeschoben, es sollte gehen. Ich nahm das kleine Glas vom Doppelbüchsdrilling. Den Hund ließ ich eng bei Fuß gehen und birschte vorsichtig in der Fährte der Sau vorwärts. Ich hatte mein Schneehemd an, was mich ein wenig in dem Astwerk behindern würde, aber ich wollte nicht darauf verzichten. Schritt für Schritt kam ich voran, schob mich unter einer abgeknickten Kiefer durch, stieg über einen Baum, Schnee rieselte mir in den Nacken. Die Fährte ließ sich leicht halten. Zehn, teilweise zwanzig Meter konnte ich schauen, dann versperrten wieder niedergedrückte Äste den Blick. Wo hatte das Stück sich eingeschoben, war es hier oder dort vorne? Ich kämpfte mich durch das Gewühl des Schneebruchs und war gewärtig, daß die Sau jede Minute mir unter den Beinen rege werden konnte. Das Gestrüpp wurde zu dicht. Ich mußte die Fährte verlassen, fürchtete, das Wild zu umgehen, fand sie aber wieder, ohne daß sich etwas gerührt hatte. Es wurde lichter. Konnte sich das Stück hier stecken? Einem Instinkt folgend war ich stehengeblieben. Schnee fiel von einem Ast. Das war kein Wind gewesen, das war eine Bewegung, und schon wurde eine abgebrochene Kiefernkrone lebendig. Darunter her kam ein schwarzer Geselle. Einen Augenblick schien er verstört verhoffen zu wollen und hatte dann meine Bewegung eräugt. Der Schnee stäubte, der Schuß war hinaus. Vorgreifend kam ich noch einmal auf die hochflüchtige Sau ab. Ernüchternd knickte lediglich eine Kiefer ab. War das alles? Ich machte die paar Schritte zum Anschuß und jubilierte. Überall lagen Schnitthaar und Schweiß. Die Ungeduld plagte mich. Ich wartete nicht lange zu, ging am zweiten Anschuß vorbei, auf dem ich außer Holzsplittern eh nichts finden würde, und birschte weiter bis zum Dickungsrand. Von hier konnte ich weit in den Hochwald hineinschauen. Mit dem Glas suchte ich die weiße Fläche zwischen den Bäumen ab, bis mein Auge an einem schwarzen Etwas hängenblieb. Es war kein Baumstumpf und kein umgedrehter Wurzelstock, es war ein verendeter Keiler. Eine feierliche Würde ergriff mich. Ich ließ den Hund gehen, und als sein Totverbellen durch den winterlichen Wald klang, trat ich an das Wild heran. Es war eine sehr glückliche Stunde, die mir dieser Tag, diese Birsch und diese Jagd geschenkt hatten. Konnte es etwas Schöneres geben?

Fuchsmonde

Das letzte Kapitel meines winterlichen Jagens bilden die Füchse. Nicht weil es der Wertung nach am Schlusse steht – ganz im Gegenteil, sondern weil es die letzten Monate des Winters ausfüllt. Gelegentlich beginnt es schon mit dem Dezember, obwohl dann meine Aufmerksamkeit auch noch anderem Wilde gilt. Aber im Januar und Februar beherrschen ausschließlich die Roten mein jagdliches Trachten.

Wenn ich Reineke beim Schnepfenstrich antreffe, im Sommer bei der Bockjagd oder auch im Herbst, wenn sein Balg vielleicht schon einen Schuß zuließe, ist er vor mir sicher, und ich schaue ihm mit wohlwollenden Blicken nach, die besagen: auf später! Wenn er dann aber in einer frostklirrenden Vollmondnacht, an einem eiskalten Morgen oder im diesigen Verlöschen des späten Januartages über weite Schneefelder heranschnürt oder plötzlich als langes Etwas vor mir auftaucht, tut es mir den berühmten Schlag aufs Herz. Bei kaum einem anderen Wild bin ich heute noch so in Gefahr, den sicheren Erfolg durch Aufregung, Unbedachtsamkeit oder einen vorschnellen Schuß zu verpatzen. Ich möchte auch sonst für mich nicht die Hand ins Feuer legen, aber es passieren mir mit den Füchsen Dinge, die man nicht einmal dem ärgsten Greenhorn zutrauen würde. Dabei habe ich inzwischen eine Fuchsstrecke zusammengebracht – der Weise wird das Haupt wiegen –, die meine Hasenstrecke um das Doppelte übersteigt. Ich gebe zu, ich bin nie ein passionierter Hasenjäger gewesen, habe früh einen Birschgang im eigenen Revier jeder Treibjagd vorgezogen und habe seit drei oder vier Jahren keinen Hasen mehr geschossen. Nicht einmal einen Ansitzhasen gab es, den ich mir früher gerne als Beute eines winterlich vorweihnachtlichen Abends, mit der kleinen Kugel sauber gestreckt, genehmigt hatte. Auch hatte ich früher im Vogelsberg in seliger Erinnerung mit dem einen oder anderen Freund eine kleine Stöberjagd veranstaltet, wobei ich aber nie große Strecken gemacht habe. So mag es nicht viel bedeuten, wenn die Zahl meiner erlegten Füchse die der Mümmelmänner weit übertrifft. Und doch, der hundertste Fuchs liegt einige Jahre zurück. Das hat aber keineswegs zu meiner Abgeklärtheit beigetragen. Schieße ich zehn Rehböcke im Jahr, betrachte ich den elften gelassen, und es muß schon ein Knopfer oder etwas Besonderes sein, an dem ich meine, nicht vorbeigehen zu können. Habe ich aber zehn Füchse im

Winter erlegt – es gab diese Zeiten, und es gibt sie –, jagt der elfte mir ebenso das Blut in den Kopf wie der erste.

Ich weiß nicht, worin der eigentliche Reiz dieses Wildes liegt, vielleicht in der „unberechenbaren Berechenbarkeit". Diesen Widerspruch in sich verstehe, wer will. Die Fuchsjäger werden wissen, was ich meine. So sicher ich jeden Morgen nagelfrisch Reinekes wie am Band gezogene Spur finde, so wenig weiß ich aber, wann er kommt. Sitze ich bis zwölf Uhr nachts, kommt er später. Sitze ich ab Mitternacht bis zum Morgen, ist er schon längst durchgeschnürt, wie ich am nächsten Morgen sprachlos feststellen kann. Der Zeitpunkt ist unberechenbar, allein die Gewißheit seines Erscheinens ist berechenbar. Die Konsequenz aus dieser Fuchslogik könnte einfach die sein, die ganze Nacht zu sitzen. Gerade aber in der einen Nacht bequemt er sich fernzubleiben – als Ausnahme von der Regel. In der nächsten Nacht gehe ich um elf Uhr müde nach Haus, weil ich mich vom Fuchs nicht für dumm verkaufen lassen will, und am Morgen steht, so sicher wie die Sonne aufgeht, seine Spur wieder im Schnee. Kann einen so ein Wild nicht aus dem Häuschen bringen? Ist ein Spuk am Werk, oder ist es Wirklichkeit? Es gibt ein berühmtes Rezept, um die gezogene Spur Wirklichkeit werden zu lassen: Geduld haben und warten – die Faszination der unberechenbaren Berechenbarkeit!

Die Erlegung meines ersten Fuchses war alles andere als ruhmreich und nicht bestimmt, Zeichen für die Zukunft zu setzen. Ich birschte wieder einmal anläßlich einer Beerdigung – horribile dictu – durch das sommerliche Revier der Verwandtschaft. Ich hatte meine Doppelflinte in Ermangelung eines anderen Gewehres bei mir, sah im allerersten Grau einen Fuchs auf den Feldern und feuerte den eng schießenden linken Lauf auf ihn ab. In meiner Aufregung hatte ich die Entfernung gründlich unterschätzt, aber der Beschossene zeichnete und flüchtete schwerkrank fort. Ich lief wie der Teufel hinter der sündigen Seele dem Fuchs nach und gab ihm den Fangschuß. Das war's. In verständlicher Begeisterung balgte ich den Roten ab, aber der Balg verdarb, was beim Sommerhaar kein Unglück war, und in meinem Schußbuch verzeichnete ich ein „Kreuztier".

Damit war das Kapitel Fuchs weder erledigt noch hatte es eigentlich begonnen. Der zündende Funke sprang erst später bei meinen unter schulischen Gesichtspunkten verwerflichen Schwarzwaldjagden über. Es war in den allerletzten Februartagen. Ich hatte in den vergangenen Wochen viel nach den Füchsen geschaut, hatte abgespürt, Leitern gebaut, manchen Abend, ein paar Nachtstunden oder frühe Morgen drangegeben und machte die schon beschriebene Erfahrung der „unberechenbaren Berechenbarkeit".

Nach einem beinahe milden, sonnigen Tag brach kalt die Dämmerung herein. Ich hatte einen meiner provisorischen Sitze bezogen. Der Tag verlor sein Licht. Gleichzeitig kam golden der Mond über die Bäume, tauchte die Schneelandschaft zuerst in ein warmes, gelbliches Licht, um sie höher steigend silbrig abweisend zu überziehen. Das war die Stunde des Fuchses. Als langes Etwas schnürte er über den Schnee, schlängelte sich heran, tauchte aus dem Schatten des Waldes auf und kam an meinem Hochsitz vorbei. Sein Balg schimmerte hell. Ich glaubte seine Farbe zu erkennen. Der Kolben des vom Förster geliehenen Drillings blieb mir im Anschlag unter der Schulter hängen, ich riß Funken, und der Fuchs verschwand auf Nimmerwiedersehen. Ich fand die Einschläge der Schrotgarbe im Schnee und griff nach einem fingernagelgroßen Haarbüschel als einzigem Zeichen, das ich später als traurig beschwerte Trophäe in mein Schußbuch einklebte. Der Fuchs war überschossen, und der Fehlschuß bohrte und schmerzte in mir. Das Bild des silbrigen Fuchses im Mondlicht verfolgte mich wie eine Erscheinung.

Mein Fuchsjagen wurde kaum erfolgreicher. Ich hatte das einfache Rezept des Wartens bisher nicht herausgefunden. Wenn mir der Zufall einen Fuchs in Anblick brachte, versimpelte ich ihn mit einem unüberlegten oder überhasteten Schuß. Diese Enttäuschungen reicherten meinen negativen Erfahrungsschatz an, sie trugen aber nicht zu überlegterem Handeln bei.

Ich war zur ersten Drückjagd eingeladen. Gleich zu Beginn kamen mir zwei Hasen, die ich damals noch schweren Herzens passieren ließ, weil ich in Ermangelung einer kombinierten Waffe meine 8-mm-Mauser-Büchse führte. Im nächsten Treiben liefen mich zwei Füchse auf zehn Meter an. Bei dem zweiten konnte ich mich nicht zügeln, nahm ihn trotz des groben Kalibers unter Feuer und schoß ihn erbärmlich vorbei. Ich war darüber so betroffen und betrübt, daß ich nach dem Mittagessen die Büchse gegen die Doppelflinte tauschte. Es klingt wie aus einem billigen Roman, natürlich kamen mir dann außerhalb der Reichweite der Brenneke zwei Überläufer. Darauf gab es nur eine Antwort. Drei Tage später wollte ich mir mit Gewalt einen alten Drilling kaufen, aber zum Glück kam es nicht dazu. Ich wäre mit ihm sicherlich nicht froh geworden. Einige Monate später wurde ich dann stolzer Besitzer meines ersten schönen Gewehres, einer führigen Ferlacher Bockbüchsflinte aus guten Zeiten, im Kugelkaliber 6,5x57R und einem eng schießenden 16er Schrotlauf. Ich erwarb sie auf Pump von einem reizenden älteren Herrn. Sie blieb über einige Jahre meine bevorzugte Begleiterin auf allen Birschgängen, mit der ich vom Hahn über den Rehbock bis zu Hirsch und Sau und natürlich Fuchs alles schoß. Heute ist sie leider durch die vielen Spezialisten in den Hintergrund gedrängt und steht ein wenig traurig, aber bestens gepflegt im Gewehrschrank.

Ein Jahr später wurde ich wieder zu der Drückjagd eingeladen, hatte im zweiten Treiben sogar meinen vorjährigen Stand, und wieder kam auf dem Paß ein Fuchs. Mit der Bockbüchsflinte war ich gerüstet, aber sie nutzte mir nichts, da ich auch mit Schrot auf lächerliche Entfernung den Begehrten fehlte. Es war grauenhaft.

Im Winter versuchte ich mein Glück mit der Hasenquäke. Es war Mond. Ich saß am Waldrand und glaubte in meiner Unerfahrenheit, der Fuchs würde über das Feld zustehen. Natürlich kam er gedeckt im Wald, und ich wurde seiner erst gewahr, als wir uns auf fünf Meter gegenüberstanden. Eine Woche später machte sich Reineke unter meinem Hochsitz zu schaffen. Ich glaubte, diesen unmöglichen Schuß zielen zu können, woraus sich eine Situation ergab, an der Geilfus seine helle Freude gehabt hätte. So rammte ich auch lediglich eine enge Schrotgarbe neben dem Erschrockenen in den Boden.

Obwohl sich anscheinend alles gegen mich verschworen hatte, stand die Stunde des Erfolges doch kurz bevor, und sie vollzog sich, als wäre es nie anders gewesen. In einer märchenhaften Vollmondnacht hatte ich ein Stündchen auf einem Hochsitz am Feld gesessen. Der Fuchs kam auf bequeme Büchsenschußentfernung und sackte auf den Schuß hin in den Schnee. Als ich ihn aufhob und ins silbrige Mondlicht hielt, war es eine Feierstunde, in der alle meine vielen, vielen Fehlschüsse mir als Salutschüsse erschienen – und damit war der Bann gebrochen.

Es folgten gute, aber auch magere Jahre, und dann brachen Winter mit zweistelligen Fuchsstrecken an. Die fuchsjägerische Läuterung und erfahrene Abgeklärtheit aber blieben aus. Die Wellen schlugen bei jedem der Roten in mir hoch, und daran hat sich, wie gesagt, auch heute nichts geändert. Erfahrung hin, Erfahrung her – in meinem Fuchsjägertemperament rumoren Scharen von grünen Teufeln, die unter Kontrolle zu halten mir kaum gelingt.

Heuer war es wieder so! Der Februar als mein liebster und bester Fuchsmond brach an. Jetzt ist Reineke bis weit in den Morgen unterwegs und auf den Feldern anzutreffen. An diesem Tag pfiff allerdings der Wind unangenehm von Westen. Daher entschloß ich mich, meinen Morgenansitz von den vielversprechenden Feldern in den Wald an eine kleine Wiese zu verlegen, die regelmäßig von Füchsen revidiert wird. Ich hatte bei völliger Dunkelheit meinen Sitz bezogen, sah es tagen, wurde ein wenig ungeduldig und überlegte gerade, ob ich nicht auf den Äckern doch bessere Aussichten gehabt hätte. Im selben Augenblick kam der Fuchs. Viel Zeit durfte ich mir nicht lassen. Die Wiese war schmal, und geschwind würde er sie gequert haben. In der Aufregung bekam ich keinen der von den Routiniers so perfekt gemeisterten Pfiffe heraus, der ihn vielleicht zu einem kurzen Verhoffen veranlaßt hätte. Es blieb mir nichts anderes übrig, als mit der Büchse mitzufahren und abzudrücken. Es warf den Roten herum, und er flüchtete in den Wald zurück. Ich hatte ihn gefehlt. Hätte er sonst umgedreht? Auf einhundertzwanzig Meter ist ein schnürender Fuchs ein unsicheres Ziel. Das registrierte ich nun, faßte mir an den Kopf und ärgerte mich, die Gelegenheit so leichtfertig verscherzt zu haben.

Ich klappte die Hahnbüchsflinte, meine „Fuchsspezialistin", auf, saß mit offenem Gewehr über den Knien und haderte mit mir und meiner Dummheit. Es wäre Zeit genug gewesen, zehn neue Patronen in den Lauf zu schieben. Ich spürte eine Bewegung, keine zwanzig Schritt vor meiner Leiter verhoffte der Fuchs. Er hatte wohl im Wald seine Richtung geändert und wollte nun schräg über die Fläche abkürzend den Hochwald hinter mir erreichen. Er hatte irgend etwas vernommen oder den abgelegten Hund eräugt. Es wäre kein Problem gewesen, in Anschlag zu gehen, aber offen mit abgeschossener Kugelpatrone lag das Gewehr auf meinen Knien. Ich klappte es zu, zog es blitzschnell an die Schulter und versuchte, auf den umschlagenden Fuchs den Schrotschuß loszuwerden. So sehr ich auch den hinteren Abzug durchriß, es passierte nichts – ich hatte vergessen, den Hahn zu spannen. Als Waffenliebhaber führt man ja bei jeder Gelegenheit ein anderes Gewehr...! Solche Leute haben nichts Besseres verdient, wird mancher denken. Ich schüttelte den Kopf über mich und die zum zweiten Mal vertane Möglichkeit, stieg von der Leiter und ging der Ordnung halber zum Anschuß. Was sollte schon sein? Der Fuchs hatte ja nochmals vor mir gestanden. Offensichtlicher konnte ein Fehlschuß nicht unter Beweis gestellt werden. Ehe ich mich's versah, war der Hund auf der Spur, und wenig später verbellte er meinen „sicher gefehlten" Reineke tot...

Ohne meine grüblerischen und selbstzerstörerischen Betrachtungen hätte es eine kleine unechte Dublette werden können. – Die Erinnerung an ein anderes Erlebnis tauchte damit lebhaft vor meinen Augen auf, und vielleicht war es auch die daraus gemachte Erfahrung gewesen, die mich heute nicht leichtfertig über den Anschuß des „eindeutig" gefehlten Fuchses hinwegschauen ließ.

Ich war abends von einer Reise zurückgekehrt. Der Gedanke, morgens Fuchsjagern gehen zu können, hatte mich durch Eis und Schnee nach Hause getrieben. Aber als ich mich am Morgen auf den Weg ins Revier machen wollte, schneite es immer noch. Was mich bei diesen Verhältnissen bewog, die weite Strecke ins Revier zu fahren und auf Anblick zu hoffen, wird nur der ermessen können, der weiß: Es gibt normale Menschen, und es gibt Jäger. – Als ich ein wenig spät mein Ziel erreicht hatte, dämmerte es bereits. Ich bezog einen bewährten Hochsitz an den Feldern zwischen zwei Waldstücken. Es hatte beinahe dreißig Zentimeter Neuschnee gegeben, schneite leicht weiter, und ich fragte mich zweifelnd, ob Reineke bei dem Wetter überhaupt um die Wege sei.

In dem verschneiten Buschwerk des gegenüberliegenden Waldrandes hatte ich mit einem Mal eine Bewegung erspäht. Vom tiefen Schnee halb verdeckt schnürte dort ein Fuchs. Zweihundert Meter waren es hinüber. Hin und wieder verhielt er, verschwand in einem Graben und wurde wieder sichtbar. Ich mäuselte laut und vernehmlich, aber entweder vernahm er es nicht, oder er überhörte es geflissentlich. Er war nicht gewillt, seine Richtung zu ändern. Durch das Zielfernrohr schaute er klein aus, und doch spannte ich den Hahn. Der Fuchs verhielt, aber gerade in dem Augenblick, als ich den Abzug berührte, setzte er sich wieder in Bewegung. Ich konnte den Schuß nicht mehr zurückhalten, der Fuchs war im Graben untergetaucht. Nicht sonderlich verstimmt über den Fehlschuß lud ich nach und verstaute meine Hände in den dicken Handschuhen. Der Fuchs wäre mir nicht besser gekommen, und ich hatte den unsicheren Schuß wagen dürfen. Aber schon schnürte Reineke rechts aus der Waldnase heraus. Die Entfernung wurde weiter, und ich mußte mich beeilen, wollte ich es noch einmal probieren. Weil ich gerade beim Vorbeischießen war, könnte ein Versuch mehr oder weniger nichts schaden. Als der Fuchs verhielt und einmal zurückäugte, fiel der Schuß. Das verhangene Wetter dämpfte den trockenen Knall der kleinen 5,6x50R Magnumpatrone, und drüben im Schnee sah ich es „wurreln". Der gelungene Schuß, die Aussicht auf die Beute und der ertrutzte Morgen mischten sich zu einem verhaltenen Jubel. Beschwingt stapfte ich hinüber, betrachtete den starken Fuchs, hob ihn aus dem Schnee und trug ihn zum Waldrand, um mir einen Bruch zu brechen und mich ein paar Minuten an dem schönen Bild zu erfreuen. Der Hund war fort. Mir fiel es erst auf, als ich ihn Laut geben hörte – das war doch Totverbellen? Was hatte er denn? Beinahe unwillig ging ich ihm nach. Wie eine Erleuchtung schoß es mir durch den Kopf – aber das konnte doch nicht möglich sein! – und schon stand ich vor dem ersten Fuchs. Ich glaubte zu träumen. Das hätte eine schöne Bescherung geben können! Die Schweißhündin hatte längst begriffen, wie erstaunt, beschämt, schließlich erleichtert und beglückt ich über ihren Fund war. Sie ließ es mich spüren.

Eine Woche später saß ich wieder zur Frühstunde auf der Leiter, schwelgte in erlebten Köstlichkeiten und sah einen Fuchs draußen in den Feldern. Würde er den Bachlauf entlangschnüren, könnte er mir auf Schußdistanz kommen. Ich sprach einige Beschwörungsformeln und durfte hoffen. Noch trennten uns gut zweihundert Meter, als er sich intensiv der Mäusejagd zu widmen begann. Ich betrachtete das Spielchen nicht so gelassen, denn ich wollte ihn näher herankommen lassen und lag bereits im Anschlag. Mit einem Schuß wie vor einigen Tagen mochte ich das Schicksal nicht erneut versuchen. Die Jagd faszinierte den Roten offensichtlich sehr; denn er stand drei oder vier Minuten mit waagrecht gehaltener Standarte stocksteif, ein Satz, eine Steuerbewegung mit der Lunte in der Luft, und er hatte die Maus gefangen. Befriedigt über seinen Jagderfolg drehte er nun aber um und schnürte denselben Paß zurück. Ich unterließ es, ihm eine sinnlose Kugel nachzujagen, entspannte den Hahn und schaute Reineke betrübt nach. Er verlor sich zwischen den Büschen des Grabens, tauchte in den Lücken auf, verschwand – und war wieder da! Die Stelle, an der er eben seinen Jagderfolg gehabt hatte, mußte es ihm angetan haben. Er begann erneut, dort zu mausen. Meine Geduld war nun zu Ende. Ich konnte diesem Treiben nicht tatenlos noch einmal zuschauen, zielte genau und drückte ab. Der Fuchs blieb ungerührt stehen und flüchtete dann, die Richtung des Knalls falsch deutend, auf mich zu. Ausnahmsweise hatte ich schnell nachgeladen und erwartete ihn mit feuerbereitem Gewehr. Auf einhundertfünfzig Meter verhoffte er. Wenig später nahm ich einen schönen, beinahe semmelfarbigen Fuchs aus dem Schnee.

Es gibt in diesem großen niederbayerischen Revier noch einen zweiten guten Fuchssitz. Er steht an einer einzelnen Eiche weit draußen in den Feldern. Ich hatte ihn mir ursprünglich für Mondnächte reserviert, weil ich Sorge hatte, ihn morgens ohne Deckung anzugehen. Es zeigte sich aber, daß meine Sorge unbegründet war und ich den Anmarsch bei gutem Wind und mit Schneehemd bekleidet wagen konnte.

Es war noch dunkel. Nur der Schnee gab ein schwaches Licht, als ich den Wagen abstellte und mein Hemd überstreifte, das mich eher in eine Erscheinung als in einen winterlichen Jäger verwandelte. Ich stapfte gemächlich meiner Eiche zu und schaute dabei immer wieder mit dem Glas die matt leuchtenden Felder ab. Außer zwei Hasen war aber nichts und niemand um die Wege. Unbemerkt erreichte ich die Leiter. Der Hund kuschelte sich geschickt in den alten Lodenmantel, während ich mich in meinen leichten Daunensack einpackte. Mancher mag über solchen Aufwand für zwei oder drei Stündchen des Sitzens schmunzeln. Ich sitze aber lieber gemütlich warm, um so gelassener kann ich dann der Dinge harren.

Kein Lüftchen regte sich. Ruhig und starr kam der Morgen. Weit draußen entdeckte ich einen Fuchs, aber unsere Wege würden sich heute nicht kreuzen. Ich schaute ihm auf die unüberbrückbare Entfernung mit dem Glas zu, freute mich über seine gekonnten, hohen Raubsprünge, bei denen er gewaltig mit der Lunte steuerte. Dabei hätte ich beinahe am Bach eine Bewegung übersehen. Rot durchzuckte es mich. Es mußte ein Fuchs gewesen sein, der jetzt im Graben verschwunden war. Da tauchte seine Rückenlinie wieder auf. Ich folgte mit der Büchsflinte im Anschlag. Der Fuchs schnürte aus der Überriegelung heraus und lag wenig später verendet im Schnee.

Zufrieden über den Erfolg gönnte ich mir einen kleinen Imbiß aus meinem Rucksack. Der Erfolg und die Stärkung machten mich munter. Wie wär's, trotz der fortgeschrittenen Tageszeit einen Versuch mit der Quäke zu wagen? Vielleicht ließ sich der Fuchs, der ungestört seinen Mäusen nachging, davon beeindrucken. Zumindest wäre es interessant, seine Reaktion zu sehen. Leise ertönte das Wehgeschrei, zwei-, dreimal, ich steigerte es und beendete es mit einem gellenden Aufschrei.

Ich ließ den Fuchs nicht aus den Augen; er reagierte aber kaum. Nur einmal sicherte er in meine Richtung. Würde er sich zu einem späteren Nachschauen verleiten lassen?

Nach einiger Zeit fiel mein Blick mehr aus Gewohnheit auf den Hund. Er lag brav unter der Leiter, äugte aber gebannt nach hinten. Meine Augen folgten den seinen, und ich erstarrte, den Kopf verkrampft nach rückwärts gedreht. Keine fünfzig Schritt hinter mir verhoffte ein Fuchs und hatte nicht schlecht Lust umzudrehen, weil er nichts von dem erwarteten Hasenbraten vorfand. Den Hund hatte er nicht bemerkt. Ich begann, mich zentimeterweise auf dem Sitz umzudrehen. Wenn man genügend Bewegungsfreiheit hat, mag das keiner besonderen Erwähnung wert sein; aber auf einem Leitersitz, winterlich angepummelt und im Ansitzsack steckend, ist das eine Sache für sich und entbehrt nicht einer gewissen Komik. Das Unterfangen ähnelte mehr einer Geschicklichkeitsübung als dem Versuch, in Anschlag zu gehen. Es knackte und stöhnte im frostigen Gebälk. Der Fuchs konnte nicht länger aushalten. Die letzte Drehung zu einem mühsamen, nach rückwärts gewendeten Anschlag vollzog ich mit einer hastigen Bewegung. Der Hahn war gespannt, der Abzug gestochen, ich hatte den Fuchs im Glas, er schlug um, mit einer letzten verzweifelten Bewegung faßte ich nach, meinte den Zielstachel ins Rote gebracht zu haben und drückte los. Was ich nicht zu hoffen gewagt hatte, geschah: Der Rote überschlug sich und blieb regungslos liegen. Ich zog vor mir den Hut, genehmigte mir einen Durchwärmungstrunk und schaute zufrieden auf meine Beute dieses ereignisreichen Morgens.

Bald kramte ich meine Sachen zusammen, schälte mich aus meiner Umhüllung und krabbelte von der Leiter. Ich lobte den Hund und ließ ihn springen. Dabei glitt mein Auge hinüber zum Bach und fing einen roten Wischer auf, der zwischen den Bäumen verschwand.

Träumte ich, oder hatte ich im Freudentaumel nicht aufgepaßt? Wo war dieser Fuchs hergekommen? War es der aus den Feldern, dem seine Neugierde keine Ruhe gelassen hatte, oder war es ein vierter? – Das hätte einen Fuchsmorgen geben können, wie ich ihn nie zuvor erlebt hatte. Doch Unbescheidenheit ist ja bekanntlich aller Laster Anfang! Ich durfte bis ins tiefste Herz zufrieden sein. Zwei Füchse, einen davon mit einem Glücksschuß gestreckt, waren keine schlechte Bilanz. Da wägt man auf der anderen Seite nicht mit der Goldwaage! Als ich die beiden über die weiten Felder trug, hätte ein dritter ja auch im Rucksack gar keinen Platz gehabt! Ich redete es mir jedenfalls ein, dankte dem weisen Schicksal und blinzelte in die Sonne, die blendend über den Horizont stieg.

In dem offenen Revier des Vogelsberges erzielte ich meine besten Fuchsstrecken. Die Felder, Wiesen und Aufforstungen gefielen wohl den Füchsen. Es hatte einige „Mäusejahre" gegeben, und die Füchse nahmen zu, wie man es angeblich noch nie dort erlebt hatte. Kaum ein Birschgang verging, auf dem einem nicht einer der Freibeuter unterkam. Trotz Drängens konnte ich mich nicht zu den fürchterlichen Maßnahmen bereit finden, derer sich die Behörden damals noch bedienen zu müssen glaubten. So schoß ich schweren Herzens, aber den Umständen gehorchend, im Sommer Jungfüchse. Im Winter dann ließ ich natürlich alles stehen und liegen und habe es in zwei aufeinanderfolgenden Jahren auf über zwanzig Füchse gebracht. Ich glaubte, damit die Berechtigung zu haben, gewisse „Verordnungen" geflissentlich zu überhören.

In diese Zeit fiel die Bekanntschaft mit zwei besonderen Füchsen. Der eine stach mir sofort mit seiner riesigen Statur ins Auge. Ihm begegnete ich zum ersten Mal im späten Juni. Es war die Zeit der gemähten Wiesen. Ich hatte morgens mit Büchsenlicht einen älteren Bock geschossen. Als ich ihn aufbrach und dabei einmal aufschaute, sah ich mich auf gute Schrotschußentfernung einem Fuchs gegenüber. Er trug einen Junghasen im Fang. Jeder war mit seiner Beute beschäftigt, und so maßen wir uns mit einem erstaunten, aber wissenden Blick, sozusagen von Jäger zu Jäger. Die Begegnung dauerte zwei oder drei Herzschläge, dann setzte Reineke seinen Weg fort. Ich hatte noch nie einen so starken Fuchs gesehen.

Im Dezember gab es ein Wiedersehen. Schwerbepackt mit Rehgeiß im Rucksack und darübergebundenem Kitz kam ich von der Morgenbirsch zurück und querte die Bachwiesen. Ohne viel Notiz von mir zu nehmen, schnürte der Große auf gute einhundert Schritt dem Jungwald zu. Ich hatte ihn gleich erkannt und versuchte, aus meiner „Umgürtung" den Gewehrriemen herauszusortieren und die Büchse von der Schulter zu bekommen. Ich ließ mich nieder, um den schweren Rucksack abzustreifen. Aber anstatt mich seiner zu entledigen, wurde ich von seinem Gewicht nach hinten gezogen und fuchtelte wie ein Ertrinkender mit den Armen in der Luft. Das alles störte den Fuchs wenig, er verschwand seelenruhig in der Dickung. Nach diesem kläglich mißglückten Versuch durfte ich mir Rucksack, Kitz und Gewehr wieder aufpacken und auf ein Wiedersehen hoffen. Es sollte nicht auf sich warten lassen.

Es waren die letzten Dezembertage. Schnee hatte es bisher keinen gegeben. Braun, kahl und öde lag die Landschaft im stumpfen Winterlicht. Ich birschte durch die Wiesen und blieb beinahe erschrocken stehen. Auf dem braunen, niedergedrückten Gras lag ein zusammengerollter, schlafender Fuchs. Das kam mir gerade recht. Sehr waidmännisch war mein Gedanke nicht. Oder hätte ich den Fuchs vorher aufwecken sollen? Ich führte den Bergstutzen mit der .22 Magnum und wollte dem Roten in gekonnter Manier das kleine Geschoß zwischen die Schulterblätter setzen – und schoß ihn prompt vorbei. Der Fuchs – unsanft geweckt – sprang auf und äugte unschlüssig in die Runde. Ich glaube, es war das einzige Mal, daß ich den Bergstutzen zur Doppelbüchse umfunktionierte. Ich nahm mich zusammen, zielte auf den Halsansatz, um den Balg nicht zu zerstören, und die große Kugel verfehlte ihr Ziel nicht. Dank dieses kleinen, unfreiwilligen Manövers hatte ich nicht einmal unwaidmännisch gehandelt. Die Magnum hatte Reineke geweckt, und dann erst wurde er wachen Auges erlegt.

Mein Sinn stand an diesem Morgen nicht nach weiteren Unternehmungen, und ich schlenderte gemütlich der Hütte zu. Ich trug die Füchsin in der Hand – im Rucksack wäre sie gar zu zerdrückt und unansehnlich geworden –, paßte nicht auf und hatte einen Fuchs übersehen. Er dagegen hatte mich längst eräugt und verschwand wie ein roter Strich hinter der nächsten Deckung. Es war der Große gewesen.

Mir kam es so vor, als kenne er mich bereits und als könne er meine Gefährlichkeit abschätzen. Beutebeschwert war mein Erscheinen wohl weniger besorgniserregend. Ich konnte mich eines Lächelns nicht enthalten und nahm mir vor, ihm im Januar einige Mondnächte zu widmen.

In den nächsten Tagen kam wieder der Kunstschütze zum Jagen, der seinen ersten Fuchs und Rehbock unter meiner Führung und, wie er meinte, damit unter erschwerten Bedingungen erlegt hatte. Dieses Mal gab es aber keinen baufälligen Hochsitz, kein durchhängendes Bein und kein Reh, dessen Träger ein nur handtellergroßes Ziel bot. Die erschwerten Verhältnisse blieben aus, und wahrscheinlich fehlte der Meister daher ein Schmalreh und eine Geiß. Andere Stücke sprangen im letzten Moment ab. Es wurde dämmrig, und wir hatten noch nichts geschossen. Als wir ein Wiesenstück zwischen zwei Kulturen hinunterbirschten, schnürte wie angelegentlich der Große aus der Dickung, bemerkte uns nicht und wendete spitz von uns fort. Obwohl – man möge mir das verzeihen – ich mich einen Augenblick fragte, warum gerade er es sein mußte, denn jeder andere Fuchs hätte in diesem Augenblick denselben Zweck erfüllt, bedeutete ich dem Freund, sich hinzuknien und zu schießen. Er murmelte etwas, das ich nicht genau verstand, dem ich aber entnahm, er wolle mit seiner großkalibrigen Waffe nicht schießen. Ich drückte ihm darauf meine kleine Hahnbüchsflinte in die Hand. Er zielte lange, es wurde weiter und weiter, und schließlich ging der Schuß fehl. Ich muß gestehen, dieses Mal war ich darüber nicht so unglücklich wie schon ein paar Minuten später, als er als letzte Tat ein schwaches Kitz vorbeischoß. Damit waren meine Führerenergien erschöpft, und obwohl der Große sich gerettet hatte, war ich doch auch enttäuscht, und es tat mir leid, den Freund ohne Bruch nach Hause fahren zu lassen.

Den Großen sah ich trotz einiger Mondansitze im Januar nicht wieder. Wahrscheinlich mangelte es mir an der genügenden Beständigkeit; denn ich ließ seinetwegen keinen von den Roten aus und mochte mich damit vielleicht der besonderen Beute nicht würdig gezeigt haben. Der Februar setzte meiner damaligen Strecke die Krone auf, und übers Jahr vergaß ich beinahe den Großen. Erst im Spätherbst, als die Füchse wieder in meinen jägerischen Gesichtskreis traten, erinnerte ich mich an ihn. Er blieb aber verschwunden.

In den ersten Januartagen kam wie im vorigen Jahr der Freund zum Jagen. Es ging auf Vollmond zu, und wir nutzten die hellen Nächte zum Fuchspassen. Ich hatte ihn auf einem Hochsitz nahe der Bachwiesen untergebracht und setzte mich selbst auf eine niedrige Leiter, von der ich mein Glück mit der Hasenklage versuchen wollte. Es war eine verhangene Mondnacht, in der der Schnee ein unangenehmes Zwielicht schuf. Ich hatte mein Instrument nach den ersten Tönen kaum von den Lippen genommen, als ein Fuchs wie der Hund auf den Appell heranstürmte. Er hatte die Töne auf den Meter genau lokalisiert und verhoffte zwanzig Meter vor dem Hochsitz. Es ging alles sehr schnell. Bei dem Licht überschätzte ich die Entfernung. Trotz meiner schlechten Erfahrungen und meiner Abneigung gegen den Schrotschuß hätte ich den Fuchs dieses Mal lieber mit dem glatten Lauf schießen sollen. Die Kugel warf den Roten herum, er überschlug sich und flüchtete in die nahe Dickung. Es hielt mich nicht lange auf meinem Sitz, ich baumte ab und ging zum Anschuß. Damals hatte ich die Taschenlampe noch ständig bei mir, und hier war sie mir von Nutzen. Ich fand die Spur, fand den Anschuß, kniete nieder und hatte etwas in der Hand, das mir einen Schauer über den Rücken jagte, nämlich eine abgeschossene Prante. In dieser Stunde verfluchte ich die schnelle Schießerei. Ich überhäufte mich mit Vorwürfen und schlich bedrückt zur Hütte.

Erst zwei Stunden später kam der Freund. Seine freudige Erzählung und seine guten Nachrichten vermochten mich nicht zu ermuntern. Er hatte den

Großen gesehen. Er wußte um ihn; ich hatte ihm die Geschichte von damals erzählt. So wie er ihn vor einem Jahr nicht ganz zu meinem Leidwesen gefehlt hatte, so hatte er ihn heute unbeschossen durchgelassen. Zwiespalt der Empfindungen! Heute war ich beinahe zornig über seine Rücksichtnahme. Ich kam mir elendig vor und hatte keine weitere Lust zu jagen. So konnte ich dem Armen das Gutgemeinte nicht erwidern und gab ihm einsilbig zu verstehen: Wenn er ihn geschossen hätte, wäre das gescheiter gewesen, denn mich freute er eh nicht! Nun war mit Recht der Freund gekränkt, und verstimmt gingen wir zu Bett. Aber erst nachdem ich einen Plan gefaßt hatte, fand ich ein wenig Schlaf.

Bei Morgengrauen brach ich auf, ging zum Anschuß und folgte der Schweißspur. Sie endete, wie ich es mir gedacht hatte, an einem Bau in der nahen Dickung. Ich fuhr zu dem Terrier-Freund und erzählte ihm die Sache. Er war nicht begeistert über mein Ansinnen. Schließlich gab er meinem Gedrängele nach, und wenig später machten wir uns auf den Weg.

Wir stellten fest, daß der Boden nicht allzu tief gefroren war und wir zur Not einen Einschlag hätten machen können. Der Terrier nahm den Bau sogleich an. Es war ein kleiner Bau mit drei Röhren, von denen eine ein einigermaßen gutes Schußfeld bot. Ich postierte mich sicherheitshalber dort, falls der kranke Fuchs doch springen sollte.

Lediglich zwei Male hatte ich Erdhunden bei der Jagd zuschauen können. Ich entsinne mich an langes, ungeduldiges Warten, das mir aus Sorge um den Hund unerträglich wurde und das mir die Freude an der Jagd nahm. Heute war das anders. Ich beobachtete mit Hoffnung und Spannung zugleich, was geschehen würde. Der Hund lag vor. Fuchs und Terrier konnten nicht sehr tief sein, denn deutlich hörten wir den Hund immer wieder Laut geben. Ich stellte mich auf eine längere Angelegenheit ein und hatte bereits Spaten und Pickel in Augenschein genommen. Plötzlich kam der Hund zum Vorschein, um sogleich wieder im Bau zu verschwinden. Der Terrier hätte den Fuchs abgetan, versicherte mir der Freund. Ich wagte noch nicht, daran zu glauben. Nach einer Weile wurden eigenartige Geräusche hörbar, es erschien das Hinterteil des Hundes in krampfhaft ziehenden und zerrenden Bewegungen. Er zog den Fuchs aus dem Bau.

Ich war voller Begeisterung über Hund, Hundeführer und Fuchs und die geglückte Nachsuche. Der Freund war nicht minder erleichtert und erfreut über den problemlosen Erfolg. Er meinte, meinen Optimismus und meine Überredungskunst für eine solche Nachsuche könne man nur aufbringen, wenn man so wenig Ahnung von der Baujagd habe wie ich. Ich nahm dieses Kompliment lächelnd hin, dankte dem Schicksal für das gute Ende und den beiden für ihre hervorragende Arbeit.

Mein Gast war bereits frühmorgens vor der Nachsuche abgefahren. Ich wollte den erfreulichen und befriedigenden Tag angemessen ausklingen lassen und setzte mich auf den Hochsitz, an dem gestern der Große erschienen war. Ich würde nicht allzulange bleiben. Es sollte kein bitterernstes Unternehmen werden, der Tag war schon schön genug gewesen.

Die Dämmerung senkte sich, die Nacht kam. Mit ihr hob sich das Licht des Mondes und wurde vom Schnee strahlend zurückgeworfen. Ich lehnte in der Ecke des Hochsitzes und ließ die Gedanken wandern. Hätten wir den Fuchs nicht gefunden, wäre ich nach Hause gefahren, hätte mir Vorwürfe gemacht, aber nach spätestens einer Woche wäre ich doch wieder beim Fuchspassen gewesen. Was ist das? Ist es die zweifelhafte Kunst des Vergessens oder eine Leidenschaft, von der ich nicht lassen kann? Aber wir hatten den Fuchs ja gefunden, und das Glück darüber erstrahlte beinahe in einem helleren Glanz, als wenn er am Vorabend im Knall gelegen hätte. Bedarf es sogar des verlängerten Leidens einer Kreatur, das Glück zu mehren? Oder steigert das intensive Erleben um das nachgesuchte Stück Wild das jagdliche Erlebnis in seinem Wert? Jagen ist Ausdruck des Lebens mit allen Höhen und Tiefen, seinem Glück und Unglück, mit seinem Himmelhochjauchzen und Zu-Tode-betrübt-Sein. Jagen ist Leben in der ursprünglichsten Form, in der es uns heute begegnen kann.

Mit meinen Gedanken kam ich nicht weiter. Ich hatte ihn nicht erwartet – vielleicht nur erhofft. Dort schnürte der Große! Ich zögerte trotz aller Philosophie nicht den Bruchteil eines Augenblickes, der Schuß fiel, und drüben blieb ein dunkler Strich im Schnee.

Ich dachte an den Freund, der ihn gestern ziehen ließ. Wie merkwürdig war es, daß sich der Kreis um den Großen gerade heute schließen mußte. Manchmal scheint einen das Glück mit seinen Gaben überschütten zu wollen.

Es blieb mit Abstand mein schwerster Fuchs. Es fehlten ihm dreihundert Gramm an zwanzig Pfund. Obwohl er sicher einige Jährchen auf seinem breiten Schädel hatte, besaß er noch alle seine Fangzähne, und so meine ich, daß er nicht zu meinen ältesten Füchsen gehört.

Ein kleines Nachspiel gab es um den Großen. Der Dorfschullehrer war an den heimischen Tieren ungeheuer interessiert und bat mich, ihm dieses schöne Exemplar zum Präparieren zu überlassen. In einem Anflug von Großzügigkeit und ohne genügende Vorstellungskraft, was ein Ausstopfer zaubern kann, schenkte ich ihm den Fuchs. Sogleich ärgerte ich mich. Es tat mir um den seidig glänzenden Balg leid. Auch die Aussicht, das edle Tier in die Glasvitrine der dörflichen Schulsammlung verfrachtet zu haben, schmerzte mich – in weiser Voraussicht! Als ich einige Monate später zur

Besichtigung eingeladen wurde, verschlug es mir die Sprache. Das war schlimmer, als meine tiefsten Befürchtungen es mir je hätten eingeben können. Der Fuchs war zu einer Mischung aus Schakal und hochläufigem Hund geworden, der den Bewunderer mit offenem Fang anfletschte. Nur die Einsicht, daß es dem Armen einerlei war, ob er in dieser Form in der Schule stand oder sein schöner Balg bei mir hing, ließ mich das Groteske erkennen. Ich gratulierte dem Lehrer zu seinem gelungenen Präparat, das den Schülern bestimmt einen anschaulichen Eindruck von dem Lebewesen Fuchs geben würde.

Der zweite unter meinen Besonderen war ein Gezeichneter im wahrsten Sinne des Wortes. Die Geschichte um ihn fiel in die Zeit meiner Jagd auf den Großen. Es war an einem dieser vielgeliebten Februarmorgen. Die Luft war beinahe frühlingshaft mild. In der Nacht hatte allerdings ein leichter Frost den angetauten Schnee mit einer Kruste überzogen. So hallte jeder Schritt durch das Revier, und mir graute vor dem Krach, den ich veranstalten würde. Eine Birsch konnte ich mir schenken. Ich wollte mich auf einen der bewährten Hochsitze setzen, war unschlüssig, welchem ich den Vorzug geben sollte, und sah einen Hund auf zweihundert Meter über die weißen Wiesen traben. Ich schaute einmal, ich schaute zweimal – das war kein Hund, das war ein Fuchs ohne Lunte. Ich konnte es nicht glauben, wie ulkig und unproportioniert Reineke seines Stolzes beraubt aussah – jedenfalls so, daß ich ihn kaum erkannte. Ehe ich mich überzeugt hatte, war es längst für einen Schuß zu weit geworden.

Mochte er seine Zierde bei einer Beißerei verloren haben, oder hatte ihn eine schlecht gestellte Falle so zugerichtet? Oder aber war er den modernen Zeiten gemäß ein Opfer der Straßen geworden? Es gab viele Möglichkeiten. Ich hatte nie so etwas gesehen und nie jemanden davon sprechen hören.

Schon ein paar Tage später sah ich den Luntenlosen wieder. Heute war ich schneller mit dem Gewehr, aber nicht schnell genug. Ehe ich im Anschlag lag, war er in den Büschen untergetaucht.

Es ging auf Vollmond zu, und ich wollte die hellen Nächte meines letzten Fuchsmondes nutzen. Ich hoffte auf ein Wiedersehen mit diesem Auffälligen.

Warum wartete ich gerade auf ihn? Ohne Zweifel war es schöner, einen ganzen Fuchs zu schießen als einen, dem das Beste fehlte. Es hat mich aber immer gereizt, Wild zu beobachten, wiederzuerkennen und zu bejagen. Beim Fuchs ist das natürlich schwierig, so kam mir die Luntenlosigkeit gerade recht.

Es herrschte strenger Frost. Dick in Daunen eingepackt saß ich auf einer kleinen Leiter und wartete auf meinen Bekannten. Still, silbrighell und kristallklar lag die Landschaft. Vom Dorf hörte ich die Kirchturmuhr die

Viertelstunden schlagen. Beinahe drei Stunden hatte ich gesessen. Nicht einmal ein Hase nutzte die herrliche Nacht zu einem Bummel. Trotz meiner Vermummung kroch die Kälte stetig in mich hinein, und Visionen von Ofen, Zimmer, Licht und Gemütlichkeit bemächtigten sich meiner. Ich schloß einen Kompromiß zwischen Jagd, Passion, Durchhaltewillen und dem Drang nach Geborgenheit und Bettwärme: Eine halbe Stunde wollte ich noch drangeben, bis die Turmuhr drei Viertel zwölf schlagen würde. Es schlug halb zwölf. Die Landschaft lag unberührt wie ehedem. Kein Lebewesen schien in dieser Nacht unterwegs zu sein. Die Natur schlief unter dem weißen Mantel. Ein leichter Wind war aufgekommen und stand mir unangenehm ins Gesicht. Sollte ich mir die letzten fünf Minuten schenken? Wenn Reineke bis jetzt nicht um die Wege war, dann würde er nun auch nicht mehr kommen. Der Eigensinn gemahnte an die „Zeitvorgabe". Es schlug drei Viertel zwölf, ich „durfte" gehen – und blieb sitzen.

Nachdem ich heute mein Harren in den Stundenschlag der Kirchturmuhr eingeteilt hatte, deren heimeliger Glockenklang als einziger Laut durch die Nacht tönte, war es vielleicht nur eine Spielerei, die Stunde rund zu machen. Ich schaute zu dem beinahe vollen Mond hinauf. Kalt und ruhig stand er am Himmel. Er schien wenig von Menschenglück und Menschenleid wissen zu wollen; er, der der Nacht die Finsternis nimmt, der der Natur mit seinem Erscheinen und seinem Licht einen anderen Rhythmus gibt; er, der die Menschen reger macht, sie belauscht, wenn sie seinetwegen keinen Schlaf finden und unruhig ihren Gedanken, Träumen und Lieben nachgehen. Er tat heute so, als ginge ihn das alles nichts an, als werfe er wirklich nur das Licht des Tagesgestirnes Sonne auf die ihr abgewandte Seite der Erde. – Jeden Augenblick mußte es vom Kirchturm her zwölf schlagen. Ich konnte meine Sachen packen. Ich griff nach dem Rucksack, und es fuhr mir wie ein freudiger Schreck durch die Glieder. Tänzelnd und scherzend kam am Bach ein Fuchspaar daher. Regungslos war die Nacht gewesen, und nun dieser Überfluß an Bewegung und Leben! Ein ruhig dahinschnürender Fuchs, das so oft herbeigesehnte lange Etwas auf der weiten weißen Fläche, das wäre angemessen gewesen, aber jetzt dies Leben zur Mitternacht – der auf Beute lauernde Mensch läßt solchen Gedanken wenig Raum, wenn es gilt, „zum Sprunge anzusetzen". Ich hatte in teuflischer Absicht eine Patrone in der Hand, spannte den Hahn, sein Einrasten schien mir durch die Stille der Mondnacht zu hallen, stach ein, nahm den hinteren Fuchs aufs Korn und drückte ab. Im Absetzen sah ich ein dunkles Häufchen liegen, folgte mit den Augen dem fortflüchtenden anderen, hatte die bereitgehaltene Patrone mit der leeren Hülse vertauscht und lag im Anschlag. Es schlug gerade zwölf, ich hörte es im Unterbewußtsein. In dem Augenblick verhoffte die Füchsin, äugte zurück. Vielleicht glaubte sie, der Freund würde folgen, obwohl sie den Knall nicht mißdeutet hatte. Da hallte noch einmal ein Schuß. Sie wird ihn kaum gehört haben, und in mir jubelte die Jagd- und Beutelust.

Ich schaute zum Mond empor. Er leuchtete ebenso ungerührt wie zuvor und wußte nichts von alledem, von Glück und Tod.

Der erste März kam, und ich beschloß wie in jedem Jahr meine Fuchssaison. Der Luntenlose hatte sich gerettet. Im Mai sah ich ihn wieder. Nun erkannte ich in ihm die Fähe. Abgesaugt und struppig trabte sie an mir vorbei. Ich wünschte ihr und ihrem Geheck alles Gute und empfahl mich auf später. Bis zu unserem nächsten Wiedersehen dauerte es nicht lange. Mitte Juni saß ich nach einem heißen Tage abends in den Wiesen und wartete auf einen Knopfbock. Noch bei hellichtem Sonnenschein erschien plötzlich die Füchsin mit ihrem hoffnungsvollen Nachwuchs. Es war wohl einer ihrer ersten gemeinsamen Jagdausflüge. Sie revidierte ernsthaft einige Mauselöcher, während der Zögling das Betätigungsfeld eher als neue Spielwiese und Abwechslung zum Bauleben betrachtete. Er folgte tollend der Mutter und versuchte, sie mit seinen Rempeleien zu animieren. Ich war in feierlicher, juni-sommerlicher Stimmung und gelobte ihr aus dem Gefühl des Überschwanges heraus Burgfrieden bis an ihr Lebensende. Ich freute mich über meinen Entschluß, war sogar ein wenig stolz darauf und hoffte, er würde lange währen und manches Wiedersehen ermöglichen.

Unsere Bekanntschaft wuchs. Im Herbst sah ich die kleine Freundin drei Male und traf sie später einmal an, wie sie in der milden Sonne auf einem Stein den Tag verdöste.

Im folgenden Januar hatte ich einiges Fuchspech gehabt. Ich hatte einen von den Roten gefehlt und einen mit Schrot am Bau krankgeschossen. Er flüchtete zurück und war trotz aller Mühe nicht zu bekommen. Traurig gab ich ihn verloren und blieb der Fuchsjagerei drei Wochen fern. Der Mond rundete sich, und das Fuchsfieber begann sich wieder zu regen. Kurz entschlossen war ich ins Revier gefahren, hatte mich auf meinem Sitz eingepackt und auf einige Stunden des Wartens eingestellt. Aber der Nebel stieg und nahm mir jede Sicht. Ich baumte ab und suchte mir ein günstigeres Plätzchen oberhalb der Bachwiesen. Die grauen Schleier folgten mir und hatten mich auch hier geschwind eingeschlossen. Mißmutig gab ich auf und fuhr nach Hause. Am nächsten Tag wiederholte sich dasselbe. Die Geister hatten sich gegen mich verschworen und wollten mir meine fuchsjägerische Überheblichkeit austreiben, die ich mit den letzten Jahresstrecken angenommen haben mochte. Drei klare Nächte mußte ich wegen anderer Verpflichtungen ungenutzt lassen, und ehe ich wieder ins Revier kam, war der Vollmond vorüber. Sollte der Januar als Fuchsmond erfolglos bleiben? Jeder

Gedanke in mir sträubte sich dagegen. Ich machte einen letzten Versuch, die Januarehre wiederherzustellen, und setzte mich auf den Dublettenhochsitz vom vorigen Jahr.

Der abnehmende Mond kam spät. Goldgelb war er aufgegangen und stand tief am Himmel. Die Kirchturmuhr schlug, und ich dachte an das Mitternachtsläuten vom vorigen Februar... Mit bloßem Auge hatte ich eine Bewegung erhascht. Siedend heiß fuhr es mir durch die Glieder, und gleich darauf hatte ich die luntenlose Fähe im Glas. Das war ein Wink des Himmels. Was scherte mich mein Burgfrieden? Ich hatte ihr und ihrem Geheck nichts zu Leide getan. Jetzt in dieser Jahreszeit konnte ich beruhigt zugreifen. Was sollte es, was sollen diese sentimental angehauchten Versprechen? Sie sind lächerlich und bringen nichts. Ich will jagen, und das hier war eine gute Gelegenheit, dem pechverfolgten Januar einen guten Abschluß zu geben. Ich hatte das Gewehr in der Hand – und hängte es wieder über den Ast. Nein, so weit war es noch nicht. Ich hatte ein Versprechen gegeben und wollte es halten. Ich zog meinen Hut und grüßte ihr zu. Sollte sie ziehen und sollte unsere Bekanntschaft reifen. Zwei Stunden später baumte ich beutelos, aber nicht ohne Zufriedenheit im Herzen ab.

Vielleicht war dies ein Prüfstein gewesen; denn schon wenig später fiel der Schleier von den Füchsen, und der Februar schenkte mir manch unverdientes Waidmannsheil. Meine Fuchsfreundin sah ich erst im März wieder und glaubte, ihr das bevorstehende Mutterglück anzusehen.

Das Jahr verflog. Aus Frühling, Sommer und Herbst war wieder Winter geworden. Nicht gegen meinen Willen, aber ohne mein Betreiben sollte Anfang Januar in dem Revier eine kleine Jagd stattfinden. Ich hätte zwar einem stillen Jagdtag den Vorzug gegeben, aber es ließ sich nicht ändern, und so dachte ich mir einige passende Treiben aus, die der kleinen Schützenzahl angemessen waren. Ich organisierte drei Treiber, zwei verläßliche Hunde, traf Vorbereitungen für eine Brotzeit und schaute schließlich selber erwartungsvoll der Jagd entgegen. Es hatte ein wenig geschneit, die Sonne schien, die kleine Jagdgesellschaft war bester Laune, Wild kam vor die Schützen, es wurde gut geschossen, und so konnten wir mittags mit elf Hasen und fünf Füchsen auf eine äußerst reizvolle Strecke schauen. Ich war mit diesem Ergebnis sehr zufrieden, denn wir waren nur sechs Schützen, und es war ja ein karges Gebiet, in dem es sich eigentlich nicht lohnte, gesellschaftliche Jagden abzuhalten. Der Tag war gelungen, und ich dachte bereits daran, ihn in dem Jägerkreis, der sich als harmonisch erwies, zur Tradition werden zu lassen.

Beim vorletzten Treiben hub das Rufen der Treiber an, ein Hund wurde mit jiff-jaff laut, und dann geschah es. Oberhalb meines Nachbarschützen flüchtete die luntenlose Fähe aus der Dickung. Der Nachbar stutzte, leider nicht lange genug. Sie hatte die rettende Deckung beinahe erreicht, als die Schrote sie hinten faßten. Schwerkrank kroch sie weiter. Ich hoffte, der nächste Schuß würde sie erlösen. Statt dessen packte der unglückselige Schütze einen dicken Knüppel, rannte hin und schwang die Keule über der geschundenen Kreatur. Ich weiß nicht, wie viele Male er zuschlug. Ich hatte mich abgewendet. – Später hörte ich ihn erzählen, daß ihn der Krüppel in den Fuß beißen wollte, bis er ihm mit dem nächsten Hieb den Garaus gemacht habe.

Bedeutungslos? Vielleicht – mancher wird sagen, was zählt es, wie ein Fuchs zur Strecke kommt? Gespenstisch glotzte der durch den zertrümmerten Schädel hervorgequollene Seher ins Leere. Hätte ich damals doch mein Versprechen brechen sollen – wäre es besser gewesen? Vielleicht, was wissen wir über das Schicksal und seine Wege, und wie ahnungslos sind wir, wenn wir uns anschicken, ein Lebewesen ins Jenseits zu befördern. Es wäre von uns Jägern auch zuviel verlangt. Wir selber sind nicht mehr als der Frosch im Teich, der über den Tümpelrand nicht hinausschauen kann.

Wir haben unseren Platz in der Ordnung der Natur wie jedes andere Lebewesen erhalten. Unser Verstand hat uns zwar die Möglichkeit gegeben, diese Ordnung zu verändern, er sollte uns aber auch befähigen, die damit verbundene Verantwortung zu erkennen. Wie alle Menschen, die mit „Natur" umgehen, sind wir Jäger uns dessen bewußt und dazu aufgerufen. Wir sollten es in unserer Einstellung zum Wild und zur Jagd zum Ausdruck bringen. Nicht was wir erjagen ist entscheidend, sondern wie wir es erjagen! Und deshalb hätte ich der kleinen luntenlosen Fähe ein anderes Ende gewünscht.

Ausklang

Bosnische Impressionen

Der Jahreskreislauf hat sich geschlossen. Ende Februar habe ich die schmale Hahnbüchsflinte sorgfältig eingeölt und in den Schrank gestellt, wo sie ein gutes Dreivierteljahr in ihrem seidigen Glanz verschlummern wird. Ihren einläufigen und doppelläufigen Gefährtinnen wird nun der Vorzug gegeben. Es beginnt mit der Schnepfenflinte und dem kleinen Taubengewehr... Der Reigen könnte aufs neue beginnen. Wenn – ja, wenn es nicht ein Kapitel gäbe, das mich über einige Jahre beschäftigt und gefangengenommen hat. Es mag nicht unbedingt in diesen Rahmen gehören, aber es war so fest in meine jährlich wiederkehrenden Ausflüge und in mein jahreszeitliches Jagen eingeplant, daß ich davon berichten möchte.

Es war bosnisches Fieber, das mich damals im Februar und März befiel. Ich bin kein Jagdtourist im heutigen Sinne und habe immer wenig von Jagdfahrten ins Ausland gehalten, aber gewisse Erzählungen eines österreichischen Freundes faszinierten mich und ließen mich aufhorchen. Er jagte auf spezielle Einladung in einem bosnischen Staatsrevier, in das kein Tourist seinen Fuß setzte. Er schwärmte von der beeindruckenden Landschaft und dem ursprünglichen Jagen.

Ich hatte ihn nie um eine „Mitfahrmöglichkeit" gefragt. Ich wußte, wenn jemand einen Schatz gefunden hat, birgt er ihn am besten alleine. Ferner sind die Wege, die in solche Paradiese führen, zu verschlungen, als daß auf ihnen ein Troß von Leuten folgen könnte. Daher erstaunte es mich um so mehr, als mich der Freund eines Tages fragte, ob ich ihn nicht einmal in das Innere Bosniens begleiten wolle.

Bosnien und Herzegowina – beides sind alte ottomanische Provinzen, die in den siebziger Jahren des letzten Jahrhunderts unter die Verwaltung Österreich-Ungarns kamen und erst 1908 nach erfolgter Aufnahme in den Staatsverband dem Habsburger Reich angeschlossen wurden. – Nach 1918 fielen Bosnien und die Herzegowina an das neu entstandene Königreich Jugoslawien. Mit dessen Zusammenbruch im Jahre 1941 schlug man sie dem nunmehr unabhängigen Staat Kroatien zu. Sie verblieben dort bis zum Umsturz 1945, um dann in der jugoslawischen Republik aufzugehen.

Während der osmanischen Herrschaft gab es kein Jagdgesetz, aber die mohammedanischen Großgrundbesitzer, die den alten, vornehmen Geschlechtern der Begs und Agas entstammten, waren passionierte und erfahrene Jäger, die ihr Wild umsichtig hegten. Das Land war schwach bevölkert, es gab riesige, undurchdringliche Wälder, und jeder, der die Jagdhoheit des Großgrundbesitzers in irgendeiner Weise störte, riskierte Kopf und Kragen. So ist es nicht verwunderlich, daß es in jener Zeit einen reichen Wildbestand gab.

Das änderte sich schlagartig unter der österreichischen Verwaltung. Die Großgrundbesitzer verloren ihren Besitz und ihre Rechte. An deren Stelle trat eine Lizenzjagd, die weder Eigenjagden noch Pachtreviere kannte. Eine Menge von Jagdtouristen der damaligen Zeit strömte ins Land – unter anderem Anton von Perfall, der in einem seiner Bücher anschaulich darüber berichtet –, die aber in kürzester Zeit mit modernen Waffen den Wildbestand auf ein Minimum reduzierte. Erst die Gründung von sechs staatlichen Jagdreservaten vor und nach dem Ersten Weltkrieg mit einem Flächenausmaß von insgesamt zweihundertfünfzigtausend Hektar sicherte dem Land einen artenreichen Wildbestand. Alles auch bei uns heimische Wild hat dort bis heute seine Existenzgrundlage gefunden. Ferner sind die Waldhühner, der Steinadler, der Lämmergeier ebenso vertreten wie Bär und Wolf. Es fehlen lediglich Rotwild, Luchs, Murmeltier und Fasan.

Nach dem politischen Umbruch hat Tito als passionierter Jäger seine Hand über die Jagdreservate gehalten. Er erließ sogar ein Gesetz, daß, wer Bär oder Hirsch wildert, mit dem Tode bestraft wird. Ob ein solches Urteil je gesprochen oder gar vollstreckt wurde, entzieht sich meiner Kenntnis.

Von den ottomanischen Großgrundbesitzern wurde die alte Tradition der Brackenjagd gepflegt. Sie bringt keine großen Strecken, aber sie garantiert dem Jäger, der die Jagd mit dem Hunde liebt, einen Genuß, den wir uns mit unserer Art zu jagen kaum mehr vorstellen können. Heute sieht man hin und wieder die Nachkommen der hochläufigen rauhhaarigen Bracken, die seinerzeit ausschließlich verwandt wurden. Sie zeichneten sich durch Spurtreue, Ausdauer, Härte, besonders aber durch ihre Einfühlsamkeit in Koppel und Führergemeinschaft aus. Daneben wurde in den zwanziger und dreißiger Jahren mit bestem Erfolg die Dachsbracke eingesetzt. Ein österreichischer Jagdverwalter, der zwei der großen Reservate betreute, führte sie. Sie stammten aus einem Zwinger im Lavanttal.

Leider ist heute diese Jagd völlig in den Hintergrund getreten, und damit ging auch die Kenntnis und die Tradition um sie verloren. Die Jagd auf Bär,

Sau und Wolf spielt die bedeutendere Rolle und wird beinahe ausschließlich vom Ansitz am Luderplatz aus betrieben. Ich machte während einer meiner Aufenthalte einen kindlichen und unglücklichen Brackierversuch mit meiner Dachsbracke auf Hase und Fuchs. Die Wölfe fingen und rissen den laut jagenden Hund. Später erst hörte ich von der alten Erfahrung, nach der der Wolf die jagenden Hunde wie eine leichte Beute fängt und als willkommene Mahlzeit betrachtet. Früher sollen die Bracken so eingejagt gewesen sein, daß sie zurückkehrten, wenn sie auf die Fährte eines Wolfes stießen oder seine Witterung bekamen. Damaligen Berichten nach war das eine den Hunden bereits angewölfte Eigenschaft.

Für Ende Januar war unser Unternehmen geplant. Wir würden auf Sauen jagen, und ich solle meine Doppelbüchse mitnehmen. Das waren die einzigen Informationen, die ich bekommen hatte. Wir fuhren mit dem Auto und machten unsere erste Station kurz vor Zagreb in dem Gagern-Schloß Mokric. Die große Straße, die mit all ihrem Lärm und Schmutz direkt vorbeiführt, und die Geschäftigkeit eines Tophotels, zu dem das Schloß umfunktioniert ist, ließen mich wenig von dem finden, was ich glaubte, aus der Kenntnis der Gagern-Bücher suchen zu können. Erst als ich durch den verwunschenen, ungepflegten Park ging, rührten mich die Stimmungen an, die an den Micherl Holzer, Janko Reschetar, den wackeren Pajduch oder gar Marko Ubranitsch gemahnten. Ich schritt vorbei an den Standbildern der vier Jahreszeiten und stand vor der verwahrlosten Kapelle Sankt Anna und der Familiengruft. Als der Wind in den alten Bäumen rauschte, meinte ich einen Augenblick, Gagerns Worten zu lauschen...

Wir fuhren über Banja Luka bis weit nach Bosnien hinein. Das letzte Stück Weges holperten wir über schlechte Straßen, kamen durch kleine Dörfer, die von weitem mit ihren Minaretten grüßten, vorbei an Pferdefuhrwerken und verschlossen schauenden Bosniaken. Die Landschaft wurde großartiger, die Berge höher, die Flüsse wilder und die Wälder einsamer. Und dann waren wir am Ziel! Freundliche, gastfreie Menschen empfingen uns – empfingen den Freund. Ich wurde mit Zurückhaltung gemustert, aber ich spürte, sein Freund war auch ihr Freund, und so wurden mir beinahe dieselben häuslichen Ehren zuteil. Bis auf eine. Ich sah es, und im selben Moment war mir die dem Fremden gegenüber gewahrte Distanz nicht unlieb, denn die Männer nahmen den Freund in den Arm und küßten ihn auf Wange und Mund. Die unrasierten Backen und die zahnlosen Münder, in denen höchstens ein paar „goldbraune Grandeln" blitzten, weckten nicht mein Verlangen. Ein jungfräulicher Schauer lief mir über den Rücken. Es sollte sich aber zeigen, daß alles nur eine Frage der Gewohnheit ist. Den Matronen durften wir zur Begrüßung die Hand geben, während die jungen

Frauen und Mädel verschämt im Hintergrund blieben. Als wir uns der mohammedanischen Sitte gemäß ohne Schuhe zu Tische knieten, war es eine Männerrunde geworden. Köstliche Speisen wurden von der „Nebenfrau" aufgetragen, während die „Hauptfrau" am Herde das Regiment führte. Ich aß und aß, und mein leerer Teller wurde immer wieder gefüllt. Ich drohte gleich an meinem ersten Bosnien-Erlebnis zu bersten. Ich wollte nicht unhöflich sein und einen Rest auf dem Teller liegenlassen. Alle freuten sich über meinen Appetit. Besonders der Freund lächelte mir wohlwollend zu. Er hatte es natürlich in stiller Schadenfreude nicht für notwendig befunden, mir zu erklären, daß ich in den Augen meiner bosnischen Gastgeber noch hungrig bin, solange ich den Teller leere.

Auch wenn ich weniger mit dem Essen beschäftigt gewesen wäre, hätte ich nicht viel von den Gesprächen verstanden. Natürlich kreisten sie um die Jagd und das Wild. Der Freund bezog mich jedoch in seiner gewandten Art, die keine Verständigungsprobleme kannte, in die Unterhaltung ein. Morgen sollte eine Riegeljagd auf Sauen gemacht werden. Es könnten Bären im Treiben sein, Wölfe wohl weniger. Die jüngeren Bären würden bei dem milden Wetter gerne aus ihrem Winterschlaf kommen. Zwei könnten ruhig geschossen werden. Mir war nie der Gedanke gekommen, einen Bären zu erlegen. Es war ein Wild, das ich nicht kannte und nie in freier Wildbahn gesehen hatte. Aber als jetzt darüber geredet wurde, so natürlich und ungezwungen, ohne jeglichen jagdtouristischen Aspekt, wurde der Gedanke sehr spannend, morgen am Wechsel zu stehen, wo Bär und Wolf kommen könnten!

An diesem Abend sackte ich mit einem überfüllten Magen und einem vor Eindrücken und Gedanken überquellenden Kopf ins Bett. Durch meine Träume geisterten braungolden blitzende, zahnstümpfige Männer, die mich küssen wollten, und Bären und Wölfe, die mich auf meinem Stand anliefen. Ich schoß, und die Kugeln fielen gerade nur aus der Mündung heraus.

Am Morgen brachen wir lange vor Tag auf. Wir hatten einen zweistündigen Fußmarsch zu absolvieren. Der Wald lag still und abweisend. Hier wohnten Bär und Wolf. Ich hatte noch nie einen solchen Wald betreten, geschweige denn darin gejagt.

Wir erreichten ein paar Gehöfte. Es herrschte Leben, Menschen waren da, Treiber, Hunde aller Rassen und Jäger, die in ihren Sonntags-Ausgehuniformen steckten. Das war der jagdliche Troß, der hier auf uns gewartet hatte! Nun ging es weiter zu einer Hütte, die wir nach einem halbstündigen Fußmarsch erreichten. Der Forstdirektor gab die letzten Anweisungen und teilte dem Freund und mir sowie fünf anderen Schützen, die zu uns gestoßen waren, je einen Begleitjäger zu. Mir war in unserem Troß bereits ein Mann wegen seines verunstalteten Gesichtes aufgefallen. Es grauste mich, ihm in die Augen zu schauen, denn er hatte keine Nase. War es ein Unfall gewesen, oder hatte ihm dies das Gesetz der Blutrache eingebracht, das hier vielleicht noch herrschte? In meiner durch bosnische Eindrücke überreizten Phantasie tauchten die lebhaftesten Bilder vor mir auf. Sie bekamen mit einem Schlag einen Hintergrund, der mir wirklich nicht geheuer war, als der Nasenlose mir als Begleiter zugeteilt wurde. Der Forstdirektor empfahl ihn mir als guten Jäger. Vielleicht trug er gerade deshalb keine Uniform. Er sei lange fortgewesen, sei jetzt wieder aus den Wäldern aufgetaucht und kenne das Wild hervorragend, und – in diesen Fällen reichen ein paar Worte, ein paar Gesten zur Verständigung – ich solle ein wenig achtgeben und ihn vorgehen lassen, denn für ein gutes Gewehr, das der Traum jedes Mannes hier sei, könnten sie einem schon einmal ein Messer in den Rücken stecken. Ich reimte mir dazu, daß er Mohammedaner war. Im Koran steht irgendwo, es sei ein gutes Werk, die Nichtrechtgläubigen ins Jenseits zu befördern. So konnte er sogar zwei Fliegen mit einer Klappe schlagen: ein gutes Gewehr bekommen und eines Platzes im Himmel gewiß sein, während ich bereits dort weilte.

Natürlich ließ ich ihn vorgehen. Es ist eine Selbstverständlichkeit, daß der Jagdführer vorneweg marschiert. Schweigend stapften wir los. Es lag frischer fußhoher Schnee. Wir klommen Hänge hinauf und auf der anderen Seite hinunter, birschten durch lichten Hochwald, querten Blößen und blieben in einem gottverlassenen Dickicht stehen. Der Nasenlose bedeutete mir, hier zu bleiben und mich schußbereit zu machen. Ich war sprachlos. Auf diesem Platz sollte ich bleiben, an dem ich nach beiden Seiten kaum zwanzig oder dreißig Meter Schußfeld hatte? Vorhin hatten wir lichte Bestände gesehen, dort hätte ich mir einen Stand mit weitem Schußfeld gesucht. Die Vision eines Messers in meinem Rücken wurde lebendig, hier konnte er sein Werk verrichten. Weit und breit gab es keinen Nachbarschützen, kein Treiber war zu hören, geschweige denn zu sehen. Mir erschien die Sache höchst merkwürdig. Ich wußte vom gestrigen Abend, daß auf dieser Jagd lediglich ein paar Wechsel besetzt wurden und mit einigen Treibern das Wild rege gemacht werden sollte. Ich konnte mir kaum vorstellen, wie das gelingen mochte. So etwas erfordert Kenntnis des Revieres und eine vernünftige Organisation. Das hier sah mir nicht danach aus. In meinem Hochmut hegte ich Zweifel und fügte mich mit der beleidigten Geduld des Besserwissers.

Eine gute Stunde hatten wir so zugebracht. Ich war schläfrig und hatte nicht schlecht Lust, dem Nasenlosen meine Meinung über die Aussichtslosigkeit dieses Unternehmens kundzutun. Nur das Verständigungsproblem und der Gedanke an das Messer ließen mich schweigen. Plötzlich vernahm ich ein leises Knacken. Schnee fiel von den Ästen, und ein großer, dunkler

Wildkörper schob sich durch die Stauden des Dickichts – ein Keiler. Ich machte keine Bewegung, ließ ihn passieren, ging schnell in Anschlag und schoß ihm spitz von hinten die Kugel hinter den Teller. Bei der kurzen Entfernung und der Vertrautheit des Wildes war es kein Kunststück. Der Keiler brach im Feuer zusammen. Im selben Augenblick traf mich zwar nicht das Messer, aber die Pranke des Nasenlosen, begleitet von einem Wortschwall der Begeisterung. Er schien mich in höchsten Tönen zu loben, wovon ich leider kein Wort verstand. Er sprang mit ein paar Sätzen zum Keiler, an dem er herumzerrte und mir bedeutete: „Nicht alter, aber schwerer Keiler." Ich war mit der Wendung der Jagd sehr zufrieden, tat dem Forstdirektor und meinem nasenlosen Führer jede Abbitte und schämte mich meiner kleingläubigen, besserwisserhaften Gedanken. Das Treiben schien vorüber. Nachdem wir den Keiler aufgebrochen hatten, machten wir uns auf den Weg zurück zur Hütte. Dort erwarteten uns einige der Schützen. Es wurde geredet, diskutiert, ein Feuer brannte, Sliwowitz wurde getrunken, und man belobigte mich. Ich lächelte bescheiden und freundlich und hoffte auf das Eintreffen des Freundes, der mit dem ihm eigenen Verständigungsgeschick dolmetschen konnte. Er kam, hatte leider selber nichts geschossen, wie auch sonst wenig Wild vorgekommen war.

Bald wurde wieder zum Aufbruch geblasen. Ich stapfte hinter meinem Jäger her, der nun gar nichts Unheimliches mehr hatte und für den ich bereits Sympathie und jägerische Hochachtung hegte. Es war mir klar, daß ich lediglich ihm und seiner Revierkenntnis den Erfolg des Morgens zu verdanken hatte. Er blieb stehen, deutete auf mich, auf mein Gewehr und sagte „Medvjed". Das heißt „Bär", was ich inzwischen gelernt hatte. Sollte ich einen Bären schießen? Das konnte wohl nicht wahr sein. Ich lächelte ungläubig, zuckte mit den Achseln und drängte zum Weitergehen. Wir stiegen durch die Wildnis der Stauden, Büsche und Wälder. Ich hatte längst den Richtungssinn verloren und meinte beinahe, wir seien im Kreise gelaufen. Inmitten eines Dickichts blieben wir stehen. Langsam begann es mir zu dämmern. Bär, Wolf und Keiler wechseln nicht über Blößen und durch lichten Hochwald mit gutem Schußfeld, sondern sie suchen jeden Meter Deckung. Das dickste Dickicht ist ihnen gerade recht für ihre Wechsel. Wie konnte ich nur so einfältig sein! Vor uns stieg ein Hang leicht an, in den ich einige Meter hineinschauen konnte. Links von mir war eine fünf oder sechs Meter breite Blöße, hinter mir ein Graben – das war mein Schußfeld. Also gut! Ich lud meine Doppelbüchse und wollte mich auf meinem Jagdstühlchen kommod niederlassen, doch der Nasenlose bedeutete mir, unbedingt stehenzubleiben.

Schweigend lag der Wald. Die Einsamkeit war vollständig; mir war unheimlich. Wenn hier tatsächlich Bär oder Wolf kamen, hatte ich sie hautnah vor mir. Würde ich überhaupt geistesgegenwärtig genug sein zu schießen? Würde ich nicht viel zu erschrocken sein, wenn das Wild, das ich noch nie gesehen hatte, vor mir auftauchte? Wenn! – Wahrscheinlich kam es gar nicht. Warum sollte es gerade hier kommen? Fünfzig Meter vor oder zurück – und wir würden nichts davon sehen und hören. Ich schaute in den Graben, der hier flacher war als weiter unten, wo wir heraufgebirscht waren. Sollte es ein Zwangswechsel sein oder zumindest beinahe so etwas, vielleicht ein gern begangener Wechsel, den das Wild hielt? Woher wußte der Nasenlose das alles, oder war es nur ein Bluff, ein Gerede – so war es sicherlich! Oder hatte er hier öfter gepaßt und abgespürt und regelmäßig die breiten Tritte des Bären gefunden und das scheue „Spurengeläuf" der Wölfe? Ich hätte ihn gerne gefragt. Im Augenwinkel sah ich sein grauenerregendes Profil, bewegungslos stand er rechts hinter mir. Ich umfaßte fester die schwere Doppelbüchse. Nichts hatte ich vernommen. Da – eine Bewegung! Wie eine Kugel im Schnee, geschmeidig und unsagbar schnell – schnell, das war der Eindruck, der blieb; Bruchteile eines Augenblicks! Ich handelte instinktiv, weil ich fühlte, etwas tun zu müssen, und schoß auf vier Meter. Den Bären warf es herum, er richtete sich auf und erhielt die zweite Kugel. Stauden brechend krachte er in den Graben. Ich war unfähig, einen Gedanken zu fassen. Ich stand mit aufgeklapptem Gewehr und ausgeworfenen Patronenhülsen. Ich wagte nicht, nach unten zu schauen. Ein Röcheln, ein Gurgeln aus tiefstem, haßerfülltem Innern, Steine gingen – Ruhe! Die Starre war von mir abgefallen. Mit nachgeladener, schußbereiter Büchse stand ich am Graben und sah, daß ich das Gewehr sinken lassen konnte. Ich setzte mich in den Schnee, und die Aufregung schüttelte meinen Körper. Wie Espenlaub zitterte ich. Ich saß noch dort, als der Jäger schon beim Bären war. Freude, Glück – wohl kaum. Erst viel später stellte sich das ein und alles das, was zum Erfassen dieses Augenblickes notwendig ist.

Wie in Trance wohnte ich dann einem eigenartigen Schauspiel bei, das mich in meinen Regungen erst recht lähmte. Es hatte seinen Ursprung, wie ich später in Erfahrung brachte, in einem uralten Glauben, daß nämlich die Kraft der jungen Bärin auf ihren Bezwinger übergeht, nähert er sich ihr als „Tiermann". Die Literatur weiß aus vielen Gegenden von diesem merkwürdigen anthropomorphen Brauch zu berichten. Wie ich aus gleicher Quelle erfuhr, zerrte man dazu sogar einen unwilligen Jäger an den Ohren herbei... Gnadenreiche Stunde! Was ist mir erspart geblieben! – Die Zeit läutert den unmittelbaren Eindruck. Damals sah ich darin nichts anderes als eine Schändung des edlen Wildes, und ich war nicht fähig, mich zu rühren oder gar dem Geschehen Einhalt zu gebieten.

Dann ergoß sich der mir schon vertraute unverständliche Wortschwall über mich. Der Nasenlose verschwand. Erst jetzt begannen sich meine Gedanken zu ordnen. Ich weiß nicht, wie lange ich gesessen und das Tier betrachtet hatte. Plötzlich waren Treiber und Jäger da, es wurde wild durcheinander geredet, der Ort in Augenschein genommen und der Bär begutachtet. Nach dem gelinden Schock, den ich bereits versetzt bekommen hatte, hätte mich nur noch wenig erschüttern können. Meine Bemühungen, dem gestreckten Wild die uns gewohnte und angemessene Achtung zukommen zu lassen, scheiterten kläglich. Ein Pferd wurde herangeschafft. Es zog den Bären aus dem Graben, und auf einem niedrigen Schlitten, umringt von der schwatzenden und gestikulierenden Treiber- und Jägerhorde, wurde das Wild zur Hütte geschleift. Was ich dort erlebte, erfüllte mich vollends mit Staunen. Wie selbst Urwaldtrommeln innerhalb so kurzer Zeit so viele Menschen in einer für meine Begriffe stockeinsamen Gegend hätten zusammenbringen können, wird eines der vielen Rätsel bleiben. Kinder und Frauen standen dort und erwarteten uns, um den Bären zu sehen. In früheren Zeiten hätte es nicht anders sein können, wenn die Männer von der Jagd heimkehrten und das wilde Tier erlegt hatten. Der Überschwang und die Freude gestalteten sich zu einem Fest. Feuer wurden angezündet, für die Nichtrechtgläubigen wurde Fleisch gebraten, und scharfer Sliwowitz machte die Runde, während die Rechtgläubigen den berühmten „Schwarzen" tranken und Obst aßen. Ich hielt mich dieses Mal an die letztere Gruppe, weniger der Überzeugung als der Speisenwahl wegen. Doch nach diesen Erlebnissen wäre ich bereit gewesen, Allah eine Kerze anzuzünden!

Den Freund befiel seine mitteleuropäische Denkungsweise, ihm war das unjagdliche Treiben höchst zuwider: „Wir sind nicht zum Essen und Trinken hierher gekommen!" Es war ein müßiges Unterfangen von ihm, den Forstdirektor und die Leute zu einem weiteren Riegler zu animieren. Der Jagderfolg war gegeben, der Bär war tot, nun konnte man sich dem Schönsten widmen: Essen und Trinken, Feiern und Fröhlichsein. Ich hielt mich nicht abseits von dem munteren Treiben, war ich doch der Held des Tages. Es gilt, sich den Aufgaben des Lebens zu stellen! Die schwere alte Holland & Holland-Doppelbüchse wurde als Bärentöter bewundert, ging von Hand zu Hand und war plötzlich aus meinen Augen verschwunden. Ich war abgelenkt, hatte einen Augenblick nicht aufgepaßt. Besorgt lief ich hinterher – und ein freundlich grinsender Bosniak reichte sie mir herüber, als hätte er sie mir eben zurückbringen wollen. Ich lächelte ebenso freundlich und behielt sie besser unter Kontrolle.

Ich schenkte den Bären dem Jäger. Was mich dazu bewogen haben mochte, ist schwer zu sagen. Vielleicht war es das Bedürfnis, ein spontanes Geschenk – die Erlegung des Bären war für mich ein solches – aus dem Glücksgefühl heraus mit einem ebenso spontanen Geschenk zu beantworten. Er war ihm näher als ich. Wußte er mehr um ihn, als ich ahnte? – Der verständnislose Blick des Freundes traf mich, und er glaubte, mir später mit ein paar passenden Worten meinen Unfug vor Augen halten zu müssen. Ich unternahm nicht den Versuch, ihm den Grund meiner Geste zu erklären. Ich sagte ihm, ich hätte kein Interesse an der unreifen Trophäe einer zweijährigen Bärin, die jeder als solche erkennen würde. Unreife – ja, aber heute zählte das nicht. Das Erlebnis hätte nicht schöner und beeindruckender sein können. Wem ist es heute noch vergönnt, einen Bären auf der Treibjagd zu schießen? Das blitzschnelle Auftauchen des Wildes, das Spüren seiner Nähe auf der Haut und das instinktive Handeln werden mir unauslöschlich in Erinnerung bleiben. Das kann keine Decke eines kapitalen Altbären aufwiegen, der vom sicheren Hochsitz nachts am Luder erbeutet wurde. Zwei Jahre später erhielt ich eine sehr großzügige und noble Einladung von einem hohen Funktionär zu einem solchen Abschuß. Wir jagten zusammen, als mein Hund von den Wölfen gerissen wurde. Er hatte sich das als Trostpflaster und bosnische Wiedergutmachung überlegt. Ich war mir dieser Ehre bewußt und gab die Einladung höflich zurück. Ich hatte zu dem Zeitpunkt bereits viele Bären am Luder beobachten können und hatte niemals den Wunsch verspürt, das Tier zu erlegen.

Doch zurück zu meinem Bären. Der Jäger erwies sich als selbstbewußter Naturmensch, der den Wert des Geschenkes, mehr noch der Geste, erkannte, es annahm und mir im Gegenzug eine Kralle überreichte. Sie sei ein Fruchtbarkeitssymbol – davon hatte ich bereits einen Begriff bekommen! –, und ich müsse sie einer meiner Frauen schenken... Der Plural verwirrte mich.

Meiner Frau habe ich die Gabe vorenthalten, statt dessen ließ ich die Kralle in Silber fassen. Sie liegt auf meinem Schreibtisch und ist mir zur liebsten denkbaren Trophäe dieser Bärengeschichte geworden. – Bosnien! Das bosnische Fieber hatte mich ergriffen. Bei jedem Gedanken an dieses Jagen schüttelte es mich. Bosnisches Fieber ist nicht Schuß, nicht Beute allein. Die Fülle des Erlebten jagt es, der Eindrücke, der Stimmungen und Stimmen der Wälder und Menschen. Über allem liegt der Zauber der Landschaft, ihrer Unberührtheit, die Faszination der Berge und der unendlichen Wälder – und in allen schlummern Geheimnisse!

Als wir spät die Hütte und das Fest verließen und durch den verschneiten Wald unserem Quartier zu stapften, hallte uns ein altes bosnisches Jägerlied nach – es wurde mir so übersetzt:

Und wenn die dunkle Nacht herabsinkt, dann lebt wohl, ihr Wälder,
Denn bei meiner Liebsten steht das Türchen für mich immer offen!
Geh auf die Jagd, geh auf die Jagd, frisch und wohlgemut.

Drei Wochen später sah mich Bosnien wieder. Meine Frau hatte mich ungerne ziehen lassen. Vielleicht hatte ich ihr zuviel von nasenlosen Jägern, küssenden Männern – obwohl mir das bisher erspart geblieben war – und anderen Merkwürdigkeiten erzählt!

Es war seit Jahren der Wunsch des Freundes, einen Wolf zu schießen. Trotz seiner häufigen Bosnien-Fahrten und seines jägerischen Einsatzes hatte er nie einen zu Gesicht bekommen. Das Vorkommen des Wolfes ist in Bosnien auch heute noch hoch. Man rechnet mit einem pro tausend Hektar. Der Wolf ist wie eh das verhaßte Wild. Es gibt hohe Abschußprämien, die dem Monatslohn eines Jägers entsprechen. Das ist ein weidlicher Anreiz, aber nicht allein deshalb stellen ihm die einheimischen Jäger mit allen nur denkbaren Mitteln nach. Die Verluste unter dem Weidevieh sind erheblich, zumal ein Schaf für die arme Bevölkerung einem kleinen Vermögen gleichkommt.

Um dem Erfolg und damit einem Wolfabschuß näherzurücken, stand der Freund von Januar bis April auf „Abruf", um günstige Witterungsbedingungen für die Jagd zu erwischen. Die beste Zeit sollte ein schneearmes Frühjahr sein. Die Wölfe seien dann eher genötigt, die großen, seit Jahren bestehenden und ständig beschickten Luderplätze anzunehmen. Bei höheren Schneelagen hingegen würden sie leichte Beute unter den Rehen finden. Trotz der „grauen Geißel" und der harten Winter hält sich in Bosnien ein starker und zahlenmäßig nicht geringer Rehwildbestand.

Wir waren wieder die endlose Straße gen Südosten gefahren. Alles war mir schon vertrauter, die Landschaft, die Umgebung, die Menschen und ihr Leben. Ich wurde freundlich, beinahe herzlich wie der Freund begrüßt, des Bruderkusses allerdings wurde ich noch nicht für würdig befunden. Mit unserer Ankunft begann es heillos zu schneien, und uns blieb nur die Möglichkeit für einige schüchterne Ansitze in der nächsten Umgebung. Wider alle Erwartungen schoß der Freund am Luder ein Stück Schwarzwild. Bei aller Bewunderung wagte ich ihm bescheiden zu bedeuten, daß er bei dieser mangelnden Enthaltsamkeit lange auf einen Wolf warten könne. Was für den Fuchs gilt, gilt in hundertfachem Maße wohl für den Wolf: warten! Ein bekannter Bosnien-Jäger schreibt: „Du mußt bei der Ausübung dieser ernsten Jagd so werden wie sie – die Wölfe –, und du wirst auch so, zäh, ausdauernd, unheimlich, nur feige, wie sie sind, darfst du nicht sein, und stetig mußt du sein. Überall und nirgends mußt du sein, immer im verschärften Wachdienst bei jedem Schritt in Berg und Wald, dann wirst du ihnen ein Gegner werden!" Der Freund erwiderte auf meine Bedenken etwas wie, es gelte die Chancen zu nutzen. Ich hielt ihm das Prinzip der Prioritäten entgegen. In der Schlechtwetter-Gereiztheit vertagten wir das Thema und fuhren schließlich früher als geplant bei dichtem Flockenwirbel ab. Meine Frau war hocherfreut, mich zeitiger als erwartet wiederzusehen.

Der Schein trog. Zehn Tage später klingelte das Telefon. Am Abend war ich beim österreichischen Freund, und am nächsten Morgen rollten wir schon die lange Straße in bekannter Richtung. Laue Märzlüfte hatten den meterhohen Schnee zusammengehauen. Aber wie zum Hohne verschlechterte sich mit unserer Ankunft das Wetter erneut. Es regnete, und in den höheren Lagen der Berge schneite es. Das hielt uns aber nicht ab, die Begrüßungszeremonie auf ein Minimum zu reduzieren und bereits am Nachmittag zum ersten Ansitz aufzubrechen. Mein nasenloser Jäger war schon das letzte Mal nicht mehr zu sehen gewesen. Angeblich betreute er ein weitab gelegenes Gebiet. Ich habe ihn nie wiedergesehen. Wer weiß, vielleicht war er längst freiwillig oder unfreiwillig in den Wäldern untergetaucht. – Mir war ein freundlicher junger Mann zur Seite gegeben, hinter dem ich nun herging. Wir erreichten einen Hochsitz, den ich bereits vom vorigen Besuch her kannte und zu dem – besser gesagt zu dessen Bauart – ich eine tiefe „Liebe" entwickelt hatte.

Ein anständiger Mohammedaner verbringt seine Zeit nicht sitzend, sondern kniend. Daher sind die geschlossenen Hochsitze niedrig, bieten wenig Kopffreiheit und haben lediglich einen Sehschlitz, der für den knienden Jäger in Augenhöhe eingelassen ist. Erst später wurde für die Nichtrechtgläubigen eine Sitzbank hineingegeben. Das steigert die Bequemlichkeit aber keineswegs, denn nun kann man nur flach vornübergebeugt sitzen und zum Sehschlitz hinausschauen; es sei denn, man würde mit der Säge ein Loch in die Decke schneiden, aus dem man den Kopf hinausstrecken könnte. Wenn ich die ganze Nacht bis zum Morgengrauen in diesen Marterkästen zubrachte, träumte ich von solchen Aktionen.

In der ersten Nacht sah ich einen Bären. Er kam zeitig zum Luder, riß einige Stücke heraus, verschwand im Wald, erschien wieder. Das geschah vier, fünf Male. Ich konnte mich daran nicht satt sehen und war beeindruckt von Stärke, Gewandtheit und Größe des Tieres. Aber angeblich war es nur ein mittlerer Bär.

Gerädert verließ ich morgens diese Hutschachtel. In der zweiten Nacht rührte sich auf demselben Platz nichts, und ich war nicht unglücklich, als ich früher als vorgesehen meinen Rücken geradebiegen konnte und wir heimkehrten. Die Wölfe verfolgten mich bis in die Träume, und ich erwachte erst am späten Vormittag. Herrlich leuchtete der Sonnenschein in unser kleines Zimmerchen. Der Freund hatte den Ansitz ebenfalls früher beendet, denn es war geplant, heute weiter in die Berge vorzustoßen. Mittags brachen wir auf. Über abenteuerliche Wege, auf denen wir immer wieder in dem achstiefen Morast zu versinken drohten, fuhren wir ins Gebirge hinein. Mild und versöhnlich leuchtete das verschneite Bergland in der Märzsonne. – Wölfe! Würde ich ihnen hier nahe sein? Früher als geplant mußten wir den Wagen stehenlassen und zu einem langen Fußmarsch aufbrechen. Schweigend ging ich hinter dem Jäger her. Links und rechts vom Weg schloß sich der undurchdringliche, abweisende Wald. Einmal kreuzten wir die Fährte eines Bären.

Als die Sonne hinter den Bergen versank, erreichten wir unsere Ansitzhütte. Mit Erleichterung sah ich sie, hatte ich mich innerlich doch bereits auf einen weiteren Marterkasten eingestellt. Sie war recht komfortabel und bot genügend Raum für bequemes und aufrechtes Sitzen. Der Jäger legte sich hinter mich auf die Bank und zog seine Gummistiefel aus. Unter normalen Verhältnissen hätte mich das veranlaßt, fluchtartig das Feld zu räumen, aber hier galt es, höheren Zielen zu folgen. So beschlug nur die Scheibe des schmalen Sehschlitzes. Der gute Mann rollte sich zusammen, nachdem er meiner ihm dargebotenen Zehrung für die Nacht arg zugesprochen hatte, und gab mir zu verstehen, daß er ungestört schlafen wolle. Ich möge schön aufpassen und schießen, was ich wolle. Nun war ich allein. Vor mir lag der Luderplatz als eine weiße, unberührte Fläche. Keine Fährte kreuzte sie. Einhundertdreißig Gänge mochte sie bis zum anderen Ende messen. Dreizehn Stunden des Harrens lagen vor mir. Ich richtete mich in meinem Daunensack ein, legte meine Sachen parat und teilte mir den verbliebenen Mundvorrat auf die kommenden Stunden auf.

Ich nickte ein. Als ich aufwachte, war die Dämmerung hereingebrochen. Stumm lag der Wald, nur der Bach rauschte sein eintöniges Lied. Die Stunden vergingen, im matten Schneelicht leuchtete die Fläche. Dann fingen sich die ersten Strahlen des aufgehenden Mondes auf den Wipfeln der Bäume, erreichten den Boden, und glitzernd warf der Schnee das Licht zurück. Es würde eine zauberhafte Mondnacht geben. Meine Gedanken waren weit fort. Halbschlaf und Wachheit mischten sich zu Traum und Wirklichkeit. Doch dann hatte ich sofort die Bewegung gesehen und war hellwach: Zwischen den Randfichten trabte etwas Großes, mir Unbekanntes, kein Fuchs, es war höher und größer. Ich sah durch das Glas. Lange durfte ich aber nicht schauen, denn dort im Mondschatten schnürte ein Wolf. Fiebernd griff ich zur Büchse, hatte sie an der Schulter, suchte im Fernrohr, fand ihn nicht mehr – dort, zwischen den lichten Fichten schnürte er bergauf, spitz von hinten, schon war er beinahe verschwunden. Ich fuhr mit, er wendete und zeigte einen Augenblick sein Blatt – im selben Augenblick fiel der Schuß.

Das Mündungsfeuer blendete mich. Ich hatte die Stelle im Auge behalten und suchte durch das Zielfernrohr etwas zu erkennen. An einem dunklen Strich blieb mein Blick hängen – sollte es wahr sein? Hatte ich ihn getroffen? Hinter mir war es lebendig geworden. Mit zitternden Händen und klopfendem Herzen berichtete ich, mich mühsam verständlich machend, was vorgefallen war. „Vuk, vuk!" stammelte ich. Der Jäger nahm das Resultat befriedigt zur Kenntnis und drehte sich auf die andere Seite. Was sollte ich tun? Am liebsten wäre ich hingelaufen, aber die Nacht war noch lang, und erst um sieben Uhr erwartete uns der Wagen. Schweren Herzens blieb ich sitzen.

Es war eine traumhafte Nacht, die ich in ihrer Einzigartigkeit mit dem Gedanken an die kaum für möglich gehaltene Beute genoß.

Ich mochte einige Male eingenickt sein. Das glitzernde Licht war verschwunden, Nebel hing in den Bäumen. Stumm, kalt, lichtlos dämmerte die Frühe. Ich weckte den Jäger. Er gähnte verschlafen, während ich voller Unruhe zum Aufbruch drängte. Schließlich stapften wir hinüber. Oder war es nur ein Traum, eine Vision gewesen? Doch da lag er. Es blieb mir keine Zeit zur Wacht, zu sehr war er der Todfeind der Menschen. Sie gönnten ihm auch jetzt keine Ruhe. Verachtungsvoll hob der Jäger das beinahe zentnerschwere Tier auf, warf es sich über die Schultern und begann den Heimmarsch. „Als kehrten wir heim von nächtlicher Wacht..." – einer der schönsten, einer der merkwürdigsten Wege. Ich glaubte, dem Wald ein Geheimnis entrissen zu haben, aber feindlich wies er mich ab. Vor mir stapfte der Jäger mit seiner schweren Last. Die Lunte wippte bei jedem Schritt, und hin und wieder netzte ein Tropfen Schweiß den Schnee. Wir erreichten den Treffpunkt. Der Wagen kam, da waren Menschen, Lachen – die Nacht war besiegt, der Wolf war besiegt, die Sonnenstrahlen brachen durch den Frühdunst und fielen uns blendend ins Gesicht.

„Ja, so etwas hat es schon einmal gegeben!" war der Kommentar des Forstdirektors. Vor einigen Jahren hatte ein Gast bei der Auerhahnbalz zwei merkwürdige Hunde geschossen, die mit einem dritten Kumpanen dahergezottelt kamen. Der Gast war sehr zufrieden; denn wildernde Hunde gehörten seiner Meinung nach nicht ins Revier. Erst als der Jäger auf die Schüsse hin aufgeregt herzueilte, erfuhr der Schütze, daß es Wölfe waren. Es erging ihm beinahe wie dem „Reiter über den Bodensee". Doch die Freude über dies unglaubliche Waidmannsheil überwog schließlich seinen Schrecken.

Wahrscheinlich konnte ich meinen Dusel gar nicht ermessen. Ich sonnte mich ein wenig in dem Erfolg und der Achtung, die mir seinetwegen entgegengebracht wurden, dem „Wolfsgreenhorn" – aber es gibt ja auch die Geschichte von den dümmsten Bauern mit den dicksten Kartoffeln!

Der Tag verging in sinnierender Begutachtung der Beute. Ich konnte mich nicht entschließen, das prächtige Tier abzubalgen, dafür würde morgen Zeit sein. Dann wäre ich auch ausgeschlafen, und die Arbeit ließe sich leichter verrichten; denn ich gedachte, die nächste Nacht in einem zufriedenen und wohlgefälligen Schlaf zu verbringen. Es kam nicht dazu. Dem mitleidlosen Drängen des Forstdirektors gab ich schließlich nach und willigte in einen kleinen Ansitz in der Nähe des Jagdhauses ein. Der Gedanke, vielleicht einen Bären beobachten zu können, spornte mich an, aber länger als Mitternacht wollte ich in keinem Falle bleiben. Ein junger Jäger begleitete mich und führte mich zu dem nahen Sitz. Es war wieder einer dieser Marterkästen mohammedanischer Bauart, und ich bereute bereits, daß ich mich zu dem Ausflug hatte überreden lassen. Ich hatte meinen Wolf, was sollte ich noch? Wenigstens zog der Jäger seine Gummistiefel nicht aus. Er hockte sich neben mich auf die niedrige Bank, und wir vereinbarten, uns beim Hinausschielen abzuwechseln. So konnte der andere für Augenblicke seinen krummen Rücken in die andere Richtung biegen.

Vor uns lag eine kleine Blöße, auf die Kukuruz gestreut war. Im Dämmerlicht wechselte eine Rehgeiß an. Sie war hier beinahe ein seltenerer Anblick als der eines Bären. Nachdem sie einige Zeit geäst hatte, zog sie fort.

Drei Stunden hatten wir gesessen. Der Schnee gab auf der von Bäumen überschatteten Fläche wenig Licht. Der Mond würde erst in einer Stunde aufgehen. Ich hatte nicht übel Lust, abzubaumen und nach Hause zu gehen. Ein unbekanntes Geräusch in unserem Rücken ließ den Jäger und mich stutzen. Wir schauten uns fragend an. Es war deutlich zu hören, obwohl wir auf der geschlossenen Kanzel nahezu taub waren. Vorsichtig öffnete der Jäger den Auslug. Wieder war es zu vernehmen: tschapp, tschapp, tschapp – und noch einmal, um sich im Dunkel des Waldes zu verlieren. Der Jäger war unerfahren wie ich, und wir beide wußten nicht, was es gewesen sein konnte. Der Mond ging auf, und ich dachte nun wirklich an Aufbruch. Ein Käuzchen rief, und in seinen Ruf mischte sich das Schauerlichste, was ich je gehört hatte: das Heulen der Wölfe! Meine Nackenhaare stellten sich auf, und es lief mir kalt über den Rücken. Wie versteinert saßen wir. Durch und durch ging es, es dauerte Minuten, verebbte, schwoll an und brach ab.

Erst Stunden später krabbelten wir vom Hochsitz, und nun gab es uns einen zweiten Schlag in die Magengrube. Zwanzig Meter hinter unserem Sitz kreuzten wir die frischen Spuren von vier Wölfen. Sie hatten in einem Bogen die Lichtung umgangen, hatten möglicherweise die Fährte des Rehs aufgenommen und waren nach Wolfsmanier zu Jagd und Angriff ausgeschwärmt. Später riefen sie sich nach erfolgloser – oder erfolgreicher – Jagd zusammen. Wir saßen derweil eingesperrt in unserer fürchterlichen Kiste und hatten von alledem wenig mitbekommen. Es wäre ein leichtes gewesen, bei genügender Sicht nach links auf das vorbeihuschende Wild zu schießen. Eines verwunderte mich. Warum hatten die Wölfe nicht an unseren Spuren gestutzt? Es gab wohl nur eine plausible Erklärung dafür. Wir hatten vier Stunden auf dem Hochsitz gesessen, in dieser Zeit hatte der Frost merklich angezogen und mochte unsere Wittrung gemildert haben. – Durch eine enge Schlucht stiegen wir ab, der Mond leuchtete unheimlich und kalt. Ich weiß nicht, wie oft ich mich auf dem Weg umgedreht habe, bis das vertraute Licht des Hauses durch die Bäume schimmerte.

Der Freund war sprachlos über meinen Wolfsdusel. Er hatte in dieser Nacht einen nicht extrastarken, aber um so älteren Keiler geschossen. Ich wünschte ihm ein Waidmannsheil, konnte es aber nicht unterlassen, den Gedanken der „Prioritäten" auf das Tapet zu bringen. Am nächsten Tag versorgten wir unsere Beute. Er löste die wunderbar abgeschliffenen Gewehre aus, während ich mit aller Liebe, Genugtuung und Freude das Abbalgen und das Herrichten des Wolfschädels unternahm. Nach getaner Arbeit gönnten wir uns einen kleinen Spaziergang, so wie man einen Gang in den heimischen Wald unternimmt. Wir wollten einen Berg besteigen, von wo wir uns eine Aussicht erhofften, und standen plötzlich vor der frischen Fährte eines Bären. Ein banger Blick auf die Felsen über uns, die höhlenartig dunkel heruntergrüßten, ließ uns schleunigst den Rückmarsch antreten. Einer Bärin, die hier ihre Jungen hatte, wollten wir nicht unbedingt über den Weg laufen. Erst jetzt begriff ich, daß dieser Wald nicht nur Freundlichkeiten für den Menschen bereithält.

Wir blieben noch zwei weitere Tage, und ich verhockte die Nächte auf den fürchterlichen Hochsitzen. Die letzte Nacht entschädigte mich für viele „durchkrümmte" Stunden. Ein Bär kam zum Luder. Der Mond war noch nicht aufgegangen, aber der Schnee gab so viel Licht, daß ich ihn auf die geringe Distanz von dreißig Metern gut beobachten konnte. Er war sehr vertraut, legte sich ans Luder und kaute, daß die Knochen krachten. Mit einem Mal wurde er hoch und stellte sich halb aufrecht auf die Hinterpranten, als prüfe er den Wind, und sicherte dem Walde zu. Er brummte verdrießlich, warf sich zur Seite und suchte hurtig das Weite zu gewinnen. Ich glaubte, ein Knacken und das Anwechseln von schwerem Wild aus der Richtung gehört zu haben, in die Meister Petz so aufmerksam gesichert hatte. Es rührte sich aber nichts mehr. Eine halbe Stunde mochte vergangen sein, dann erschien ein riesiger dunkler Schatten – ein Bär, der mir doppelt so stark vorkam wie der andere. Mit einem Prantenhieb warf er das Luder in die Höhe, griff mit dem Fang zu und zerrte und schleifte den Gaul, oder was auch immer dieses Unglücksvieh gewesen sein mochte, in den Schutz des Waldes. Alles war in Windeseile geschehen. Von dort ertönten nun die Geräusche eines genüßlichen Mahles. Nicht, daß mir selbst damit der Appetit gekommen wäre, aber dem Bären schien es ungeheuer zu munden, leider so gut, daß er es nicht mehr für nötig befand, auf der Fläche zu erscheinen und dort die dargebotenen Köstlichkeiten zu inspizieren. Ich hätte ihn gerne ein zweites Mal in seiner Riesigkeit beobachtet. Später habe ich noch öfter Bären am Luder gesehen, aber ich war mir sicher, daß nie einer von solcher Stärke darunter war. Leider traute ich mich damals nicht, am folgenden Morgen beim Hellwerden das Trittsiegel des Riesen anzuschauen, denn jedes unnötige Herumtappen an den Luderplätzen unterblieb natürlich.

Ein gnädiges Schicksal führte mich immer nur im Winter oder im Frühjahr hierher, zumindest aber, wenn Schnee und Frost den Greuel dieser Schlachtfelder unter sich bargen. Der Anblick war vielleicht gar nicht so entsetzlich, impertinent mußte der Gestank sein! Er solle einen bei Wind über Kilometer verfolgen können. Ganze Generationen von Kleppern und anderem geschundenen Viehzeug fanden hier ihr Ende. Meistens wurden die armen Viecher an Ort und Stelle durch einen Schuß getötet; tote Tiere hätte man zu vielen Plätzen kaum transportieren können.

Es war Mitte März, an den geschützten Stellen blühten schon die Hundsveilchen. Wir packten unsere Sachen zusammen, verabschiedeten uns von allen, die inzwischen auch meine Freunde und Brüder geworden waren, und ich küßte tapfer die unrasierten Wangen und Münder, in denen die goldbraunen, abgeschliffenen Grandeln blitzten...

Natürlich kamen wir im nächsten Jahr wieder. Aber wenn ich geglaubt hatte, daß sich die Wölfe so leicht schießen lassen, wie ich das aus meinen ersten beiden Begegnungen gerne geschlossen hätte, dann war das ein kleiner Irrtum. Ich saß viele Nächte und sah nicht einen Schatten. Ich ließ manches sogar stärkere Stück Schwarzwild ziehen, um meiner eigenen Theorie der Prioritäten nicht untreu zu werden. Es wurde mir aber nicht schwer; denn ich jagte auf Wolf, und dafür ließ ich gerne einmal den Finger gerade. Mich begleiteten oft mitleidige Blicke, wenn ich wieder beutelos abfuhr. Der Freund brachte, wenn ich mich recht erinnere, von jedem Besuch ein Stückl mit nach Hause.

Später im März reisten wir noch einmal an, und ich verbrachte vier Nächte in der Ansitzhütte, von wo aus ich den Wolf geschossen hatte. Nicht einmal ein Fuchs gedachte den Ort aufzusuchen, an dem Lukullus seine Freude gehabt hätte. Ich beschloß, die nächste Nacht auszuschlafen, und schlug dem Jäger, der vier Nächte in seinem Bett verbracht hatte, vor, Wache zu halten.

War es Ironie des Schicksals oder geschickt eingefädelte Ränke, die mir meine wölfischen Anfangserfolge nicht zu Kopfe steigen lassen sollte? Vielleicht mußte mir die Lehre erteilt werden: Ein Wolfsjäger schläft nicht im Bett und hat auch die fünfte Nacht zu sitzen! An das Bett kommt Isegrim nur im Traume. Als ich den Bericht des Jägers bruchstückweise zu verstehen begann, hörte ich schon das Hohnlachen des grünen Teufels im bosnischen Wolfsgewand: Der Jäger war eingeschlafen und wachte von zerrenden, knurrenden und schmatzenden Geräuschen auf. Er traute seinen Augen nicht: Vor ihm am Luder waren drei Wölfe. In heller Aufregung, aber den Schlaf noch in den Augen, griff er nach seiner Flinte, die mit gespannten Hähnen auf der Bank in der Ecke lehnte. Er faßte sie so ungeschickt an, daß sich beide Hähne lösten und der grobe Hagel aus Röllern, Hackblei und was immer in diesen Kartuschen stecken mochte splitternd durch das Hüttendach fuhr. Der Schreck der Wölfe wird nicht geringer als der des Jägers gewesen sein.

Die Geschichte erschütterte mich tief, spornte mich aber gleichzeitig in meinem Willen zu Beharrlichkeit und Ausdauer an. Wenn ich mir die Nächte am Ansitz wartend um die Ohren geschlagen hatte, versuchte ich tagsüber, andere Gebiete nach den Wölfen abzuspüren. Ich fand genügend frische Beweise ihrer Anwesenheit und stand jedesmal wie elektrisiert vor ihrem leichten „Spurengeläuf". Aber was nutzte es mir? Heute waren sie hier, morgen trieben sie vierzig Kilometer weiter ihr Unwesen. In ihrem gleichmäßig fördernden Trab legen sie ungeheure Entfernungen in kurzer Zeit zurück. Ich wußte es und wußte von ihrer Unstetigkeit, und dennoch verbrachte ich so die Tage, die eigentlich dem Nachholen des Schlafes hätten dienen müssen. Ich drohte einige Male „wolfskrank" zu werden. Der permanente Schlafentzug stärkte nicht mein Nervenkostüm und nahm jede Kraft für eine vernünftige Überlegung, die zum Jagen notwendig ist.

Ich meinte, es anders versuchen zu müssen. Nicht nur mit Worten, sondern auch mit kleinen Zuwendungen animierte ich den Forstdirektor, eine Treibjagd zu organisieren. Damals fehlte mir die Distanz und damit der Humor. Heute denke ich gerne an diesen einmaligen Jagdtag zurück. Er war ein großartiges, folkloristisches Ereignis und bot jedem bosnischen Männerherz, was es sich nur wünschen kann. Vierzig, fünfzig oder mehr Schützen hatten sich an dem Morgen eingefunden. Sie trugen Gewehre, an denen man die Entwicklung vom Steinschloß über den Vorderlader bis zum ersten Repetierer verfolgen und studieren konnte. Einer hatte sich sicherheitshalber zwei alte Reiterpistolen in den Gürtel gesteckt. Dieses kriegerische Bild wurde an Lebhaftigkeit aber weit von dem übertroffen, das die Treiberwehr bot. Die Leute hatten Trommeln, Blechkanister und ähnliche Lärminstrumente mitgebracht. Einer führte eine große Tuba mit, die er möglicherweise aus den Befreiungskriegen gerettet hatte und mit der er heute den Ton angeben wollte. Es war ein buntes Bild, das zu großen Hoffnungen Anlaß gab. Ich kannte das bosnische Sprichwort noch nicht: „Der Wolf ist satt, und der Ziegenbock bleibt am Leben!" Übersetzt heißt das: Der Gast hat seine Treibjagd und wir unser Vergnügen. Es wurden zwei Treiben gemacht, und wenn sich Wölfe mit Lärm, Geschrei und Tubaklängen jagen ließen, so hätten wir sie an diesem Tage in ganz Bosnien ausgerottet.

Mich wunderte – und das war es, was meinen nicht gerechten Zorn heraufbeschwor –, daß der Forstdirektor mit einigen seiner guten Jäger es nicht fertigbrachte, eine ernsthafte Jagd zu organisieren. Einen Riegler auf Schwarzwild und Bär wußten sie zu veranstalten, wie ich mit Genuß hatte feststellen dürfen. Vielleicht wollten sie ja auch gar nicht, und die Möglichkeit, ein Volksfest auf Kosten eines „Gospodin" zu veranstalten, war zu verlockend. Der Wolf ist satt, und der Ziegenbock bleibt am Leben!

Von einem alten, erfahrenen Bosnienjäger erfuhr ich, daß diese Treibjagden in neunundneunzig von hundert Fällen zum Scheitern verurteilt sind. Käme wirklich ein Wolf zur Strecke, sei das ein Zufallserfolg oder aber ein Tier gewesen, das weder riechen, hören noch sehen konnte. Das Anstellen der vielen Schützen, die notwendig seien, um die großen Treiben zu erfassen, wäre gar nicht möglich, ohne daß die Wölfe Wind bekämen. Der erste Hauch aber, der ihnen die verdächtige Wittrung zutrüge, oder der erste Laut würde sie unweigerlich veranlassen, sich auf leisen Pranten davonzustehlen, lange bevor sich der Kreis um sie geschlossen habe. Ferner müßte die Treiberwehr absolute Ruhe bis zu den Hebeschüssen halten, was bei der bunten Schar kaum möglich sei. Auch wenn die nötige Geländekenntnis vorhanden und der Wille zu einer guten Organisation gegeben sei, würde jedes Unternehmen dieser Art unweigerlich in einer „Hajka", der berühmtberüchtigten bosnischen Treibjagd, enden. Ich hatte eine Hajka erlebt.

Heute überkommt mich immer ein lautes Lachen, wenn ich daran denke. Damals beim Miterleben war mir allerdings zum Heulen zumute. Der erfahrene Jäger sagte mir auch, daß ihm drei Kilometer einer gelappten Leine lieber seien als fünfzig der besten Schützen. Kein Tier scheue die Lappen so sehr wie der Wolf. Wenn er bei einer Neuen ein Rudel gekreist habe, sei es kein Problem gewesen, es unter gutem Wind einzulappen und – oft erst am nächsten Tag – wie aufgefädelt den Schützen vorzuführen.

Leider brachte ich es nicht zu einem Versuch dieser Art. Vielleicht endete meine Zeit in Bosnien zu früh. Wahrscheinlich lassen sich aber solche

Unternehmungen auch nie in einem Revier in die Wege leiten, in dem man nur Gast ist.

Im nächsten Jahr kamen wir wieder nach Bosnien. Die lange Straße gen Süden war mir nun schon altbekannt, und in unserem kleinen Café in Banja Luka, wo wir regelmäßig Station machten, um das erste Mal von dem „Schwarzen" zu kosten, erkannte man uns längst wieder. Wenn die karstigen Schluchten durchfahren waren, die Berge höher und steiler wurden, fühlte ich mich heimisch und wußte, daß ich bald den Forstdirektor und alle anderen Direktoren – denn im Sozialismus ist jeder Direktor, der nicht arbeitet und das tun viele – in die Arme schließen und dreimal küssen werde. Als wir angekommen waren und zur Begrüßungszeremonie schritten, war der stechende und scheue Blick des Forstdirektors noch unruhiger geworden, sein Haar noch schmieriger und sein Bauch wohlgenährter, aber die Freundschaft zu uns wuchs, und das war das Wichtigste.

Gleich in der ersten Nacht wurde ich in arge Versuchung geführt, nicht weil ich mich auf bosnischen Abwegen befand, sondern weil ich an einem Luderplatz in der Nähe des Jagdhauses saß, wo ein Schuß wenig hätte verderben können. Es mußte schon mit dem Teufel zugehen, wenn hier Wölfe zu erwarten wären, obwohl – ich erinnerte mich dessen – ich sie öfter hier unten gespürt hatte. In ihrer maßlosen Feigheit legen sie eine unglaubliche Dreistigkeit an den Tag. Doch Feigheit ist kein Zeichen für Dummheit, eher für das Gegenteil! Ihre Klugheit und Schläue müssen so groß sein, daß sie eine Gefahr abschätzen können. Ich habe viele Geschichten von ernsten Jägern gehört, die das belegen. So seien einmal die Wölfe unter den Augen der Hirten in die Herde eingebrochen oder hätten regelmäßig einen Hof besucht und sich dort kaum mit Steinwürfen vertreiben lassen. Als ein Jäger zu Hilfe gerufen wurde und im Versteck auf sie wartete, erschien keiner von den Grauröcken. Sie hatten längst die verdächtige Spur, die zu dem Hofe führte, in ihrer Gefährlichkeit erkannt.

Der Jäger Nikolaus berichtete mir von einem Wolf, der den ganzen Tag von einem sicheren Versteck aus die Hütte oder den Hochsitz am Luderplatz beobachtete, um zu wissen, ob die Luft rein sei. Ich hatte keinen Grund, an dieser Aussage zu zweifeln. Nikolaus, zu dem sich eine besondere Freundschaft entwickelt hatte, war der erfahrenste und gewandteste Jäger im dortigen Revier. Er hatte weit über einhundert Wölfe in seinem Leben geschossen. Obwohl wir uns nur mühsam verständigen konnten, erzählte er mir vieles, und ich habe manches aus seiner Ruhe und Gelassenheit gelernt, was der Schlüssel zu seinem erfolgreichen Jagen war.

Ein kleiner Vorfall half mir gleich zu Beginn unserer Bekanntschaft, sein Wohlwollen zu erringen. Wir saßen auf einem modernen Hochsitz, wenn es als modern gilt, diesen nicht von der Seite, sondern durch eine Bodenklappe zu betreten. Als wir eingestiegen waren, ließ Nikolaus recht mutig die Klappe fallen. Ich dachte bei dem Knall lediglich an die Wölfe in der Umgebung, die nun von unserem Kommen informiert waren, weniger an einen versperrten Heimweg. Das sollte sich zwei Stunden nach Mitternacht zeigen. Nikolaus wollte die Klappe öffnen, aber sie versagte ihre Dienste und ließ sich nicht aufheben. Beim Fallenlassen war die Lasche über den Pinn geschlagen, an dem normalerweise das Vorhängeschloß befestigt wird. Der Forstdirektor war stolz auf seine neuartigen Hochsitze, die sich durch Einbruchssicherung – an falscher Stelle – auszeichneten. Wozu brauchte man eine Bodenklappe mit Vorhängeschloß, wenn es kein solches gab, und wozu sollte eines nötig sein, wenn vierzigtausend Hektar Einsamkeit um einen herum lagen? Die Laschen konnten höchstens dazu dienen, Gäste auf dem Hochsitz zu fangen, und das war nun geschehen. Wir saßen in der Falle. Keine besonders gefälligen Aussichten. Alles Rütteln und Schütteln half nichts. Ich hatte die Lage gepeilt. Nikolaus war von kleiner, schmächtiger Gestalt, und so schlug ich ihm vor, sich durch den schmalen, aber für ihn gerade passenden Sehschlitz zu winden und hinabzulassen. Als er meinen Vorschlag begriff, fing er an, wie Espenlaub am ganzen Körper zu zittern und zu wimmern, als wenn unten alle Bären und Wölfe Bosniens und der Herzegowina warteten, um ihn zu verspeisen. Ich sah keinen anderen Weg, als mich von Mantel, Jacke und allen anderen dicker als notwendig machenden Kleidungsstücken zu befreien, mich durch die enge Luke zu zwängen, hinabzulassen so weit es ging und das letzte Stück mehr fallend, springend oder gleitend zu überwinden. Ich landete auf allen vieren, schien wohlbehalten zu sein und konnte wenig später Nikolaus aus seinem Gefängnis befreien. Er schloß mich in die Arme, als hätte ich ihn vor beschriebener Anzahl von Bären und Wölfen gerettet. Von da an war unser Bund laut Allahs Willen besiegelt, und wir jagten nur noch zusammen.

Nikolaus praktizierte bei der Wolfsjagd eine Methode, die ein Beweis seiner Erfahrung war und mich mit tiefer Achtung erfüllte. Er ließ sich von einem seiner Kinder oder besser noch, einer seiner Frauen – er war Mohammedaner und hatte drei, wie der jugoslawische Staat es ihm gestattete – auf seinem Pferd zum Ansitzplatz reiten. Es war ein altes, treues Pferdchen, das nur eine Gangart, den Schritt, kannte. Es lebte in einem kleinen, aber für bosnische Verhältnisse tierfreundlichen Stall und wurde gut behandelt, was es seinem Besitzer dankte. Nikolaus stieg, am Hochsitz angekommen, ohne den Boden zu berühren auf die dritte oder vierte Sprosse der Leiter und krabbelte hinauf, während das Pferdchen und sein zweiter Reiter ruhig und still, wie sie gekommen waren, nach Hause zurückkehrten. Wenn wir zusammen ausrückten, führte er mich meistens auf diese Art hinaus. Ich stieg auf die dritte oder vierte Sprosse, und Nikolaus ritt heim. Er verbrachte dort eine ruhige und gemütliche Nacht im Kreise seiner Frauen, die ihm Allah zugeführt hatte, während ich in der Einsamkeit der Wälder der Wölfe harrte. Am nächsten Morgen holte er mich ab, und ich stieg direkt von der Leiter auf den Rücken des treuen Tieres.

Die gemächlichen Ritte durch den Nachmittag dem Ansitz entgegen oder in der Früh durch den hellen Morgen zurück zu Leben und Wärme gehören in ihrer Entrücktheit, Ruhe und Beschaulichkeit zu den liebsten Erinnerungen dieses Jagens. Sie verkörperten bosnische Seele, die von Ergebenheit in Allah und von Gelassenheit in das Schicksal lebt. Ich war ja schon drauf und dran gewesen, Allah eine Kerze anzuzünden. Vielleicht hätte ich mich ihm ganz verschreiben müssen, um den Wölfen näherzukommen.

Ich wollte aber von der ersten Nacht meines dritten bosnischen Jagdjahres berichten. Ich wagte nicht zu schießen, denn ich wußte um die Schlauheit der Wölfe, und wollte mich nicht der eigenen Inkonsequenz überführen. Ein Keiler stand am Luder, ein Basse, vielleicht sogar ein Hauptschwein, wie sich bald zeigen sollte. Er tat sich keinen Zwang an und schmauste gefällig von dem, was die meisten lediglich Bär und Wolf zubilligen. Hier wurde ich belehrt, daß Schweine passionierte Fleischfresser sind. Ich hatte den Keiler lange beobachtet, als ich von rechts ein unwirsches Brummen vernahm. Ein mittlerer Bär kam und wollte sich mit gewaltiger Drohgebärde den Weg zum Luder frei machen. Der Keiler dachte nicht daran, das Feld zu räumen, und tat so, als ginge ihn der Neuankömmling und sein Gehabe nichts an. Seelenruhig schmatzte er weiter. Angesichts solcher Respektlosigkeit schien den Bären der Mut zu verlassen. Er blieb auf Abstand und versuchte, auf der Hinterhand stehend mit den Vorderpranten dem Keiler Eindruck zu machen. Er ähnelte damit einem Polizisten oder einem Museumsführer, der die Leute zum schnelleren Gehen auffordert. Der Keiler hatte sich spitz zu ihm gestellt, und der Bär traute sich nicht, eine unsichtbare Linie zu überschreiten. Er ließ schließlich ab, zog um die Luderstelle herum und wollte das Spielchen im Rücken des Bassen von neuem beginnen. Der hatte sich in aller Seelenruhe umgedreht, zeigte Meister Petz sein Gebrech und klapperte einige Male gefährlich damit. Der Bär hatte wohl Bedenken bekommen, gänzlich sein Gesicht zu verlieren, es wurde ihm zu dumm, und er machte auf dem Absatz kehrt. Der Keiler jausnete weiter und machte sich erst spät von dannen. Ich hatte ihm längst auch die letzte, entscheidende Waffenruhe gelobt, nicht zuletzt aus Dank für dieses wohl einmalige Schauspiel.

Aber die Wölfe ließen sich dennoch nicht blicken, nicht in dieser Nacht und nicht in den folgenden. Ich fuhr ab und kam wieder. Als das nächste Mal immer noch nichts geschehen war, drängte es mich zu einem letzten Versuch in diesem Jahr. Ich hatte nur wenige Tage Zeit, der Freund war einverstanden, und so brachen wir um den zwanzigsten März herum auf. Wir beide wußten nicht, daß das unser Abschied von diesem Revier werden sollte. Kurze Zeit später änderten sich mit einem Male die Verhältnisse, ein Mann wurde entfernt, ein neuer kam, und schon war der Weg in das Revier mit seinen Herrlichkeiten versperrt. Als wir uns damals diese vier Tage ergattert hatten, ahnten wir von alledem zum Glück nichts.

Das Wetter war günstig. Es lag wenig Schnee, der kaum verharscht war. Gelingt es den Wölfen nicht, die Rehe in einem Überraschungsangriff zu überrumpeln, und hindert kein hoher Schnee oder Harsch die schnelle Flucht, sind die grazilen Tiere meistens gerettet. Vielleicht hingen daher jetzt die Beutetrauben für die Wölfe nicht ganz so tief, so daß sie sich eher zu den Luderplätzen bequemen mochten. An drei Nachmittagen ritt ich mit Nikolaus auf seinem Pferdchen zum Ansitz und bestieg die Leiter, ohne den Boden zu berühren, und Nikolaus ritt davon, und an drei Morgen holte er mich wieder ab. In der zweiten Nacht sorgte ein Bär für etwas Unterhaltung, und zwar auf ideenreiche Art. Er war wohl das ewige Aasfressen leid und plünderte einen Speicher für Kukuruz. Einfallsreiche Menschen hatten diese Vorratskammer zwischen zwei Bäumen in einiger Höhe angebracht. Der Bär kletterte hinauf, riß ein paar Latten herunter und leerte den Trog. Trotz dieser Lustbarkeit hätte ich gerne noch anderen Anblick gehabt, aber der Maishungrige blieb die einzige Gesellschaft, die ich während meiner drei Nächte hatte.

Es war mit den Wölfen nicht so einfach! So stöhnte ich und verschaffte mir ein bißchen Luft, obwohl Nikolaus' Ruhe und Gelassenheit auf mich bereits ausstrahlten: „Wolf kommen sicher, irgendwann – wann wissen niemand, nur Allah!"

Ich war bereit, auch die letzte Nacht in diesem Sinne durchzusitzen. Es erstaunte mich daher sehr, als Nikolaus mir am Vormittag in komplizierter Geheimnistuerei bedeutete, wir müßten an diesem Abend unbedingt zu einem anderen Luderplatz gehen. Es sei dort zwei Tage hintereinander ein Hauptschwein gespürt worden. Nikolaus kannte den Keiler, dem seiner Meinung nach an zweihundert Kilogramm aufgebrochen nichts fehle. Der Abschuß solcher besonderen Stücke ist in der Regel Ministern, Präsidenten oder am besten Ministerpräsidenten vorbehalten. Deshalb gibt es ja diese Reviere! Aber was soll man machen, „große Stadt ist fern und Genosse Minister" ebenso, und Nikolaus hat einen Freund, dem er etwas Gutes tun will. Im Dunkeln sind alle Katzen grau und die Keiler kleiner als am Tage.

Nikolaus war ganz aufgeregt, wir müßten unbedingt heute nacht dort sitzen. Sollte ich inkonsequent werden, sollte ich mich durch dieses verlockende Angebot verführen lassen? War überhaupt anzunehmen, daß der Ausnahmsstarke in der dritten Nacht wiederkommt? Ich dachte an meine fünfte Wolfsnacht, die ich im Bett zubrachte. Ich wußte, daß durch einen plötzlichen Richtungswechsel auf der Jagd selten etwas zu gewinnen ist.

Der Freund war der Schwarzwildspezialist, ich war lediglich der Mitreisende. Ich merkte wohl, daß Nikolaus mir die Sache zuschanzen wollte. Wir gingen zum Freund, und ich erzählte ihm von den „zweihundert Kilogramm". Er hatte in der vorigen Nacht einen besseren Keiler geschossen. Ganz im Gegensatz zu seiner sonstigen Art wurde die Freude über den Erfolg mit Krimsekt und reichlicher Gesellligkeit, die in Bosnien schnell beisammen ist, untermauert. Mochte ihm das Getränk bereits die Vorstellungskraft von einem Stück Schwarzwild von zweihundert Kilogramm genommen haben, oder war es die Freundschaft, die sich hier zeigte? Er winkte ab und überließ mir Keiler, Nikolaus und die Nacht.

Ich hielt mich bei der Festivität äußerst zurück, was schließlich überhaupt nicht mehr auffiel, und rückte mit Nikolaus zur gewohnten Stunde ab. Es war drei Uhr nachmittags, und der Forstdirektor fuhr uns in das Innere der Berge unserem Ziel entgegen. Mich wunderte, daß er zu dieser Tat noch fähig war. Auf die langsam einsetzende Wirkung des Alkohols führte ich sein albernes Gehabe zurück. Ihn beunruhigte irgendein Klappern am Wagen. Dauernd hielt er an, steckte den Kopf unter die Motorhaube und war nicht zur Ruhe zu bringen. Ich hielt das für völlig überflüssig; denn ich konnte mir an dem Gefährt kaum ein Teil vorstellen, das nicht gerattert und geschlottert hätte. Weshalb die Aufregung? Wir kamen nicht vorwärts, und ich wurde ungeduldig. Wieder stieg er aus, ging ums Auto, blieb stehen und strahlte über das ganze Gesicht. Er winkte mich triumphierend heran und deutete auf das Vorderrad. Ich durfte einmal daran rütteln, und mir wäre beinahe schwarz vor Augen geworden. Es hing an den letzten beiden Umdrehungen zweier einsamer Schrauben. Wenn ich an die schmalen, steilen Straßen mit ihren winkenden Abgründen dachte, an denen wir immer wieder vorbeisegelten, wurde mir mulmig, und ich lobte den Krimsekt, der ihm so das Gehör geschärft hatte.

Nachdem jeder von uns an den Schrauben gedreht hatte und sie fest saßen, erreichten wir wohlbehalten eine Wegkreuzung in der Wildnis, an der er uns absetzte und um fünf Uhr in der Frühe wieder abholen wollte. Ich zweifelte gehörig, ob er dann noch fähig sein würde, zu dieser Verabredung zu stehen; denn unten waren die letzten Flaschen des Getränkes, das allgemein als Symbol des Wohlstandes gilt, sicher noch nicht geköpft. Aber was kümmerte es mich, morgen müßten wir nach Hause fahren, heute wollten wir jagen, und Allah würde es schon richten. Wohlgemut stapfte ich hinter Nikolaus her. Ich war in diesem Gebiet nie zuvor gewesen. Es sollte ein weiter Weg sein, aber es war leichtes Gehen, und außer meinen Ansitzutensilien hatte ich nichts zu tragen. Die Zeit drängte nicht, und ich genoß den milden Märznachmittag.

Im Hinblick auf die mohammedanische Bauart der Hochsitze hatte ich bereits das Knien trainiert, aber schleunigst wieder davon Abstand genommen. Wahrscheinlich muß man es von Kindesbeinen an üben, um nicht sofort abgestorbene Beine zu bekommen. Mit Freuden sah ich nun, daß unser heutiger Hochstand nicht zu den von mir gefürchteten gehörte. Er war ein wenig geräumiger. Ich fiebere nicht nach Ansitzpalästen. Je einfacher sie sind, desto besser, am besten ein Leitersitz – aber bitte keine Kanzeln nach mohammedanischer Art. Jeder, der dort eine Nacht zugebracht hat, wird mich verstehen.

Unser Sehschlitz gab den Blick frei auf eine kleine Fläche, die fünfzig mal fünfzig Meter im Quadrat maß. Ich erkannte deutlich, daß hier ein starkes Stück Schwarzwild gebrochen hatte. Es begann zu dämmern. Bald sank die Nacht herein. Kalt und dunkel lagen rings um uns die Berge. Ihre Silhouette zeichnete sich klar gegen den Sternenhimmel ab. Würde der Keiler kommen? Der Schnee gab genügend Licht, weit war es nicht. Ich mußte vorsichtig sein; vielleicht sollte ich die Büchse richten. Ich wollte jedes unnötige Geräusch vermeiden, und vor dem Blinken des Gewehrlaufes bei höher steigendem Mond mußte ich mich besonders hüten. Schweigend saßen wir nebeneinander und versuchten, mit unseren Blicken das Dunkel zu durchbohren.

Es konnte nicht mehr lange bis Mitternacht sein. Der Halbschlaf war zur Wachheit geworden und die Wachheit zum Halbschlaf. Täuschte mich das Auge, oder war es gar ein Traumgespinst der überreizten Sinne? Ich hatte die Büchse an der Schulter, eine Bewegung – die Nacht und die Dunkelheit schienen den schmalen Körper zu verschlucken, er war beinahe schon untergetaucht, da brach der Schuß und zerbrach. War es Wirklichkeit, oder war es nur der Schatten einer fiebernden Seele, die mich die Büchse greifen ließ?

Heute hielt mich nichts. Obwohl mich Nikolaus beschwor und am Arm packte, riß ich mich los. Ich mußte sehen, ob das Schicksal mir hier in einem Augenblick, in dem ich auf ein anderes Wild wartete, ein langes Bemühen gelohnt hatte. Auch wenn ich jetzt den Keiler vertrat, ich mußte wissen, ob meine Kugel ihr Ziel erreicht hatte. Ich umschlug die Blöße, birschte mit schußbereiter Büchse zu der Stelle, wo der Anschuß sein mußte. Ich fand nichts, suchte umher und stolperte über etwas dunkles Weiches... Ich stand vor einem starken Wolf! Ich fiel auf die Knie, und meine Hände fuhren tastend durch den weichen Balg. Inzwischen war Nikolaus unwillig von der Leiter gekrabbelt und kam zögernd heran. Aber als er sah, über was ich mich beugte, schlug er mir voll Freude auf die Schulter.

Ein Feuer brannte, wir saßen und wärmten uns, aßen von unseren Vorräten, die für eine lange Nacht gedacht waren, und Nikolaus hatte in fachmännischer Art, die jeder Bosniak beherrscht, den unverwechselbaren „Schwarzen" gebraut. Zwei einsame Wolfsjäger hockten sich so gegenüber und schauten ins Feuer. Es wurde wenig gesprochen, jeder hing seinen Gedanken nach. Der Mond war aufgegangen und erhellte die Landschaft zu einem glitzernden Garten. Silbrig glänzte der honigfarbene Balg des Wolfes. Seine Lefzen waren wie im Streit ein wenig hochgezogen, und die starken Fangzähne blitzten. In den gebrochenen Sehern schimmerte der Widerschein des Feuers und flackerte unruhig wie einst sein Raubtiergeist. Meine Hand fuhr immer wieder durch den wunderbaren Balg. Die Rune blieb ein Rätsel, die Reihe hatte sich geschlossen.

Beinahe pünktlich auf die Minute erschien der Wagen. Das Erstaunen war groß und die Freude noch größer. Als wir dann am Jagdhaus ankamen, erstrahlte die Welt im Sonnenglanz und für mich im Glanze meines Wolfes. – Als der Freund und ich erst viel später als geplant für die Heimfahrt rüsteten, schwebte in der Luft schon ein würziger Duft. Er gemahnte mich, daß der Winter nun endgültig vorüber war und daß es höchste Zeit war, zu Hause nach den Schnepfen zu schauen – vor lauter Wolfsgeschichten war es beinahe unbemerkt Frühjahr geworden.

Bücher für Jäger

Ludwig Benedikt
Freiherr von Cramer-Klett
Des Waldhorns Widerhall
3. Auflage. 1981. 332 Seiten.
Gebunden 24,– DM

Ludwig Benedikt
Freiherr von Cramer-Klett
Im Gamsgebirg
Erlebnisse und Erfahrungen um das Krickelwild. Mit einem Vorwort von Wilhelm Nerl. 1988. 170 Seiten mit 12 Abbildungen nach Gemälden aus dem Privatbesitz des Autors.
Gebunden 32,– DM

Ludwig Benedikt
Freiherr von Cramer-Klett
Mit der Flinte
Von treffsicheren Schützen, edlen Waffen und der Freude an geselliger Jagd. 1978. 158 Seiten. Gebunden 29,– DM

Ludwig Benedikt
Freiherr von Cramer-Klett
Glückselige Einsamkeit
5. Auflage. 1982. 396 Seiten.
Gebunden 39,– DM

Ludwig Benedikt
Freiherr von Cramer-Klett
Die Heuraffler
und andere Bergjägergeschichten.
4. Auflage. 1986. 232 Seiten und 8 Tafeln mit 8 Fotos. Gebunden 38,– DM

Ludwig Benedikt
Freiherr von Cramer-Klett
Spiel der Lichter und Schatten
Von eines Jägers Wünschen und Wegen. 3. Auflage. 1980.
308 Seiten. Gebunden 34,– DM

Ludwig Benedikt
Freiherr von Cramer-Klett
Traum auf grünem Grund
Vom wundersamen Rehbock im Schwarzenbachtal. 4. Auflage. 1977
258 Seiten. Gebunden 28,– DM

Ludwig Benedikt
Freiherr von Cramer-Klett
Zum Jagen zog ich frohen Sinn's
Auf Rehbock, Hahn und Hirsch.
1986. 288 Seiten und 1 Tafel.
Gebunden 39,– DM

Paul-Joachim Hopp
Weite Pürsch
Von Jägern, Wild und Hunden.
1984. 182 Seiten mit 8 Übersichten, 1 Karte und 8 Bildtafeln mit 16 Abbildungen. Gebunden 34,– DM

Hanns Polke
Schwarze Passion
30 Jahre Jagd auf Sauen in drei Erdteilen. 1985. 181 Seiten mit 16 Abbildungen auf 8 Tafeln. Gebunden 34,– DM

Helmuth J. Manzenreither
Als wär' es mein Revier!
Von Jägerfreuden und dem Leben in einer Kärntner Bauernjagd. 1983.
208 Seiten. Gebunden 36,– DM

Kurt Menzel
Glück muß der Jäger haben
Von der jagdlichen Passion eines Forstmannes in heutiger Zeit. 1987.
174 Seiten und 16 Bildtafeln mit 28 Abbildungen. Gebunden 34,– DM

Kurt Menzel
Wildwechsel durch Moor und Heide
Vom Jagen in unserer Zeit. 1987.
162 Seiten und 16 Tafeln mit 27 farbigen Abbildungen. Gebunden 39,80 DM

Preisstand: März 1989
Spätere Änderungen vorbehalten

Verlag Paul Parey
Hamburg und Berlin